本项目承蒙
厦门大学中国东南文化研究实习基地
资助出版

Wuyishan Shijie Wenhua Yichan
Jiance yu Yanjiu

武夷山世界文化遗产监测与研究

〔第六辑〕 总主编 李晓红

厦门大学人文学院
武夷山风景名胜区管理委员会 编
武夷山世界遗产监测中心

武夷山民俗文化

邱旺土 刘家军 黄鹤 主编

厦门大学出版社 国家一级出版社
XIAMEN UNIVERSITY PRESS 全国百佳图书出版单位

目 录

武夷山民俗之监测报告

武夷山民间文化遗产的保护与传承 …………………………………… 黄 鹤/1
武夷山民俗采风调查综述 ………………………………………………… 刘家军/10
对非物质文化遗产的旅游开发及利用
　——以武夷山习俗文化为例 ………………………………………… 毛安琪/21
武夷山民俗研究的回顾与思考 …………………………………………… 朱新屋/39
永续遗世的美好：世界遗产武夷山的保护和利用 ……………………… 钱 浪/52

武夷山口承及风俗类民俗

武夷山谚语文化考察 ……………………………………………………… 马 强/62
武夷山民间戏曲的主要形式及其民俗文化价值 ………………………… 谢姝婕/69
武夷山的社会组织民俗
　——以乡间的"社"为考察中心 …………………………………… 蔡丹妮/80
武夷山的民间礼俗及《朱子家礼》 ……………………………………… 钟 华/93
闽北民间的岁时节令习俗文化 …………………………………………… 乐裕贤/106
武夷山的中元节 …………………………………………………………… 董乾坤/114
武夷山的传统婚俗 ………………………………………………………… 王心君/120
武夷山的民间信仰 ………………………………………………………… 曾 伟/134
武夷山民间医疗习俗 ……………………………………………………… 王昌雷/152
偶像的塑造：武夷山扣冰古佛信仰的兴起与演变 ……………………… 张锡臻/161

武夷山地区下梅等传统村落民间宗教的状况考察 ……………… 王利兵/167

武夷山物质类民俗

武夷山的生产与居住民俗 ……………………………… 殷秀云/175
武夷山下梅聚落空间的形成与传统民居 ……………… 吴鲁薇/193
武夷山的宗族、祠堂与祭祖仪式 ……………………… 朱忠飞/200
武夷山民居雕刻艺术浅析 ……………………………… 刘烨琳/211
武夷山饮食民俗漫谈 …………………………………… 梅金鑫/220
浅谈水在武夷山信仰民俗中的地位 …………… 曾 伟 傅浩相/241
武夷山"吃文化"习俗意义初探 ………………………… 刘瑞雄/250

武夷山民间文化遗产的保护与传承

黄 鹤[*]

1999年12月1日,武夷山自然文化遗产被联合国教科文组织纳入了《世界自然与文化遗产名录》。武夷山地处中国福建省西北部,总面积为999.75平方公里,根据区内资源的不同特性来划分,可以分为中部九曲溪生态、东部自然与文化景观以及城村闽越王城遗址等4个保护区。自然遗产中比较著名的有九曲溪、三十六峰、七十二洞、九十九岩和一百零八景等,文化遗产中比较著名的有闽越王城遗址、下梅村等古村落遗址和紫阳楼、兴贤书院等文化遗址,除此之外,还包括很多非物质文化遗产,诸如种类繁多的民俗事项。这些丰富多彩的名胜古迹与文化习俗均为福建省自然文化形态的多样性提供了宝贵的资源。本文将主要针对包括文化遗产与非物质文化遗产在内的文化类遗产的保护与传承等问题进行分析与阐述。

一、文化遗产与非物质文化遗产

(一)文化遗产

世界性的遗产保护运动,逐渐形成了一整套规整的话语体系,《保护世界文化和自然遗产公约》是这一话语体系的重要体现。《公约》从三个角度对"文化遗产"进行了定义:从历史、艺术或科学角度来看,具有突出普遍价值的建筑物、碑雕和碑画、具有考古性质成份或结构的铭文、窟洞以及联合体;从历史、艺术或科学角度看,在建筑式样、分布均匀或与环境景色结合方面具有突出普遍价值的单立或连接的建筑群;从历史、审美、民族学或人类学角度看,具有突出普遍价值的人类工程或自然与人联合工程,以及考古地址等地方。按照《公约》提供的标准,武夷山的文化遗产大致可以划分为以下三种类型。

首先,文物层面。该层面主要以武夷精舍、叔圭精舍以及诸多摩崖石刻等为代表。武夷精舍又称紫阳书院、武夷书院、朱文公祠,位于隐屏峰下平林渡九曲溪畔,是朱熹著书立

---

[*] 黄鹤,厦门大学人类学与民族学系副教授。

说、倡道讲学之所。叔圭精舍位于武夷山五曲云窝,北宋政和五年(1115年),钦差苏德舆受命礼聘崇安籍乡贤江贽(字叔圭)入朝为官,但被江贽屡屡婉拒。为了表彰其高风亮节,钦差命县令为其建造了叔圭精舍。叔圭精舍石坊门内的一个形似蹲虎的巨石高达数十米,名曰伏虎岩。这是武夷山摩崖石刻荟萃的地方之一,朝代跨越宋、元、明、清四朝。

其次,建筑群层面。该层面主要以下梅村、城村、五夫镇等古村落为代表。下梅村位于武夷山市东部。清康熙、乾隆年间,下梅村曾是武夷山著名的茶叶集散地。当地保留了30多幢具有清代建筑特色的古民居。这些集砖雕、石雕、木雕艺术于一体的古民居建筑群,是武夷山文化遗产的一个重要组成部分,蕴藏着丰厚的人文景观资源。城村,位于武夷山风景名胜区南20公里、闽越王城附近,是一个具有众多古迹的古村镇。五夫镇自古就有"邹鲁渊源"之称,是理学宗师朱熹的故乡,朱子理学的形成地,境内、遗址遗迹丰富,是武夷山文化遗产的重要组成部分,紫阳楼、兴贤书院和朱子巷的古民居已经成为著名的建筑群。

再次,遗址层面。该层面主要以闽越王城、遇林亭窑址等遗址为代表。闽越王城建于公元前202年,系闽越王无诸受封于汉高祖刘邦时营建的一座王城,是中国南方保存最完整、规模最大、出土文物最多的重要考古遗址。遇林亭窑址,是目前全国规模最大、保存最完整的宋代古窑址之一。

(二)非物质文化遗产

根据联合国教科文组织通过的《保护非物质文化遗产公约》中的定义,"非物质文化遗产"指被各群体、团体、有时个人所视为其文化遗产的各种实践、表演、表现形式、知识体系和技能及其有关的工具、实物、工艺品和文化场所。各个群体和团体随着其所处环境、与自然界的相互关系和历史条件的变化不断使这种代代相传的非物质文化遗产得到创新,同时使他们自己具有一种认同感和历史感,从而促进了文化多样性和激发人类的创造力。它主要包括五个方面:口头传统和表述;表演艺术;社会风俗、礼仪、节庆;有关自然界和宇宙的知识和实践;传统的手工艺技能。

武夷山的非物质文化遗产几乎涵盖了上述五种分类中的所有内容。例如武夷山的传说纷繁多样,像九曲溪的传说、玉女峰的传说、大红袍的传说等,为我们勾勒出了一幅幅美妙的画卷。当地的宗教信仰以道教和佛教为主,二者均历史悠久,代表性建筑分别为武夷宫、天上宫和天心永乐禅寺、慧苑寺等。表演艺术主要有著名的"五夫龙鱼戏",它是流传于福建省武夷山市五夫镇的一种传统民间文化表演活动,它通过灯舞的方式,表演了大鲤鱼不畏反派乌龙的压迫和阻碍,最终越过龙门,化身成龙的故事,寓意深远。当地的饮食体系极富有民间特色,例如五夫镇的文公菜、下梅村的打麻子粿,都是当地久负盛名的菜肴,它们不仅要讲究节令,还要讲究程序与火候。还有其他一些比较有特色的小吃,比如酸枣糕等。当地的一些社会风俗非常有趣,例如不孝子死后要变野猪,因此野猪在伦理体系中具有负面的意义;而在饮食体系中野猪却具有正面意义,主人常用野猪肉来款待贵客,于是野猪这一语词在不同的民俗语境中具有了不同的意义。武夷地区的手工业也很有特色,古街两旁有不少竹篾店、弹棉花店、打铁店等。武夷山的非物质文化遗产充满了当地独有的文化气息,是了解武夷山文化的一个重要窗口。

二、经济发展与遗产保护

武夷山的文化类遗产为当地申遗提供了深厚的历史文化积淀,然而,如何对这些珍贵的遗产进行科学有效地保护,使之能够持续地发展与传承却是一个很大的难题。一方面是文化类遗产资源的丰富,使得保护工作成了艰巨的任务甚至负担;另一方面文化遗产更多地存在经济欠发达的地区,这就使得如何在发展与保护之间取得平衡成为当务之急。这些难题集中体现在以下三个方面。

(一)社会结构的变化

随着经济的发展,武夷山地区传统的农业结构发生了巨大的变化。肩扛手推的重体力活由拖拉机、收割机、摩托车等器械替代,农民接受外界信息的途径也由于电信、电缆、电视的介入发生了巨大的变化,再加上道路的通畅,大量游客的涌入,这些都进一步促成了当地由农业文明向工业文明的转化。这种转化在提高农民生活水平的同时,也逐渐改变了传统文化赖以为系的社会基础,传统文化功能圈因此逐渐解体。

图1 城村古民居现状(张锡臻摄)

图2 下梅村古民居

这一点突出地体现在建筑等民俗事项上,例如城村就比较缺乏整体规划,古建筑与新建筑鳞次栉比,高低错落,再加上纵横交错的电缆电线,整个古村落的原生态环境被逐渐破坏,这就向我们敲响了警钟(见图1)。而同为武夷山境内的下梅村,却在古建筑的保护工作上做的卓有成效(见图2)。现代建筑被隔离在古村落之外,整个村子的古建筑保持了难得的一致性。这同下梅村的综合治理方针有着密不可分的联系,即农民生活水平的提高不能以破坏珍贵文化遗产为代价。这两种保护现状的鲜明对比,一方面凸显了当地村镇政府宏观调控的重要性与必要性,另一方面也反映了城村这类经济欠发达地区的窘迫现状。另外,面对着经济缓慢发展与外面世界的诱惑,打工族的人数越来越多。除了村子里的青壮年,很多年轻女性也逐渐融入了进城务工的洪流。村子里劳动力和文化传承人的大量缺失,使得传统文化的保护、发展与传承越发步履维艰。

(二)发展的不平衡

城村这类古村落逐渐破落的现状凸显了遗产保护在欠发达地区必将遭遇的一个普遍难题,那就是保护遗产重要还是更好的生存重要?在经济发达地区,这并不是一个难题。经济的提升使得更好的生存已经不再是一个难题,此时人们迫切需要解决的反而是文化层面上的问题,传统文化是防止我们在全球化浪潮中被空壳化、边缘化的最后一道壁垒,因此对传统文化的保护与弘扬就必须要提升到一个新的高度。其具体表现在人们对传统文化产生了溯源需要,因为这可以极大增强群体的凝聚力与认同感,并产生"根"的意识,借以明确区分我们和他们。但是,中国经济发展的不平衡,使得大到东部沿海和西部地区,小至武夷山境内的下梅村与城村等古村落,都面临着这个本不该成为二元对峙关系的两难问题。对于像城村这样的古村落,由于其较为封闭的特征、经济欠发达的现状以及欠缺正确的引导,使得村民普遍缺乏理性的保护意识。另外,盲目攀比之风的盛行,相对剥夺①对村民心理的伤害也进一步促成了城村这类古村落保护的恶性循环。例如我们在采访村民的时候,就遇到了这样的情形(张锡臻和钱浪对村民的访谈):

张:这个房子要出租吗?我看你外面贴着招租启事。

村民:是。一千块。

钱:一个月一千?

村民:一年一千。

钱:这么少?

村民:(点头)

张:如果在外面挣到钱,会把这个老房子推倒,盖更漂亮的新房子吗?

---

① 房子自然是有大有小的,如果附近的房子都和这间一样小的话,那它便足以实现一个住所的所有社会功能。但如果这座房子旁建起了一座宫殿,它就一下子变成了一间破草棚(卡尔·马克思)。我们把自己和他人进行比较时,我们的挫折感就会变得较为复杂。在电视普及的社会里,它把绝对剥夺(缺乏别人拥有的东西)的感觉转化为相对剥夺(被剥夺感)。

村民：(点头)会。

钱：会？为什么？

村民：别人能盖，我也能盖。

不过，即便在经济比较发达的五夫镇和下梅村，虽然村镇政府对于古建筑的保护比较用心，但是就村民自身来说，仍然缺乏自觉理性的保护意识，推倒老房子的想法仍时有萌芽。这均凸显了发展经济是武夷古村落村民最为现实也最为迫切的诉求。在这样的语境下，发展很容易被单一地理解为尽快脱贫，而经济因素也因此会成为社会上的主导力量，其造成的结果或者是对文化遗产进行超载开发，或者是对文化遗产进行商业利用，而所有这些行为都难免会在保护的口号下行破坏之实。这个怪圈不仅在武夷山的古村落中存在，在全国大部分省市中都普遍存在，尤其在那些经济欠发达的地区更是弊端凸显。那么，当更好地保护与更好地生存被摆上天平的两端，到底孰轻孰重呢？

(三)自然环境的问题

作为自然与文化遗产地的武夷山，文化以自然为依托，自然以文化求发展，自然遗产与文化类遗产之间存在着密切的关系。然而，武夷山丰富的自然遗产却在遭受着不同程度上的破坏，这就给休戚与共的文化类遗产的保护与发展带来了新的问题。作为武夷地区重要的非物质文化遗产——岩茶文化久负盛名。1998年8月18日，第五届武夷岩茶节上产自"茶王"大红袍母树上的20克茶叶卖到了15.68万元的高价。暴利催生了商业需求，虽然目前市场上所卖的仅为人工繁殖的二代产品，但是借着"茶王"大红袍的声势，岩茶依然存在着较大的经济提升空间。而"茶中精品数武夷，武夷佳品数天心(景区内天心村)，天心佳品数三坑(章堂涧、牛栏坑、九龙窠三条峡谷)"①使得景区内的土地寸土寸金。虽然，1982年编制的武夷山风景区总体规划提出"要进一步解决好武夷山林、茶矛盾。茶园面积不应再扩大，主要景区、景点和游览线路上的低产茶园应尽快退茶还林，其他的旧茶园应提高单产和质量"。但是近三十年来，毁林种茶的现象仍然持续发生，一些青山甚至由此变成了"秃顶"。茶地面积的扩大不仅破坏了武夷山地区的森林植被，还影响了景区的生态系统平衡。根据资料记载，景区开发旅游之前(1979年)的茶地面积为3458亩(见《武夷山风景名胜区总体规划》资料)，景区开发旅游后茶地面积逐年上升，至2005年，茶地面积为16034.4亩，增幅达363.69%。②除了茶叶，一些著名建筑的扩建也对自然环境造成了影响，例如2007年永乐禅寺扩建工程对林地植物和植被的破坏，这不仅包括挖山形成边坡导致植被退化、影响林地植被演替进程，还造成了整体景观的支离破碎。③森林植被的减少，直接影响水的储存量。再加上九曲溪沿岸大量生活污水、人畜粪

---

① 武夷山风景名胜区管理委员会编，《武夷山之旅》，海潮摄影艺术出版社，2002年，第83页。

② 福建农林大学林学院，武夷山世界遗产监测中心：《2006年武夷山风景区茶地监测报告》，2006年，第1页。

③ 福建农林大学林学院，《永乐禅寺扩建工程对林地植物和植被的影响》，2007年，第1~3页。

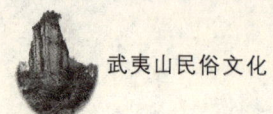

便以及残存化学肥料农药的注入,均导致九曲溪周围的生态环境越来越差,地表水环境已经由Ⅰ类水标准降至Ⅱ类水标准。①生态环境的恶化,必然会导致旅游资源与旅游产业的萎缩,而旅游产业是武夷山地区重要的经济支柱,也是修缮和维护文化类遗产的必要前提与经济基础。因此,积极保护自然环境,避免让武夷山的遗产保护堕入恶性循环,是我们必须要重视的问题之一。

三、静态保护与活态传承

我们的本意是要考察武夷山地区传统的民间文化,但是在考察过程中看到的却是一种新的、被重新建构着的民间文化的再生产过程。正如萨林斯所言,"文化在我们探寻如何去理解它时随之消失,接着又会以我们从未想象过的方式重现出来。"②这一方面根源于文化类遗产自身遭遇的困境;另一方面因为文化类遗产在与当地的政治经济发展结合在一起后,部分文化类遗产转化成了人文资源。因此,我们看到的已不再是武夷山的传统文化,而是各种力量对其施加作用后,不断发生着变化的民间文化。在各种"力"的作用下,武夷地区文化类遗产的变化逐渐呈现出了多元分化——发展、停滞与衰落并存。那么,应该如何把握好这种改变的进程,如何把握好文化类遗产的内在活力,如何让其在当代社会中得到新的发展,是目前保护工作中最为棘手的问题。这不仅是武夷山地区存在的问题,全中国的文化类遗产保护都存在着这样的问题。相应的,学术界也存在着"静态保护"与"动态保护"两种观点。静态保护强调的是文化类遗产的"原生态性",关注的是其与原始语境之间的黏附关系;动态保护强调的是文化类遗产的"活态传承",关注的是其与不断变迁的时代之间的一种动态平衡。对于该问题,笔者认为在现实语境下,"静态保护"比较适合文化类遗产里提到的前三种类型,如文物、建筑群和遗址,静态保护有助于保证文化遗产的"原真性";而"动态保护"则更适合于民俗等非物质文化遗产的保护需求,因为"倘若像保护文物那样对非物质文化遗产进行凝固式、化石式、标本式的保护,保护也就成了一种消灭。"③但是,我们也要注意,动态保护并不意味着放任自流,因为这难免会沦为"遗产制造"。由此,在保护的过程中我们必须要注意以下三点:

(一)文化自觉

"文化自觉"由费孝通先生率先提出,主要包括两个重要的方面,一个是如何重新认识我们的传统,认识我们的历史文化,以确立我们民族的主体意识,增强我们民族文化的认

---

① 武夷学院化学与环境工程系,武夷山世界遗产监测中心,《武夷山九曲溪水环境质量评价报告》,2008年,第1页。
② 萨林斯:《甜蜜的悲哀》,王铭铭、胡宗泽译,三联书店2002年版,第141页。
③ 刘志军:《非物质文化遗产保护的人类学透视》,《民族艺术》,2009年7月,第29页。

同感;另一个方面就是如何更新我们的文化,从传统向现代转化,将自己的民族文化融入到世界文化体系中,并在这里找到自己文化的位置与坐标。①文化自觉谈到了现代文化转型时期面临的两大困境,一是如何认识,这个认识的过程建立在民族文化自信的基础之上;二是如何更新,文化不变化是不可能的,唯有顺应时代潮流加以整合变化才是目前所需。高度的文化自觉是文化持续发展的前提,只有在对自身文化的价值充分肯定的基础上才能更好地发展文化。必须注意的是,这种文化自觉不仅包括群众层面,还包括政府层面。在提升民众文化自觉的同时,政府也要出台相关的奖励政策,通过媒体的宣传形成全社会的价值认知。政府还可以帮助非物质文化遗产传承人进行知识产权申报,有效的保护非物质文化遗产的资源权利及传承人的知识产权权利,带领广大的人民群众积极参与到肯定与发展文化类遗产的行动中来。但必须注意的是,政府的职能不能越界,不能剥夺民众的自主性,必须将二者有机结合,才能避免政府过多干预和群众的盲目开发对文化类遗产造成的破坏。

(二)将遗产变资源

在"保护中发展、在发展中保护"是遗产变资源的核心理念。1987年起陆续修建的仿宋古街为遗产保护政策中的"遗产变资源"这一问题打开了思路。这条古街是集宋代建筑风格与南方特色于一体的建筑组群,全长200余米,由彭祖山房、仙姿馆、乡土寨、岩顶香、六六峰、翠云小肆等风格各异的单体建筑组成。②1997年中国工程院院士,著名建筑家傅熹年对这一设计大加褒扬,认为其与周围环境的结合如此巧妙、浑然一体。这均源于建筑师杨廷宝教授提出的五项设计原则——"宜土不宜洋、宜低不宜高、宜藏不宜露、宜散不宜聚、宜淡不宜浓"。③仿宋古街的成功案例,为武夷山文化遗产的保护开辟了新的视角,即凸显指导原则的重要性、对现有资源的整合开发利用、打破旧有模式灵活再造。④ 这一思路和日本文化财的保护理念非常相近。日本一直提倡保护文化财,就是要将文化遗产活用,让其成为重振地方文化与地方经济的一种资源。其目的是将文化传统活态地保留在社区之中,并在此基础上再造农村社区新生活。这不仅是对现有资源的整合开发利用,更是对旧有模式的灵活再造。这种"遗产到资源"的核心理念指导我们对文化类遗产不仅要保护,还应该在其基础上进行创新,而这种创新毋宁说是一种更为深刻的保护。

另外,在创新形式方面也需要有所改进,对武夷地区的文化类遗产进行影像化记录、分析与阐释已经成为了大势所趋。这和当代社会文化的转型、视觉文化逐渐占据了文化形态的主流有着密切的联系。在这种"世界图像时代",方便快捷的影像处理拥有无可比

---

① 方李莉:《"文化自觉"与"全球化"发展》,《民族艺术》2007年第1期,第81页。
② 武夷山风景名胜区管理委员会编:《武夷山之旅》,海潮摄影艺术出版社,2002年,第130页。
③ 武夷山风景名胜区管理委员会编:《武夷山之旅》,海潮摄影艺术出版社,2002年,第130页。
④ 仿宋古街的案例不是为了让武夷山地区进行遗产制造,而是要以此论证对现有资源的整合开发利用、打破旧有模式灵活再造的重要性,拓宽遗产保护者的思路。

拟的优越性与话语权。影像不仅建构现实与历史,还建构人们的认知方式,使人们满足于去享受影像提供的信息,并自愿接受影像符号的引导。因此,对影像的把握不仅可以记录文化类遗产,还关系到影像话语权的分配问题,这对武夷山地区的文化遗产乃至整体形象的文化深描都有着至关重要的影响。韩蕾的《中国新世纪:民膳汤包》就很好地运用了影像化手法对民膳汤包这一民俗事项进行了描述与分析。如果仅就汤包本身来说,无论怎样拍摄都属于静态保护的范畴,因为汤包的个体形状并没有发生大的变化,但是韩蕾并没有仅仅停留在对"物"的探索上,而是"入乎其内,出乎其外",将汤包与制作者和周围的社会文化语境联系起来,在"动态保护"的层面上进行了全新的探索。另外,主角陈士荣虽然已入古稀之年,但是他的思想观念却很新,他用现代的理念来打理传统的小吃,不仅把传统小吃发展起来,还带动了一方经济。陈士荣的创新经营和韩蕾的创新拍摄,发挥出了1+1＞2的效果,民膳汤包不仅在坊间广为人知,还让国外的观众见识到了这一中华美食。这种蕴含着丰富文化底蕴的影像化表达已经远远超出了单纯影像传播对被拍摄物的宣传。由此可见,影像传媒等先进技术的发展,为文化类遗产的保护与宣传提供了更为有效的途径。它不仅能够克服遗产保护和传播过程中场域的束缚、传承渠道不畅,传播覆盖面狭窄等问题,还能让文化类遗产的民族性、地域性以及独特性得以创造性的保护,并且在传承的同时强化了非物质文化遗产固有的活态性与流变性。武夷山地区文化类遗产的保护大可以遵循这一形式,这对于遗产的保护、发展和传承都有着极大的正面意义。

(三)从积极保护到活态传承

由于文化类遗产既包括物质文化遗产又包括非物质文化遗产,这就决定了对它的保护不能仅仅停留在积极层面上,而是要有针对性的保护方针。尤其是对于民俗这类非物质文化遗产,不仅要积极地保护,更要保持一种活态的传承,使其能够生生不息地发展下去。然而,在现实中,非物质文化遗产活态保护的理念,却一直是经济发展与文化传承之间的最大问题,因为植根于传统农耕文化基础上的传统文化,很可能会以一种与现代社会格格不入的形态存在着。这就使得秉承活态传承这一理念的传承人机制的贯彻困难重重。这就决定了我们必须从以下两个方面对此加以改进:首先,必须要提高传承人的社会地位及待遇。其次,许多文化活动本身就是推广文化遗产的平台,政府要加以重视并给予积极地引导。

归根结底,在当前的文化类遗产保护工作中,传承发展占据了重要的位置,传承发展的核心是围绕传承人及其传习活动建立起来的传承保护体系。可以说,没有传承人及传承活动,文化遗产的保护必将形同虚设,只有保护好了传承人及传承体系,才能使非物质文化遗产得到良好的延续与发展。玉溪师范学院在继承这一理念的基础上进行了发展,由他们牵头建立的"湄公河次区域民族民间文化传习馆",拓展了活态传承原有的单点、单线的传习模式。他们由点到面,由线到网络,将整个区域文化中的非物质文化遗产的传承提升为大学课程的"本土化"目标,真正实现了区域文化的共享,为当地传统文化的传承提供了必备的物质基础与精神启迪。玉溪的经验颇值得武夷地区借鉴,武夷地区有着丰富

的文化遗产资源,传习馆模式非常便于对传统文化进行保护,并有效地在传承中加以发展。这不仅有助于当地文化的保护,更有助于让武夷地区亮出自己独特的名片,进一步促进当地文化事业的良性循环。

结　语

在全球化想象共同体下,人类的许多价值都在趋同,而传统文化可能是保持人们文化认同感的最后一道壁垒。但是,维护传统文化,保护文化类遗产,并不是说要以一种简单的排他的文化保守主义的姿态来抵御外来文化的入侵,而是要在活态的保护和传承的同时防止全球化浪潮造成的民族文化价值的空壳化与商业化。这就需要我们时时秉承费孝通先生所言的文化自觉意识,在保护与发展的同时唤起民众对传统文化的自豪感和自信心,对传统文化进行再理解与再评估。这种理念有助于保护者在与主流普适性知识的不断比较和整合中,能够选择出最适合地方文化发展的道路,最终实现地方文化的异军突起以及与多元文化之间的和谐共处。

参考文献

武夷山风景名胜区管理委员会编:《武夷山之旅》,海潮摄影艺术出版社,2002年。
福建农林大学林学院、武夷山世界遗产监测中心:《2006年武夷山风景区茶地监测报告》,2006年。
福建农林大学林学院:《永乐禅寺扩建工程对林地植物和植被的影响》,2007年。
萨林斯:《甜蜜的悲哀》,王铭铭、胡宗泽译,三联书店,2002年。
刘志军:《非物质文化遗产保护的人类学透视》,《民族艺术》,2009年7月。
方李莉:《"文化自觉"与"全球化"发展》,《民族艺术》2007年第1期。

武夷山民俗文化

武夷山民俗采风调查综述

刘家军[*]

人类社会的民间习俗都包含有一定的地域文化内涵或民族性格,因此,"入乡先问俗",广大的民俗学者、人类学者在做田野的过程中,民俗形式及活动既是一种文化预习,又是对族群最后总结定义的重要参照。"无论文化如何变迁,传统中优秀的东西一定会得到保留,而其糟粕必然被抛弃,无论是岁时节日等风俗还是家庭建构、宗教信仰等文化的其他内容,都一样受到选择,接受历史的检验,这是不以人的意志为转移的必然趋势。"[①]武夷山的许多民俗文化传承至今天,就必然蕴含着中原的根脉、历史的影子、地域的文化及民族的性格,非常值得生活在现实中的人们加以研讨、总结、传承。

图1　厦门大学武夷山民俗采风调查小组在闽粤王城遗址

在武夷山景区管委会及厦门大学人文学院领导的大力支持下,分别由黄鹤老师、刘家

---

[*] 刘家军,厦门大学人类学与民族学系副教授。

① 福建省民俗学会:《闽台岁时节日习俗》,厦门大学出版社1992年版,第114页。

军老师带队,先后与2010年下半年与2011年上半年分两次赴武夷山有关田野点,对武夷山当地民俗做了典型性但又有民族志方法的调查,田野点主要有城村、曹墩、下梅村、五夫镇、朱子巷、林亭窑址、天上宫、闽粤王城、"双遗产"景区等古村落及重要文化遗存区。一系列的入户调查和文化苦旅可以说是对武夷山民俗"传承"与"特色"的一次很好的学习与理解,"为有源头活水来",笔者认为至少可以从以下三个方面做一些管窥与思忖。

一、习俗溯源中的中原根脉与古越文化

习俗属于人类民间文化的范畴,而文化最早是一个外来词,来源于拉丁语,英文是culture,原意为:耕耘、耕作。文化的概念国内外很早就有争论,广义的文化一般是指人在社会实践过程中所获得的物质、精神的生产能力及其创造的物质、精神财富的总和;狭义的文化则是指精神生产能力和精神产品,包括政治、哲学、文学、艺术等。① 但文化的功用古今中外都非常认可,都把文化看成是维系一个民族统一团结的重要支柱。著名史学家朱崇如说:"我们谈起了世界几大文明古国,有七大文明古国都有断代,而我们中华民族为什么没有断代?很重要的一个东西,靠文化。"② 一个地域能形成真正的"文化"名片,决非一日之功,这是世人皆认的共识。人类创造了文化,而文化反过来也创造了人类。武夷山以其丹霞地貌的无比奇秀甲于东南。"千百年来北方移民不断迁居福建并取得各自的生存空间,形成了根深蒂固的家族和乡族观念。……福建民间各家族也十分重视家族神灵的塑造与崇拜"③,武夷山民俗就在一定程度上成为八闽移民文化及习俗的一个缩影。

武夷山习俗文化源远流长,但其传承根本必然是中原的炎黄传统文化,其形成也类如"冰冻三尺,非一日之寒"。中原移民带来了汉民族传统习俗,又不断融进古越族地方习俗以及不同地域、村落方言文化等,构成了各地不同的习俗文化,而且有着更加丰富、独特的文化内涵。

武夷山习俗文化之渊薮,考古界早就有所明断,比如在九曲溪岸边断崖上的悬棺经碳14测定已有4000余年的历史,当地先人的遗迹已经接到了史前时代。根据有关考古史料记载,武夷山早在新石器时代,古越族就在这里创造了令现代人惊叹的架壑船、虹桥板等千古奇观。笔者参与的一次厦门大学武夷山考古实践活动中,曾在深山的草丛里寻到悬棺里掉下来的商周时期古陶碎片。自周至秦汉,就开始有黄河流域的"分封"贵族及战乱移民来到武夷山。城村闽越汉王城那规模宏大的殿堂井市、冶炼遗址的发掘,都曾引发史学界对福建汉代文化的热烈争论,总忍不住让人思考历史上的"可以立国"之根基和人气如何在这偏远蛮荒之地最终促成。到了南宋,除了大批战乱移民到武夷山之外,以朱熹

---

① 徐进功:《全球化背景下的中西文化融合与冲突》,厦大党委《建党85周年论义集》,第184页。
② 陈宏:《解读台湾问题》,新世界出版社2004年版,第202页。
③ 陈支平:《福建族谱》,福建人民出版社2009年版,第201页。

为代表的一批理学家开始在此结庐讲学、聚徒传道,又把福建推到"执全国学术之牛耳"的地位,也深深地影响着当地的文化与习俗。直至元明清以来,达宦名流、文人骚客更是足迹绵绵,为后人留下丰富的人文景观。"中国人之所以为中国人,不在于血统如何,而在于文化如何。"①

武夷山民俗文化是一种厚重的积累。"民风民俗可以说是祖国民间文化中的一部分财富,闪闪发光,对于爱好研究我国各民族文化的人,具有无限的吸引力"②,武夷山的节日习俗成为了解璀璨中华文化和福建民俗的重要视角。在当今国家重视文化大建设的时代背景下,继承和弘扬促民生的习俗文化,对促进社会和谐、提高人文素养、促进"海西"建设等都有着非常深远的意义。

二、习俗嬗变中的朱子文化

任何一种文化的发展都是建立在借鉴和吸收的基础之上,都与杰出人物的个人作用密切相关。③

闽北文化积淀深厚,是福建文化的发源地之一和闽越文化的摇篮,被誉为"闽邦邹鲁"和"道南理窟"。历史上曾出了2000多位进士和17位宰相,如李纲、真德秀、杨荣等。历史文化名人如宋慈、辛弃疾、陆游、蔡襄、杨时、柳永、严羽等都曾在闽北留下足迹。

众所周知,蜚声国内外的南宋朱子学(也称之为闽学)发源地就是武夷山,该学派以深邃的道德智慧成为整个华夏大地元明清三

图 2　调查队成员入户调查民俗文化

代长达 7 个多世纪的官方意识形态、社会主流意识。钱穆先生在《朱子新学案》中曾言:"在中国历史上,前古有孔子,近古有朱子,此两人,皆在中国学术思想史及中国文化史上

---

① 黎东方:《细说秦汉》,上海人民出版社 2002 年版,第 9 页。
② 厦门市思明区文艺联谊会:《闽台民俗风情》,鹭江出版社 1989 年 5 月版,容肇祖序言,第 1 页。
③ 沃兴华:《中国书法史》,上海古籍出版社 2001 年版,第 128 页。

发生莫大影响。旷观全史,恐无人堪与伦比。"而且武夷山的习俗嬗变自宋代开始就包含着丰富的朱熹文化因子。

朱熹(1130—1200)在他70年的生命里程中,有60多年生活在武夷山地区。宋代有一种特殊的名义官职,叫奉祠,意思是管庙的职位,给薪水而不必干活,住地听便,原来用于安顿年老体弱或与朝廷意见不合的官僚。朱熹一生竟然12次担任奉祠,共21年10个月,这个职位虽然收入很低,但有足够的自由活动时间。他由此在闽地建了许多书院促进研究和讲学,在闽北,朱熹建有三个主要讲学基地:建阳寒泉精舍、崇安武夷精舍和建阳考亭,四方学者云集,跟随老师一起生活学习,他的弟子,有姓名可考的就有511人。南宋王遂的《重修武夷书院记》中说:"朱熹之讲学武夷,诸生不远千里而聚首执简。"朱熹推崇的是正心诚意地研究天理,决不可以迎合统治者的爱好,他依靠自己的人格魅力与虔诚心志,凝聚了五湖四海的学子,布衣粗食,朝乾夕惕,相互砥砺,"日与诸生讲学竹林精舍",共同探究天人之道。其著述十分宏富,经史子集,四部齐备,据周予同考辨,共126种,影响最大的是《四书章句集注》,以及后人编辑的《朱文公集》、《朱子语类》等,他的学派又称考亭学派,虽然也长期遭朝廷上下毁禁,但其文义精髓,是皓首历练而成,决非一日之功,谁都无法永远盖住其光辉,到1200年朱熹死的时候,虽然仍属于学说遭禁时期,但还是有不少门徒从四方赶来为老师送殡,《宋元学案补遗》记载:"会葬者6000人。"著名爱国词人辛弃疾也亲自来参加吊唁,祭文云:"所不朽者,垂万世名。孰为公死,凛凛犹生。"76岁高龄的大诗人陆游,也写了祭文:"某有损百身起九原之心,又倾长江往东海之泪。路修齿耄,神往形留。公殁不亡,尚其来飨。"朱熹病逝后,他的弟子兼女婿黄干成为闽学学派的领袖,继续从事存统卫道的活动。1210年,宋宁宗诏赐谥朱熹"文"。1227年,宋理宗接见朱熹之子朱在,说:"恨不能与(朱熹)同时。"1241年,朱熹像进入孔庙,诏令学官从祀。1313年,元仁宗宣布科举取士,规定第一、二场考试限从朱熹《四书集注》中出,诠释也以《四书集注》为主,这对后世的影响极大。元、明、清三代,朱熹对儒家经典章句的注释一直成为科场试士的科目。朱熹的学说被尊崇为官方意识形态。闽学挟朝廷之力风靡天下,以至人们都说:"天下之学皆朱子之书。"

朱熹在武夷"琴书五十载",集孔子之后历代学术思想之大成,最终形成儒学思想文化的杰出代表——朱子理学,使武夷山成为朱子学萌芽、成熟,直到传播、发展的名山,为中国古代文化作出了突出贡献,极大地影响了武夷山当地的民风、民俗。正如蔡尚思先生所赞誉的"东周出孔丘,南宋有朱熹;中国古文化,泰山与武夷"。武夷山成为朱子理学的发祥地,被誉为"理学名邦"。朱子学是新儒学即宋明理学中成就最高、影响最大的一个学派,朱子学在宋、元、明、清被提到儒学正宗的地位,不仅影响了中华民族思想文化,而且还跨越民族和地域的界限,成为中世纪东亚各国共同接受的学说,并对欧洲启蒙思想产生过积极影响。朱子学塑造了一座令人景仰的文化高峰,成为武夷山世界文化遗产的重要组成部分,也是中国乃至全人类的宝贵文化遗产。

民间习俗中的朱子思想即使从今天的视角来看,仍然值得不断传承和探讨。特别是朱熹坚持儒家的中庸之道及天地万物融为一体,取之有时,用之有节的观点,与当代科学

武夷山民俗文化

发展的理念、可持续发展导向、统筹协调要求,都是相一致的。社会的和谐基于发展的和谐,发展的和谐需要理念的和谐,朱子学具有跨越历史时空的普世指导价值。

在海内外民众的积极推动下,武夷山地方政府部门,决定自2005年开始,每两年在朱熹诞辰(农历九月十五日)前后期间举办朱子文化节。在每届的朱子文化节,海内外专家学者、朱熹后裔都纷纷聚首朱子理学发祥地,共同纪念朱熹对中国文化、东亚文明乃至世界文明所做出的贡献,弘扬朱子文化及中华民族优秀传统文化,在世界范围内传承儒家人文精神。

图3 武夷山朱子文化节开幕式

2010年10月22日,是朱熹诞辰880周年纪念日,由南平市政府和中华炎黄文化研究会、世界朱氏联合会、台湾朱子学研究协会等两岸14家单位联合主办了第三届朱子文化节。本届武夷山朱子文化节开幕期间,正值闽北遭受特大洪涝灾害,海内外嘉宾克服了重重困难,仍旧如期而来,其中台湾的乡亲不仅对南平临时调整朱子文化节部分活动项目表示理解,而且慷慨解囊,为闽北灾区捐款,表达了海峡两岸同胞的骨肉亲情。突出了朱熹理念中"人与自然和谐"的精神,也实现了"扩大民间交流,加强两岸合作,促进共同发展"的目标。

未来的朱子文化节还将继续将弘扬传统优秀文化与张扬现代文明结合起来,为全面建设小康社会,构建社会主义和谐社会,促进人类和平进步做出贡献。

三、习俗印象中的特色文化

唐天宝七年(748年),武夷山被敕封为天下名山大川,成为众所公认的灵山圣水。武

图4 朱子文化节的民俗风情表演

夷山典型的山水、气候自然生态及人文环境决定了其习俗特色文化的衍生。根据实践队对武夷山蜡烛会习俗、柴头会习俗、蛇信仰习俗、岩茶保健习俗的考察,就可以窥见当地的特色习俗及人文性格。

(一)蜡烛会习俗

该习俗是武夷山最重要的民间集会习俗之一。蜡烛会的渊源最早可追溯到唐朝,是为悼念唐末武夷山籍的著名禅师翁藻光而设立,世称其为辟支佛再生,故俗称其为辟支古佛,又因其隆冬时扣冰沐浴,也称其为扣冰古佛。幼年时便通佛性,十岁出家,深研佛法,造诣精湛,盛誉天下。曾被闽王躬请入府,敬为师,请教为政之道。故后人又称其为"王者师",信众遍天下,极受推崇。

辟支古佛是我国古代参悟到禅学真谛的大师之一,法力高强。有一次黄河决口,田园淹没,饿殍遍野,河堤无法修好,辟支古佛在崇安修寄水斋,黄河河堤治理才得以完成。又有一年,福州荔枝将熟之际,突遇大虫灾,人们无奈,特来祈求辟支古佛。佛惠赐铁牌一面,铁牌一到福州,大雨倾盆,仿佛给荔枝洗了一个澡,虫患因此消灭,荔枝得到空前丰收。一年江西久旱,素闻辟支老佛灵验,江西百姓特来祈雨,辟支古佛又赐铁牌一面,果然江西人回去后,雨随牌至,旱灾顿解,名声大振。辟支古佛在宋绍兴年即被皇帝封为"慈济大师",因其屡显灵应,一再受封,至宋晚期宝祐年间已累封为"灵感法威慈济普照大师",成为驰名天下的灵异神圣的大禅师。

武夷山的善男信女对他崇拜尤甚,特在吴屯建有父母庵一座,将他的肉身遗像供奉在

那里,每年初春特设仪会以便信众祭礼敬拜。每到会期,万众秉烛迎奉,这就是蜡烛会的由来。

蜡烛会规模盛大,域内外方圆数百里的信众蜂拥而至,入武夷山朝圣,成一时盛会。吴屯会期是农历二月初一日,黎口为二月初六日,岚谷为二月十三日(后改二月十一日)、大浑为二月十五日,城关为二月二十一日,几乎整个二月份都被蜡烛会所笼罩。

在各地的蜡烛会中,以武夷山城区最为隆重。每年的二月初八日就有"议会",二月十六日迎奉城关光化寺的老佛塑像,称为"佛过街"。二月二十日派十多个彪形大汉,在凌晨前到吴屯小寺接老佛肉身像。接佛时,这些大汉抬着古佛,急跑抬入城关,路上绝对不能休息停留,称为"赛佛"。老佛接到城关后,家家户户选一对最好的蜡烛送庵,庵中灯烛辉煌,一对对蜡烛从佛像前的香案桌一直点燃到大门口。二月二十一日,虔诚的善男信女会集城内,整个城区人群熙攘,热闹非凡。

午后时刻蜡烛会正式开始,先是迎佛,人们抬着辟支古佛,前头由两把大号开道,紧跟各类迎牌,以戏文为内容扮装的三十六台"仙仔",穿插在行列中间,使人仿佛是在剧院里看戏;《白蛇传》中的白娘子和许仙在娓娓细语;《三国志》中的关云长在秉烛夜读;《岳飞传》中岳飞跪着受岳母刺字"精忠报国"。在迎佛行列中相隔一段就配有闹鼓、仙幡、唢呐等各组乐器,时而一阵闹鼓像万马奔腾,咚咚作响;时而一阵阵管弦细乐,幽闲清新;时而一阵阵唢呐婉转响亮。整个城关,沉浸在欢闹的乐曲声中和神话的境界里。到了晚上,几十成百架的"烛桥"(烛高数尺,插在架上的叫"烛桥")、"烛轮"(以方筐逐层点燃的叫"烛轮")、"烛亭"(亭子式的叫"烛亭")沿街游行,烛光冲天,有如火龙,颇为壮观。沿街居民,燃放鞭炮,献烛礼拜、祝愿,迎佛盛况可谓空前。

蜡烛会从五代兴起至今,年年相传。随着武夷山生产的发展,人民生活水平的提高,武夷山人民赋予它新的时代特色,成为这里的民俗文化与商品的交流盛会。城乡居民交流各种生活必需品和春耕农具等,实际上也是村民们筹备农事生产的一次重要的集会。

(二)柴头会习俗

《武夷山志》明确记载:城关柴头会,二月初六日集中竹竿、柴棍、农具及一切日用品于城坊售之,故得名。

柴头会习俗的来源独具传奇色彩,与地方传统习俗和时代均有直接和特殊的关系,得名于远在一百多年前发生在武夷山的斋教起义。1851年农民领袖洪秀全领导了太平天国运动,在太平军的影响下,武夷山(当时的崇安县)和全国各地一样,四乡农民纷纷起来抗捐抗税,反对奴役压迫。县衙门官吏见势头不妙,便加紧对农民进城买卖的检查,下令不准农民携带凶器、铁器之类的东西进城。凡进城者,只允许挑柴木,携带竹、木家具等农副产品。这样一来,更激起了农民的不满和反抗。1865年,武夷山北乡一带的武生陈顺光及安寿子、张老三等以岚谷乡为基地,在相邻的福建、江西边缘地带传播斋教,崇奉弥勒佛,称无极圣祖,会众统称"老官",教徒吃斋,每逢初一、十五日持香赴斋堂诵经聚会,以"代天行道"为宗旨。由于农民难以承受沉重的苛捐杂税,民怨沸腾,陈顺光等以造纸为掩护,广泛发动教友。1866年二月,派教友进山挖笋,当众挖出"宝剑和天书",声称天意,明确发动起义,迎接太平天子,"老官"们用面粉捏塑一尊容颜端伟的面人,奉为皇帝。1866年,四乡农民在起义首领陈顺光的带领下,于农历二月初六日凌晨,假借民间迎奉扣冰古佛的名义,携带武器,化装进城。扛上木棍、竹叉和扁担等冲进县衙门,围击厘金局,杀死了县官,击退了驻守的清军,占领了县城。各乡百姓纷纷响应,迫使官府下令免除农民的"竹丝税"、"明笋税"、"茶叶税"等,并立即张榜公布,起义获得了胜利。人们为了纪念这木棍、竹叉和扁担取得的胜利,因此将每年农历二月初六日这一天原本以黎口为中心举办的迎奉古佛的活动,转移至崇安县城,并名之为"柴头会"。

柴头会沿袭至今,已成为福建省民间的较大盛会之一,实际上是一次规模盛大的民间商品交易会。每年二月初六,武夷山市境内农民都换上节日的盛装,纷纷扛上竹木农具等,云集市区开展各种交易活动,不仅是开春之际的农事筹备,也是对先辈农民成功争取基本权益的缅怀和纪念。

(三)蛇信仰习俗

中国的崇蛇文化自远古就有之,比如《鲁灵光殿赋》中记载:"伏羲鳞身,女娲蛇躯"。《史记·三皇本纪》也认为:"伏羲氏蛇身人首,女娲氏亦蛇身人首。"

一个民族或地域的信仰文化,总是与其所处自然地理条件密切相关。地处中国东南的福建古称"闽",许慎在《说文解字》中解释:"闽,东南越,蛇种。"北宋《太平御览》称"闽州,越地……皆蛇种。"

武夷山的蛇种类和数量都很突出,堪称"蛇的王国",保留

图5 武夷山柴头会习俗活动

着诸多崇蛇、祭蛇的遗风遗迹,古文献中也多有闽人使用蛇形发簪以及蛇纹身的记载[①],至今保留有蛇村,关于崇蛇的民间传说也非常多。许多地方至今还流行着蛇的信仰和每年过蛇节的民俗。保留着奇特的原始生动的崇蛇祭蛇民俗文化,以游蛇灯、赛蛇神活动为

---

① 台湾同属于闽越文化圈,在当地的少数民族中同样保留着许多崇蛇祭蛇的遗风遗迹,在蛇文化的信仰上具有很大的相似性。

标志,吸引了越来越多的海内外游客,成为全国非常典型的蛇信仰习俗①。

图6 武夷山蛇信仰习俗活动

蛇节的习俗活动分春、秋两季,春季在每年农历的初六至二十一日,秋季在农历的七月初七日。

每年农历的元宵前后的初六至二十一日,城乡各地的蛇信徒们都要举行游蛇灯活动。蛇灯的蛇头蛇尾,用竹篾编扎,彩纸裱糊而成,形象古朴、生动夸张。蛇身由灯板间榫头衔接而成,可扛在肩上,移动灵活自如。在灯内点燃红蜡烛,周围裱糊白纸,贴各种剪纸图案或画各种花鸟虫草,或题有各种吉祥祝颂的话语。

蛇信徒们每年都踊跃参加游蛇灯活动,常按姓氏、街道或片区轮流举行,每夜一游,每户一节,少则三五十节,多则七八百节,连成一两公里的长长蛇阵,由神铳开道,鼓乐齐鸣,浩浩荡荡地绕城镇街道及村落蜿蜒而行。所到之处,各家各户门户大开,以香火、鞭炮、焰火迎接,热闹非凡。在夜幕下,如天降火龙,时而逶迤前进,时而卷曲打结,时而舒展腾跃,十分壮观。

每年农历七月初七日,赛蛇神的盛况更让外来者吃惊称奇。赛蛇神活动之前,信徒们纷纷到野外捕蛇,把捕来的蛇存养在蓄蛇瓮里,以备赛蛇神作蛇表演之用。在赛蛇神队伍出发之前一小时,锣鼓声中有人高举一面一丈多长的过山旗,沿着赛蛇神队伍将要经过的路线走一趟,以告示众人,尔后,神铳声声,号角阵阵,锣鼓喧天,鞭炮声不绝于耳,长长的赛蛇神队伍从蛇王庙出发。赛蛇神队伍中,带枷人群有时多达两三百人,都是自带枷

---

① 国外的蛇节信俗比较典型的就是在印度、斯里兰卡等国的崇蛇文化。其中印度教的传统节日——蛇节(Nag-Panchami),在内涵上与福建的蛇节有着较大的差别。

子,枷子上写有"犯人一名,弟子某某某叩上"等字样。带枷者多是现实生活中发生了一些不幸或困难,自认为自己就是罪过之人,于是带枷谢罪,这是一种原罪表达,借此活动向蛇神忏悔,求得蛇神的赎罪、保佑。

现在樟湖板人要为蛇节申报国家级非物质文化遗产,可见该节日习俗在当地有着深远的意义和影响①。

(四)武夷岩茶保健习俗

茶叶在我国西周时期是被作为祭品使用的,到了春秋时代茶鲜叶被人们作为菜食,而战国时期茶叶作为治病药品,西汉时期茶叶已成为主要商品之一了。从三国到南北朝的三百多年时间内,特别是南北朝时期,佛教盛行,佛家利用饮茶来解除坐禅瞌睡,于是在寺院庙旁的山谷间普遍种茶。到了唐代,茶叶才正式作为普及民间的大众饮料。茶文化是包括茶叶品评技法和艺术操作手段的鉴赏以及品茗美好环境的领略等整个品茶过程的美好意境,其过程体现形式和精神的相互统一,是饮茶活动过程中形成的文化现象。它起源久远,历史悠久,文化底蕴深厚,与宗教结缘。

福建堪称茶文化的发祥地。唐冯贽撰的《记事珠》称"建人谓斗茶为茗战",明末清初福建创制了乌龙茶,释超全的《武夷茶歌》、清代董天工的《武夷山志》等都记载了乌龙茶的制作技术。乌龙茶问世后就受到人们的喜爱并出现了适于乌龙茶的独特品饮习俗,俗称工夫茶。清代彭光斗的《闽琐记》、施鸿保的《闽杂记》等都有记载。乌龙茶也很快由闽地传入台湾。

如今福建茶叶总产、单产、良种数量、普及率、茶类

图 7　调查队成员采访饮食、岩茶保健习俗

创制居全国首位,品茶的技艺也数福建最奇。武夷山岩茶大红袍闻名遐迩,在中国茶叶发展乃至世界茶叶发展上具有重要的历史地位和文化价值。现代武夷山茶文化及饮茶保健习俗在继承前人的基础上更是进一步发扬光大,种茶、制茶、售茶、品茶、赛茶等几乎占据了茶乡人文化习俗的所有生活。制茶讲科学,品茶有文化,构成独特的武夷山区域人文特

---

① 曹如松:《福建的蛇节》,《炎黄纵横》2010 年第 2 期,第 61 页。

征。比如每年举办的武夷岩茶节、武夷山茶文化艺术节、中国武夷山大红袍茶文化节等，既宣扬了历史悠久的中华茶文化，又很好地体现着武夷山茶文化的地域文化特色。其中2010年的武夷山国际禅茶文化节，有来自海峡两岸108名高僧参与了主题为"茶和天下"的祈福大典，代表着新世纪全人类的共同心声。

图8 武夷山茶文化

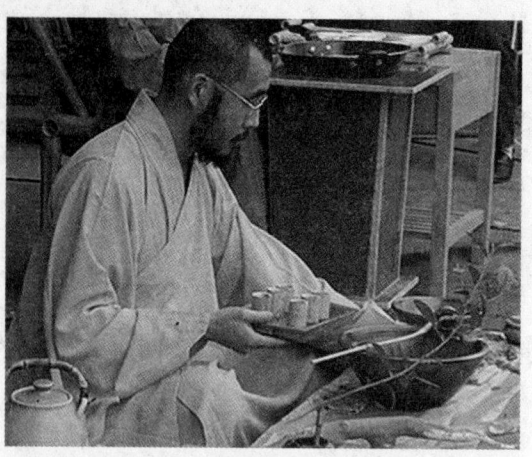
图9 武夷岩茶文化交流

各地的"茶人之家"、茶文化博览会、闽台文化交流如今也日渐成为海西的文化交流品牌。

总之，武夷山作为世界文化与自然双重遗产，有着丰富的民俗文化资源。"文化，是维系一个民族的精神纽带，是凝聚一个民族的感情乳胶。"[①]武夷山民俗是由岁月的沉积岩垒筑的文化景观，自然美、文化美交相辉映，形成天人合一的胜景，也是我们民族文化精神的重要载体。季羡林教授生前面对媒体反复强调的一句话是："文化的重要价值在于传承。"因此，武夷山民俗文化遗产作为福建文化的象征、缩影，作为人类的宝贵精神财富，值得后人、后学认真研究、传承，亦如先贤大哲朱熹治学所强调的"循序渐进，熟读精思"，保护好民俗文化遗产就是守护我们的精神家园！

---

① 徐学：《厦门文化丛书·序言》，鹭江出版社1998年版。

对非物质文化遗产的旅游开发及利用

——以武夷山习俗文化为例

毛安琪*

引 言

非物质文化遗产作为一个民族的根,是一个民族的记忆,是一个民族创造力的源泉。然而,在城市化进程不断加快的今天,非物质文化遗产正在渐渐被淡化,造成了经济、文化、地缘疆界的模糊和地方特性的消解。同时,在外来的种种强大经济、文化势力下,地方传统与历史文脉被割裂,文化的多样性遭到扼杀,非物质文化遗产的保护与传承遭遇空前危机。

1997年11月联合国教科文组织第二十九次全体会议通过了《人类口头及无形文化遗产代表作宣言》,"人类口头与非物质文化遗产"正式出现在联合国的文件中,非物质文化遗产开始受到前所未有的重视和关注。2006年5月我国公布第一批国家级非物质文化遗产名录,由此也引发了各省、各地区申报非物质文化遗产的热浪。目前,我国国家、省、市、县四级非物质文化遗产名录已经逐渐形成,这必将会对我国非物质文化遗产的保护与开发利用产生积极影响。

非物质文化遗产具有经济、文化、教育等多方面价值,而且也是文化内涵深厚、数量丰富的旅游资源。近些年来,全国各省、市、地区逐步认识到非物质文化遗产的旅游价值,积极的开发利用,促进了当地旅游业的发展。但由于缺乏专业知识与人才,致使有些旅游产品过于粗糙,文化品位不高,处于低层次的开发水平。这些现象的存在极大地限制了某些地区旅游业的发展,同时也是对当地文化资源的浪费甚至是劣化。

武夷山劳动人民在长期生产生活和社会实践中,创造了丰富的民间文学、音乐与舞蹈、体育与杂技、美术、技艺、医药、民俗等非物质文化遗产,这些非物质文化遗产是武夷山

---

* 毛安琪,厦门大学哲学系本科生。

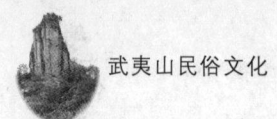

历史进程的记忆,是先人智慧的结晶,是文化多样性的生动展现,是武夷山人民永恒的精神家园。

因此,作为世界文化与自然双遗产地和国家5A级景区的武夷山,如何在旅游开发中提高文化品位,增加文化含量,以提高各旅游目的地的吸引力,赢得更大的社会效益和经济效益,实现旅游业的可持续发展已成为旅游资源开发的发展方向和重要研究课题。

一、非物质文化遗产概述

(一)概念

根据联合国教科文组织通过的《保护非物质文化遗产公约》,把非物质文化遗产做如下界定:"非物质文化遗产指被各群体、团体、有时为个人视为其文化遗产的各种实践、表演、表现形式、知识和技能及其有关的工具、实物、工艺品和文化场所。各个群体和团体随着其所处环境、与自然界的相互关系和历史条件的变化不断使这种代代相传的非物质文化遗产得到创新,同时使他们自己具有一种认同感和历史感,从而促进了文化多样性和人类的创造力。并明确规定非物质文化遗产的范围包括:口头传统,包括作为文化载体的语言;传统表演艺术;民俗活动、礼仪、节庆;有关自然界和宇宙的民间传统知识和实践;传统手工艺技能;与上述表现形式相关的文化空间。"[1]

(二)特征

非物质文化遗产从内容到形式都有自己的特殊性,正确认识非物质文化遗产的特征,是科学保护和合理经营非物质文化遗产的前提。国内学者对非物质文化遗产特征的研究比较深入细致,现将大部分学者的观点综合如下:

1. 无形性

非物质文化遗产是抽象的文化思维,它存在于人们的观念且随着人们观念的变化而变化,如知识、技能、表演技艺、信仰、习俗、仪式等,所以从本质意义上讲,非物质文化遗产是无形的:一方面它不像物质文化遗产那样是有形可感的物质,另一方面它不像物质文化遗产那样具有稳定性。所以,非物质文化遗产在传承上就具有与物质文化遗产不同的特点,不是通过物本身而是通过人的活动来进行。[2]

2. 物质载体性

尽管非物质文化遗产具有无形性的特点,但是绝大多数的非物质文化遗产是通过一些有形的实物展示出来的。也就是说,物质载体是非物质文化遗产的主要表现形式之一。

---

[1] 联合国教科文组织:《保护非物质文化遗产公约》,第一章 总则,2003年。
[2] 宋俊华:《非物质文化遗产特征当议》,《江西社会科学》2006年第1期,第33~37页。

比如,非物质文化遗产中的音乐,尽管我们是通过听觉去感知,但是必须有乐器和演奏者我们才可能体会到音乐的魅力。同样的,民族文化类非物质文化遗产也需要借助诸如建筑、服饰、工具等物质载体才能展示给世人。所以说,非物质文化遗产是具有物质载体性的。

3. 民族性与地域性

从外在的形式看,不同种族,不同民族的人民创造了各自不同的服饰、语言、传说、社会风俗,音乐舞蹈、社会结构等等。即使在同一个地域,同一个民族在不同的历史阶段所创造的文化也是有所差异的,非物质文化遗产也不例外。非物质文化遗产的内在形式也是千差万别的。不同民族有着自身的民族精神,民族情感和民族性格,这些内在的因素几经变迁依然长期存在。

非物质文化遗产的地域性与民族性是息息相关的。从民族的定义来看,共同的地域空间是一个民族存在的基本前提条件之一。① 不可否认,大多数非物质文化遗产具有很强的地域性。比如少数民族文化就主要集中在少数民族居住的地方,傣族文化主要集中在西双版纳一带,而纳西文化则主要分布在纳西族居住地丽江。

4. 传承性和传播性

非物质文化遗产可以依靠代代相传而保留下来,因此可传承性是非物质文化遗产的另一重要特征。人们通过口耳相传、模仿、学习等方式,在上下代之间进行各种行为、技能、习惯的传承活动,使语言、技艺、民间艺术等无形遗产得以不断延续。尽管在传承的过程中可能出现变异的情况,但是我们不可否认,传承性作为保存历史的功能和价值一直发挥着巨大的作用。

5. 变异性

在非物质文化遗产的传承和传播过程中,变异是无法避免的。比如,民族文化中的一些宗教节日已经慢慢失去了宗教的功能。此外,当人们接受外来文化的时候,往往会与自有的文化进行融合,从而创造新的文化。

(三)非物质文化遗产与旅游资源的关系

近年来旅游业持续升温,传统的大众观光型旅游产品已经不能满足人们更高层次的旅游需求。因此,如何合理开发与利用旅游资源以创造出高质量的旅游产品这一问题,受到了学术界与业内人士的普遍关注。从 20 世纪 80 年代开始,就有学者提出文化在旅游中具有重要作用的观点,此后有研究将文化视作"现代旅游产品的内在生命"②,是"旅游

---

① 向云驹:《人类口头和非物质文化遗产》,宁夏人民教育出版社 2004 年,第 74 页。
② 刘彦群:《盐文化与旅游开发》,《盐业史研究》2005 年第 2 期,第 31~34 页。

业的灵魂"①,是"旅游发展赖以生存的背景"②。

文化的地域间差异促成了人们的出游动机,使跨地域人文旅游成为可能。随着经济的发展与信息时代的到来,旅游者对文化体验的追求越来越高,旅游业的发展也开始展开在"产品个性化、专业化、精品化下的文化品牌竞争"③。

二、武夷山市非物质文化遗产概述

(一)武夷山市概况

武夷山市位于福建省西北部、闽赣两省交界处,介于北纬 27°27′31″—28°04′49″、东经 117°37′22″—118°19′44″之间,属中亚热带地区。前身为崇安县,建置于北宋淳化五年(公元 994 年),1989 年 8 月经国务院批准撤县建市,是一个以名山命名的新兴旅游城市。

武夷山风景秀丽,历史悠久,人文荟萃,素有"碧水丹山"之誉。全市土地总面积 2802 平方公里,总人口 22 万(2006 年),辖 3 镇、4 乡、3 个街道、3 个农茶场、115 个行政村,境内拥有首批国家重点自然保护区、国家风景名胜区、国家旅游度假区、国家一类航空口岸、全国第四批重点文物保护单位——城村古闽越王城遗址。1998 年 7 月,被评为中国首批优秀旅游城市;1999 年 12 月,被联合国教科文组织批准列入《世界遗产名录》,成为我国第四处,世界 23 处文化与自然"双遗产"地之一。2003 年被列入"中华十大名山"。2007 年,被评为全国首批 5A 级旅游区。

武夷山悠久的历史,人文荟萃,灿烂的古代文化造就了丰富的非物质文化遗产。在千年的历史长河中,朱熹的理学文化、柳永三兄弟的"柳氏三绝"、胡安国的"一家五贤"、刘氏宗族的"三忠一文"、翁氏家族的"六桂联芳"、蔡文定家族的"蔡氏九贤"等,在武夷山大放异彩,可称得"簪缨世家,声名远播"。这些贤相名儒,文人雅士大多是蜚声华夏的风流人物。他们在武夷山或结茅其间,隐居修身;或流连山水,登览指顾;或宦游是地,造福一方;或筑室授徒,讲学著述;或箫咏唱和,讴歌抒怀。因此,"斯文在此"、"闽邦邹鲁"、"道南理窟"也成为武夷山别称。当代学者蔡尚思赋诗:"东周出孔丘,南宋有朱熹,中国古文化,泰山与武夷。"

(二)武夷山市的非物质文化遗产现状

2009 年 1 月,福建省文化厅发出《关于在全省进一步开展非物质文化遗产普查工作的通知》,武夷山市组织了 215 名非物质文化遗产普查工作人员,深入 3 个街道、7 个乡镇

---

① 曹诗图、袁本华:《论文化与旅游开发》,《经济地理》2003 年第 3 期,第 405~408、413 页。
② 包广静、李春燕、武有:《文化与旅游互动机理探析——以腾冲县旅游发展为例》,《云南地理环境研究》2004 年第 2 期,第 44~47 页。
③ 刘彦群:《盐文化与旅游开发》,《盐业史研究》2006 年第 2 期,第 31~34 页。

的 115 个行政村,对 17 个大项,100 多个小项展开普查。聘请热心于非物质文化遗产保护事业的有识之士担任普查专家,走访老艺人、老教师、老村民、老专家、老干部开展非物质文化遗产普查。

普查工作历时半年,共收集线索 11638 条,调查项目 1061 项。其中民间文学 530 项,民间音乐 24 项,民间舞蹈 10 项,戏曲 14 项,曲艺 9 项,民间美术 4 项,民间手工技艺 91 项,生产商贸习俗 18 项,消费习俗 59 项,人生礼仪 34 项,岁时节令 53 项,民间信仰 63 项,民间知识 55 项,游艺、传统体育与竞技 6 项,传统医药 84 项,其他 7 项。

目前,武夷山已拥有国家级非物质文化遗产 1 项——武夷岩茶(大红袍)制作技艺;省级非物质文化遗产 2 项——五夫龙鱼戏和兴田拔烛桥,正准备申报省级非物质文化遗产的有 5 项——民歌、廊桥的建筑工艺、柴头会、九曲溪讲解及竹筏制作;市级文化遗产 22 项(具体如表 1)。

表 1　武夷山市非物质文化遗产名录

类别	项目
民间手工技艺	1. 九曲竹排制作技艺 2. 八角亭龙须茶制作技艺 3. 遇林亭建盏制作技艺 4. 武夷青砖(砖碉)传统制作技艺 5. 武夷岩茶(大红袍)制作技艺(国家级) 6. 正山小种红茶制作技艺
饮食习俗	1. 岚谷熏鹅 2. 文公菜 3. 吴屯稻花鱼 4. 粿仔(方言)和饴子
人生礼仪	1. 武夷婚娶习俗
民间信仰	1. 吴屯抬佛习俗
游艺	1. 武夷分茶游艺——茶百戏 2. 脚斗士
传统医药	1. 民间草药——凤凰蛋(俗称:百草丸、本地万金油)
口头文学	1. 九曲溪讲解
民间习俗	1. 枫坡拔烛桥 2. 小浆马仔灯 3. 五夫龙鱼戏 4. 祭茶喊山仪式 5. 幔亭宴
生产商贸	1. 柴头会 2. 蜡烛会

由表1可以看出,武夷山的非物质文化遗产资源丰富,种类齐全,特色鲜明,为武夷山的旅游开发利用提供了优质的旅游资源,同时也为武夷山旅游业的发展提供了广阔的空间。

(三)武夷山市非物质文化遗产的特征

1. 多样性

按照联合国教科文组织的《保护非物质文化遗产公约》中非物质文化遗产的分类方法,非物质文化遗产共分为16类:民族语言、民间文学(口头文学)、民间美术、民间音乐、民间舞蹈、戏曲、曲艺、民间杂技、民间手工技艺、生产商贸习俗、消费习俗、人生礼俗、岁时节令、民间信仰、民间知识、游艺。以上几乎所有的类型在武夷山都可以找到,有许多优美神奇的口头传说和传奇故事,有古老的语言,有各种表演艺术项目,也有独特的民俗活动、礼仪、节庆,还有传统的手工艺技能等等,武夷山的非物质文化遗产涉及的范围之广泛,内容之丰富为我们所惊叹。

2. 历史悠久性与传承的创造性

武夷山的非物质文化遗产大多拥有千百余年的历史,且在一代一代的传承过程中,传承人融合当代的特征和民众的需求,不断精益求精,进行文化的再创造,形成了创造性的传承。如:武夷岩茶(大红袍)制作技艺在汉代便有制茶传说,唐代已见制茶、品饮诗文,宋代制成精致龙团凤饼茶,元代正式制作贡茶,明代制出散茶和发酵茶,清代制出半发酵的乌龙茶,民国时期形成了完善的制茶理论,当代又不断创新发展。五夫龙鱼戏始于五代,兴于两宋,大清乾隆五年《五夫龙鱼戏要略》详细记载了龙鱼戏的表演过程,传承不仅只是家族传承方式,还有村民之间互相传承。因此,传承带有明显的非家族性,呈社会性松散型。兴田枫坡村的拔烛桥活动传说由邱振焰创建于清朝咸丰八年(1858年),距今约150余年,主要传承"徐、邱、李、王"四姓族人及后裔。

图1 大清乾隆五年《五夫龙鱼戏要略》

3. 民间性与社会性

武夷山所保留的非物质文化遗产既非单个人的行为,也非政府指令的行为,而是一种民间自主的行为,只有"民间"的主人——广大民众才是其创造、传承主体和生命的内驱

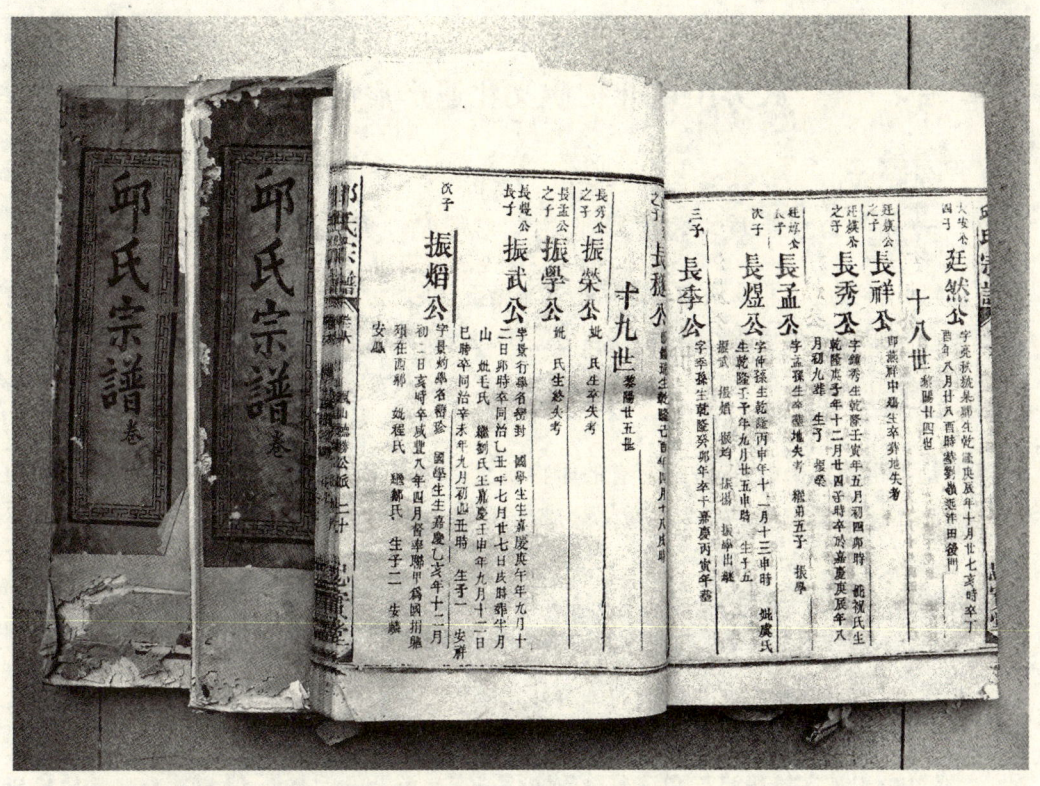

图 2　拔烛桥活动创始人邱振焰家谱

力。它一方面是能满足老百姓物质方面的需要,如:武夷山的民间手工技艺、饮食习俗和生产商贸类非物质文化遗产;另一方面是满足老百姓精神方面的需要,如:民间习俗、民间信仰、人生礼仪类非物质文化遗产。

4. 独特性

正是因为非物质文化遗产由当地的民众所创造,与当地的文化紧密结合,因此不同地区的非物质文化遗产都具有当地的地域文化特色。武夷山市的非物质文化遗产也必然具有浓郁的地方特色,具有唯一性。如:正因为武夷山当地的地理环境、气温湿度适合武夷岩茶的生长,尤其是景区内尚存的 3 棵大红袍母树,使武夷山人民自古以来就有以茶待客、以茶会友、以茶联谊等习俗,最终形成了武夷分茶游艺——茶百戏、祭茶喊山仪式、武夷岩茶(大红袍)制作技艺等非物质文化遗产。且在整个工艺流程中,"两晒两晾"的复式萎凋,长达 8 小时的摇筛做青、发酵偏重,叶缘呈朱砂红色;"双炒双揉",最后长达 7 小时左右的低温久烘等,都是武夷岩茶制作工艺所独有的。由于朱熹在武夷山学习、生活长达 50 余年,尤其五夫镇是朱子理学的形成地,因此朱熹在武夷山人民心中占有重要的地位,所以形成了"文公菜"(为了纪念朱熹而做)和五夫龙鱼戏等武夷山特有的非物质文化遗产。拔烛桥属于龙舞的一种,与传统舞龙、板凳龙、烛桥灯等有所相似但又各有不同,所使用的道具、造型及表演形式等在全省乃至全国都是独一无二的。

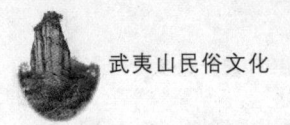
武夷山民俗文化

三、武夷山市非物质文化遗产旅游开发概述

(一)武夷山非物质文化遗产旅游开发利用的适宜性分析

通过分析武夷山非物质文化遗产的基本情况,我们可以看出武夷山的非物质文化遗产不仅具有很高的价值,而且还依托在高品质的物质载体上,二者的结合堪称完美。从旅游业可持续开发利用的角度出发,这些非物质文化遗产是文化旅游开发中难得的旅游珍品。

但是不得不指出的是,并非所有的非物质文化遗产都可以作为旅游产品来开发和利用。因此在针对某个特定的非物质文化遗产开发利用之前,进行一定的判别是很有必要的。

武夷山非物质文化遗产旅游开发适宜性的判别可以从以下几个方面考虑:

首先,旅游开发不会对武夷山中的该非物质文化遗产的传承性造成不利影响;

其次,对该项非物质文化遗产的旅游开发能够产生经济效益,而这些经济效益能够为当地居民所分享;

最后,由于社区居民享受到该非物质文化遗产旅游开发的益处,所以能够自觉地参与到保护非物质文化遗产的行列中来,最终实现一种良性循环。

1. 不适宜旅游开发的非物质文化遗产

在武夷山种类繁多的非物质文化遗产中,尽管有部分旅游者对与当地宗教相关的宗教活动和人生礼仪类非物质文化遗产资源有着很浓厚的兴趣,但是非物质文化遗产的旅游开发利用不应该仅仅为了迎合市场需求,更重要的是要考虑到非物质文化遗产资源的可持续发展。因此在此类非物质文化遗产资源的旅游开发利用的过程中,应该持慎重态度。

首先,宗教活动和人生礼仪在民众心中不仅是神圣的,而且还是外人不可以侵犯和妄加评论的。一旦这些神圣的东西作为旅游产品开发出来,就会严重影响宗教在人民心中的地位,从而影响整个民族的文化认同感,最终威胁文化体系的根基。

其次,宗教活动、人生礼仪及商贸活动类非物质文化遗产,具有明显的时间性和地域性,这些活动一般只在特定的日子举行,倘若作为旅游资源开发,不分时间、地点,只为了经济利益而不断重复,就会丧失它的神圣性和神秘性。

再次,在文化旅游产品的开发利用过程中,应该具有层次性。有些旅游资源可以让旅游者深入地了解,有一些则要让旅游者保有好奇心。旅游目的地在旅游者心中要保有一定的神秘色彩,这才能激发旅游者二次旅游的欲望。

因此,在武夷山非物质文化遗产的旅游开发利用过程中,对于一些不适宜开发的非物质文化遗产资源应尽量避免开发。在非物质文化遗产的旅游开发利用之前要经过专家的论证,充分考虑到武夷山非物质文化遗产的特点,全面考察开发以后的一些负面影响,最终在旅游开发利用和非物质文化遗产的保护之间求得平衡。

2. 适宜旅游开发的非物质文化遗产

除了与宗教、人生礼仪、商贸活动相关的非物质文化遗产不太适宜作为旅游资源来开发利用之外,在武夷山主要的非物质文化遗产的类型中,大多数是可以作为旅游产品开发利用的。这些非物质文化遗产也正是武夷山旅游业赖以生存的生命线。

(二)武夷山的非物质文化遗产旅游开发利用应遵循的原则

1. 保护性开发原则

一般而言,非物质文化遗产旅游资源的供给是有限的,而游客的需求则是无限的,也就是说会出现需求大于供给的情况。这一方面说明,非物质文化遗产旅游资源的开发将会给当地带来一定的经济效益,另一方面当需求大于供给且无其他任何外在阻止条件的情况下,非物质文化遗产旅游资源就会出现超负荷运营的状态,超出了武夷山市旅游环境的承载量。这无疑对当地旅游资源和环境会产生不利的影响。因此,如何建立旅游质量效益与旅游环境承载力之间的"双赢",如何在遵循遗产保护的真实性、完整性等原则的基础之上,进一步考虑适度性、多样性、发展性、协调性等多方面的原则,最终将保护与开发辩证地统一起来,做到真正意义上的保护性开发,是实现旅游可持续发展的关键和重要环节,是政府等相关部门需要研究和加以规制的大事。

2. 市场化原则

众所周知,如果只是将保护与经营非物质文化遗产的认识停留于收集、整理、研究的程度,不将它纳入市场经济的秩序中,这种保护与经营最终会面临生存危机。政府的财政支持对每一个需要保护与经营的非物质文化遗产毕竟是有限的,要全面、充分地保护和经营非物质文化遗产,就必须依靠非物质文化遗产所具有的创造经济效益的潜力,通过挖掘这种潜力,减轻政府财政压力的目的,利用这种经济效益,更好地保护与经营一些自身不具有创造经济利益的非物质文化遗产,从而达到良性循环的结果。① 将武夷山的非物质文化遗产作为旅游产品开发出来就是为了达到这样一个良性的结果。

3. 民众参与原则

"社区是进行一定社会活动、具有某种互动关系和共同文化维系力的人类群体及其活动区域。非物质文化遗产就是以不同的社区为背景,由社区民众集体创造和发展而来的,并且巩固了他们对社区以及相互之间的认同,是他们在社会互动中形成的一种文化维系力。"②

武夷山的非物质文化遗产得到了当地社区的文化生态和人文背景的支撑,深厚地积

---

① 柴以华、傅娇灵等:《非物质文化遗产的保护与经营问题研究》,《经济师》,2005 年 10 月,第 57~58 页。

② 冯敏:《试论基层社区非物质文化遗产的保护》,《小城镇建设》,2005 年 12 月,第 73 页。

淀和蕴含着社区的历史记忆和民众的智慧与情感,他们成为社区民众的社会文化生活的重要组成部分。"要保护和传承这些非物质文化遗产,就要尊重社区民众的意愿,调动他们的情绪,激发他们的热情,让他们自觉、自愿地参与保护和抢救,并且在新的条件下,获得再创造的机会。社区居民的态度,在很大程度上决定着这些遗产被传承或被废弃的命运。"①因此我们要让广大的武夷山当地居民参与到旅游的开发利用中来,保障社区居民的合理利益,从而推动武夷山的非物质文化遗产旅游开发利用的可持续发展

4. 独特性与创新性原则

非物质文化遗产旅游产品提供给消费者的效用源于文化遗产独特的文化风情和所提供的旅游产品服务,其边际效用会随着旅游产品的雷同和劣质性而降低,非物质文化遗产只有保持其独特性和高品质性才能增加消费者的需求。

针对武夷山非物质文化遗产旅游开发和利用,如果要使开发出来的旅游产品保持生命力,就必须对旅游产品的开发进行创新。这包含两方面的内涵:一方面,国内外的非物质文化遗产旅游开发已经有一些成功的经验和案例可供武夷山借鉴和参考,但是我们要取其精华,弃其糟粕,在此基础上结合武夷山非物质文化遗产的特色对非物质文化遗产的旅游开发思路和旅游产品进行创新。另一方面,要使旅游产品不断地创新,就要求非物质文化遗产本身也不断传承和创新。"开发,是对非物质文化遗产进行传承和创新的前提;而传承,是传统艺术保存的一个重要方面,是我们考察其源流,进而探其根本的重要依据;所谓创新就是开拓性地发展,随着历史的进程和时间的推移,非物质文化遗产不但要以新的内容和更加完善的形式来展现,而且,越是与时代同步,有鲜明的时代感,其生命力、感染力就越强。"②因此,确保非物质文化遗产的生命力,就其自身而言,最关键的是保护和激发它的创新能力,只有这样,旅游开发才具有了本质性的意义。

5. "以人为本"原则

在武夷山的非物质文化遗产旅游开发利用过程中,不同部门追求的利益不同,甚至会与当地民众的利益需求发生矛盾。在这种时候,就需要以人为本的原则。该原则有两重意思:"一是必须关注和尊重人(相关民众)的现实需求。这是因为,追求经济发展和生活是人类天然正当的要求,不然便违反了人性,也违背社会发展的根本目的。保护遗产绝不能以妨碍经济发展、降低人的生活质量为代价。二是必须明白,只有特定民族社区的人,才是特定非物质文化遗产保护的无可替代的能动主体,要相信他们的聪明智慧和守护民族文化的责任感。因为一种非物质文化的全部生机活力,实际都存在于生它养它的民族(社区)民众之中。一个特定的社群,作为一种非物质文化遗产的创造、享用和传承主体,绝不会在满足经济物质生活需求的时候,忘记自己的传统文化,因为那是他们的精神之根。他们一定会想方设法积极参与,在困境中努力寻求两全,找到有效保护和弘扬之策。

---

① 冯敏:《试论基层社区非物质文化遗产的保护》,《小城镇建设》,2005 年 12 月,第 73 页。
② 柴以华、傅娇灵等:《非物质文化遗产的保护与经营问题研究》,《经济师》,2005 年 10 月,第 58 页。

反过来,也只有依靠这些与对象相依为命的真正主人,保护才能有可靠的保障。他们最知道保护对象的饥渴冷暖和发展需求。"①

(三)武夷山非物质文化遗产旅游开发利用的思路

1. 民间手工技艺类非物质文化遗产旅游产品化开发利用思路

在民间手工技艺类非物质文化遗产中,最具有开发价值的是九曲竹排制作技艺、武夷岩茶(大红袍)制作技艺和正山小种红茶制作技艺。

一直以来,都流传着这样一个说法:"到武夷山,没游天游等于白游,没乘竹筏等于白来。"因此,九曲竹筏可以算是武夷山的经典旅游项目。倘若把九曲竹排制作技艺这一特有的非物质文化遗产添加到实际的旅游项目中,让游客在乘坐九曲竹排之前或是之后,观看九曲竹排的制作流程(以博物馆、电影或是真人实物等形式展示),不仅增添了游览过程中的文化内涵,也能让游客们对九曲竹排的来龙去脉有进一步的了解。此外,这项非物质文化遗产应和口头文学——九曲溪讲解,更好地结合在一起,增添武夷山名牌景点的可观赏性。

大红袍,可以说是武夷山的一张名片。然而,到武夷山的大红袍景区游览的游客们往往有这样的感受:经过长途跋涉,最后只看到三棵大红袍母树,听上一段有关大红袍的传说,实在有些失望。倘若能在沿途中,以各种方式介绍并展示大红袍的制作工艺,甚至让游客亲身参与大红袍的制作过程,相信一定会给旅途增添不少乐趣和景致。而且武夷岩茶(大红袍)制作技艺已成为国家级非物质文化遗产,目前正在申报联合国非物质文化遗产,必然成为武夷山今后旅游资源开发的重点。

正山小种红茶,只生长在武夷山市的桐木村,19世纪70年代远销欧美各国,尤其为英国皇室的最爱。目前,正山小种95%以上远销欧美,只有少量在国内销售。虽然,正山小种在国内市场并不知名,却是作为武夷山独有的特产而走向世界的名片,保存和开发正山小种红茶制作技艺也会对增加武夷山的国际影响力起到不小的作用。

在文化资源与旅游业的不断结合与发展中,茶文化作为一种蕴涵着中华民族精神的资源已经得到旅游界的广泛关注。尤其是近几年来,以茶文化内容为背景的旅游项目开发不断涌现,许多茶叶产区都不同程度地利用当地的茶资源优势建设起观光旅游项目。然而,相对于开发实践来说,茶文化旅游是一个较新的课题。目前中国名山以茶为主的旅游产品开发不够,只有黄山的禅茶表演、云南的"三道茶"民俗表演。武夷山可借助其丰富的茶叶品种和历史悠久的茶文化底蕴进行深入发掘,并利用张艺谋导演的《印象大红袍》系列展开新一轮的茶文化旅游攻势,扩大武夷山的知名度,提高武夷山的旅游文化价值。如:可以把饮茶习俗(敬茶、擂茶、"三道茶")、茶与婚礼、斗茶(民间斗茶赛)、茶联、茶艺("三道茶"、十八道茶艺)、茶会(国际无我茶会)、茶宴、祭祀茶/喊茶(御茶园祭祀),开发成表演项目或开发成大型的活动,以带动进行茶产品的营销,形成持久周期性的旅游产

---

① 冯敏:《试论基层社区非物质文化遗产的保护》,《小城镇建设》,2005年12月,第72~74页。

品。

2. 饮食风俗和传统医药类非物质文化遗产旅游产品化开发利用思路

在饮食风俗和传统医药方面，可以贯穿在整个旅游活动过程中，推出一些具有当地特色的风味菜馆和医馆，在用餐之前展示武夷山当地特色食物的制作和加工过程，并让游客置身参与，增添用餐的乐趣。

3. 民间风俗和游艺类非物质文化遗产旅游产品化开发利用思路

在民间风俗和游艺类方面，这些非物质文化遗产破坏程度严重，急需保护。笔者在武夷山调研期间，每到居民家中访问，在询问到这些非物质文化遗产时，当地居民大部分都表示没有听说过，只有少数老人在听到笔者的进一步解释后，能够回忆起零星的片段。在五夫镇采访的过程中，有一位王姓老人说道："以前每逢乡中士子中举和应试入贡，乡民都要舞'龙鱼戏'以示庆贺，后来科举考试废除，五夫里的民众一般在初一、十五等节日舞'龙鱼戏'，以增加气氛。可是，这几年基本上都没在镇里见过'龙鱼戏'了，所以大家也就不怎么记得了。"

为了更好地弘扬民族的文化，为了更好地寄托心灵的诉求，抢救这些濒危的非物质文化遗产迫在眉睫。

首先，我们要了解这些民间风俗和游艺类非物质文化遗产濒临灭绝的原因：

A. 随着社会多元化的发展，特别传统礼仪、礼节受到外来文化的冲击，使传统的节庆习俗愈来愈简单化、节约化。加之目前物质生活和文化生活极大丰富，所以，民间节庆习俗日益淡化，也造成了这类民间风俗非物质文化遗产濒临灭绝。

B. 老一辈掌握技能者多相继离世，尚存者也因多年荒废而技艺生疏，虽经村中长者主持并凭记忆和经验得以恢复，但已大不如从前，加上年轻人多在外打工，平时难得练习，招式较为简单，技巧性不足。

C. 民间风俗和游艺类非物质文化遗产，大多依托一定的物质形态和宏大场面，因此组织一次要花费大量的人力、物力和财力，对于依靠自律和兴趣组织起来的较为松散的团体，实在难以负担。

其次，要根据分析的原因，提出解决方案：

A. 成立保护机构，进行重点保护。逐渐形成政府主导、财政投入支持、民间参与，职责明确、规划长远的保护形式。

B. 加强培训指导，促进历史传承。将乡镇的无业游民和有兴趣的村民组织成有组织、有纪律的团体，安排懂得相关技艺的老艺人按时传授，并组织相关演出，增加收入，提高村民的积极性。

C. 发放一定的物资和钱财进行资助，对活动积极且有较大贡献者给予奖励和表彰。

D. 将这些表演贯穿在旅游过程中或是经过提炼与艺术加工，将其搬上舞台，使其更具艺术魅力。

具体而言，与茶相关的"祭茶喊山仪式"和"茶百艺"可以与武夷岩茶（大红袍）制作技艺、正山小种红茶制作技艺及其他茶文化旅游景点结合，一起开辟一条武夷山茶文化旅游

经典路线,让游客深切感受武夷山的茶文化。这类非物质文化遗产还可加入《印象大红袍》山水实景演出中,让舞台夸张的效果增添游客欣赏的乐趣,这样既增加了《印象大红袍》演出的文化底蕴,又起到了宣传茶文化的效果。

而一些只有在特殊节日才进行表演的民间习俗,如:龙鱼戏、拔烛桥、马仔灯等,则应该加强策划和宣传,可以开展民间习俗旅游路线,在旅游景点设置专门的时间、地点进行表演。也可在一些重大场合,如:一年一度的茶博会、世遗节、一些电影、电视剧等的开机仪式或闭幕式上表演,扩大其知名度和影响力。

值得注意的是这类活动的方案策划、宣传组织非常关键,直接决定某次活动的成败,影响经济效益和社会效益,关系后续活动能不能再办下去。"所以在推出节庆活动的时候,除了组建武夷山旅游节庆协调领导,设置节庆办之外,要转变观念,改变政府大包大揽、事倍功半的传统做法,向先进地区学习,与国际接轨,进入市场化运作。本着政府主办、企业承办、部门联动、社会参与,多方支持的原则,以招标或者聘请不同专业公司、专业人员分别进行具体的市场调研、评估、预算、策划、实施、控制、节后反馈的操作方式,从每一个环节上下工夫,确保这些活动取得预定的理想效果。"

(四)武夷山非物质文化遗产旅游开发利用的对策分析

1. 树立可持续发展的理念,深入挖掘古城非物质文化遗产内涵

(1)树立可持续发展理念,科学辩证地看待开发与保护之间的关系

在武夷山非物质文化遗产旅游开发的过程中,要贯彻可持续发展非物质文化遗产旅游的理念,科学辩证地看待武夷山的非物质文化遗产旅游开发与保护之间的关系。树立可持续发展的观念就是既要满足旅游发展的需求,又要注意到非物质文化遗产不同于有形的物质产品,它对人们的思想道德和科学文化素质有重要影响,不能完全由短期的、简单的市场法则来决定其优劣高下,因此,要充分考虑非物质文化产品生产和非物质文化服务的特点,尊重其自身的发展规律。

因此,在武夷山非物质文化遗产的旅游开发利用过程中,要彻底抛弃传统发展观中的糟粕,树立起新的可持续发展观和生态文明观,既要防止对非物质文化遗产盲目的、无序的、过度的甚至是破坏性的开发,又要防止片面追求经济效益、急功近利、竭泽而渔的做法,还要特别注意保护好民族非物质文化资源和非物质文化生态环境,着眼长远,合理利用。最终寻找到调和文化古朴性与现代化、国际化与本土化的结合点,既能满足旅游者求新、求奇、求美的心理需求,又能保持文化的民族性、古老性和独特性。

(2)深入挖掘非物质文化遗产内涵,为旅游产品开发奠定坚实基础

旅游开发商要深入挖掘武夷山非物质文化遗产,不断丰富武夷山文化旅游的内涵,使之具有不可替代性。武夷山非物质文化遗产的核心内容就是茶文化。茶文化对武夷山人影响深远,渗透到武夷山人民社会生活的各个层面,也是武夷山旅游中最具魅力的部分,特别是一些文化人对其情有独钟。进一步挖掘这些非物质文化遗产,首先要在已经开发的基础之上,进一步开发还没有开发出来的广泛资源,如茶的制作技艺等。其次也要"加

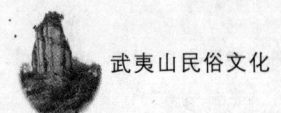
武夷山民俗文化

强宣传,普及茶文化知识。通过讲座、展演、录像等宣传普及茶文化知识,开发茶文化旅游纪念品,如制茶工具模型、书画等,强化对茶文化的渗透和传播;还可以利用现代科学手段,开发茶文化音像制品和电子光盘。总之,通过茶文化旅游产品的开发,强化武夷山旅游的文化气息,对持续发展武夷山旅游业有重大作用。

2. 加强和完善基础设施建设,转变传统的投资模式

武夷山非物质文化遗产的旅游开发势必吸引更多的旅游者,这就要求基础设施建设必须与旅游发展的进度保持一致,也只有这样,才能为武夷山非物质文化遗产旅游产品的开发奠定坚实的基础。

武夷山非物质文化遗产的开发与利用需要大笔的资金支撑,因此,政府应该加大资金投入的力度。在借鉴国外成功经验的基础之上,各级政府还要在政策上和财政上给予扶持,协调金融机构提供低息贷款,不仅要出台相应的政策,设立专门的基金,还要帮助当地居民筹措开展非物质文化遗产的旅游产品经营所需要的资金。

武夷山非物质文化遗产旅游开发的资金投入模式也应该有所转变,要由以前的直接投资转变为综合投资并对旅游投融资体制进行创新,积极推进旅游景区景点所有权与经营权的分离,采取拍卖、转让、招标等多种形式,把经营权法有偿出让给企业或个人,严格按照规划进行开发、建设和经营。创新旅游投资体制,以项目为载体、企业为平台、资本为纽带,以民营资金和招商引资为点,加快吸引国内外的企业、投资商以及民间资金参与旅游开发,实现资本与资源的最佳结合。按照建设服务型政府的要求,把政府职能切实转变到搞好经济调节、市场监管、社会管理和公共服务上来,形成政府宏观调控、行业自律管理、企业自主经营的新型旅游管理体制。

3. 加快相关法律的制定进程,加强人才队伍建设

(1)加快相关法律的制定进程,保障合理开发利用

尽管已经制定实施了《福建省民族民间文化保护条例》、《福建省武夷山世界文化和自然遗产保护条例》等相关的法律规定,但是对非物质文化遗产及其开发还没有明确的法律和规定。"通过制定这些法律法规可以有效地遏制有损于非物质文化遗产的盲目开发行为,使非物质文化遗产在保护与经营过程中有法可依。"[①]同时还建议以法规的方式,确立一个能使政府、本地居民和外来投资者共同受益的合理方案。防止因外来人和外来文化过多介入而使本土文化彻底商品化,最终流失了这一不可再生的民族文化旅游资源。

(2)加强人才队伍建设,提供有力的人才支撑

武夷山非物质文化的旅游开发不仅需要一支业务精通、服务一流、爱岗敬业的旅游人才队伍,还要了解非物质文化遗产的相关知识。因此,在建立健全旅游人才选拔、培养、使用、引进机制和优胜劣汰的竞争机制,推行旅游行业职业资格认证制度,严格管理,规范服务行为,以优质、高效的服务,提高武夷山的旅游服务形象的同时还必须加大对旅游事业

---

① 柴以华、傅娇灵等:《非物质文化遗产的保护与经营问题研究》,《经济师》,2005年10月,第57~58页。

管理人员、服务人员的培训力度。作为旅游活动的主要媒介,应力求使他们了解非物质文化资源的价值、意义和基本保护方式与思路,同时,准确掌握相关的保护政策法规,成为旅游活动中保护工作的第一宣传员,以此确保政策的落实,唤起广大游客和社会各界的保护意识,为非物质文化资源的可持续发展提供保障。①

4. 优化旅游产品结构,加强旅游文化教育功能

(1)优化旅游产品结构,以便更好地满足不同的需求结构

从武夷山的开发现状和我国旅游市场休闲化的发展趋势看,现阶段的在旅游产品开发中最首要的任务就是要优化旅游产品结构,以便更好地满足不同的需求结构。尤其是大容量的观光式产品开发的做法值得冷静思考,休闲式的度假型的景区深度综合开发模式值得探讨。因此,对武夷山非物质文化遗产的旅游产品开发可以从以下三点入手:

A. 适度发展大众观光型的非物质文化遗产旅游产品

现阶段,大众观光型的非物质文化遗产旅游产品在旅游市场上已经达到了一个相对饱和的状态,因此应该慎重开发。开发的重点应该放在如何打造大众观光型的非物质文化旅游精品这一问题上。在大众观光型的非物质文化遗产旅游开发上,还应该注意区域旅游合作,以实现资源的优化配置。

B. 突出特色,勇于创新,大力开发体验型非物质文化遗产旅游产品

武夷山的非物质文化旅游资源得天独厚、特色鲜明,但缺少发现特色意识、发掘特色的手段和展现特色的办法导致了观光旅游产品仍然在旅游产品中占绝对优势。要大力发展体验型非物质文化遗产旅游产品就必须进一步增强以特色取胜的意识,按照高起点策划、高强度投入、高标准建设、高水平管理、高效率经营的要求来开发体验型的非物质文化旅游产品。同时还要认真实施旅游精品名牌战略,建成一批全国一流、世界知名的非物质文化遗产旅游精品。

C. 开发不同层次的具有武夷山特色的非物质文化遗产旅游商品

旅游商品的开发一直是旅游开发中的薄弱环节之一。在旅游商品的开发中除了要结合武夷山当地文化、传统工艺和各种特色优势资源,研制开发出更多的具有地方特色和纪念价值的旅游工艺品、特色食品和药品之外,在餐饮业也要加大力度开发地方特色食品,引进和推出具有武夷山特色的精美食品,以满足游客多层次的需要。同时开发出的商品应该具有一定的层次性,这也有利于各种层次的旅游者的不同需求。

(2)发挥非物质文化遗产旅游的文化教育功能,创新非物质文化遗产展示方式

要提高武夷山的非物质文化旅游产品的文化品位,避免文化旅游资源的商业化,充分发挥旅游文化教育功能已经成为一个重要的课题。武夷山非物质文化遗产旅游开发中的教育功能应该表现在两个方面:

首先,"加强对当地居民的宣传教育,使他们明白世界遗产保护的真正含义与他们所

---

① 杨慧:《旅游发展与丽江古城命运的思考》,《中央民族大学学报》(哲学社会科学版)2002年第1期,第69~72页。

肩负的使命,真正履行起作为非物质文化遗产依托者应尽的职责。而且要培训有关干部,在遗产保护方面加强对遗产地人民的指导与管理。"①

其次,在旅游活动中传播非物质文化遗产知识,使游客在旅游过程中也能参与和支持遗产的保护。要让旅游者意识到非物质文化遗产保护是事关国家、民族命运的大事,要唤起民众的参与意识,避免重复以往那种仅仅是决策者、专业人员和传承人参与,大众反而成为旁观者漠然以对的尴尬局面。

5. 鼓励并发展社区参与,优化古城管理机制

(1)鼓励并发展社区参与,建立适合当地的文化行为及管理模式

让居民参与古城的保护和开发不仅仅是参与旅游的发展规划和决策,更重要的是参与旅游发展带来的利益分配,分享旅游发展带来的好处。如果忽视社区的因素和当地居民的要求,没有与社区建立密不可分的合作关系,就很可能导致旅游环境(包括自然、人文)的污染乃至恶化、经济秩序混乱乃至失控,传统文化扭曲乃至丧失的危险。

(2)优化管理机制,设立专门的非物质遗产保护与开发机构

从宏观方面看,要进一步优化管理机制,加强行业管理,整顿旅游秩序,净化旅游市场。推进旅游标准化建设,规范经营和服务行为。重视诚信建设,树立武夷山旅游诚信形象。加强旅游安全工作,切实保障游客的生命财产安全。全市各级各部门积极支持,主动协调配合,齐抓共管,形成大联合、大协作的旅游工作格局。

应尽快设立非物质文化遗产保护与开发机构并建立政府对非物质文化遗产保护与旅游开发的监管机制和政策体系。不仅保护工作要有法律和制度的保证,而且旅游开发与市场准入也应有相应的政策和法规制约。应根据实际情况,对在旅游开发过程中利用非物质文化遗产资源的行为,采取从实际出发、分类指导、区别对待的政策,严格规范保护与开发利用的标准界线。鼓励通过合理开发而取得经济效益的旅游机构,投入和支持文化保护工作的深入开展,以保证非物质文化的可持续发展和旅游业的良性循环。

武夷山非物质文化遗产是武夷文化中的重要组成部分之一,虽然现阶段开发力度还不足,但不能否认其吸引力和魅力。因此期望有更多的有识之士和当地居民充分认识其价值,对武夷山非物质文化遗产的旅游开发利用投入更多的关注,同时也促进武夷山的旅游业良性和谐地发展!

结 论

1. 主要结论

(1)武夷山的非物质文化遗产资源种类齐全、内容广泛、特色鲜明,为武夷山旅游业的发展提供了丰富的资源,大多数非物质文化遗产资源适宜于旅游的开发和利用。

---

① 毛历辛:《旅游开发与世界遗产保护》,《商业研究》,2004年9月,第169~170页。

（2）通过对武夷山非物质文化遗产旅游开发的现状分析,发现武夷山非物质文化遗产旅游的开发利用已经有了一定的基础,但是开发的力度和程度都还不够,在开发中也存在一些问题,这是制约武夷山旅游业进一步发展的重要因素之一。

（3）结合武夷山非物质文化遗产的特点和现状,对武夷山各类非物质文化遗产旅游资源的开发利用提出了具体的构想。在开发中应当遵循的原则是保护性开发原则、市场化原则、社区参与原则、创新性原则和"以人为本"原则。

（4）武夷山非物质文化遗产旅游开发利用的重点应该是大力发展体验型的非物质文化遗产旅游产品,而不是大众观光型的旅游产品。

2. 问题探讨

尽管本文从几个方面对武夷山非物质文化遗产的旅游开发利用进行了探讨,但是仍然有一些局限性和不足之处：

（1）对武夷山非物质文化遗产旅游开发利用的途径这一问题没有进行探讨；

（2）关于武夷山非物质文化遗产开发利用的适宜性分析还不够深入；

（3）对武夷山主要非物质遗产的开发利用思路虽然进行了讨论,但是仍然有一些遗漏。

参考文献

联合国教科文组织：《保护非物质文化遗产公约》,2003年10月。
联合国教科文组织：《人类口头和非物质遗产代表作条例》,1998年。
国务院：《国务院办公厅关于加强我国非物质文化遗产保护工作的意见》,2005年。
国务院：《关于加快发展旅游业的意见》,2009年12月。
向云驹：《世界非物质文化遗产》,宁夏人民出版社,2006年。
陶立璠,樱井龙彦：《非物质文化遗产学论集》,学苑出版社,2006年。
向云驹：《人类口头和非物质文化遗产》,宁夏人民出版社,2004年。
王文章：《非物质文化遗产概论》,文化艺术出版社,2006年。
于海广,王巨山：《中国文化遗产保护》,山东大学出版社,2008年。
甘枝茂：《旅游资源与开发》,南开大学出版社,2007年。
田里：《旅游经济学》,高等教育出版社,2006年。
罗明义：《旅游经济学》,复旦大学出版社,2004年。
华国梁：《旅游市场营销》,中国林业出版社,2001年。
傅谨：《薪火相传——非物质文化遗产保护的理论和实践》,中国社会科学出版社,2008年。
刘锡诚：《非物质文化遗产：理论与实践》,学苑出版社,2009年。
李春霞：《遗产缘起与规则》,云南教育出版社,2009年。
方李莉：《遗产实践与经验》,云南教育出版社,2009年。
彭兆荣：《遗产反思与阐释》,云南教育出版社,2009年。
张春丽：《非物质文化遗产旅游开发探讨》,华东师范大学硕士论文,2008年。
刘河：《青岛非物质文化遗产旅游开发研究》,中国海洋大学硕士论文,2008年。
王磊磊：《真实性视角下的非物质文化遗产旅游开发研究》,华东师范大学硕士论文,2008年。

罗茜:《中国非物质文化遗产保护性旅游开发问题研究》,湘潭大学硕士论文,2006年。

罗冰清:《丽江古城非物质文化遗产旅游开发利用研究》,云南师范大学硕士论文,2007年。

东旻:《苗族非物质文化遗产研究》,中央民族大学博士论文,2007年。

潘宝明:《民俗旅游资源深度开发刍议》,《旅游科学》2002年第3期。

潘宝明:《民俗风情,旅游文化中的亮点》,《中国旅游报》,2002年12月23日。

陈燕、喻学才:《关于南京非物质文化遗产的保护与经营刍议》,《东南大学学报》2006年第3期。

张春丽、李星明:《非物质文化遗产概念研究述论》,《中华文化论坛》2007年第2期。

韩基灿:《浅议非物质文化遗产的价值.特点及其意义》,《延边大学学报》2007年第4期。

李道松:《关于扬州非物质文化遗产保护利用的几点思考》,《扬州旅游》2008年第12期。

陈莉:《非物质文化遗产的保护与开发利用》,《贵州民族研究》2007年第2期。

傅安平、喻峰:《江西非物质文化遗产的抢救与保护》,《江西广播电视大学学报》2007年第2期。

薛存心:《河南非物质文化遗产保护开发利用研究》,《漯河职业技术学院学报》2007年第1期。

张春丽、李星明:《非物质文化遗产概念研究述论》,《中华文化论坛》2007年第2期。

李琦:《非物质文化遗产保护及其产业化经营探索》,《商业时代》2008年第24期。

王松、廖嵘:《产业化视角下的非物质文化遗产保护》,《同济大学学报》2008年第1期。

伍鹏:《非物质文化遗产保护与旅游业发展互动初探》,《特区经济》2008年第4期。

周必素:《处理好非物质文化遗产保护和利用的关系》,《遵义师范学院学报》2008年第4期。

伍鹏:《浙江非物质文化遗产保护与旅游开发刍议》,《时代经贸》2008年第4期。

Adobe Acrobat. Tangible and Intangible Heritage: from difference to convergence of the intangible cultural heritage[J]. Museum International,2004,56(5)

Harriet Deacon. Intangible Heritage in Conservation Management Planning [J]. International Journal of Heritage studies,2004,5

Rex Nettleford. Migration, Transmission and Maintenance of the Intangible Heritage [J]. Museum International, 2004, 40(5)

武夷山民俗研究的回顾与思考

朱新屋[*]

作为中国为数不多的自然与文化"双世遗",[①]武夷山是自然科学和人文社会科学研究的重要课题。自 1999 年以来,除自然科学方面在原有传教士汉学基础上继续推进以外,人文社会科学的研究也有很大提高。举其显要者,则以武夷山宗教、文学和理学研究为最著;相比较而言,武夷山民俗的研究则相对薄弱,甚至还没有引起学界的足够重视。为此,本文试图在简要回顾武夷山民俗研究的基础上,以"闽北走廊"与"物的流动"两个概念为统筹,对未来武夷山民俗研究作初步思考。

一、研究基础:文献与田野

任何一门人文社会科学的研究,都以一定的文献资料为基础。武夷山民俗的研究自不例外。从学术史脉络上来说,武夷山民俗研究当在区域民俗学的研究范畴之内。而区域民俗学的研究,以跨学科的视角来看,与人类学所谓的"地方性知识"(local knowledge)相类。文献资料作为记录和传承这种地方性知识的重要载体,对了解区域民俗事象有重要意义。因此对武夷山民俗研究而言,是建立在武夷山丰富的文献资料基础上的。

作为世界文化遗产的武夷山,以古越族文化、朱子理学和三教圆融闻名于世,存世文献也十分丰富。主要包括以下四类:一是方志/山志。现存《武夷山志》有五种,分别是:《武夷山志》(明·劳堪)、《武夷志略》(明·徐表然)、《武夷山志》(明·衷仲儒)、《武夷九曲志》(清·王复礼)、《武夷山志》(清·董天工)等。[②] 现存《崇安县志》亦有五种,分别是:康熙本(清·管声骏等)、雍正本(清·刘埥等)、嘉庆本(清·魏大名等)、民国十三年本(洪简

---

[*] 朱新屋,厦门大学历史系博士研究生。
[①] 截至 2011 年,中国共有 41 处世界遗产,其中自然与文化双重遗产只有 4 处,分别是:山东泰山、安徽黄山、四川峨眉山—乐山和福建武夷山。
[②] 李智君:《武夷山历史景观意象研究:基于游客诗词、游记和景观图的分析》,《闽文化与武夷山》,厦门:厦门大学出版社,2008 年,第 6 页。

等)、民国三十一年本(刘超然等)。① 除此以外,尚有《五夫子里志》一种,为民国二十年詹继良撰。② 另外,外围的方志资料如《建宁府志》等,亦可为间接佐证。二是诗集/文集。明清时期,福建涌现了许多士人精英,而各地士人的全国性流动,也留下了许多关于武夷山的记载。举例而言,如黎士弘(福建长汀人)《托素斋诗文集》、周亮工(河南祥符人)《赖古堂集》等,其中都不乏对武夷山的记载和描述。文集/诗集中对某地风俗事象的记载,虽言简意赅,但往往生动形象。三是札记/小说。中国古代的札记/笔记传统,一直可以追溯到魏晋六朝时期;至明清两代而臻于极致,这种札记记载的是作者旅途或所居地所见的风物人情,是民俗研究非常重要的资料。与此相类似的文类(genre),是明清小说的记载。小说作为史料的运用,并非是在后现代思潮影响下的产物;③以"艺术真实反映生活真实"的最基本原理,小说资料无疑可以用于民俗研究的侧面观察。众所周知,明清对福建地区民俗事象记载最详细的笔记当属周亮工《闽札记》《闽小记》无疑。四是调查/报告。民国以来,大量的田野民族志或实习调查报告都以科学的方法得以呈现,其中尤以少数民族地区的调查为多。与武夷山有关的调查报告,以《闽北畲族调查报告》为代表。至于田野调查报告,以中国人民政治协商会议福建省崇安县委员会文史资料室编的《崇安风俗志》和邹全荣《武夷山村野文化》为代表。④ 这些资料是了解和研究武夷山民俗的基础。

如果说上述资料很大程度上属于"官方文献"而有自身的文类局限的话——如方志/山志资料过于单一和简略;诗集/文集记载过于分散和零碎;札记/小说史料有待更多旁证;调查/报告资料则流于琐碎不系——那么,民间文献就是民俗研究最重要也是最直接的资料了。通常所说的民间文献,是与官方文献相对应的说法,既指其编纂是民间的自发行为,也指其内容反映了民间的意态。这些民间文献的文类包括:族谱/谱牒、契约、账本、歌册、碑刻、科仪书、榜文等等。而民间文献的发掘与使用,必须建立在良好的田野调查工作/参与观察的基础上。从学理层面上说,田野调查既可以提供更多的民间文献和口述资料,也可以为研究工作提供更多的方法和视野;最重要的,是为解读史料及其所反映的民俗事象提供语境(context)或背景(background)。在这个意义上,所谓民俗研究的田野工作,不仅是"走近",而且也是"走进"。⑤

---

① 福建省天象资料组编:《福建省地方志普查综目》,1977年,第79~83页。
② 福建省天象资料组编:《福建省地方志普查综目》,第84页。
③ 王日根:《明清小说中的社会史》,北京:中国财政经济出版社,2000年。
④ 中国人民政治协商会议福建省崇安县委员会文史资料室:《崇安风俗志》,《崇安县文史资料》第5辑,1985年,第79~91页;邹全荣《武夷山村野文化》,福州:海潮摄影艺术出版社,2003年。除此以外,1993年出版的"武夷山文化丛书"(福州:福建人民出版社,1993年)实际上也可以当作文献资料来使用,丛书共分9卷,标题依次是:奇山异水、千古之谜、道南理窟、佳茗飘香、洞天佛地、美丽传说、崖摩荟萃、物华天宝、名家赞山。
⑤ 关于田野工作中"走近"与"走进"的理论表述,参见威廉·富特·怀特:《街角社会:一个意大利人贫民区的社会结构》,黄育馥译,北京:商务印书馆,1994年。

与文献基础相比,民俗研究更为倚重田野调查。田野调查对(中国)民俗研究的兴起,或者说现代中国民俗学科的建立,实际上正是建立在田野调查的基础上的。在20世纪20—30年代,由于受到"走向民间"思潮的影响,学界研究以"眼光向下"为取向,成立各类风俗/民歌/信仰调查会,诞生了中国最早的一批民俗学论著。① 这种早期的民俗学研究,实际上很大程度是后来学科细化之后的所谓区域民俗学。以福建地区为例,以顾颉刚、叶国庆等为代表的民俗学家即展开过多方面的调查。其中有部分涉及闽北(武夷山)地区。这些早期的民俗研究,既为我们留下了较为基础的民族志资料,也是民俗学得以成立的方法论基础。后来中国民俗学的发展,即是建立在田野调查的基础上的。就田野工作的"现场"而言,武夷山无疑是一种"理想类型"(Ideal Type)。表现在各类民俗事象(类型和内涵)极其丰富,信仰民俗、节日民俗、物质民俗都极具地方特色。更为重要的是,就纵向的历史而言,它表现为"闽北通道";就横向的结构而言,它表现为"物的流动"。本文拈出这两个概念,既是武夷山民俗事象的客观反映,也是想借此推动武夷山民俗研究中历史(历时性)与结构(共时性)的互动,在此基础上,以多学科(民俗学/历史学/人类学)的视野对武夷山民俗进行多元审视和交叉论证。因此,武夷山民俗研究的基础,应是建立在丰富的文献资料基础上的田野调查,将主位研究(emic)与客位研究(etic)结合起来、将"在田野读"和"读田野"结合起来、将"田野中的文献"和"文献中的田野"结合起来。

二、研究回顾:问题与关怀

很显然,文献与田野只是武夷山民俗研究的资料和方法论基础;要进一步推动武夷山民俗的研究,必须对以往学术史进行相关的回顾。本节通过条分理梳过去学术界对武夷山民俗的相关研究,在追寻其问题意识和学术关怀基础上,就现有研究的修短优劣作简要介绍,以期更好地推动武夷山民俗的研究。

所谓民俗,即民间风俗的简称,可以理解为"群体内模式化的生活文化"。② 按照法国经典民俗学家山狄夫(Piene Sainqv)的分类,其主要内容可分为物质生活习俗、精神生活习俗和社会生活习俗。③ 但在中国民俗学界,一般不采用这种纲目式的分类,而是采用平列式分类,共分巫术民俗,信仰民俗,服饰、饮食、居住之民俗,建筑民俗,制度民俗,生产民俗,岁时节令民俗,生仪礼民俗,商业贸易民俗,游艺民俗十类。④ 出于回顾和分析的方便,本文拟以山狄夫的分类为准,而以实际的年代顺序为例进行回顾。需要说明的是,武

---

① 王文宝:《中国民俗学史》,成都:巴蜀书社,1995年,第271~284页。
② 高丙中:《"中国民俗志"的书写问题》,《文化艺术研究》2008年第1期。
③ 转见中国民间文艺研究会研究部编:《民间文学论丛》,北京:中国民间文艺出版社,1981年,第7页。
④ 张紫晨:《中国民俗与民俗学》,杭州:浙江人民出版社,1985年,第9~11页。

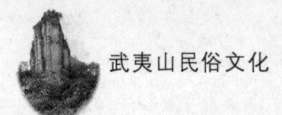

夷山地区的民俗研究，实际上最早是从对古代闽越人的丧葬习俗研究开始的；只不过这与本文所说的武夷山民俗有较大出入，且这种古老的崖葬/悬棺葬习俗早已消失不复见，因此本文不拟讨论这部分的研究。①

武夷山民俗事项中，最引人关注的当属节日习俗。虽然从大的文化区上说，武夷山处于传统的化内之地和当代的东南汉人社区范围内，但以蜡烛会和柴头会为代表的民间节日习俗，却成为武夷山民俗区别于其他汉人社区的最典型代表。早在20世纪90年代初，新成立不久的福建民俗研究会就对武夷山的这两大民间盛会展开了研究。曾震中在《武夷山独特岁时节俗初探》中，对武夷山地区独特的闰月饭、晒书节、鱼苗会、柴头会、拔烛桥、修路日、蜡烛会等进行了描述和讨论。其中对闰月饭和柴头会的研究尤为令人注意。闰月饭是在闰年的闰月，由出嫁女的娘家人任意挑选一个合适的日子，认真筹办一餐非常丰盛的酒菜，专门邀请那出嫁的女儿，回娘家吃"闰月饭"。作者指出，"闰月饭"纯粹为妇女诚邀，自然备受广大妇女的崇尚和欢迎。对于柴头会，曾震中同意与清代咸丰元年（1851年）反抗官府"竹丝、明笋和茶叶三大税"的历史活动有关的看法。② 龚少峰在《武夷山市"柴头会"研究发轫》中对武夷山市的柴头会进行了初步的研究。在文中，通过对比柴头会日期（二月初六日和正月二十七日）与清同治五年（1866年）斋教农民起义日期（二月十五日），并通过民国《崇安县志》对斋教起义的态度，提出柴头会与农民起义之间毫无关联的预设，而且通过实地田野调查和口头采访，否定了约定俗成地将柴头会追溯至清末农民起义的看法。然后在分析柴头会各地集市产品地域结构的基础上，提出"柴头会的形成与人们所具有的时令意识有很深的关联"的说法，认为"柴头会实际上是一个大墟，是集各乡镇墟节之大成的、一年一次的城乡物资交流会"。因此对于这样一种民俗事象的形成，"农时的需要与所处的地理环境是其自发产生的主要因素"。虽然仍然无法确定为什么柴头会在农历二月初六举行，但提出柴头会很可能与道教东华帝君（东王公）诞辰及其庙会有关的看法。③ 这种结论，实际上很可能受到了蜡烛会的影响。

由于蜡烛会与柴头会都或多或少与信仰民俗有关，因此以这两大民间盛会的研究为嚆矢，学界很快对武夷山的信仰习俗展开了研究。已经无需更多强调，武夷山是中国儒释道三教圆融影响下最杰出的文化代表。这种信仰民俗中三教合一的形成，与武夷山作为"闽北走廊"的地缘环境有关（详第三部分），对于这种宏观上的把握，已有不少研究，此处不详述。④ 与蜡烛会有关的信仰习俗，是扣冰古佛的信仰。作为历史时期福建地区最著名的高僧之一，扣冰和尚在《五灯会元》、《神僧传》等著名宗教典籍中都有记载，成为武夷

---

① 有关这方面的学术史综述参见蒋炳钊：《闽越文化研究的历史与现状》，福建省炎黄文化研究会、福建省文化厅编，《闽越文化研究》，福州：海峡文艺出版社，2002年，第427~445页。

② 曾震中：《武夷山独特岁时节俗初探》，收入陈国强主编：《闽台岁时节日风俗》，厦门：厦门大学出版社，1992年，第85~92页。

③ 龚少峰：《武夷山柴头会研究发轫》，《闽台岁时节日风俗》，第328~335页。

④ 邹义煜：《历史时期武夷山儒释道的构成及其关系》，厦门大学历史系硕士学位论文，2007年。

山乃至闽北地区最著名的地方信仰。在这方面,以陈支平的两篇论文和张慧远的论文为代表。陈支平在《崇安县辟支古佛崇拜与蜡烛会》一文中,对武夷山扣冰古佛(即辟支古佛)崇拜的缘起、意涵及与之相对应的蜡烛会进行了研究,全文用功能主义的解释模式对扣冰古佛及蜡烛会进行了研究。① 在陈支平的另外一篇闽北信仰研究的论文——《闽北建瓯厚山村的三圣公王庙会》中,虽然将区域目标转移到了邻县的建瓯,但是其所研究的三圣公王(李材三兄弟)崇拜其起源地恰恰是在武夷山,并且与整个闽北地区有密切关系。在文章中,陈支平从社会维度和经济维度两方面对三圣王公庙会(农历七月二十三日至八月初三日)进行了研究;整个研究的思路,则与其对辟支古佛崇拜的研究相类似,指出庙会与商业行为/商品交换之间的关系。② 张慧远在《武夷山扣冰古佛及其禅法思想》中,则对扣冰古佛的起源及其禅法思想进行了形而上的分析。③ 除对辟支古佛(扣冰和尚)信仰的研究以外,学界还对武夷山的三奶娘信仰和妈祖信仰进行了研究。当然从信仰形态上来说,前者无论从祭祀圈还是信仰圈来说,都不出武夷山范围之内,因此可以看成是辟支古佛之外,武夷山地区特有的民间信仰习俗;而后者作为最早产生于福建莆田湄洲岛的海神信仰,对武夷山来说是一种外来信仰习俗,因此对两者的研究建立在不同的学术路径上。大约因为缺少文献资料,三奶娘信仰的研究尚未充分展开,目前仅见于崔如梅的初步研究。在她的硕士论文中,崔如梅就下梅镇国庙的三奶娘信仰及其仪式过程进行了初步描述。④ 而在妈祖信仰的研究方面,周典恩提出妈祖信仰经由武夷山茶商从沿海带到内陆,因而妈祖神格有所扩展的说法。⑤ 此外,陈国明和徐晓望等都对闽北最大的妈祖庙——星村天上宫进行了初步讨论。⑥

---

① 陈支平:《崇安县辟支古佛崇拜与蜡烛会》,收入《寺庙与民间文化研讨会论文集》(下册),台北:台湾行政文化委员会,1995年编印,第433~455页。
② 陈支平:《闽北建瓯厚山村的三圣公王庙会》,收入《华南农村社会文化研究论文集》,庄英章主编,台北:"中央研究院"民族学研究所,2008年,第261~272页。
③ 张慧远:《武夷山扣冰古佛及其禅法思想》,收入《闽文化与武夷山》,第122~133页。此外,朱平安:《武夷山摩崖石刻与武夷山文化》(厦门:厦门大学出版社,2008年)中,也有对扣冰古佛的少量研究,参见第406~407页。
④ 崔如梅:《明清以来下梅村的空间结构及其发展机制》,厦门大学历史系硕士学位论文,2008年,第49~52页。作者还对许真君信仰作了初步讨论,参见第53~54页。有意思的是,肖坤冰的访谈与崔如梅的访谈以及本文在武夷山的田野访谈资料并不一致,参见肖坤冰:《茶叶的流动:晚清民国时期闽北山区的物质、空间与历史叙事》,厦门大学人类学与民族学系博士学位论文,2010年,第213~214页。
⑤ 周典恩:《移植与嬗变:武夷山妈祖信仰考察》,收入《闽文化与武夷山》,第161~173页;《厦门教育学院学报》2008年第9期。很显然,这种解释模式受到了韩森(Valerie Hansen):《变迁之神:南宋时期的民间信仰》(包伟民译,杭州:浙江人民出版社,1999年)的影响;然而从下文的历史解析来看,这种解释模式用于武夷山妈祖信仰的研究中很显然并不合适。
⑥ 陈国明等:《闽北最大的妈祖庙:武夷山天上宫》,《福建乡土》2004年第1期;徐晓望:《武夷山市的妈祖庙》,收入《闽澳妈祖庙调查》,澳门:澳门中华妈祖基金会,2008年,第120~125页。

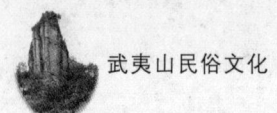武夷山民俗文化

在节日习俗和信仰习俗之外,新近对武夷山民俗研究的一个热点,是以建筑、饮食、服饰等为代表的物质民俗的研究。物质民俗的研究,本应是多元交叉研究的畛域,可以与人类学研究传统中有关"物"(或物质、物质文化)的研究结合起来(详第四部分)。但就现有的武夷山物质民俗研究来看,尚停留于对建筑、饮食、服饰等的表层描述,其背后的文化意义和价值并未得到揭示。主要代表性论文有:孙蕴琦《武夷山明清古民居初探》、郑中禄《武夷山历史文化与建筑》、邹全荣、连荣华《到武夷山古民居赏"三雕"》、柯培雄《武夷山宗祠建筑的特色与保护》等。①

在以上简要的回顾中,我们可以看到过去学术界对武夷山民俗研究的重点侧重在三个方面:节日民俗(蜡烛会和柴头会)、信仰民俗(扣冰古佛信仰、三奶娘信仰和妈祖信仰)以及物质民俗(建筑、饮食、服饰等)。其问题意识和学术关怀自蜡烛会和柴头会的研究兴起,与一定的现实关怀/社会关怀相联系;既有形而下的现象描述,又有形而上的抽象分析。然而从广度上说,武夷山民俗研究还缺乏系统性和总体性/整体性;从深度上来说,已有的解释模式尚嫌过于单一。因此,过去学术界对武夷山民俗的研究,与武夷山世界文化遗产的地位并不相符。因此,下文拟以"闽北走廊"与"物的流动"两个概念为统筹,对未来武夷山民俗的研究作相关展望。

三、闽北走廊:民俗与历史

法国年鉴派史学大师马克·布洛赫(Marc Bloch)曾在《历史学家的技艺》中说道,与"知其然"相比,知识的本质绝对在于"知其所以然";②也正是在这种思想基础上,我们可以认为,唯有能在诸现象(或表层结构)之间建立起说明性关系(或深层结构)之后,知识的意义方能得以凸显。其言下之意,即无论是民俗学的研究,还是人类学的研究,对于这种高度依赖田野民族志为基础的社会科学,都必须要有历史的维度。历史学对于民俗学的意义,似乎就在于沟通当下和过去、沟通结构和历史、沟通共时性和历时性、沟通"知其然"和"知其所以然"。从武夷山民俗研究的角度来说,就是要建构各类民俗事象的"结构过程"(structuring)。③

回头再翻看中国民俗学学术史,可以很清楚地看到,民俗研究中使用历史方法、建构

---

① 孙蕴琦:《武夷山明清古民居初探》,收入《闽文化与武夷山》,第190~198页。郑中禄:《武夷山历史文化与建筑》,收入《武夷山与古越文化》,石子镜、杨长岳主编,北京:社会科学文献出版社,2002年,第104~108页。邹全荣、连荣华:《到武夷山古民居赏"三雕"》,《旅游景观》2003年第9期。柯培雄:《武夷山宗祠建筑的特色与保护:以五夫刘氏家祠为例》,《文艺研究》2010年第11期。

② 马克·布洛赫:《历史学家的技艺》,张和声、程郁译,上海:上海社会科学院出版社,1992年。

③ 刘志伟:《地域社会与文化的结构过程:珠江三角洲的历史学与人类学对话》,《历史研究》2003年第1期。

历史维度的传统从一开始就存在。中国最早的民俗学会北京大学歌谣研究会(成立于1922年底)在创办的刊物《歌谣周刊》中,即发表了顾颉刚《吴歌小史》、《东岳庙的七十二司》等具有历史深度的民俗学文章。歌谣发刊词中也明确表示风俗的研究"间接即为研究文学、史学、社会学、心理学之良好材料"。① 此后随着厦门大学国学研究院和中山大学民俗学会的相继成立,顾颉刚、容肇祖、陈锡襄等学者南下,其坚持历史深度的民俗学研究方法与当时中国"南派"的民族学和人类学传统("历史学派")相结合,② 进一步提升了民俗学的历史维度。如顾颉刚组织发起的《妙峰山》研究专号、叶国庆《平民十八洞的研究》等,无一不是建立在历史学研究的基础上的。后来顾颉刚所写《孟姜女》系列的考证,更是这种民俗学研究范式影响下的经典作品。至1930年代,林惠祥在《怎样研究民俗学》的演讲中,即明确倡导民俗学要采用历史的研究法,因为"民俗学是历史的材料"。③ 后来民俗学研究中的历史维度慢慢被削弱,至改革开放以后,民俗学作为一门独立学科并且中国的民俗学者试图建立民俗学研究的中国自主性的时候,又重新提出了民俗学与历史学相结合的命题。④ 中国民俗学从诞生至复兴的这种路程以及历史学在此中所受到的重视,足以为我们今天的民俗学研究提供新的反思。

所谓"世异则事变,时移则俗易",当我们重新考量中国民俗学研究中的历史传统,并以此重新审视武夷山民俗的研究时,就会发现武夷山民俗研究实际上具备了天然的历史方法维度——亦即建构民俗学的历史维度是武夷山民俗研究的自身诉求。这里要提到的就是"闽北走廊"。众所周知,福建远离中原,又有武夷山脉阻隔。正因为如此,在历史时期,中原人入闽路线主要有三条:一条由抚州经杉关到邵武,一条由铅山经分水关到崇安,一条由江山经仙霞关到浦城。其中,铅山经分水关到崇安的路线是主要通道(崇安古道),叫"大关"(大路);其他两条因水路不如而居次,均叫"小关"(小路)。⑤ 如果考虑到整个福建区域史的研究,实际上是在移民史的大框架下主导进行的话,那么可以非常清楚地理解崇安古道这条"闽北走廊"对于武夷山地区,甚至是整个福建地区的影响。⑥

以"闽北走廊"来考察武夷山民俗的研究,首先必然注意到的就是移民/族群对民俗的

---

① 容肇祖:《北大歌谣研究会及风俗调查会的经过》,收入《二十世纪中国民俗学经典·学术史卷》,北京:社会科学文献出版社,2002年,第274~291页。
② 黄向春:《人类学的南方传统及其当代意义》,《光明日报》2009年6月11日。
③ 林惠祥:《怎样研究民俗学》,收入《二十世纪中国民俗学经典·民俗理论卷》,北京:社会科学文献出版社,2002年,第28~29页。
④ 白寿彝:《民俗学与历史学》,收入《二十世纪中国民俗学经典·民俗理论卷》,第133~140页。
⑤ 唐文基主编:《福建古代经济史》,福州:福建教育出版社,1995年,第82~83页。
⑥ 有关福建区域史研究概述,可参见李金强:《清代福建史论》,香港:香港教育图书公司,1996年,第1~24页。

 武夷山民俗文化

影响。有关这方面的研究,尽管已经有学者开始注意,但还没有引起深入的广泛的讨论。① 武夷山的民俗事象(如前所述的信仰民俗)呈现出多元、多重的形态,这种形态的发生、流传与演变,必然与人群的移动有关。在实际的田野调查中,我们可以看到许多外来移民的因素:如妈祖信仰;如许真君信仰(江西会馆);如汀州会馆;如龙岩寺等等。这些不同的信仰背后,实际上是不同的族群。各种不同的族群及其带来的民俗本身的沿革,成为武夷山民俗研究中必须考量的主题。其次,在"闽北走廊"的视野中,蜡烛会和柴头会的研究应该得到重新审视。前已述及,学界对蜡烛会和柴头会的研究,纷纷将这两大民间盛会与历史记忆、社区信仰联系起来,由于历史文献对这两者之间关系的记载付诸简略,因此似乎很难落实蜡烛会和柴头会的起源及其意义。虽然历史学对于追根溯源的兴趣早已大为减弱,但是对于这种已成为惯习(民俗)一部分的民间盛会,其实仍然可以通过历史记忆或记忆史、象征人类学等方面的多方研究得到更有深度也更为圆润的解释。再次,在"闽北走廊"的视野中,武夷山文化/民俗的这种"走廊"特征得到很大程度的揭示,在此基础上,对于武夷山多元民俗事象的研究就可以建构历时性的交织互动形态,而不是停留于类型化的结构分析。儒释道三教的交织互动,不仅是武夷山之所以成为世界物质文化遗产的重要标杆,也是田野调查中最常见到的社区形态。当我们将历史的因素考虑进来的时候,就会发现各种各样的外来传统,实际上慢慢地叠加、演化,最后形成了武夷山社区自身的文化传统(民俗)。亦即,通过具有历史维度的思考,我们对武夷山民俗的研究可以超越简单对表层的结构描述,而从动态中把握其形成、演变的复杂历史过程。最后,在"闽北走廊"的视野中,朱熹及宋明理学对武夷山民俗的影响可以得到深层揭示。在历史时期,"化民成俗"(或"美教化,移风俗")是士人精英,尤其是宋明理学家的基本价值取向和实践动机;言外之意,某地民俗事象的形成,得益于士人精英对"教化"的推动甚多。以朱熹为例,朱熹曾两度长期定居武夷山:宋绍兴十四年至二十四年(1144—1154);庆元三年至景泰元年(1197—1200)。② 在武夷山期间,朱熹著述宏富,且多教化之举——建立义仓,推行蒙学等,从历史的视角看,历史时期士人精英的教化是如何被带入到地方上去的仍是民俗研究中需要思考的命题。

通常,历史是胜利者书写的,因此历史的书写中就会有消失(减法)、增加(加法)。③

---

① 李尾咕:《移民与闽北社会的变迁》福建师范大学历史文化学院硕士学位论文,2005年。关于"闽北走廊"的提法及其对武夷山社区的总体影响,参见金婷:《两宋时期武夷山文化崛起与闽北走廊的关系》,收入《武夷山世界文化遗产的监测与研究》,厦门:厦门大学出版社2005年,第198~212页。关于崇安古道的一般性详细介绍,参见赵建平:《梦断"崇安道"》,《炎黄纵横》2010年第12期。

② 束景南:《朱熹年谱长编》,上海:华东师范大学出版社,2001年。

③ 关于历史研究中的"加法"与"减法"的论述,参见葛兆光:《思想史研究中的加法和减法》,《读书》2003年第1期。

民俗作为一种文化或地方性知识,具有较强的传承性特征,①这意味着对武夷山民俗的研究,可以较为自由地在历时性与共时性之间往返;在现实意义上,通过富有历史深度的民俗研究,可以接续曾经出现过的能为当下所借用的民俗传统。当下是理解历史的起点,而当下又生活在历史的延长线上,于是历史与当下就有了相互依存且相互勾连的关系。通过这样的一种沟通/勾连,可以很清楚地看到:哪种民俗事象出现了,为什么会出现;这种民俗事象的出现会伴随着哪种民俗事象的消失;通过闽北走廊传入福建以后,武夷山的民俗事象与外传的民俗事象之间有什么差异;等等。因此,在武夷山民俗的研究中,必须考虑其闽北走廊的地缘文化特征,将历史学与民俗学研究结合起来。

四、物的流动:狂欢与日常

如果说武夷山地区"闽北走廊"的地缘文化特征,使得武夷山民俗的研究可以很好地与历史学结合起来的话,那么与之相对应的"物的流动"的地缘文化内涵,则使得武夷山民俗的研究可以很好地与人类学结合起来。作为历史时期北方地区进入福建最重要的通道,在崇安古道上来回通过的,不仅是人流,更多是物流。由此看来,"物的流动"(或物的研究)就成为武夷山民俗研究中可以超越"狂欢与日常"意义的概念。

有必要说明这里对"狂欢"与"日常"概念的使用。通常,人文社会科学学者较为强调事物的狂欢一面,即那些有意或无意、主动或被动、自觉或不自觉地打破人们原有日常生活节奏或秩序范围之外的历史或现实事件。这种事件因为通常具有较强的仪式感或阈限意义,因而成为学界关注的重点和热点。因此在这种不同的学科视野之下,产生了不同的研究意义:一般来说,人类学习惯关注狂欢,而历史学却总是强调日常。这样看来,本文对狂欢与日常概念的使用,侧重于在时间意义上的表层结构上立论;而赵世瑜在他对庙会的杰出研究中,指出那些庙会"不仅构成了民众的日常生活的一部分,而且也集中体现了特定时节、特定场合的全民狂欢",②其侧重点无疑在社会意义上的深层结构上着眼,故而两者并不完全相同。本文拈出"物的流动"这一概念,目的就在于超越狂欢与日常之间的二元界线。具体到武夷山民俗的研究上来说,就是在时点上不仅关注柴头会、蜡烛会等狂欢节日,而且也关注民众的日常生活;在人生礼仪中不仅关注出生、成年、婚姻等通过仪式(Rites of Passage),而且也关注各通过仪式之间的日常(生命/人生)形态。大略言之,这一概念在武夷山民俗研究中的超越性意义可以从以下三个方面得到说明:

其一,茶叶的研究。众所周知,武夷山的"物"首先体现为茶叶。在历史时期,武夷山之被外界认识,主要是生物多样性和作为三大饮料之一的茶叶。已有研究表明,在"五口

---

① "传承性"是钟敬文提出的民俗五个特点之一,参见钟敬文:《民俗文化学发凡》,收入《二十世纪中国民俗学经典·民俗理论卷》,第249~274页。
② 赵世瑜:《狂欢与日常:明清以来的庙会与民间社会》,北京:三联书店,2002年,第47页。

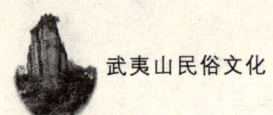

通商"之前,武夷山茶叶的外销有"海上茶之路"和"陆上关外茶之路":前者依次通过崇安古道—江西铅山—赣江—大余岭、梅关—北江—广东广州,后者依次通过崇安古道—江西湖口—湖北汉口—山西祁县—俄国恰克图。① "五口通商"以后,"海上茶之路"才逐渐被福州和厦门取代。由此可见,崇安古道(或本文所称"闽北通道")对于武夷山茶叶的流动意义已经非常明显。然而,对物的研究本身,目的在于抽象出某种日常事物背后的价值和意义。在这方面,肖坤冰的研究是开创性的。在她的博士论文中,肖坤冰揭示了茶叶这种"物"在帝国、茶商与茶工之间的流动过程,茶叶作为一种物如何因消费者对本真性(authenticity)的追求而影响到武夷山的茶叶生产、贸易与消费,尤其精彩的研究可以从作者对近些年来出现于武夷山桐木村"金骏眉"的个案研究中看到。② 在这种物的研究中,其所涉及的面向很显然不仅在物本身,也在与物相关的时间、空间与技术层面上,而武夷山茶叶的种植、采摘、生产与销售,都无一例外地与这三大因素有关。时间对于武夷山茶叶、茶农和茶事的重要性自不待言,已有的研究表明,"是日常技术塑造了物质世界",这些物质材料本身"连缀起一个记录着社会架构之纹理与变化模式的历史文本",因此,对技术的研究就必须嵌入到其社会语境中进行审视。③ 因此,从物的研究角度出发,可以对武夷山茶叶及相关民俗(比如"喊山")做全面的和立体的研究。

其二,食物的研究。就现有武夷山民俗的研究来说,对武夷山饮食民俗的研究还很薄弱,少量出现在《武夷山旅游指南》等小册子中。其中一个很重要的原因,可能是因为武夷山饮食民俗与整个福建省的饮食(所谓"闽菜")传统很不相同有关,但似乎也正是这种山区/内地/上游的饮食民俗,使得它与平原/沿海/下游的饮食民俗不同而有自身的地域特色,从而有自身的研究价值。在田野调查中我们可以听到这样的谚语:"北路米,南山茶,西溪鱼,东乡笋",④这种武夷山"四特"已经概括出了武夷山饮食文化的丰富内涵。在人类学上对物的研究中,食物的研究占有很大的篇幅。早期如道格拉斯(Mary Douglas)和斯特劳斯(Levi-Strauss)对食物的综合研究,到近年西敏司(Sidney Wilfred Mintz)和穆素洁(Sucheta Mazumdar)对糖的专题研究等,都体现了这种物的研究中对食物的重视。从武夷山的饮食民俗上来说,其最大的特点,似乎是由米、茶、鱼和笋等自然物品构成的饮食结构,⑤以物的研究视野来看,我们不禁要问:这种曾经的"野味"如何堂而皇之地进入了

---

① 刘彤:《中国茶》,北京:五洲传播出版社,2005年,第47~60页;肖坤冰《帝国、晋商与茶叶:十九世纪中叶前武夷山茶叶在俄罗斯的传播过程》,《福建师范大学学报》(哲学社会科学版)2009年第2期。

② 肖坤冰:《茶叶的流动:晚清民国时期闽北山区的物质、空间与历史叙事》,厦门大学人类学与民族学系博士学位论文,2010年。

③ 白馥兰:《技术与性别:晚期帝制中国的权力经纬》,江湄、邓京力译,南京:江苏人民出版社,2006年,第2~18页。

④ 邹全荣:《武夷山村野文化》,第187~189页。

⑤ 除此以外,在武夷山饮食文化中占有重要地位的清明果、蕨菜等,也很明显地体现了这种结构特色。

普通百姓的餐桌变成"美味"的？其近些年来发展演变的背后是否含有某种程度的"现代性的屈服"？这种饮食民俗的背后体现了怎样的价值观念和心理意涵？

其三，蜡烛会和柴头会的研究。与茶叶和食物的研究相比，如果前者属于日常的范畴，那么蜡烛会和柴头会则属于狂欢的范畴。由于（受制于体例）现有方志对这两大民间盛会的记载极为简略——"蜡烛会者，定期于农历二月二十一日迎古佛。其夜则高烧蜡烛以禳瘟疫而压火灾也。游神之时，爆竹震耳，仕女如云，为一邑极热闹、极繁华之日"（蜡烛会）；"柴棍会，二月初六日集中竹竿、柴棍、农具及一切日用品于城坊售之，故名。五夫于正月二十日行立"（柴头会）①——现有对这两大盛会的研究尚远远不够，对于其起源、发展和演变的解释也并不令人信服。比如，在历史时期，武夷山和整个闽北地区的商业水平并不算高，②因此尽管庙会与商业活动关系密切，但似乎光用商业发展这种功能主义的模式并不能很好地解释两大盛会。再比如，现有两大盛会——尤其是蜡烛会，在武夷山各地的举行时间并不重合，如果这种时间上的差异体现的是信仰上的地域等级，那么这种等级的划分并不处于一种（空间上的）均质的状态。能够更好地对这两大盛会做出研究和解释的，似乎是"物的流动"这一概念。无论是蜡烛会还是柴头会，其最大的主题——特别是在"文革"以后游神习俗不再的情况下——就是各类物质的交换流动，并且这种流动的物质本身，也随着族群、空间和时代的变化而有不同。从中不难看出，物的研究对于研究蜡烛会和柴头会的重要价值。

严格地说，民俗学上对物质民俗的研究与人类学上对物（质）的研究并不相同——前者更注重具象叙述，后者更注重抽象阐释，但是两者之间的结合，本应是民俗学研究的题中之意。在最基本的意义上，武夷山作为世界自然和物质文化遗产（与非物质文化遗产对举），本身就是一个"物的世界"。朱熹尝言，"饮食者，天理也；要求美味，人欲也"，③可见物/物质本身只是一种自在的存在（天理），只有通过人类社会的活动并在民俗学和人类学者的解读基础上，附加于其上并独具特色的文化叙事（人欲）才能得到揭示。因此，只有在民俗学与人类学的双重观照下，这个"物的世界"才能与文化的体系建立联系并获得精神、心态等方面的价值和意义。

诞生于近代的中国民俗学研究，似乎从一开始就具有学术研究之外的价值。如周作人在北京大学《〈歌谣周刊〉发刊词》中即说："本会搜集歌谣的目的共有两种：一是学术的，一是文艺的"。④可见与其他的人文社会科学相比，民俗学拥有更多的实践可能和实践价

---

① 分别参见民国《崇安县志》，转见邹全荣《武夷山村野文化》，第102页；民国《崇安县新志》卷六《礼俗》，台北：成文出版社影印本，1976年，第165页。

② 如《建宁府志》记载"农力其勤，不事商贾末技"；民国《崇安县志》记载"本县土质肥沃，气候温和……农产较富，从事耕作之农民……生活易于解决。每年除稻作外，他种作物极少栽培"，转见陈支平《福建六大民系》，福州：福建人民出版社，2001年，第234页。

③ 《朱子语类》卷十三，第199页。

④ 周作人：《〈歌谣周刊〉发刊词》，收入《二十世纪中国民俗学经典·学术史卷》，第272~273页。

值。对于武夷山民俗的研究来说,尤其如此。现有对武夷山世界遗产的保护和开发,在民俗方面并未体现出与其身份相匹配的规模。在这方面,加强武夷山民俗的研究,从民俗学、历史学和人类学多学科交叉进行调查研究,不失为武夷山民俗保护和开发的重要基础。在这过程中,作为武夷山民俗事象中最具有地方特色的蜡烛会和柴头会尤其显得重要。

参考文献

刘家军主编:《闽文化与武夷山》,厦门:厦门大学出版社,2008年。

福建省天象资料组编:《福建省地方志普查综目》,1977年。

王日根:《明清小说中的社会史》,北京:中国财政经济出版社,2000年。

中国人民政治协商会议福建省崇安县委员会文史资料室编:《崇安县文史资料》第5辑,1985年。

邹全荣:《武夷山村野文化》,福州:海潮摄影艺术出版社,2003年。

威廉·富特·怀特:《街角社会:一个意大利人贫民区的社会结构》,黄育馥译,北京:商务印书馆,1994年。

王文宝:《中国民俗学史》,成都:巴蜀书社,1995年。

高丙中:《"中国民俗志"的书写问题》,《文化艺术研究》2008年第1期。

中国民间文艺研究会研究部编:《民间文学论丛》,北京:中国民间文艺出版社,1981年。

张紫晨:《中国民俗与民俗学》,杭州:浙江人民出版社,1985年。

蒋炳钊:《闽越文化研究的历史与现状》,收入《闽越文化研究》,福建省炎黄文化研究会、福建省文化厅编,福州:海峡文艺出版社,2002年。

陈国强主编:《闽台岁时节日风俗》,厦门:厦门大学出版社,1992年。

邹义煜:《历史时期武夷山儒释道的构成及其关系》,厦门大学历史系硕士论文,2007年。

陈支平:《崇安县辟支古佛崇拜与蜡烛会》,收入《寺庙与民间文化研讨会论文集》(下册),台北:台湾行政文化委员会,1995年。

陈支平:《闽北建瓯厚山村的三圣公王庙会》,收入《华南农村社会文化研究论文集》,庄英章主编,台北:"中央研究院"民族学研究所2008年。

朱平安:《武夷山摩崖石刻与武夷山文化》,厦门:厦门大学出版社,2008年。

崔如梅:《明清以来下梅村的空间结构及其发展机制》,厦门大学历史系硕士论文,2008年。

肖坤冰:《茶叶的流动:晚清民国时期闽北山区的物质、空间与历史叙事》,厦门大学人类学与民族学系博士论文,2010年。

周典恩:《移植与嬗变:武夷山妈祖信仰考察》,《厦门教育学院学报》2008年第9期。

韩森:《变迁之神:南宋时期的民间信仰》,包伟民译,杭州:浙江人民出版社,1999年。

陈国明等:《闽北最大的妈祖庙:武夷山天上宫》,《福建乡土》2004年第1期。

徐晓望:《闽澳妈祖庙调查》,澳门:澳门中华妈祖基金会,2008年。

石子镜、杨长岳主编:《武夷山与古越文化》,北京:社会科学文献出版社,2002年。

邹全荣、连荣华:《到武夷山古民居赏"三雕"》,《旅游景观》2003年第9期。

柯培雄:《武夷山宗祠建筑的特色与保护:以五夫刘氏家祠为例》,《文艺研究》2010年第11期。

马克·布洛赫:《历史学家的技艺》,张和声、程郁译,上海:上海社会科学院出版社,1992年。

刘志伟:《地域社会与文化的结构过程:珠江三角洲的历史学与人类学对话》,《历史研究》2003年第

1期。

苑利主编:《二十世纪中国民俗学经典·学术史卷》,北京:社会科学文献出版社,2002年。

黄向春:《人类学的南方传统及其当代意义》,《光明日报》2009年6月11日。

苑利主编:《二十世纪中国民俗学经典·民俗理论卷》,北京:社会科学文献出版社,2002年。

唐文基主编:《福建古代经济史》,福州:福建教育出版社,1995年。

李金强:《清代福建史论》,香港:香港教育图书公司,1996年。

李尾咕:《移民与闽北社会的变迁》,福建师范大学历史文化学院硕士论文,2005年。

朱水涌主编:《武夷山世界文化遗产的监测与研究》,厦门:厦门大学出版社,2005年。

赵建平:《梦断"崇安道"》,《炎黄纵横》2010年第12期。

束景南:《朱熹年谱长编》,上海:华东师范大学出版社,2001年。

葛兆光:《思想史研究中的加法和减法》,《读书》2003年第1期。

赵世瑜:《狂欢与日常:明清以来的庙会与民间社会》,北京:三联书店,2002年。

刘彤编著:《中国茶》,北京:五洲传播出版社,2005年。

肖坤冰:《帝国、晋商与茶叶:十九世纪中叶前武夷山茶叶在俄罗斯的传播过程》,《福建师范大学学报》(哲学社会科学版)2009年第2期。

白馥兰:《技术与性别:晚期帝制中国的权力经纬》,江湄、邓京力译,南京:江苏人民出版社,2006年。

民国:《崇安县新志》,台北:成文出版社影印本,1976年。

陈支平:《福建六大民系》,福州:福建人民出版社,2001年。

武夷山民俗文化

永续遗世的美好：世界遗产武夷山的保护和利用

钱 浪*

引 言

"岱宗雄奇世无伦，黄山幽邃自古闻。桂林秀色甲天下，未若武夷集一身。"七闽之地，风物信美，武夷胜景，东南之冠，享誉中外。

世界遗产福建武夷山是大自然的宠儿。武夷山的山兼有泰山之雄、华山之险、黄山之奇、峨眉之秀；武夷的水，清溪九曲，林泉静流，半亩方塘，涓涓细流。游武夷山者，可以饱览秀拔奇伟的峰峦岩壑，流淌其间的清溪九曲，凭水可观山，登峰可望川，碧水丹山的武夷山让你置身于一幅活脱脱的有声、有色、有动、有静的泼墨山水画中。武夷山是自然景观的集大成者，"三三九水清如玉"的九曲溪，"六六奇峰翠插天"的三十六峰，奇形怪状七十二岩洞，突兀壮观九十九岩，错落有致一百零八处景点，生态资源世界罕见，同时也是世界生物之窗；武夷山亦是人文景观的展示橱窗，儒道释、闽越遗存、朱子理学、革命遗迹、墨宝石刻、杯盏茶香，"东周出孔丘，南宋有朱熹，中国古文化，泰山与武夷"。好个"千古儒释道，万古山水茶"。

美丽的武夷山桂冠无可胜数。中华人民共和国成立后，为了发展旅游业，福建省人民政府于1964年6月间，成立了"武夷山管理处"，1980年又成立了"武夷山管理局"，经国务院审定，1982年11月又被列为首批国家重点风景名胜区。

同时，武夷之美越是民族越是世界的。武夷山灿烂优秀的文明历史，奇秀深幽的山川风光和厚重多元的文化沉淀，为申请成为世界文化与自然遗产做好了准备。1999年12月1日，在武夷山数十万人民的艰辛努力和殷切期盼中，在各级领导的高瞻远瞩和关心支持下，"中国武夷山"毫无争议地全票通过申请，荣列联合国教科文组织的《世界文化与自

---

* 钱浪，厦门大学中文系研究生。

然遗产名录》,跻身于世界级风景名胜和人文宝藏之林。厚积薄发,短短的二十多年历史在武夷山和中国的历史上只不过弹指一挥间,从东南名胜到国家重点,再到世界级的自然文化遗产,武夷山成为了属于全人类共同享有的珍贵的自然与文化遗产。

转眼十数载又过去了,世界遗产武夷山保护得如何?如何处理好保护和利用的关系?这些问题是笔者在 2010 年和众师友赴武夷山双遗产保护区对文化遗产进行考察、监测和评估时心中的疑惑。本文将回顾武夷山申请双世遗时对其提出保护和利用的意义、在武夷考察期间的见闻和思考的基础上提出自己对武夷山保护和利用的一点建议,希望在永续武夷山的美好上做出自己微不足道的一点努力。

一、世界遗产武夷山:保护的挑战和利用的机遇

生活在 19—20 世纪的英国的维多利亚时期作家 Kipling 曾寓言,东方是东方,西方是西方,两者永不交汇。且不说全球化的今天,武夷山这一长存的东西方共同感叹的自然和文化奇观早就证实了该寓言的短视和悲观。

远在 300 多年前的 1699 年,英国人就进入过武夷山桐木关一带采集植物标本,1845 年以来,英、法、美、德等国的传教士和生物学家纷纷来到武夷山采集生物标本。100 多年来估计发现生物新种 1000 多个,武夷山芳誉遐迩,闻名于世,赢得了"昆虫世界"、"鸟类天堂"和"生物之窗"等美誉。

早在新中国成立初期,中国科学家们就对这块宝地的保护寄予了殷切希望,但是国家命运和地方命运紧密相连,保护未能实现,"大跃进"和"放卫星"乱砍滥伐严重,使武夷山一度蒙受损失。时代的车轮驶进 20 世纪最后的 20 年里,中国进行了改革开放的伟大实践和探索,走进了历史的春天,此时科学家们再次建议各级政府在武夷山建立保护区。1978 年 11 月 21 日,《光明日报》编印的领导人内参《情况反映》以"保护闻名世界的崇安县生物资源"为题刊登了植保科学家宋晓川的呼吁,邓小平同志 22 日就对此作出了"请福建省委采取有力措施"的重要批示。为贯彻邓小平同志的批示,省及有关部门的领导同志立即开会研究决定建立武夷山自然保护区,1979 年 4 月武夷山保护区正式建立,武夷山得到了有力的保护,"伟人圈出保护区"传为美谈。1990 年"福建 90 世界旅游日"期间,世界旅游执委会主席比阿特丽兹巴尔科赞叹武夷的风景和保护情况说"未受污染的武夷山风景区是世界环境保护的典范"。1999 年 3 月 30 日—4 月 2 日,受联合国教科文组织世界遗产委员会委派,世界自然保护联盟专家莱斯利莫洛伊先生来武夷山,就其申报世界自然与文化遗产地进行考察后,评价说:"武夷山你是中国人民延续自然资源的永久象征"——武夷山是中国人民永续利用自然资源的永久象征。1999 年 12 月在北非历史名城马拉喀什,中国武夷山又荣升双遗,武夷山翻开了新的一页辉煌。

这项由联合国于 20 世纪 70 年代开展的"世界自然与文化遗产"会给武夷山带来什么呢? 加之 21 世纪初,朝气蓬勃的中国加入了 WTO,主动融入世界经济主流,双遗的荣誉

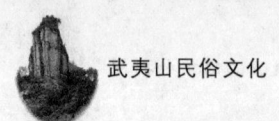
武夷山民俗文化

在许多人看来也许仅仅是个的吸引旅游的招牌和可以利用的旅游资源,可对于真正热爱武夷山的人,"双遗"毫无疑问既是机遇又是挑战。

首先,成为"世界自然与文化遗产"后的武夷山面临的保护要求和挑战是空前的,在以前的国家级和省市级保护上面质和量都有更高更细致的要求。

亲身参与武夷山申遗过程的武夷山风景名胜区管委会离休干部乐裕贤老人在《世界遗产、价值理念保护法则与法规》一文中初步提出和探讨了这个问题,对我们的思考有重要借鉴意义。

1. 关于世界遗产武夷山保护的必要性和重要性

根据相关规定,世界自然与文化遗产构思之初就是"旨在保护各国遗存下来的、具有独特意义和普遍价值的自然景观和文化古遗址的世界遗产",这些遗产应该能代表人及其生存环境对世界作出的三大贡献:(1)人类的创造。包括世界遗产类别中的世界文化遗产,人类口头与非物质遗产。(2)大自然的创造。(3)人类与自然的共同创造。

价值理念文化遗产承担了许多实质的、文化的功能,作为社会历史发展过程中所创造的物质财富和精神财富,反映和记录了人类的生活和活动的,是历史的沉积,也是人们对生活的需要和要求、理想和愿望,是人们的高级精神生活,可以帮助人们认识自然,思考自己,是人精神得以承托的框架。当今,人类生活在新文明时代里,文化引领未来。

2. 关于"保护准则与法规"

对文物的保护说的是对遗产(文物)的保护范畴,其目的与意义是:"真实、全面地保存和延续其(遗产或文物)的历史信息及全部价值。"要求:

(1)用最恰当的措施防止实物遗存的损坏。包括:①遗存(文物)本身的结构、材料、造型、装饰及附属艺术;②遗产的人文环境;③自然环境。

(2)用最合宜的方式来展示有价值的历史信息。包括:①遗产物的本身最有价值的真实的状态;②与遗产有关的历史事件和人物活动,但不要展示与原有功能不相容的东西。

(3)要用最先进的方法收集、记录档案资料。包括:①历史文献、有文必录、不加评注;②规范的、精密的测绘图;③照片、影像;④游客访谈记录;⑤维修记录

(4)要用最有效的制度进行管理。包括:①保安制度;②日常维修保养和险情监测制度;③游客访谈制度;④档案收集管理制度和人员培训制度。

无论是关于保护还是利用,专家和管理者都进行过许多探讨。笔者无意标新,既然有《保护世界文化与自然遗产公约》这项随世界遗产配套产生的行之有效的法律和法规,我们有法可依不妨依法行事。

《保护世界文化与自然遗产公约》由联合国教科文组织于1972年11月16日在巴黎通过,提出对具有突出的、普遍价值的文化和自然遗产进行特别保护,因为这些文化和自然遗产对全世界人民都具有重要意义。因年久腐变所致,同时变化中的社会和经济条件使情况恶化,造成更加难以对付的损害或破坏现象,文化遗产和自然遗产越来越受到破坏的威胁,考虑到任何文化或自然遗产的坏变或丢失都有使全世界遗产枯竭的有害影响,考虑到国家一级保护这类遗产的工作往往不很完善,原因在于这项工作需要大量投入,而

列为保护对象的财产的所在国却不具备充足的经济、科学和技术力量。它是根据现代科学方法制定的永久性的有效制度,促使全世界树立一个全新的世界遗产的概念,并提醒人类为世界遗产确立自己的行为准则。

其中,根据《公约》的第 5 条规定,保护文化和自然遗产,需做到:

为保护、保存和展出本国领土内的文化和自然遗产采取积极有效的措施,本公约各缔约国应视本国具体情况尽力做到以下几点。

(a)通过一项旨在使文化和自然遗产在社会生活中起一定作用并把遗产保护纳入全面规划计划的总政策;

(b)如本国内尚未建立负责文化和自然遗产的保护、保存和展出的机构,则建立一个或几个此类机构,配备适当的工作人员和为履行其职能所需的手段;

(c)发展科学和技术研究,并制订出能够抵抗威胁本国自然遗产的危险的实际方法;

(d)采取为确定、保护、保存、展出和恢复这类遗产所需的适当的法律、科学、技术、行政和财政措施;

(e)促进建立或发展有关保护、保存和展出文化和自然遗产的国家或地区培训中心,并鼓励这方面的科学研究。

3. 关于保护与利用的问题

根据《公约》,毫无疑问,保护应放在第一位,也是申请世界文化与自然遗产的初衷。然而把这份世界遗产与世隔绝也并不可取,开放成旅游资源,让世界分享武夷山之美就是一种利用。问题是尤其在市场化和全球化的今天要做到既合理利用资源,发挥遗产的社会价值,又要保护好人类共有的珍贵的文化与自然遗产,这需要我们要有历史的眼光、实际的调查和认真的思考。

在笔者向乐裕贤老人请教武夷山旅游开发的机遇与挑战问题时,老人出于对生养故土的爱护和深情的思索,给我的回答简短而有力:机遇不外改革开放,挑战来自于游人增长,景点超负荷以及资源的被破坏。在考察途中,同行的武夷山管委会俞建安主任既是向导又是考察队的核心人员,他的感叹也是惊人一致:旅游常常开发一处破坏一处,要开发一处保护一处很难,还需要努力。

综上所述,严格保护优先,合理利用其次应该是解决好保护和利用的关系定位这个问题的关键,也决定世界遗产的命运走向。笔者将在下文中具体提出保护和利用的建议。

二、世界遗产的环境保护与旅游开发

"多少有人醉归去,几个亲曾到武夷?"

金秋十月,厦门大学武夷山考察之行正式启动。在短短一周内,我们走过了武夷山的山山水水,我们欣喜地看到武夷山名副其实地美丽动人。

九曲溪和沿岸山峰的瑰丽雄奇让人流连忘返,不辞长做武夷人,古色古香的闽越王城

和城村遗址,自然之美与人文之美熔为一炉,发人幽思,不觉思接千载。

在考察途中,关于世界自然文化遗产武夷山的保护和利用问题始终萦绕在我脑海中,以下结合考察见闻和相关资料,提出自己对于保护和利用的思考和建议。

(一)武夷山自然和文化遗产的保护

根据1998年6月中华人民共和国建设部出版的《世界遗产公约·自然文化遗产中国武夷山》卷所载,即申遗时对武夷山遗产的保护情况如下:

1. 生物多样性的保护

在执法方面加强公共意识保护教育,增设野外保护设施,优化巡护线路体系网络,每个管理所实施巡护计划,对巡护的效果进行监测,建立社区的公共体系。

促进森林演替,创造野生动物栖息的良好环境;控制毛竹纯林、茶园对阔叶林的蚕食,对原生性森林和天然次生林实行封山育林和封山保护措施,改造灌木林向乔木林方向发展;对上述设施的功效进行科学监测。

加强护林防火措施;加强防火宣传,增加巡护路线的频度;强化无线电通讯网络;营造生物防火林带;地理信息系统(GIS)在森林防火体系建设中运用。

每年常绿阔叶林年增加速率2%;武夷山西部地区的森林覆盖率由1980年的92.1%提高到1997年96.3%,年增长速率为0.25%;武夷山东部地区的森林覆盖率由1977年的62%提高到1997年的67%,增长速率0.25%;连续11年杜绝森林火灾和森林病虫害的大发生。

2. 自然山水地带的保护

编制生态旅游计划;设计最佳旅游线路和旅游小区;控制旅游环境容量;规范旅游活动;强化旅游管理。

杜绝有碍环境生态质量的旅游活动;定期、定点对环境进行监测,使自然山水地带的生态系统始终维持良好状态。

提高水源上游森林的水源涵养效果;提高山地森林的水土保持性能;实行封山保护,增加组成典型常绿阔叶林树种数量;诱导灌丛、竹林的演替,提高生物多样性程度和山水景观效果。

3. 文化景观的保护

根据《中华人民共和国文物保护法》和《福建省文物保护条例》保护文化景观。

成立各级管理机构,科学、有序地进行文物发掘与保护工作,建立文物档案与安全防范和保护制度。

文化保护经费由国家财政拨款,专项用于保护和管理。

先后于1973年、1982年和1987年进行了3次大规模的文物普查工作,通过普查掌握了准确的数据,发现古遗址126处,古船棺18处。报批审计有国家级保护单位一处,省级文物保护单位5处,市级文物保护单位30处。

未发现文物失窃、损坏事故,文物古迹安全得到保障。

十几年过去了,武夷山自然和文化遗产保护现状如何呢?

经过实地考察,我们发现,武夷山的文化和自然遗产保护总体做得比较扎实,景观保护较好。尽管如此,武夷山自然和文化遗产保护方面是仍然是有喜也有忧。具体来说,保护方面可喜的是生物多样性和自然山水地带的保护卓有成效,生物繁衍生息未受到干扰,山水地带原貌基本不变,而令人忧虑的主要是文化景观的保护。主要问题就是保护不够,破坏在继续,其中文化遗产的保护问题尤为突出,是本文讨论重点之一。

按《中华人民共和国文物保护法》规定,在绝对保护区内,不得进行其他工程建设,所有的建筑和环境均应按要求进行保护,不得随便改变原状、面积及环境,现有影响建筑物、构筑物应拆除;在一般保护区内,在这个地带内修建新建筑和构筑物,不得破坏文物保护单位的环境风貌。同时,要求在文物保护单位50米的范围内,不得有易燃、易爆物品、有害气体及性质不相符的建筑物或其他设施;对有重要价值或对环境要求十分严格需加划建设控制地带即环境协调区,以保证保护对象与现代建筑空间之间合理的景观过渡。文化遗产主要以文物的形式呈现,关于文物的保护,笔者归纳主要存在三个问题:一般保护文物保护力度欠缺、重点保护文物重视程度不够、文物出现破坏和被盗。

第一,一般文物保护力度欠缺。

在武夷山城村汉城遗址考察时,笔者发现在村口庙宇后有间相当大的陈家古民宅上贴有出租广告,明码标价1000元租一年。经过与户主的交谈,得知户主家庭已搬至新建房屋(在城村较普遍),计划出租获利和间接保护的作用。据笔者了解,陕西省古建筑研究院的城村汉城保护规划里,对城村及周边的文物和古迹进行了普查,对古迹进行了分级保护,包括绝对保护区、一般保护区和建设控制地带。

这份规划注重的是突出遗产普遍价值的保护,希望遗产价值的保护是严格遵循《中华人民共和国文物保护法》和《武夷山城村汉城遗址总体保护规划》的规定,并实现将保护措施纳入风景名胜区总体规划的核心景区的保护。但是由于该景区游离于主要线路之外,且其日常经营、管理和保护工作与武夷山主景区缺乏协调,因此保护力度十分欠缺。村民除了出现以上缺乏保护意识的出租行为外,甚至还出现了在原住址推倒重建房屋的行为,不能不引起我们的重视。

第二,重点保护文物重视程度不够。

在文化名村下梅村考察时,大部分重点文物保护区常年有人居住,尚且保护得不错。据寻访得知,每户根据文物价值不同,每月得到相应保护经费。其中我们探寻的那户,一半由户主子孙居住,另一半却是租给一位老年人居住。据住户反映,老年人在此居住并未对文物采取保护措施,反而在日常生活中有许多行为不利于遗产的保护,如把衣物晾晒在观光的遗产周围,影响遗产的形象。

如果适当地调整保护经费,根据保护好坏和生活水平进行奖惩和弥补保护措施,加强重视重点文物的保护,相信文物保护将得到更完善的保护,同时促进良性的旅游开放,相得益彰。

第三,文物出现破坏和被盗。

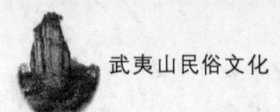 武夷山民俗文化

这个问题首先在城村接触到。在许多住户我们发现有带泥巴的器皿,包括碗碟等,或破损或完好。询问得知是村头修公路时,推土机发掘出许多类似古玩的碗碟,被村民哄抢至家中,或摆设、收藏或兜售。随着考察的深入,笔者甚至被热情的村民介绍看到了许多清代的木椅和木床。在一些古祠堂也出现了牌匾失窃的事情。文物破坏和被盗这种事情的发生一方面是因为村民们并不知道私自占有国家的古遗产是触犯法律的事情,另一方面相关部门的教育和监督也不够。

(二)武夷山自然和文化遗产的利用:一热一冷

拥有世界自然和文化两项世界遗产桂冠的武夷山是享誉中外的旅游胜地,博得了中国本土游客和国际游客的青睐,因而武夷山的旅游发展迅速,逐年升温。自然和文化遗产的利用对武夷山市人民和遗产本身的保护都提供了物质来源,是一件双赢的事情。但是武夷山旅游出现了明显的一热一冷现象,即自然遗产和景观很热,文化遗产景观就相较冷淡。

笔者在九曲溪的山水景观里看到了中外游人如织的景象,但在闽越王城和村落遗址却很少遇见游人。特别是历史悠久,文化内涵丰富的闽越王城,导游也表示除了科考,很少有游人来闽越王城遗址参观。

这样的一热一冷导致武夷山的旅游利用过度仰仗和依赖自然遗产,忽视和闲置了文化遗产,造成了许多问题。

第一,自然遗产景观旅游人口压力大。

在九曲溪一带主景区,爬山和乘坐木筏的游人摩肩接踵,安全存在隐患。大量旅游人口的涌入,还会造成自然景观的破坏,比如九曲溪中出现游人遗弃的垃圾。同时,游人过多在主要景区蜂拥聚集,对景区工作人员和旅游配套设施提出了更高的要求。最后,由于旅游群众过多的积聚,他们并没有足够的时间和空间感受武夷山的自然美景,旅游感受大打折扣,武夷山的口碑和品牌受损。

第二,文化遗产景观的闲置和文化旅游的冷淡。

据当地导游介绍,武夷山文化旅游方面最热的是朱熹故里朱子文化的旅游,但是即使朱子文化方面笔者到访时看到的场景与自然景观旅游的场景相比也冷淡了太多。这冷淡后面有游客客体的原因,这点不可否认,但是旅游开发利用中对于文化旅游这一行为中的客体——文化遗产和景观的不够重视和缺少开发,更深层即对"文化旅游"不够重视和缺乏挖掘。

根据瓦伦·史密斯《东道主与游客——旅游人类学研究》,文化旅游广义上包括旅游的各个方面,旅游者从中可以学到他人的历史文化,以及他们的当代生活和思想。狭义的观点认为,文化旅游是对"异质"事物的瞬间消费。世界旅游组织认为,人们处于文化动机而进行的移动,诸如研究性旅行,表演艺术,文化旅行,参观历史遗迹,研究自然,民俗和艺术,宗教朝圣的旅行,节日及其其他文化事件旅行。国内学者对文化旅游的界定有:文化旅游多指的是一种旅游方式,实际上就是去亲自接触异质文化,了解异地人民的生活方

式、艺术工艺品、文化遗迹等;"文化旅游"是以文化为依托,满足旅游者文化需求的旅游。指旅游介体(旅游部门)为旅游主体(旅游者)提供富含文化特色的客体(文化产品和服务),使旅游者获得文化享受;文化旅游是指通过旅游实现感知、了解、体察人类文化具体内容之目的的行为过程;文化旅游是指旅游产品的提供者为旅游产品的消费者提供的以学习、研究、考察所游览国(地区)文化的一方面或诸方面为主要目的的旅游产品。如历史文化旅游、文学旅游、民俗文化旅游等;所谓"文化旅游",是指以一般文化的内在价值为依据,以行、吃、住、游、购、娱六大要素为依托,以旅游主体、旅游客体和旅游介体、旅游研究之间的相互关系为基础,在旅游活动过程中形成的观念形态及其外在表现的总和;文化旅游是通过某些具体的载体或表达方式,提供机会让游客鉴赏、体验和感受旅游目的地文化的深厚内涵,从而丰富其旅游活动体验的活动;文化旅游是指那些以文化作为旅游的灵魂和核心,以文化吸引物为主要外部因素,因而寻求不同文化形式的生活体验,拓展文化视野,完善自我的发展性旅游。

文化旅游的冷淡造成了文化资源的闲置和荒废,游客感受不到武夷山旅游深厚内涵的一面,也是旅游特色资源的浪费。要分流旅游人口,利用好文化遗产景观,必须重视"文化旅游"。

(三)空巢老人和旅游从业人员

丰子恺曾有言,自然之美加上自然中人才是最美。古语有云,物华天宝,人杰地灵。身处在武夷山这片天然的山水美景和历史悠久的文化景观中的武夷人热情好客、民风淳朴给笔者留下了深刻的印象,让武夷之行更值得回味。但是考察见闻中也发现了一些问题。

1. 空巢老人

我国已进入老龄化社会,加上城市化进程,乡村的空巢老人和留守老人现象严重。在武夷山的乡村,空巢老人现象也毫无例外地十分明显。据调查,他们的子女多半因为求学或工作原因不在身边而留守或寡居,生活依靠传统的反哺,休闲生活单一。居住在古老房屋中的空巢老人无法照顾好自己让人担忧,同时给武夷山自然和文化景观的保护和利用带来不便。

2. 旅游从业人员

旅游从业人员的素质也影响着游客对武夷山旅游的体验和感受。俗话说,风景美不美,全靠导游一张嘴。笔者了解到无论自助游还是跟团旅游,九曲溪漂流都成为武夷山旅游的热门。而九曲溪漂流时的导游是随竹筏,一趟一个。在长期的解说中,从业导游已形成统一的导游词,试图寓典故和幽默于景色之中。但是必须指出该解说词有需要斟酌的地方,有些过于不避俚俗。同时,武夷山从业导游大多为当地居民,因此在导游过程中有着如数家珍地自豪和熟悉,但他们学历多为高中及以下,尚不具有接待国际游客的能力。

(四)旅游产品的再开发

武夷山物产丰饶,武夷岩茶和当地美食都让游客赞不绝口。但是武夷岩茶在当地的销售渠道众多,但以农户向游客出售这个渠道成效比较差,究其原因是无权威部门定价,产品质量也无法保证,导致有人看无人买的尴尬局面。

三、武夷山自然和文化遗产保护和利用的思考与建议

通过实地调查和综合分析,同时借鉴文化人类学与旅游人类学成果,在武夷山自然和文化遗产的保护和利用问题上,笔者提出如下建议:

1. 进一步严格落实科学规划,与时俱进

国家旅游计划局编的《旅游业可持续发展:地方旅游规划指南》明确指出,调查工作不仅仅是制定适当的旅游政策和规划的基础,也是规划实行后进行有效监督、及时调整的保证。作为一种可持续发展的旅游规划模式,应该把目的地社会、文化、环境因素列为研究调查的重点,对社会文化进行规划作出示范。

武夷山景区的保护规划和旅游规划对处理好生态环境的保护和旅游资源的开发的关系问题有着科学的见解,在思想上和谐统一了两者关系,在具体措施上有很强的实用性和前瞻性,需严格恪守。与时俱进,更新旅游规划,要考虑到旅游业各个部门之间的合作,更要考虑目的地的特点,在此基础上,同时借鉴国内外研究成果和对武夷山现状的科考研究,因地制宜的地方化和科学构建的专家化将收到最好的效果。

2. 重视文化遗产

健全保护文化遗产,如古村落、家祠以及民间文物,同时考虑解决低收入者的收入与居住问题,一方面严格地优先保护环境和文物,另一方面追求逐步繁荣的农村,以及严惩文化的破坏、盗窃,防止文物流失。

3. 加大包装和宣传力度,开发精品文化旅游

利用媒体,制造舆论,结合乡土专家,包装精品文化旅游路线,既分流了自然景观的压力又加深了旅游的内涵。

文化旅游的开发,譬如朱子文化、地方戏曲,在继续改善交通的基础上,以农家乐形式,对文化遗产进行挖掘和包装。"酒香不怕巷子深"的时代已经过去了,包装和打造舆论十分必要。利用好文化遗产,并花心思将其变成可感的体验,例如游客可以有机会看民间戏曲,在一堂深刻的理学课或者一堂有趣的书法课上体验朱子文化,在庙宇和山川中发掘和宣传武夷山的儒释道文化,将武夷山切实变成文化圣地。

4. 乡村度假的开发

乡村度假开发的形式主要有休闲观光式度假和各种农业劳动度假。旅游者选择乡村旅游不仅可以体验到风景如画的田园风光,还能体验高度工业化的城市中已经失落的净

化空间与在乡村中尚存的文化氛围。

5. 温暖空巢老人

将居住在年久失修的危房中的老人搬迁出来，政府有关部门加强养老机构建设，定期组织活动慰问老人。

6. 提高旅游从业人员素质

旅游从业人员素质直接关系到游客的旅游体验，导游的素质，包括语言、态度等诸多方面都可以利用武夷学院旅游管理专业的教育资源，进行系统培训和提升；另外，旅游场所从业人员素质有待进一步规范，景区商品价格应进行监管。

7. 旅游产品

对特产进行专业化包装，建立较知名的品牌；茶产品的再挖掘，发挥原产地的价格优势，多渠道促进特产的销售。

8. 重视和发挥乡土专家的价值

发挥乡土专家的作用，重视其价值，鼓励他们的积极性，投身到文化旅游的开发中来。年近六旬的乡土文化专家、武夷学院旅游系客座副教授邹全荣老师对武夷山的文化研究多年，他透露还有大部分关于武夷山的书稿资料暂未公开。如果能发挥乡土专家的优势，借助他们的学识力量，武夷山的文化内涵将得到更好的诠释，文化旅游的开发也将更顺利。

参考文献

《武夷文化》系列丛书，福建人民出版社，1981年。

吴邦才：《世界遗产武夷山》，福建人民出版社，2000年。

中共南平市委组织部编：《WTO和闽北》。

张晓萍、李伟：《旅游人类学》，南开大学出版社，2008年。

王长青：《永远的武夷山》，海潮摄影艺术出版社，2003年。

徐肖剑：《大武夷概览》，远方出版社，2000年。

国家旅游局计划司：《旅游业可持续发展：地方旅游规划指南旅游教育出版社》，旅游教育出版社，1997年。

中华人民共和国建设部编：《世界遗产公约.自然文化遗产中国武夷山》，1998年。

瓦伦·史密斯：《东道主与游客——旅游人类学研究》，张晓萍、何昌邑等译，云南大学出版社，2002年。

L. Moutinbo, Strategic Management in Tourism, CIPI publishing of CAB International, 1999.

武夷山民俗文化

武夷山谚语文化考察

马 强[*]

谚语以一定的文化为依托,取材于现实生活,是对自然规律、社会伦理和人生体验的通俗化概括,并通过人们口口相传的方式存在和传播。"谚,俗语也。"(《国语·越语》)指出了谚语的通俗性。"谚,传言也,从言,彦声。"(《说文解字·注》)说明了谚语的传播特征。"谚训传言,言者直言之谓。直言即径言,径言即捷言也……捷言欲其明显,故平易而疾速。"(杜文澜《古谣谚》)这又突出了谚语表达方式的平直简捷特征。这三个特征交相辉映,简捷灵活的形式使得谚语朗朗上口便于记忆,可以为普通百姓所理解和运用,使其具有了通俗性的特征,而这一特征又使得谚语以口头的形式代代相传成为了可能。谚语的内容涉及自然规律、社会伦理、人生体验等多个方面,而这些必定与特定的历史文化相联系。谚语是一定的文化在民间的通俗表达,非书面化的传播方式让谚语这种文化载体尽可能少地受到政治因素的干扰;内容的丰富性使谚语在很大程度和范围上表现了传统文化的方方面面;通俗易懂的形式,使谚语的影响到黎明百姓、寻常人家。那么,循着这条线索逆推过来,民间谚语中应该可以发觉到传统文化中最为原初与最为全面的精神内核,所以笔者试图通过对武夷山乡间谚语的收集与整理,进一步挖掘朱子文化在其故里的深远影响。

一、谚语作为传统文化的一种载体

对于传统文化的发掘,大多是借助于对经典文本的诠释与解读。另外,建筑、绘画、雕塑、祭祀,甚至饮食等也是主要的文化载体。典籍与文物依赖于考古的发现,并且文字形式的载体多受政治意识形态的影响。建筑的保存受到客观条件的制约,而饮食、风俗又受到现代化、统一化的侵蚀。中国古代的政治可以从文化的发生上对其产生制约作用,如秦始皇焚书坑儒、西汉董仲舒独尊儒术、清代的文字狱。文物、古建筑又难以见其原貌,笔者在此次武夷山乡间考察的过程中发现,大多数牌坊、祠堂、书院均经过了多次的修缮,对联

---

[*] 马强,厦门大学哲学系硕士研究生。

匾额多数也为现代之作,另外,"文革"时期的破坏也是相当严重。祭祀、饮食风俗因为其本身就是生活的一部分从而受到了现代生活方式的影响,许多村镇的年轻一代对于传统的祭祀礼仪和饮食习惯像我们外来者一般陌生。朱子生活的年代距今八百多年,有哪种文化载体可以更少地受制于政治的需要、历史的变迁,更易于传播和保存,又更少地受现代化浪潮的影响而传承朱子文化的精髓呢?笔者的观点是,朱子故里——武夷山的乡间谚语正是这一理想载体。

(一)谚语扎根于生活、孕育于传统

关于谚语的起源上找不到相关的文献记载,这证明谚语产生于民间生活而不是庙堂文化。有学者考证在《诗经》中已有关于农业生产、思想修养训诫方面的谚语引用。① 可见谚语已有至少2500多年的历史。谚语作为文化的一种载体,其首要特点就在于扎根于生活,是在日常生活与生产中体验得来的,与特定的历史、语言,以及民众的生活息息相关。并非学究们在书斋中冥思苦想而得出的。谚语的生活性还表现在其表达方式的口语化。"谚语的用语简练和谐,说起来上口,易于记忆,易于流传,同歌谣有些相似。"② 口语化的表现形式让谚语来源于生活而用之于生活,不像文言典籍那么生硬难懂,远离民众的生活而束之高阁。因为谚语扎根于生活,那么只要生活方式大体不变,谚语就有其生存的土壤。

中国内陆广袤的地域环境决定了这个民族的农耕文明,而这种文明又赋予了中国人一种"乡土本色"的特征。著名社会学家费孝通先生在《乡土中国》中,将社会权力分为三种:发生于社会冲突的横暴权力;发生于社会合作的同意权力;以稳定的文化传统为保证的教化权力。这第三种教化权力就适用于中国的乡土社会。在乡土社会中"凡是比自己年长的,他必定先发生过我现在才发生的问题,他也就可以是我的'师'了。三人行,必有可以教给我怎样去应付问题的人。而每一年长的都握有强制年幼的人的教化权力:'出则悌',逢着年长的人都得恭敬、顺服于这种权力。"③ 这种教化权力的有效性表明了传统在乡土文化中的重要地位。在农业社会,后人所将要经历的事务大多为前人所经历过,从而前人的经验便成为后人良好的借鉴。而谚语正是这样一种产生于农耕文明的经验总结和代表传统的文化载体。谚语中占了很大比例的农谚就是完全立足于当地的农业耕作,就是对农业气象和物候的把握,农民可以直接拿来指导农业生产。农耕文明崇尚传统,而谚语又产生于农耕文明,于是作为文化载体的一种,谚语自然是孕育于传统之中。

(二)谚语本身作为一种文化

谚语与诗歌、格言一样,本身就是一种文化样式。它具有丰富的文化艺术价值。其用

---

① 王勤:《谚语歇后语概论》,湖南人民出版社1980年版,第87页。
② 王勤:《谚语歇后语概论》,湖南人民出版社1980年版,第7页。
③ 费孝通:《乡土中国生育制度》,北京大学出版社1998年版,第67页。

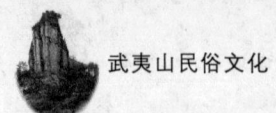

语凝练简洁,表达形象生动,形式和谐,口语化;运用多种文学修辞手法包括夸张与摹状、比喻与比拟、借代与对照、对偶与顶针等等。① 和其他文学样式一样,谚语以自己独有的方式表达着人们对自然的认识、对社会的理解和对人生的体悟。代表着一种独特的文化。文化的价值在于其多样性,而较之其他文化样式,谚语更具多样性的特征,因为它产生于一定的生活实践,在不同的民族、不同的信仰、不同的地域以及不同的生活领域中流传着形式各异、内容丰富的谚语。按照不同的划分标准可以将谚语划分为不同的种类:按照地域可以划分为"吴谚"、"闽谚"、"沪谚"、"皖谚"、"晋谚"、"蜀谚"、"湖北谚"、"南京谚"等等;②按照内容可以划分为"农谚"、"气象谚"、"讽戒谚"、"风土谚"、"常识谚"等等。

(三)"野"——谚语文化特有的土壤

子曰:"礼失而求诸于野",孔子所处的时代礼崩乐坏,他抱着复周礼的宏愿求诸于野,寻找周礼的寄所。政治的变革、历史的更替。当权者对文化的革新当然首先着眼于城市,而乡野地区由于新政权统治的薄弱,文化的变革更加滞后,则反而更有利于传统文化的保存。这也正是孔子"求诸野"的依据所在。

但是,乡野地区的不足在于缺少专修的文本,民间对传统的保存需要更为生动和更加接近生活的形式,而谚语便是这一形式的典范。谚语立足于现实的生产与生活,同时又在传统的文化中孕育而出,并且以口口相传的方式在民间传播与保存,肩负着文化传承的使命。农村或乡野地区之所以可以利用谚语的方式更好地保存传统文化,除了上文从谚语本身寻找原因外,这里就其生存的土壤——"野",展开分析。

首先,从经济层面来看,中国2000多年的封建社会均以自然农耕经济为其依托,无论是中国传统的庙堂文化还是流传于民间的谚语歌谣均建基于这种自然农耕经济基础之上。中国传统思想中一对重要的范畴——"本"与"末",就是受植物生长和造型的启发而得出的概念;谚语中也以农谚占绝大多数。而伴随着现代化的浪潮,在目前的中国,市场经济已占主体地位,在工业化、城市化的大背景之下,自然农耕经济已自行瓦解。在逐渐延伸的城市区域之中,传统文化已失去了其生存的土壤,而相比较而言,农村地区。比如武夷山市下面的城村、下梅村、五夫镇等地,大多数农民还是依旧种地为生,自然经济在这些地区还有所保存,这为传统文化以及文化的通俗形式——谚语保留了一定的生存基础。

其次,从社会伦理结构来讲。中国传统文化,尤其是儒家文化是一种家本位的文化。孔子释仁为"爱人",爱是一种"推爱",即由亲及疏的差等之爱,这种爱由父子之孝推至君臣之忠;由兄弟之悌推至朋友之义。儒家就是在这种爱的推而广之中建立起了古代中国复杂的伦理纲常体系。而现代社会的组织形式,解构了君臣关系,西方文化的传入又影响了家庭伦理观念,现代家庭的解构更是让年青一代难于理解兄弟之悌,长幼之序。传统文化在城市中失去了其生存的环境。相比较而言农村地区,由于发展的滞后,观念的陈旧,

---

① 王勤:《谚语歇后语概论》,湖南人民出版社1980年版,第38页。
② 王勤:《谚语歇后语概论》,湖南人民出版社1980年版,第74页。

农业生产的需要等原因,相对完整地保存了传统的社会伦理结构。笔者在对城村的调研中发现,老街口、杂货铺、戏台、神庙里依旧有老人们聚在一起拉家常,一个村子主要以二到三个姓氏为主姓,并各自有祠堂。在笔者调研期间,城村的刘氏祠堂和五夫镇的张氏祠堂都在重修。据村民介绍重修经费一般都由本氏族人分摊或者自愿捐款,笔者对两位不同年龄段的村民进行了访谈,得知对于修祠堂,大多数族人是支持的。而这种宗族意识在城市已消失得无影无踪了。儒家传统文化就建立在这种宗族家族结构之中,这为传统文化及其通俗形式——谚语保留了必要的生存环境。

再次,从异族文化的输入和影响来看。农村地区由于交通闭塞,信息封闭,较之城市,所受西方文化的影响较少。受西方个体原子主义影响,现代城市的个体之间相对独立,在一栋楼里门对门住了很多年,互相没见过面的情况相当普遍。而在农村则不同,笔者在对一位刚刚从城市嫁到城村的妇女访谈得知,这对新婚夫妇仍旧和公婆住在一起,婆媳关系和睦。据她介绍邻里之间交往密切,哪家子女孝顺父母会在邻里之间流传,不孝的则会受到他人的指责。五夫镇甚至还有不肖子孙死后将投胎为野猪的说法。农村的地缘结构、信息状况为传统文化及其通俗形式——谚语提供了相应的生存保护。

二、武夷山民间谚语的特点

笔者通过对武夷山市下属村镇的走访,在武夷山景区管理委员会工作人员的协助下收集到50多条当地的民间谚语,通过与其他谚语资料的对比研究发现,作为朱子故里的武夷山,其独特的地形地貌和悠久的闽学传统赋予了这些谚语独具思辨理性、关注自身修养和关怀家国天下的特征。

(一)独具思辨理性

有学者将谚语与格言进行过对比研究,得出的结论为"谚语是生活斗争经验的总结,内容广泛而丰富,是广大人民群众创造出来的;格言只是说明一般的处世道德哲理……"①通过笔者的整理,武夷山一带的谚语更符合格言的特征,彰显着理性与思辨的光辉。在笔者收集到的谚语中,直接关系到农业生活的仅有8条,而在这8条农谚中,又有涉及"勤人"、"懒汉"的对比,"人勤地不懒"的说法,对于耕牛的赞扬和"肥水不流外人田"的比喻,而这些谚语与农业生产并没有直接的关系,所以在这8条农谚中仅有4条可以直接应用到农业生产的过程中,分别是"清明种薯,谷雨种芋,夏过再种小如箸。""若要虫害少,冬天打烂田。""头伏萝卜二伏菜,三伏过后种荞麦。""立秋有好雨,遍地都是粮。"武夷山地处亚热带,但是其气候又受到非地带性因素的影响,主要是武夷山脉不仅挡住了来自北方的寒风,而且截留住了从南面海洋吹来的暖湿气流。于是形成了当地气候的多

---

① 王勤:《谚语歇后语概论》,湖南人民出版社1980年版,第6页。

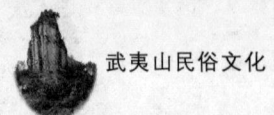
武夷山民俗文化

样性变化。① 这种气候条件又赋予了武夷山地区农作物的多样性。农谚则为当地的农耕提供指导。

笔者发现在收集到的谚语中,有关思辨理性的内容占了很大的分量。这些谚语中充分体现了中国传统文化中的辩证思想:对思想的重视——"事不三思终有悔,人能百忍绝无忧。"关于"真"与"假"的辩证关系——"一人说假,百人传真。""真的说不假,假的说不真。"关于"盛"与"衰"的转化问题——"果红易掉,人红易衰。"对于成功的看法——"榜上无名,脚下有路。""荣誉桂冠,荆棘编成。"对于事物相反属性的辩证观念——"不经寒冬,不知春暖。""久旱知雨贵,天黑显灯明。"这些具有思辨色彩的谚语不仅彰显着基层劳动人民的智慧,而且表达着他们对传统文化的独特理解。其基层性表现在所用的比喻皆为农业社会中常见的事物:果、荆棘、寒冬、春暖、雨,等等;其文化性又表现在对于诸多矛盾统一体的类比:"果红—掉"与"人红—衰"、"久旱—雨贵"与"天黑—灯明"等等。禅宗讲"运水担柴无非妙道"。正是在这一寻常日用中,武夷山的谚语体现了中国人独特的思辨智慧。

(二)关注自身修养

受朱子理学大传统的影响,作为小传统的武夷山民间谚语,也继承了儒家"修身、齐家、治国、平天下"的主张。朱子云"所谓齐家在修其身者……此谓身不修不可以齐其家。"②《大学》"三纲"的"明明德"止于"修身",而"亲民"又始于"修身"。修身在儒家文化中具有核心价值。武夷山民间谚语中有很多体现了这一修身的要求。并且包含德智双修的内容。

智修方面:"多拜一个师,多学一门艺","学人之长,补己之短。"——这是"三人行,必有我师焉"的更为通俗的说法;"要想艺儿高,苦练不动摇","才华是快刀,勤奋是磨石。"——这是对"学而时习之,不亦乐乎"的理解;"多问不必脸红,无知才是羞耻"——这与"不耻下问"的说法有着异曲同工之妙;"寒窗十年,知识一半"——这似乎也道出了庄子"吾生也有涯,而知也无涯"的感叹。

德修方面:《论语·雍也》中说:"夫仁者,己欲立而立人,己欲达而达人。"如果说孔子这是从正面来解释"仁"。那么谚语"世上强人处处有,只怕目中不容人"。便是对这一观念的反面表达了。义利之辨一直是先秦百家争论的核心问题之一,儒家的主张可以用"小人喻于利,君子喻于义"来概括,而这一主张体现在武夷谚语中便是"宁愿无钱,不愿无耻"。《论语·宪问》曰:"以直报怨,以德报德",这是孔子对"怨"与"德"旗帜鲜明的看法。这一看法在武夷谚语中也有很多体现:"不做损人事,身后无仇人","为人心不奸,求人路头宽"这两句分别体现了"怨"和"德"的关系。《论语·卫灵公》曰,"君子求诸己,小人求诸人。"孟子主张"反求诸己",《荀子·劝学》中说"君子博学而日参省乎己,则知明而行无过

---

① 参见《武夷山志》,方志出版社 2004 年版,第 17 页。
② 朱熹:《四书集注》,岳麓书社 2008 年版,第 11 页。

矣。"儒家强调自省和自我反思,在武夷山谚语中也有类似的说法:"训人容易责己难。""常思己过,免招灾祸。""忍得一时气,免得百日忧。"这些谚语分别以"责己"、"思己过"、"忍气"等来诠释儒家的"反求诸己"思想。儒家重视孝道,对于子孝,孔子的解释是"心安"。但是这一解释对于乡野村民来说未免太过抽象,武夷谚语给出了更为直接的答案——"孝顺父母是本分,他日儿孙自会报"。这一回答在发扬了孝道的同时,更加符合中国文化的实用主义取向。① 孔子的门徒中,受到孔子褒奖最多的是颜渊,《论语·雍也》说他"一箪食,一瓢饮,在陋巷,人不堪其忧,回也不改其乐"。宋明理学家更是乐于追寻这种"孔颜之乐"。而武夷谚语"清贫日日乐,浊富夜夜忧"的前半句正说明了这一情怀在乡土村野中的流传,而后一句又体现了孔子的"不义而富且贵,于我如浮云"的思想。

(三)关怀家国天下

儒家讲由内圣开出外王之道的入世哲学,《大学》"三纲"中的"明明德"只有和"亲民"结合才能达到"至善"的境界。"八目"也走的是一条从"格物"到"齐家"再到"平天下"的道路。于是对家—国—天下的关怀便构成了儒家知识分子的终极关怀。这一关怀同样在武夷山谚语中有所体现,"国盛有贤臣,家兴靠子孙",这里将"国"与"家"对应,又将"贤臣"与"子孙"对应,形象地说明了在中国文化体制下作为个体的"子孙"与作为整体的"家"以及作为个体的"贤臣"与作为整体的"国"这两组最为重要的伦理关系。此外,还有"家贫想贤妻,国乱思良将",这里又拿"贤妻"与"良将"作类比来说明这一个体与整体的关系问题。还有从反面做论证的,"家怕白蚁,国怕白痴","白蚁"与"白痴"作为害群之马无论是对"家"还是对"国"都将产生不良的影响。孔子释"仁"为"爱人",又以"推爱"的方式建立起了中国古代的纲常伦理,但是在处理家国关系上,总须面对"忠"与"孝"的两难。武夷谚语中也有对这一问题的探讨——"爱国之人即爱家之人",普通老百姓在这里表达了对统一家国之爱的夙愿。

三、武夷山民间谚语的保存与开发

武夷山作为朱子故里,有着深厚的儒学传统。在这种大传统的影响之下,作为其小传统的谚语文化自然彰显着儒家文化的特色,同时又兼顾当地的风土人情。1999年12月,因为其自然与文化资源具有突出的意义和价值,武夷山被联合国教科文组织列入《世界遗产名录》。为了更好的对其自然资源进行管理,国家设立了"武夷山国家级自然保护区管理局"、"福建武夷山国家级自然保护区联合保护委员会"、"陇西山国家自然保护区管理局"等机构,历年来这些机构在武夷山自然资源的保护和规划以及开发工作上取得了一定

---

① 李泽厚:《实用理性与乐感文化》,生活·读书·新知三联书店2008年版。

武夷山民俗文化

的成效。① 但是笔者认为,到目前为止,对于武夷山文化资源的开发尚不够火候。风景名胜区的常设机构主要是"武夷山风景名胜区管理委员会"。作为武夷山文化符号的古遗址、古墓葬、古建筑、摩崖石刻等物质性的项目都得到了很好的保护与管理②;非物质文化主要集中在茶文化、宗教文化和历代名家文化之上。这些文化元素多集中在景区内部,在笔者的考察过程中发现,大量的古遗址、寺院、道观、崖刻、碑刻以及大红袍母树都分布在九曲溪景区、武夷宫—大王峰景区、云窝—天游峰景区、虎啸岩——线天景区、水帘洞—大红袍景区和遇林亭—莲花峰景区。这一现象有利于景区管委会的统一管理与规划,但是又有可能导致对其他文化样式的忽视。因为谚语、俗语等文化样式更多地存在于景区之外的广大村镇,存活于当地百姓的生活日用之中。笔者在下梅村、城村以及五夫镇乡间走访中发现很多谚语、俗语已经被人遗忘,年长的还记得一些,可以用当地方言说出来,而年轻一代,基本上就没有继承了。

这种乡野文化的逐渐丧失,固然与中国新农村建设的伟大浪潮有关,正是在农村生活的变化、农业经济的变革、农民观念的转变过程中,谚语逐渐失去了它生存的土壤。但是,作为一种文化的样式、传统的载体,尤其是具有诸多文化特色的武夷山谚语,却未受到相关部门的重视和保护。翻开最新版的《武夷山志》,竟然找不到一条有关当地谚语的记载,实在令人惋惜。联合国教科文组织在《保护非物质文化遗产公约》指出,"非物质文化遗产"包括五个方面,首当其冲的就是"口头传统和表现形式,包括作为非物质文化遗产媒介的语言"③,以武夷山方言表述,承载着中华文化精髓的武夷山谚语正符合这一标准。

对于正在丧失的武夷山民间谚语的保护工作是意义重大而任务艰巨的。其意义如上文所述,这里不再赘言。其保护工作的艰巨性主要表现在:首先,谚语是一种以口授形式传播和保存的文化样式。所以不如见诸文字的文化样式那么容易发掘、整理和保存。这就要求相关部门深入村镇进行民间调研和收集,并进行汇编。其次,谚语需要其特有的生存土壤,而在现代化的浪潮之下,这种土壤又在渐渐地消失。这一点正表明了谚语收集和整理工作的紧迫性。最后,武夷山谚语只有在景区外的村镇民居、市井生活中去寻找。而承担这一工作的主体,目前尚需进一步得到明确。

武夷山谚语,这一文化的"活化石"正濒临失传。以朱子学为代表的儒家文化的通俗载体正在被现代化的浪潮所吞噬。作为"世界文化与自然遗产"的武夷山,作为闽学发祥地的武夷山,有着西汉闽越王城历史的武夷山,有着丰富村落文化的武夷山,缺少丰富的谚语民俗文化,都是令人遗憾的。

---

① 《武夷山志》,方志出版社2004年版,第535~539页。
② 《武夷山志》,方志出版社2004年版,第四篇:《文化》。
③ 联合国教科文组织:《保护非物质文化遗产公约》。

武夷山民间戏曲的主要形式及其民俗文化价值

谢姝婕[*]

戏曲产生于民间,是一种源于先民们声名原动的艺术表现。民间戏曲作为一种综合性的舞台表演艺术,是民俗文化的重要内容,通过民间戏曲,我们可以认识社会、了解生活、查看社会的各种风情与习俗。武夷山地区以其深厚的历史文化积淀,其文化艺术传统在漫长的历史时期内不断发展,形成了独具特色的武夷民间戏曲体系。本文主要梳理了闽北武夷山地区民间戏曲主要的表现形式马仔灯、三角戏、四平戏、采茶戏、傩舞、南词、游春戏等,并指出武夷山民间戏曲在整个武夷民俗文化中所占据的举足轻重的地位和其重要的民俗文化价值。

世界戏剧有三大主要源流:一是古希腊戏剧,一是印度的梵剧,再就是中国的戏曲。希腊、印度的戏剧虽然形成较早,并对后世产生了深远影响,但就其本身的发展延续性来说,却早已先后绝迹于舞台。唯独中国的戏曲从形成之日,就一直延续并发展着,成为世界上历史最长且独具特色的综合艺术。由此可知,中国戏曲不仅是中华民族灿烂文化的重要组成部分,在世界的戏剧文化中同样也占有者重要的地位。

"民间"是一种群体称谓,也是空间称谓,主要指民众方面的,与官方、国家相对。钟敬文先生在《话说民间文化》中以不同社会群体为标尺将中国传统文化概括为上层官方文化、市民中层文化和底层民间文化。[①] 即将广大农民创造传承的乡村文化与民间文化对等,在广义"民间"的范畴内,与市井文化加以区别。有学者认为,"迄今为止的民间文化形态大致是悠久的农业文明的产物"。[②]中国的民间戏曲,作为一种整体的舞台艺术,为民间所爱,"在民间自我成长,其精神和传统长存在民间"。[③]

---

[*] 谢姝婕,厦门大学中文系硕士研究生。
[①] 钟敬文:《话说民间文化》,人民日报出版社1990年版,第2页。
[②] 陈思和、李振声:《理解九十年代》,人民文学出版社1996年版,第178页。
[③] 唐文标:《中国古代戏剧史》,中国戏剧出版社1985年版,第138页。

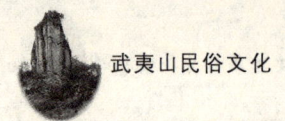
武夷山民俗文化

一、民间戏曲的发生机制

(一)民间戏曲的来源与基本特征

从起源来说,戏曲产生于民间,是一种源于先民们生命原动的艺术表现,这无论从古籍记载或者出土文献来看,都是无可争议的。《吕氏春秋·古乐篇》记载:"系黄帝令伶伦作为律。""葛天氏之乐,三人操牛尾,投足一个把却。"《尚书·尧典》亦载:"予击石拊石,百兽率舞。"这正是原始劳动者手持牛尾或装扮成各种兽形、抛石相击、模拟狩猎劳动的舞蹈。这种原始劳动歌舞实际上就是民间戏曲的源头。先秦时代出现的以歌舞为职的优伶,最初也多是来自民间,而后才进入宫廷的。戏曲主要反映人民大众的生活和思想感情,它的表现形式又为广大群众所喜闻乐见,它是在人民群众的劳动、生活、习俗中产生的,它又是伴随着人民群众的劳动、生活、习俗而生存、发展、变化的。

民间戏曲作为民间民俗文化的重要内容,它具有四个基本特征。一是群众性。戏曲的群众性不仅表现在它来自民间,而且还表现在它的乡音、乡调,每一个剧种都有自己的地方特色,使得当地观众在思想感情上能够引起强烈的共鸣。二是集体性。民间戏曲是一种综合艺术,需要多方面艺术人才的合作与智慧才能完成,而且就其中的每个组成部分来说,都是在长期的发展过程中,根据人民群众的生活和愿望,集中人民群众的智慧和艺术才能,共同创作,共同加工,使之不断完善起来的。三是口头性。就整个戏曲而论,固然有许多戏曲作家的剧本用文字的形式保留了下来,但是更多的戏曲剧目是靠着戏曲艺人的口头语言世代相传保留下来的。四是变异性。一般来说,文学作品出版后,都有着长期的甚至永久的稳定性,而民间戏曲则不然,它和民间文学的其他所有文艺形式一样,处在经常性的变化中,甚至比其他的民间文学文艺形式变化更大、更多、更快,这不仅表现在剧本的思想内容、词句上,而且也表现在音乐、表演等各个方面。

(二)民间戏曲的价值与作用

民间戏曲作为一种综合的舞台表演艺术,对生活的反应是立体的。从民俗学的角度来看,民间戏曲的最大价值在于:通过民间戏曲,我们可以认识社会、了解生活,察看社会的各种风情和习俗。首先,民间戏曲反映了社会生活的各个层面,我们可以通过它看到时代的风情习俗,也可以察知社会文化的发展水平。其次,民间戏曲充满艺术魅力,具有很高的审美价值。人民群众的审美观是和他们所处的社会历史环境、物质生产条件、文化艺术修养及其精神境界有着密切联系的。民间戏曲中不仅体现了人民群众特别是农民的审美特征和个性,而且反映着整个时代的风尚,从而使其具有时代发展的特征和民族性特质,可以说,对民间戏曲艺术的审美过程,也是认识社会、了解生活的过程。最后,民间戏曲的作用,对于人民群众来说,主要是它的娱乐性,但是它同时也寓教于乐,有着重要的教

育功能。寓教于乐,是民间戏曲的特点,也正是它作为一种人民大众所喜闻乐见的艺术形式的优点所在。戏曲艺术所反映的社会生活内容是多方面的,因此它也就具有了多种教育功能。在许多戏曲剧目中所包含的爱国主义精神和民主精神,历代人民为追求自由生活坚持不懈的斗争意志,仍然在激励着今天的人们为了美好的生活而奋斗。

(三)武夷山民间戏曲的由来

武夷山位于福建省西北部,山川秀丽,人文荟萃,古迹众多,唐朝时就被封为"名山大川"。1999年12月联合国世界遗产委员会将其列入《世界文化与自然遗产名录》,成为继泰山、黄山、峨眉山之后的中国第四处世界文化与自然双遗产。武夷山内有国家风景名胜区、国家自然保护区、国家旅游度假区等。武夷山属于丹霞地貌,由九曲溪、云窝、天游峰、一字天、水帘洞、虎啸岩、武夷宫、大红袍、莲花峰、闽越王城遗址等十大景区108个景点构成。山与水的奇妙结合,人文与自然的相互辉映,加上美妙动人的神话传说,武夷山成为人们回归自然、返璞归真的理想之地。武夷文化博大精深,史学家蔡尚思赞道:"东周出孔丘,南宋有朱熹。中国古文化,泰山与武夷。"

武夷山有着深厚的历史文化积淀,其文化艺术传统在漫长的历史时期内不断发展,形成了独具武夷风格的体系。其民间戏曲花鼓词就是武夷文化的形式之一。在古代,武夷山古闽人和越王族融合的同时,也传承了古闽人、吴越族以及中原的礼俗文化。

历史上,吴、楚的音乐和舞蹈十分优美,例如刘向在《说苑·善说篇》中就曾经记载,楚国令鄂君子晳泛舟湖中,听到了越语歌,歌词委婉动听,所表达的思想感情十分动人,鄂君子晳听完后以隆重的礼节奖励了歌手。音乐和舞蹈在闽越无论是渔猎部落还是农耕部落都不可缺少。打猎时要跳舞、丰收时要跳舞、丧葬时要跳舞,表达自己强烈的情感与追求,同时还非常注重跳舞时候的着装和饰品。出土的闽越国时期的墓葬器物和铜鼓上的舞蹈纹饰是舞蹈者头戴插有鸟羽毛的羽帽,身穿以羽毛为饰的舞裙,裙前幅略过膝,似鹭鸟之形。音乐和舞蹈在闽越部落日常生活中表达了人们思想感情的原生态礼俗文化,得以保留和传承下来,这是非常珍贵的文化遗产。至今在闽北大部分县市,逢年过节还流行着湖南花鼓灯、江西采茶戏以及江浙民歌等吴楚生产节庆礼俗文化,这是传承和融合了古代吴楚、越人的音乐和舞蹈的象征。

二、武夷山主要的民间戏曲形式

(一)马仔灯

马仔灯是流行于武夷山洋庄乡一带的群众表演艺术形式,是一种在村子周边的广场上表演或走村串户,载歌载舞,自娱自乐,祈求来年风调雨顺、平安健康的一种文艺活动。一般从正月开始,延续至正月十五元宵夜烧焚灯具时为止。

马仔灯是用篾扎纸糊成马匹状,分前灯、后灯两节,即马头灯和马尾灯。马头灯紧紧捆绑在玩灯人的腹前,马尾灯则绑在玩灯人的臀后,当点亮两节灯的蜡烛时,玩灯人便不断扭动身子,作出各种各样的骑马的形体动作,在每一个马仔灯的旁边都配有一个花钵,同时有"花鼓公"、"花鼓婆"与马仔灯一同起舞,被环绕在中央。"花鼓公"、"花鼓婆"是表演活动的主角,"花鼓婆"由男人扮演,穿红色女服,头扎长辫,他们在这些灯围成的圈内,边舞边唱,幽默诙谐,生动活泼。他们演唱的有花鼓调、赣州调等各地的小调。

这种特殊的具有戏剧雏形而又介于歌舞与戏剧形式之间的民间艺术产生的原因主要有以下几个方面:第一,特殊的地理位置和多元文化的组合。武夷山位于福建与江西交界处。自古代以来就是福建通往中原的主要驿道,洋庄乡直接与江西省接壤,境内山高林密,分水关是江西和福建的分水岭,宋明时设有分水关驿、大安驿、洋庄铺等驿铺。第二,与闽南移民的竹马戏融合。据小浆村的《吴氏族谱》记载,吴氏先祖在宋末元初由中原迁至漳泉一带。明末清初又因战乱迁入武夷山,最终落户洋庄乡。他们仍然保留了原先在漳泉的风俗习惯,每当正月都要玩花灯、舞竹马、闹元宵。当他们来到武夷山之后,又逐步吸收了当地山歌民谣的演唱方式,以及当地的其他表演形式,进而逐渐形成目前独特的歌舞表演形式和民俗风情。

武夷山马仔灯表演和演唱风格,既不同于闽北流行的三角戏,也不同于漳州地区流行的竹马戏,在长期的发展过程中逐步形成了自己的特色。在表演马仔灯这群人聚居的村落,居民既会崇安话(当地方言),又会闽南语、赣东语,并且还能够说唱多种方言小调。表演马仔灯的人都不是专职演员,他们平时务农,业余时间排练,临近春节采集中进行排练。表演时他们大多以姓氏宗族为单位,走村串户,表演风格多种多样。"花鼓公"、"花鼓婆"的表演,采用兰花指、背手位、后蹬腿、小跳步、交叉步、十字交叉步配合。"花鼓婆"扭捏作态,惟妙惟肖,在表演中能让人感受到不一样的风情。扮演"马仔灯"、"花钵"者(多为小男孩、小女孩)有跳跃、有摇摆,只跳不唱,似伴舞,围绕在"花鼓公"和"花鼓婆"的周围。其表演可长可短,灵活多变。

(二)三角戏

在闽北民间,流传着一种由花鼓灯与民间小调结合而来的戏种,因早期演员只有"生"、"旦"、"丑"三个,故称"三角戏",又称"三小戏"。"三角戏"起源于江西,约明清间传入邵武,在当地又称"家庭戏"。历代邵武艺人在传承演绎三角戏时把邵武民间的茶灯戏、花鼓灯、游春戏、民歌融入其中,形成了一个独特的多源性地方剧种。它既能坐唱表演,又能上台献艺,颇受农村群众的喜爱。

关于"三角戏"有个美丽的传说。相传大约三百年前,在江西铁板桥有一个男青年上山砍柴,累了的时候便唱山歌解乏,有一个狐仙被他的美妙而悠扬的歌声所打动,便化身成为一名美丽的女子来与之对歌,从此两人便每日对歌不断。有一天,他们的对歌被一名老艺人听到,觉得这种演唱形式十分适合农民的表演和欣赏,于是便加入了他们的演唱,还教他们二人舞蹈,并带着他们到处演出。这样,就形成了仅有三个角色的戏班,青年扮演小生,狐仙扮演小旦,老人则扮演小丑。后来这三个人来到福建省邵武等地,并在民间演出和传艺,这就是福建闽北三角戏最初的来源。三角戏起源于江西,明清间形成。形成后由三个角色逐步发展为"七子班",即有小生、小花脸、花旦、青衣、打鼓兼手板、打大锣及小锁、打小锣兼杂务各一组成。伴奏仅大锣、小锣、咚古、北古、木鱼、小钹等六件打击乐,后来慢慢加入笛子、胡琴、二胡等传统乐器。在清朝康熙、乾隆年间由江西赣州、抚州等地传入闽北,流传于邵武、光泽、泰宁、建宁、清流、建瓯等县,并与当地的民间艺术、风俗习惯相结合,形成独具地方风格的剧种。

三角戏既没有大场景和战争题材,也没有错综复杂的政治斗争,剧本内容都取材于农村日常生活,多以家庭生活、男女婚姻故事为题材,故又称"家庭戏"。代表曲目主要有《桃妹反情》、《姐妹看郎》、《姑嫂观灯》、《何叶调情》、《金莲送茶》、《打皮条》、《十转情》等。三角戏大多是喜剧,也有少量闹剧,语言风趣,有时还穿插一些邵武方言,使人看后轻松舒畅。民间流传着"没有皇帝没有官,越看心越宽";"男人看了三角班,锄头耙子放山间;女人看了三角班,房门窗户忘了关"的顺口溜,便是老百姓对三角戏的由衷赞誉。但是,由于许多剧目涉及男女情爱、悲欢离合,也曾被视为有伤风化而遭到禁演。

(三)四平戏

中原文化在武夷山的传播和发展,使社会礼俗成为文化的基本内容。明末清初,"四平戏"随着中原的商人、官员等传入闽北政和等地,作为一个独立的剧种保留着原始的面目并且至今仍然传承活跃在民间,并成为"中国戏曲的活文物"。在政和县杨源乡、禾洋乡,每到农历二月初九这一天,村里在祭祖之后要上演三天的"四平戏"。"四平戏"古称"四平腔",是明朝嘉靖年间由江西弋阳腔传入安徽歙县一带后形成的。明末时期,经江西分成三路传入福建:一路传入闽东地区的屏南、宁德、古田、霞浦、福安等地;一路传入闽北政和、建瓯等地;一路传入闽南漳属广大地区。由于方言关系,宁德一代称四平戏为"说平戏"、"素平戏",屏南一带称四平戏为"庶民戏"、"赐民戏"。

四平戏行当早期只有生、旦、净、末、丑、贴、外7个角色,清初发展到9角,艺人自称"梨园子弟",全班人数最多时有二十多人,前台9人,后台5人,其余为挑箱及下手,传统剧目十分丰富,常演的有《赶白兔》、《刘锡》、《反五关》、《崔君瑞》、《中三元》、《白鹦哥》、《孟宗哭竹》、《虹桥渡》、《王十朋》、《李彦贵》、《施三德》等80多本。"四平戏"一直保持唱白皆用"土官话"的传统,前自干唱,后白领帮腔的高腔传统,唱腔结构形式属于曲牌体,常连缀演唱,旋律高亢激越,朴实流畅,间以滚唱、滚白、曲词通俗、行腔自由,发声以本嗓为主,假嗓交唱,一唱众和。同时还保留着大量宋元杂剧的表演体制,曲调活泼,早年村里几乎人人都会哼上几段,下田农作的村姑或是上山砍柴的小伙,都爱边劳作边唱,加上句末有帮腔的特点,经常出现 一人高唱众人应和的情景,使民俗文化活动多姿多彩。那欢乐而富有情趣的场面可以让人回味许久。

四平戏保存了原始的弋阳高腔特色,古朴传统的南戏表演风格,文本与表演的雅俗组合特征以及与宗教民俗关系密切成为四平戏的显著特征。以前我国戏剧界专家均认为四平腔已在我国绝种消失,并被写入《中国戏曲曲艺辞典》,想不到在20世纪80年代初,却意外在屏南县被发现,一时轰动全国戏剧界,被视为四平腔的活文物。尤其是至今仍保存大批宋代南戏与明清传奇剧目的清代手抄古本,更是具有重大的文献资料价值。此外,四平戏由于"错用乡语"以及随意性、即兴式的表演而保存了大量民间口头文学资料以及古音韵发声、古声腔唱法、古五大套路,极为难得,为四平戏的流传及发展奠定了坚实的基础。

(四) 采茶戏

采茶戏,是流行于闽西龙岩、宁化、清流、长汀、连城和闽北光泽、政和、将乐一带的戏曲剧种。据老艺人传说,采茶戏源于江西赣南的九龙山。明末清初,九龙山流行茶歌、灯舞和花鼓,茶农们每逢迎神赛会或者欢庆丰收的时刻,都会通宵达旦地载歌载舞。以后,在茶歌、灯舞和花鼓的基础上,吸收东河腔和徽剧的表演艺术,逐渐形成一种小戏。初期戏曲内容多表现民间生活,一般只有三五个角色。清末以后采茶戏发展迅速,戏班遍布各地。

政和县的采茶戏,清代中叶从江西传入,主要流行于东平、苏地等乡。每年正月是其主要活动时期,曲调不多,属于高腔系统,演唱采用"土官话"。将乐县的采茶戏,又称"花灯戏"、"跳花灯"。清朝道光年间由长汀县花灯戏艺人传入,一时风靡各地。初期为一旦、一丑对歌对舞,后来不断发展,多时演员有七八个。采茶戏是从民间歌舞发展起来的剧种,剧目多反映民众生活,有着浓厚的地方色彩和人情味。内容以反映男女爱情、悲欢离合、伦理道德和善恶因果报应的故事为多,语言生动朴实,用方言演唱,唱词通俗易懂,传统剧目有100多种,本戏有《赵玉林》、《青龙山》、《三家福》、《割肉记》、《卖花记》、《九龙杯》、《车工传》、《才郎搭店》、《胡家传》等;小戏有《十买十带》、《双福船》、《补缸》、《王氏劝夫》、《看相》、《卖杂货》、《化斋》、《牡丹对药》等。

采茶戏的音乐以茶歌、小调为主,男女同曲异腔,演唱用当地"土官话"。曲调有几十种,每个剧目用一两个曲调,往往以戏名作为曲调名,如《才郎搭店》、《才郎别店》、《牡丹对药》等。由节奏的快慢而分成许多不同的板式,如"紧板"、"缓板"、"导板"、"散板"、"诉板"、"哭板"、"平板"等。为了表达人物感情的需要,往往根据原来板式进行改编,创作成新的曲调,或是把好几个曲调连起来,以表现人物感情的复杂变化。采茶戏的乐器一般比较简单,伴奏乐器有胡琴、二胡、三弦、笛子、唢呐等;打击乐器有鼓、板、大锣、小锣、大钹、小钹等。采茶戏的表演保持茶歌、灯舞和花鼓载歌载舞的特点,清新明快,活泼优美。采茶戏的角色开始时比较简单,多为一生一旦或者一丑一旦的对子戏表演,以后逐渐增加,除了小生、小旦、小丑外,还有老生、老旦、花旦、彩旦、大花等,号称"八角头"。每个角色都有一定的表演动作和基本功。旦角的基本步法是碎步,但有快慢粗细之分;小生、小丑的步法有高步和矮步,基本功除了矮步、扇子、手帕外,还有耍花伞、耍板凳、耍棍子、耍花鼓等功夫。表演动作虚拟夸张、形象风趣,往往利用花帕、彩伞作为道具,通过男女角色的对舞说唱,表现出优美的身段和动作。

（五）傩舞

傩舞是商周时期中原地区的古人驱疫逐鬼的一种礼仪仪式，是古人驱疫逐鬼的一种仪式，约形成于商周时期的中原地区，秦汉时候已经非常盛行。据和平镇前山坪村遗存的一方清朝道光十五年（1835年）的碑刻记载，邵武傩舞始于宋代。邵武南区五个乡镇，都处在崇山峻岭之中，因地理、气候等原因，历史上鼠疫、天花、麻疹、疟疾等传染病交替发生，夺去无数人的宝贵生命，迫使人们将希望寄托在超自然的神灵身上。在这种背景下，中原文化作为驱疫逐鬼的跳傩活动传入邵武后，自然也就被吸收、发展并传承至今。历史上邵武府管辖邵武、泰宁、建宁、光泽四县与和平分县，所以邵武就成为了傩舞在福建省的主要分布区。时至今日，中原地区只有舞蹈动作没有剧情和说唱的纯傩舞，成为名副其实的傩文化活化石。

邵武的傩舞，是以驱疫逐鬼、祈福禳灾为主要目的，舞者头戴面具，脑后缀一块红布，以舞蹈动作走村串户，与古代"大傩"或"乡人傩"有明显的传承关系。但是，在名称上都已经不再称作"跳傩"，而是以其形式不同各有不同的名称。五个乡镇都有"跳番僧"之称，除了"跳番僧"之外，大埠岗、和平还有"跳八蛮"、"跳弥勒"的说法，桂林乡则分别称为"大番僧"和"小番僧"。邵武遗存的傩文化有两个特点。首先，邵武保留的是原始的傩舞而不是发展演变了的傩戏。中原的傩文化传播到邵武山区，时至今日，中原地区的傩文化已经基本消亡，许多地方傩舞也已经发展演变为傩戏，而邵武不仅保留和传承了中原傩文化，而且保留的是只有舞蹈动作没有剧情和说唱的纯傩舞，可以说是名副其实的傩文化。另一重要特点则是遗存了一些关于傩舞的文字史料。我国南方江西赣南、福建闽北以及贵州、云南等地都有一些傩文化遗存，但是却难以见到傩文化的史料记载。和平镇坎下村的中乾庙保存了一部《中乾庙众簿》，当地群众称之为"庙谱"。实际上就是一部庙志，其中就有关于傩祭的记载。坎下村的前山坪自然村更是保存了道光十五年（1835年）的一方完全是记载傩祭活动的石碑。

（六）南词

在福建南平市还流传着南词剧团，南词源于明末清初江苏苏州一带的"滩簧"。相传在清乾隆、嘉庆年间，由一位苏州商人带到福建，起初是南词演唱，后与闽北的艺术相结合成为富有特色的地方民间戏曲剧种。南平南词的表演形式是由一人主唱，另有多人分执不同乐器列坐周围，按照不同的行当轮递配合说唱。

南词戏流行于南平市延平区，清乾隆、嘉庆年间（1736—1820年），滩簧小调从苏州传入南平，并与闽北的民间艺术相结合，形成自己独特的风格。原为滩簧小调，唱白均用苏州土官话，以唱为主，间以说白。曲调有"大调"、"小调"两类，以南词八韵为其基本调。又因滩簧直接受到苏州昆曲的影响，保留有《泣颜回》、《耍孩儿》、《一枝花》、《将军令》等曲牌。而清唱的曲目也多来自昆曲剧目，如《断桥》、《秋江》、《出塞》、《白蛇传》、《西厢》、《拜月》等。南词是坐唱形式的曲艺，演唱者三五人至十余人不等，各操扬琴、三弦、琵琶、笙、

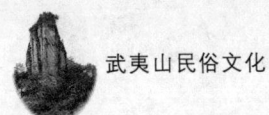

苏笛、壳胡以及大锣、大钹、词钹、渔鼓等乐器,边奏边唱,大多以昆曲戏文为主,其旋律柔美优雅、婉转动听。后来,为了使典雅的昆曲文词变得通俗易懂,南词演唱时逐渐改长短句为七字句,以适应城乡中下层广大听众的口味。南词古称"八韵"的传统剧目有:《出猎回猎》、《昭君出塞》、《白蛇传》、《僧尼会》、《牡丹对药》、《西厢》、《借衣劝友》等本戏和折戏。

(七)游春戏

游春戏流行于武夷山地区,是散发着乡土气息的农民戏。因常在春节期间走村串乡演唱取乐而得名。建瓯县一些农村尤为流行,农村青年都会演这种戏,成为传统的业余文化活动。游春戏的演员很少,一般只要两三个人就可以演出,最多也只有六七个。游春戏演员全部都是当地的农家子弟,利用秋收后的冬闲时间自行排练节目,然后从正月初三开始到二月初二期间,到各个村落表演,以表示相互拜年,祝贺新春。演出的方式很奇特,经常从晚上开始,地点大多在农家的小厅堂里,每家演一两出小戏,短的每出只有几分钟到半小时,长的也不过一个多小时。游春戏多为晚上演唱,有时候也会在白天表演,轮流演完20多个村子,差不多就到了二月二了,演员便回村准备春耕农事。这种习俗代代相传,充满古代遗风和农家节日气氛。游春戏剧目不多,绝大部分都是家庭题材的生活小戏。这些剧目充满农民朴素的思想感情,通俗易懂、平白流畅、民歌风味很浓。

在演员方面,一般仅生、旦、丑二至三人演出,最多为七人。表演艺术分为"唱"、"演"、"舞"、"逗"四个方面,"逗"尤具特色,以简单的情节、简朴的歌舞和风趣的表演取得喜剧效果。曲调以山歌、小调为多,具有浓厚的民间色彩和地方特色。伴奏乐器有京胡、京二胡、加锣、鼓、大钹、碗锣等。它的音乐曲调主要来自当地山歌民谣、俚曲小调,唱词多为七字句的民歌体,尾声多带"啊"、"呀"、"呦"、"哪"等,跟采茶戏、三角戏的风格很相似。演员表演时手里常拿一把扇子或者提一盏花灯作为道具。化妆与服饰比较简单,接近于日常生活,丑角表演尤其滑稽风趣,诙谐生动。

游春戏的曲目不多,绝大部分都是家庭题材的生活小戏,如《十劝夫》、《十怀胎》、《十采茶》、《十采花》、《十送金钗》、《十盏灯》、《闲花灯》、《卖酒》、《卖茶》、《卖花线》、《拿蝴蝶》、《大参拜》等。这些剧目充满农民朴素的思想感情,通俗易懂、平白流畅、民歌风味很浓。

另外,闽北地区城关"柴头会"也已有一百多年的历史。1851年农民领袖洪秀全领导了太平天国运动,在太平军的影响下,武夷山(当时的崇安县)和全国各地一样,四乡农民纷纷起来扛上木棍、竹叉和扁担抗捐抗税,反对奴役压迫。人们为了纪念这木棍、竹叉和扁担取得的胜利,决定每年农历二月初六这一天在城关举行省会,名为"柴头会"。"柴头会"传承至今已成为武夷山民间重要的礼俗文化活动。以上中原礼俗文化活动传承的例子说明,中原汉民族南迁的历史,推动了中原文化在闽北及武夷山的传播与发展,社会礼俗成为文化的基本内容。

三、民间戏曲的民俗文化价值

(一)民俗与民俗文化

钟敬文先生认为,民俗就是民间风俗,是一个国家或者民族中广大民众所创造、享用和传承的生活文化。① 作为一种生活文化,无论是对民俗文化的创造、享用还是传承都要受到与当时日常生活密切相关的自然、经济、文化等各种因素的影响。从这个角度来看,所谓静态的、固定不变的民俗可以说是从来都不存在的。民俗始终是一个不断变化的动态过程,这一过程由众多层出不穷的因素组成。著名民俗学学者刘宗迪先生有一句很精辟的话:"判断一种所谓新民俗算不算是真正的民俗,或者只是伪民俗,关键看它是不是表现了'民众'的生活愿望,因此,问题的关键不是民俗学家的意见,而是人民的意见。"②

民俗文化是在人类社会长期发展中形成的,是经社会约定俗成并流行、传承的民间文化模式,是民族文化的积淀,是一个民族自由表达情感、展现独特精神风貌和世界观的一种行为方式。民俗文化作为一种独特的社会文化现象,它反映着一定社会、民族的经济、政治、宗教等文化形态,蕴涵着民族的哲学、艺术、宗教、风俗以及整个价值体系的起源。内容上大致可以分为民间交际礼仪习俗、民间人生礼仪习俗(包括诞生、成人、婚嫁、丧葬习俗)、民间服饰习俗、民间饮食习俗、民间建筑习俗、民间交通习俗、民间商业习俗、民间信仰习俗、中国岁时节日习俗、民间姓氏习俗、中国民间艺术等等。

(二)民俗文化的特点

在社会文化中,民俗文化是一种基础文化、最低层次的文化,它产生于文字发明之前,先是它孕育了整个社会文化,后来随着社会的不断发展和人类对客观事物认识的深化,社会科学的许多门类如政治学、经济学、法学、语言学等从民俗文化中渐渐分离出来,成为独立的学科。民俗文化的特征鲜明,主要有以下几个方面:

首先,民俗文化内容广泛,形式丰富。从内容上划分,有物质民俗、社会民俗、岁时民俗、人生礼仪民俗、精神民俗、口头传承民俗;从形式上划分,有语言、文学、音乐、舞蹈、游戏、神话、礼仪、习惯、手工艺、建筑艺术及其他艺术。

其次,民俗文化具有雅俗共赏性。民俗,作为人们日常生活中靠口头和行为传承的一种文化模式,作为一种社会的物质和文化现象,为广大民众所创造的同时也供他们所享用。那些简单的谚语、歌谣通俗易懂,得以广泛流传;那些流传至今的经典戏曲、手工艺、建筑艺术等民族瑰宝同时又具有了很高的艺术价值,让世人惊叹。因此民俗文化包含了

---

① 钟敬文:《民俗学概论》,上海文艺出版社2004年版,第1页。
② 宣炳善:《关于"传统的发明"与"伪民俗"》,《民间文化论坛》2007年第3期。

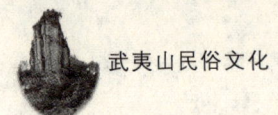

雅文化和俗文化两个层面,具有雅俗共赏性,是满足人类最基本需求的精神食粮。

第三,民俗文化具有独特性。民族形成的一个重要条件就是生活在一个特定的地理环境和生态环境中,环境因素对民族发展有重大的影响。因此,不同环境形成不同民族,不同民族也就必然会形成具有不同特点的民族文化。而且随着人类社会的不断发展,环境和文化因素相互交融,也就会造成不同地区人们的社会生活和文化生活的较大差异性,因此,不同民族的民俗文化有着较之其他民族的独特性。

(三)武夷山民间戏曲的民俗文化价值

武夷山地区的丰富的民间戏曲形式,是武夷山人民重要的精神食粮。这些民间戏曲形式,以老百姓最喜闻乐见的方式,通俗易懂、简畅明白,是武夷山地区民俗文化的重要载体之一,对于保存武夷山民俗文化有着重大的价值,意义深远。

第一,是教化民众的重要手段。民俗文化是德育教育的重要内容之一。民俗文化在现实生活中常以伦理道德的形态出现并与原始留存的信仰结合在一起,成为人们自愿接受的道德观念和行为模式。民俗文化是社会生活中普遍存在而又隐藏不露的一种社会规范,是一种与所有人生活最贴近、感情最亲近、行为最接近的特殊教育方式。民俗文化具有规范人们的行为的作用。民俗的规范作用,是指民俗对社会成员的行为方式所具有的约束和控制作用。民俗是起源最早的一种社会规范,同时也是一种约束最广的行为规范。民间戏曲一般情况下以当地的实际生活为主要题材,反映百姓社会生活中的种种现实与境况,可以用一种通俗明了的方式对人们进行德育教育,加强社会道德的规范作用,对于维护社会稳定,提升人们自身素质具有重要作用。

第二,是增强社会凝聚力的重要途径。民俗文化是一种社会整合力量,可以将日常生活中的方方面面结合到一起。在社会生活的世代交替中,民俗作为一种传承文化代代相传,保持着社会的连续性和稳定性。民俗文化的社会整合力量还体现在它能够为社会转型提供认同的基础,这种基础减缓了社会转型带来的风险、震荡和不确定性。武夷山民间戏曲作为一种典型的民俗文化形式,可以根据特定的历史、地理、文化条件,将群体所选择的某一种行为方式予以肯定,成为一种标准的行为模式,统一大家的行动,维系社会生活有规则地进行。以村落为单位的戏曲表演形式可以渲染家庭气氛和亲朋情谊,加强亲族间的联系,调节人际关系,强化社会集体意识,提高群体内聚力;同时还可以使社会成员从同一类型或者模式的文化环境中得到教化,形成相同或者相似的思维方式和价值观念。这种共同的民俗心理形成了强大的凝聚力和向心力,使人们与他们的民俗文化共存亡。民俗是人们认同自己所属集团的重要标识。

第三,是丰富人们文化生活的重要方式。娱乐活动的产生,是为了满足精神生活的需要而在生产实践中创造的,并以这种方式达到自我娱乐的目的。与此同时,民俗文化的娱乐功能还与各民族的审美意识结合在一起,它常常体现出积极、健康、向上的精神和情趣,有时还表现为各民族民众对优秀文化传统的独特爱好。武夷山的民间戏曲,除了在特定情况下,含有比较严肃的内容之外,一般来说,大都轻松愉快,它的娱乐功能在节日民俗中

表现最为突出。在农闲时节，人们可以三五成群，自发组成各种小团体，进行民间戏曲的排练，也可以走村串户进行表演，促进村落之间的交流，丰富人们的日常精神生活。许多优秀的剧目可以在逢年过节的时候进行集中表演，这样不仅能够给农村贫乏的精神生活开辟全新的路径，还可以为节日增添喜庆气氛，因此是丰富人们文化生活的重要形式。

第四，武夷山民间戏曲还可以成为地方经济发展的重要支撑。对于所在地方经济社会发展来说，民俗文化是窗口、是名片、是动力、是目标。民俗文化是否能成为地方经济发展的重要支撑，还涉及民俗文化产业化的问题。民俗文化的产业化已经成为当代经济、文化生活中的一个重要而突出的现象。民俗文化产业化包括以边远地区旅游观光为主的民俗旅游产业；以制造陶瓷、泥塑、紫砂壶等为主的民俗工艺产业；以制作剪纸、香包、挂毯等为主的民俗饰品产业；以制造春节春联、元宵节灯笼、端午节彩粽为主的民俗节日产业；以制作粽子、月饼、元宵以及各地小吃为主的民俗食品产业；以反映民俗生活的影视剧与纪录片为主的民俗影视产业；以各种具有地方特色与少数民族特色的民间歌舞节目、戏曲节目为主的民俗音乐产业等。发展武夷山民间戏曲文化，以武夷山民间生活作为基础，以各种民间戏曲形式为依托，不断发展武夷山民俗文化，提升经济发展的水平与质量。文化方面的进步本身也是经济社会发展应有的重要目标，因此发展武夷山民间戏曲文化，可以让文化发展与经济提升相辅相成，取得共赢。

参考文献

庄长江：《晋江民间戏曲漫录》，国际文化出版公司，1998年。
韩德英：《中原民俗丛书·民间戏曲》，海燕出版社，1997年。
陈耕：《闽台民间戏曲的传承与变迁》，福建人民出版社，2003年。
钟敬文：《民俗学概论》，上海文艺出版社，2004年。
钟敬文：《话说民间文化》，北京日报出版社，1990年。
钟敬文：《钟敬文文集·民俗学卷》，安徽教育出版社，2002年。
仲富兰：《民俗与文化杂谈》，上海教育出版社，1992年。
张积强、田长尧：《戏曲与民俗》，山东友谊出版社，1996年。
董伟建、钟建波：《中国100种民间戏曲歌舞》，广西人民出版社，1999年。
陈思和、李振声：《理解九十年代》，北京人民文学出版社，1996年。
唐文标：《中国古代戏剧史》，中国戏剧出版社，1985年。
宣炳善：《关于"传统的发明"与"伪民俗"》，《民间文化论坛》2007年第3期。

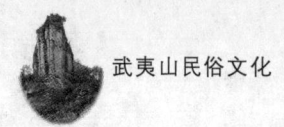
武夷山民俗文化

武夷山的社会组织民俗

——以乡间的"社"为考察中心

蔡丹妮*

一、武夷山的社会组织概述

在民俗学的研究领域里,"社会组织"是指中国传统社会中民间各种形成稳定互动关系的人们共同体,大致可以分为三类:一类是宗族组织,它是传统社会最基本的组织,其组织原则和伦常为其他社会组织提供了规范;一类是按照个人意愿结成的社团,大型的有行会、秘密宗教组织、帮会,小型的主要有钱会、结拜兄弟、十姊妹、老会等;一类是按地缘形成的社区组织,如村落组织、村落联盟、庙会等。这三类组织在武夷山的社会生活中都可以得到体现。

从宗族组织来看,武夷山与中国东南其他地区一样,也是一个聚族而居的地方。要了解武夷山的宗族发展,首先必须了解武夷山的姓氏历史。据民国《崇安县新志》记载:

崇安氏族以彭、詹、衷、丘、胡、刘、蔡、林、周、李、丁、翁、应为最古,而吴、徐、王、江、郑、安、祝、黄、程、蓝、曹、暨、冾、虞、游、萧、余、何、杨、黎、钟、袁、卢、范、洪、董、方、罗、连次之,邹、朱、潘、万又次之。

据统计,1941 年崇安县全县的人口中共有 114 个姓氏;而到了 1993 年进行姓氏调查时,武夷山市共有 386 个姓氏,其中有复姓诸葛、上官、欧阳等,少数民族姓氏如畲族的雷、钟、蓝三姓的人口发展也很快。据 2003 年的不完全统计,武夷山的人口数达万人以上的姓氏是:陈、王、吴、张、周。千人以上的姓氏依次是:李、刘、黄、彭、林、杨、徐、江、余、叶、詹、邱、郑、左、翁、胡、袁、衷、赵、肖、朱、祝、丁、曹、范、毛、游、熊、章、蔡、罗、程、曾、何、暨、廖。许多姓氏都编修谱牒,例如,武夷山民间的《精忠岳氏家谱》、《方氏宗谱》、《孙氏乐安家谱》、溪洲村的《清河张氏族姓源流张氏宗谱》、澄浒村的《富垅游氏宗谱》、下梅村《隆氏

---

* 蔡丹妮,厦门大学历史系硕士研究生。

宗谱》等。除了族谱，一些姓氏还修建了祠堂，根据民国《崇安县新志》的记载，武夷山有25个姓有祠堂，分别是周、王、杨、刘、张、彭、衷、林、詹、吴、陈、黄、洪、江、安、万、赵、连、丘、方、潘、郑、李、董、范等姓，共44个祠堂，其中彭、张、江、丘等姓祠堂数量最多。在武夷山的民间社会里，以姓氏为基础的宗族组织是血缘关系的纽带，围绕着宗族组织，还有一系列的祭祖活动。以武夷山名门望族彭氏为例，据介绍，彭氏家族在祭祖时全族数百人食必同席，其场面十分壮观；再如下梅村的邹氏，对祭祖活动有以下规定："清明日，祠堂设祭，各房子孙男女均于祠堂饮胙。冬至日，复办祭一回，只有男丁饮胙，女眷不复设席。"族谱、祠堂、祭祖仪式构成武夷山宗族组织的基本形态。

从民间社团来看，武夷山历史上也曾经相当活跃。以下梅村为例，当地曾活跃着众多行业帮会，例如盐帮、茶水帮、红白纸帮、香烛纸火帮、五金帮、肉帮、水食帮、酿酒帮、厨馆帮等，这些帮会由特定的成员组成，而且有自己的节日，围绕着下梅村口的祖师桥，每年的特定日子都有特定的帮会前来举办祭祀活动。祖师桥祭祀活动不仅能够增强各行业工匠成员间的认同感和凝聚力，而且给当地民众单调乏味的农耕生活提供适当的娱乐活动。另外，武夷山历史上也有一些秘密的宗教组织，以"斋教"为例，明以后在崇安渐兴，清代又称其为"老官斋"。他们崇奉弥勒佛为天极圣祖，入教者以"普"字为法名，会众通称"老官"，吃斋。每逢朔望持香烛赴斋堂聚会念经，以"代天行事"为宗旨，因此常成为农民反抗暴政、组织起义的工具。

从社区组织来看，在现今的武夷山社会中，具有深厚历史传统的社区组织恐怕就是"社"了。社是一个村落起始的标志，是最原始的村落组织。综观武夷山明清以来的编户情况，社、图、里、坊是曾沿用过的乡、社建置中最基本的单位，可以说，如今武夷山的一些村落里仍然保留有社的图籍，这从当地村民在报地址时所使用的术语可以得到体现。例如，笔者曾在五夫镇玉皇庵里的谢恩条幅上看到了"五夫里留兴社儿女某某"的落款。"里社"一词的原意是指层级最低的"社祭"组织，一群人围绕"里社"而居，并于仲春日与仲秋日举行祭祀典礼，祈求丰收和谢神。因与土地、居民紧密结合，又不得越级祭祀，所以"社"成为一地人民的象征，只要有"社"，就有与之配合的土地和人民，衍生出来，"社"又有"地方单位"的意义，"里社"逐渐演变成聚落，或聚落居民的代名词。在汉代已有"里社"之制，作为最低等级的"社"，基本上与官方的基层行政组织"里"合而为一，到了宋代，"里社"一词被广泛地运用，元朝初年，为解决因战乱而荒废的农业生产，定"社"为基础的地方单位，"社"作为地方单位才正式成立。

笔者曾有幸于2011年的3月19日至24日到访武夷山，对武夷山的社会组织民俗进行调查，在以上所涉及的三类社会组织中，对乡间的"社"印象尤为深刻。尽管"社"的基层编户职能已经被逐渐取代，但是与"社"有关的民俗传统，仍然可以在今天的武夷山社会中得到体现，构成当地独特的文化景观。因此，本文拟以武夷山乡间的"社"，作为考察当地社会组织民俗的一个切入点。通过对历史文献资料的整理，结合在武夷山的洋庄乡、五夫镇、城村、下梅等地的田野调查，对武夷山的"社"做一个初步的探讨。

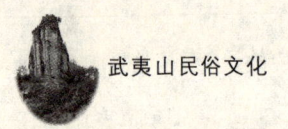
武夷山民俗文化

二、武夷山历史上的"社"

对于历史上作为编户方式的武夷山的"社",文献中没有直接的记载,不过,因为"里"、"社"之间密切相关,所以可以通过地方志中对"里"的介绍,来了解武夷山历史上的"社"。据嘉庆《崇安县志》记载,崇安于宋淳化五年(994年)设县,旧有四乡,共七里;咸平年间(998—1003年)增置二乡,共六里;元丰五年(1082年)又析建阳的三乡附崇安,共七里,这一区划直到清朝仍然继续沿用,详情见表1。

表1 宋代以降的崇安县行政区划

乡 名	里 名	里的数目	图的数目
在坊	四隅(永浆、东岸)	1	12
新塘	黄柏	1	4
武泰	石雄	1	6
新丰	吴屯、石臼、大浑	3	13
武夷	上梅、下梅、会仙	3	17
上仁义	周村、黄村、将村	3	8
开耀	内五夫、外五夫、从籍(从政、籍溪)	3	12
下仁义	建平、丰阳、节和	3	16
崇政	长平	1	2

资料来源:嘉庆《崇安县志》卷一《建置·疆域》。

不过,值得注意的是,虽然"里"、"社"的概念常常并用,但在实际情况中,随着村落的发展壮大,一个"里"往往不止拥有一个"社"。而在"社"这一建置的基础上,民间围绕里社(社坛)祭祀、社学、社仓等形成了相应的组织。

(一)社学

社学从元代开始创建,是元、明、清三代统治者在广大乡村设立的学校。据《新元史·食货志》记载,在元至元二十三年(1286年)"劝农立社"的十五条规定中,特别提到了开办社学这一项:

> 每社立学校一所,择通晓经书者为学师,农隙使子弟入学,如学问有成者,申覆官司照验。

元代创立的社学至少有以下几个特点:第一,社学是在全国各地农村普遍建立的教学组织形式,社与学是合一的;第二,社学的学生是普通农家子弟;第三,社学的教师不是由国家派遣委任,而是由民间推荐遴选的,其条件是必须"通晓经书";第四,这种社学不同于正规的学校,它是利用农闲时节举办的。到了明代,社学得到了进一步的巩固和完善,明太祖朱元璋曾于洪武八年(1375年)诏告天下,重申要求在各府州县学之下,建立社学。不过与元代不同的是,明代的社学是"乡里则凡三十五家皆置一学",这可能同当时农村人口的增长有关。而到了清代后期,社学这一组织形式已经渐渐演变为艺人课艺、绅耆讲睦的场所,后来更演变为地方的团练机构。社(乡)与学校合一,是社学最显著的特点。

在武夷山,社学也是村野之民的子弟接受基础教育的场所。据嘉庆《崇安县志》记载:

> 旧社学,一在美俗坊,一在仁义坊,一在兴贤坊,今俱废。雍正二年,新设五所,一在光化寺,一在五夫里,一在曹墩,一在大安,一在黎口。

清代的社学常常与义学相提并论,武夷山城南的仁义坊、赤石、黄柏、五夫、吴屯等地都有兴办,新中国成立后改为国民小学。

(二)社仓

"社仓"之名最早见于隋朝,但是作为一种制度则首创于南宋,与常平仓、义仓共同构成了中国古代仓储制度的三种主要类型。在中国基层社会的防灾备荒中,发挥了及时赈济、助民生存的重要作用,是官办仓储的有力补充。值得一提的是,社仓制度的推行与南宋朱熹在崇安县的救荒实践密切相关。据《建炎以来朝野杂记》记载:

> 义仓创始于庆历元年(1041年)……惟闽中魏元履处士、朱元晦先生,尝置于"里社",每岁以贷乡民,至冬而取,有司不与焉。今若以义仓米,置仓于乡社,令乡人之有行谊者掌之,则合先生之遗意矣。

以上提到的朱熹置仓于"里社"之事,在许多文献中都有记载。宋乾道三年(1167年)秋,建宁府崇安县遭遇大水灾,大片田地颗粒无收,次年春夏之交,"建人大饥",闲居在家的崇安县开耀乡的朱熹与该乡土居朝奉郎刘如愚受知县的委托,劝豪富之民降价出卖囤积的谷物,赈济灾民,"里人方幸以不饥"。继而浦城发生了饥民的骚乱,"藏粟亦且竭",朱熹等人向府中申请,借到了粟六百石进行赈济,及时化解了暴动。是年冬,乡民将所借粟米如数归还。自乾道五年(1169年)起,每年借贷一次,归还时收息二分,但尚无专用场所。乾道七年(1171年),朱熹得到知府首肯和六万钱的帮扶款项,购得一块废地,正式修建社仓。社仓原名"五夫社仓",因社仓之址坐落崇安县五夫里(今武夷山市的五夫镇)而名。从地方志中可以了解到,当时的五夫里共有四个社仓。关于宋代崇安县的社仓分布情况,弘治年间的《八闽通志》记载:

> (宋)安抚司社仓九所:一所在回向院,一所在灵阳院内,上二仓在县东上梅里;一所在县西黄材(村)里石堂院内,一所在会仙里武夷冲祐观内,一所在丰阳里黄亭,一所在长平里梨园,上三仓俱县南;一所在仁义坊光化院内,一所在大浑里报恩院内,上二仓俱县北;一所在县东北石臼里乌山院内。
>
> 提举司社仓八所:一所在张坂,一所在东山,一所在大王岭,一所在登山下,上四仓在县东从籍里;一所在连墩,一所在湖塘,一所在古亭,一所在大坂,上四仓俱在县

东北五夫里。

当时,每所社仓收支粟米的时间、程序、用具、人员组成以及社仓的防守与整修都有明确的规定。《崇安社仓条约》对此作了详细的规定:

一、逐年二月,分委诸都社首、保正副,将旧保簿重行编排,产钱六百文以上及有营运衣食不缺之人,即注不合。请米字外,有合请米人户,即仰询问愿与不愿,请米各令亲押字。三月内,将所排保簿赴官交纳,乡官点检,抽摘审问,仍出榜许人告首,如有漏落及新添一户一口不实,即申县根治;如无欺弊,即与支贷。

一、逐年五月下旬前后新陈未接之际,预于四月上旬申县,乞依例支贷。

一、申县讫一面出榜,排定日分,分都支散先后远近,晓示人户,各依日限具状状内开说大人、小儿口数、结保每十人为一保,递相委保。如保内有逃亡之人,同保均填取足。十人以下不成保,不支。正身,赴仓请米,仍仰社首,保正、副队长,并各赴仓办认面目,照对保簿,如无伪冒重叠,即与全押,保明其日。乡官同入仓,据状支散,给关子,具本息耗米数,付令收执。

一、人户所贷官米,至冬纳还不得过十一月上旬。先于十月上旬,定日申县,乞差吏□前来取纳,两平交量,每石收息米二斗小歉除息之半,大歉全免收息。候满十年,以本米送去。元借官司,每石量收耗米三升,准备折阅及支吏□等人饭米,其米正行附历收支。每遇支散交纳日,本县人吏一名,□子一名,仓子二名,每名支饭米一□;乡官并人役,每名支饭米五升人从每位不过二人。

图1　位于五夫里籍溪坊(今五夫镇兴贤街)凤凰巷内的"朱子社仓"

(三)社坛

"社"一字本身含有祭祀之意,"礻"表示祭祀,"土"表示土地神,即"社神"。祭祀社神有特定的场所,即"社坛"。古代实行封建制度,自天子至诸侯,依等级不同,分别建立祭祀社神的社坛。每年的仲春和仲秋是祭祀社神的重要时间,天子、诸侯、大夫和百姓,各自围绕属于自己身份等级的社坛,向社神祈祷和酬谢年谷的丰穰。随着分封制度的瓦解,大致从汉代以后，诸侯之社不复存在，仅剩下官方的社稷坛和民间的里社坛。

关于武夷山历史上的社稷坛，嘉庆《崇安县志》有两部分简单的介绍。首先是社稷坛的规制：

> 社稷坛，旧在东岳庙侧，宋淳祐乙巳知县陈樵子建，元元贞元年知县杨靓修。明洪武九年，知县夏德彰移建兴贤坊，驻防署，后旧坛废。僧围坛制北向，东西二丈五尺，南北如之。高三尺，陆四道各三级，坛前加大五尺，东西南各五丈，以垣缭之。立四门，由北门入。石主一，长二尺五寸，方一尺，立于坛上，正中近南。木主二，高二尺二寸，广四寸五分，厚九分。座高四寸五分，广八寸五分，厚四寸五分。一曰县社之神，一曰县稷之神，每岁以春、秋二仲上戌日致祭。国朝乾隆三十四年知县宋瑞金重修

其次是在祭祀当天围绕着社稷坛展开的礼仪活动：

> 祭期前一日，委官著补服至坛。封帛毕，礼生引至省牲所。礼生接毛血，供香案上。省牲官行一跪三叩首礼，毕，退。
>
> 正祭日黎明，各官俱至坛，穿朝服。主祭官签祝文。毕，起鼓。礼生引主祭官诣盥洗所，盥手毕，引至行礼处，立。通唱："执事者各执其事！主祭官、配祭官各就位！瘗毛血迎神！"赞："上香！"引主祭官于社神位香案前，立。赞："跪！叩首！"捧香生跪进香，受，拱举，授接香生，上炷香，又上办香。毕，赞："叩首！兴！"引诣稷神位香案前，立。上香如前仪。复位。主祭官行三跪九叩首礼，配祭官各随行礼。兴。通唱："奠帛！行初献礼！"礼生引诣社神位前，立。赞："跪！叩首！奠帛！"捧帛生跪进帛，受，拱举，授接帛生，献。赞："献爵！"接爵生跪进爵，受，拱举，授接爵生，献。毕，赞："叩首！兴！"引诣稷神位前，奠帛、献爵如前仪。赞："读祝！"礼生引主祭官诣读祝位，立。读祝生至祝案前，捧祝版立案左。主祭官、陪祭官、读祝生俱跪，读祝文。毕，祝版仍供案上，行三叩首礼。各官俱三叩首。兴，复位。亚献礼与初礼同，不读祝，不献帛。终献礼与亚献礼同。赞："饮福受胙！"礼生引主祭官诣饮福位。赞："跪！饮福酒！"主祭官受，拱举，授接爵生。赞："受胙！"主祭官受，拱举，授接胙生。赞："三叩首！兴！"各官俱随叩，复位。通唱："撤馔！送神！"主祭官行三跪九叩首礼，各官俱行礼。兴。捧祝生捧祝，捧帛生捧帛次之，送至燎位。主祭官、各官旁立，候祝帛过，仍复位，立。通唱："望燎！"礼生引主祭官诣望燎位，立。祝帛焚半，引赞："礼毕！退班！"

而关于武夷山历史上的里社坛，地方志的记载则比较简单。据《八闽通志》记载：

> （崇安县）里社坛、乡厉坛，在县各里，各七十六所，俱正统间立。

虽然明朝官方有一里一社的规定，不过从实际情况来看，一个村落不断发展壮大之后，就有好几处社。例如，曹墩村按照方位分为"上社"、"中社"、"里社"，下梅村的社有伯石社、新兴社、四民社、桥中社，澄浒村的社有临福社、新兴社、平水社、永隆社，城村的社有西方外社、新兴社等。

就其规制而言，这里提到的"里社坛"是明代正统年间所建，依据明代的统一规制，民

间的里社只可设土坛,立石主,奉祀"五土五谷"之神,而不可建神庙、立神像、奉祀其他杂神,这是明代里社制度的重要特征。就围绕着"里社坛"所开展的活动而言,明王朝也有相应的规定:

> 凡各处乡村人民,每里一百户内立坛一所,祀五土五谷之神,专为祈祷雨阳时若、五谷丰登。每岁一户轮当会首,常川洁净坛场,遇春秋二社,预期率办祭物,至日约聚祭祀。其祭用一羊、一豕,酒、果、香烛随用。祭毕,就行会饮。会中先令一人读抑强扶弱之誓。其词曰"凡我同里之人,各遵守礼法,毋恃力凌弱,违者先共制之,然后经官。或贫无可赡,周给其家,三年不立,不使与会。其婚姻丧葬有乏,随力相助,如不从众,及犯奸盗诈伪一切非为之人,并不许入会。"读誓词毕,长幼以次就坐,尽欢而退。务在恭敬神明,和睦乡里,以厚风俗。

从《八闽通志》的记载来看,崇安县所在的建宁府当时仍是依法举行社祭活动的:

> 每岁春、秋社日,俱鸡豚酒食,以祀土谷之神,已乃会宴,尽欢而退。

以上通过对文献资料的整理,我们得以对武夷山的社学、社仓、社坛有所了解。虽然在具体的实践中,社学、社仓、社坛所涵盖的人群并非完全一致,例如上文所引文献指出的,明代五十家即可开办一社学,而一百户内才立一所社坛,但是,社学、社仓、社坛这些组织都是建立在"社"这一行政建置的基础之上的。

三、武夷山今日的"社"

在今天的武夷山,"社"已经不再作为一级基层的行政建置,与之相关的社学、社仓、社坛也逐渐定格为武夷山乡民的历史记忆。不过,与"社"有关的文化传统依然存在于武夷山乡民的日常生活中,这集中体现在武夷山乡民拜"社公"的民间习俗上。

"笋子出来拜社公",据说这是流传在武夷山村野百姓中的一句时令俗语。武夷山村野多竹,竹笋出土的时候正赶上农历二月,就是"社"边,也就是说竹笋一露出地面,祭社的日子也就到了。追溯民间"拜社公"的传统,与前面所介绍的围绕着"里社坛"的民间祭祀有关。值得注意的是,正如我们可以从本文的第二部分看到的,历史上,官方对里社祭祀活动曾有一系列的制度规定,但在民间的具体实践中,这些规定却被不断地突破。对此已有不少文章进行过专门的讨论,例如,郑振满先生在《明清福建里社组织的演变》一文中从民间实践的角度考察,指出明中叶前后,里社祭祀活动逐渐为迎神赛会所取代,里社也逐渐演变为地方神庙;丁荷生先生在《福建社神之转型》一文中则从王朝意识形态的渗入角度切入,指出从唐宋到明代,社一度是王朝推行乡村教化的一种手段,但在推行过程中,社祭的仪式和组织一再偏离官方规定的轨道,成为地域社会建构认同的一个重要策略。以下,笔者将通过考察武夷山几个村落"社公庙"的形制,以及当地人"拜社公"的习俗,加深对以上所讨论问题的认识。

（一）武夷山社公庙的形制

首先，从分布在武夷山乡间的社公庙的区位来看，很多社公庙傍树而建，这些树被称为"社树"或"社木"，在一些村野称之为"风水树"。社树多为松、柏、粟、樟等。例如，澄浒村的永隆社就是在一棵树龄达500年以上的老樟树下，南源流岭村的供源社在一棵老枝虬长的樟树下。

图 2　洋庄乡大安源社王祠

图 3　武夷山城村的"西方外社"

在武夷山，并非所有的"社公庙"周围都有大树，但是，就社公庙的风水来说，择树而建是一个得到乡民普遍认可的原则，在当地人看来，一个地方的树木若是长得好，说明此处乃风水宝地。而民间的这种约定俗成的共识，很可能来源于更深厚的历史传统。

据《周礼》记载："二十五家为社，各树其土之所宜木。"而《荆楚岁时记》也记载："社日，四邻并结终会社，醵胙，为屋于树下，先祭神，然后享其胙。"这些都提到了社与树的关系。

根据日本学者金井德幸的研究,社的标志最初是立一束茅草,上面涂着血。这种形式在后代逐渐发生变化,从捆成一束的茅,演变成一根木头,进而又变成活的树木,后来还在树下建造土坛。王祯《农书》卷十一介绍了官社和民社的形状,曰:

> 民社,古有里社树,以土地所宜之木……自朝廷至于郡县坛壝,制度皆有定例。惟民有社,以立神树,春秋祈报,莫不群祭于此。

图4 武夷山景区"慧苑寺"旁的社公庙

图5 下梅村进龙坊四民社,图为该社的社公庙

就"社树"之于社坛的意义来看,主要有两种说法:第一种说法认为,社树是社坛的一个组成部分,正如《南宋福州民间信仰的发展》一文所指出的,"里社"并没有如州县社稷,设有专门祭社用的"坛壝",反而是以一棵"神树"当做坛壝之所;第二种说法更为普遍,即认为社树与社神一起,都是百姓膜拜的对象。我国古代祭社神所祀神祇,其初始时期多与树木有关。立社、祭社植以树木,作为社神标志,称之为"社树",对社树进行祭祀,表达了对土地神的崇拜。在《汉画像中"长青树"类刻画与汉代社祭》一文中,作者通过解析汉画像资料,推测出所谓的"长青树"类刻画,与汉代的立社植树、以柏为社主的习俗密切相关。这种习俗一直延续到现在,例如,在今天的赣南客家礼俗中就有所反映:由于生存条件的恶劣,客家先民多避居山林,土地崇拜与山林崇拜交杂在一起。客家的土地庙与社公树往往是一体的,客家人对一些年岁较大的、古风犹存的树充满敬畏,认为其为社公居住之所,故社公庙多建在树下,土地爷与社公树一起成为膜拜对象。在客家人居住的农村,村落周边一定有一株或一丛苍劲的古树,社公树边一般建有社公庙(只一米左右高或更低的神龛),社公树一般为古榕、古樟、古松、古杉、枫树、荷树或竹林。古人选择树作为土地神形象,原因是"土当生万物,莫善于木",高大古老的树,遒劲有力,巍然屹立,令人肃然起敬。

另外,今日武夷山的社公庙还有一个显著的特点,即同时供奉着"社公"、"社母"。

事实上,这种对"社公"、"社母"的祭祀与最初的"社神"崇拜有很大的不同。根据文献的记载,商周以来,我国对土地神崇拜、立社、祭社有封土为坛的习俗。所谓"封土"者,盖指在立社、祭社之所,积土、堆土或曰筑土为台,以为社神标志,对其进行祭祀。古代中国的社"坛而不屋",基本合于古礼。但是我们现在见到的大部分社神祭祀场所,不仅由坛变为建家屋,又塑秀眉老爷为社公

图6 洋庄乡小浆村的"重兴社"

并向其祈拜,更以妇人配之为妻,使社神成为了夫妻神。当然,这并不是近年来才出现的新情况,宋《阆风集》卷二《田公姥词》就曾记载:

  田公布衣五尺长,田姥角冠八寸强,平生布施不造殃,教养儿孙耕与桑。田公姥,生为农家夫与妇,寿考百年作田祖,岁岁田头管风雨,春三秋九享鸡豚,环玦神灵如对语。田公姥,听侬歌者听侬舞,使我仓有秔,使我庾有稌,使我囷有黍,使我富牛羊,千斯牸今百斯牯。

而元《云峰胡先生文集》也曾记载:

社，古礼也。坛而不屋，田地所宜，木为主。今庶民之社往往多绘，事于家屋而不坛，非古。绘一皓首庞眉者，尊称之曰社公，而以老媪媲之，寔非古矣。

对此，有研究认为，社神本身的这种变化反映了"里社"的"祠庙化"发展趋势。这一趋势可能大量产生于北宋至南宋时期，甚至可以追溯到更早。这一趋势的出现，可能与当时社稷礼仪的

图7　五夫镇五一村"新兴社"

隳坏以及追求"灵验"的神祇有关。当然，这一趋势近年来表现得越来越明显。事实上，在武夷山，仍有许多老人对"坛而不屋"的社公庙有记忆，笔者就曾在大安源的丁文华老先生（现年89岁）处了解到，他儿时所见的"社王祠"只是一个用三块石头垒起的小坛。此外，当地人对神像的观点也颇合古风，在武夷山景区的"慧苑寺"旁，笔者曾与附近的一位老先生有过短暂的交谈，据他介绍，慧苑寺所在的地方曾经有一个"慧苑村"，因武夷山景区建设，整个村于1998年对村民进行了拆迁，慧苑寺旁的小庙是村里的"社公庙"，但是里面其实并没有神像（老先生说，村民认为那里有神明的存在，即使没有神像也不要紧），我们现在看到的两尊像，是从已经被拆掉的"土地公庙"里移出来暂时存放于内的。

图8　下梅村祖师桥头的社公庙

（二）武夷山的祭社习俗

本文第二部分引弘治《八闽通志》对建宁府的"社日·宴社"习俗的记载，值得注意的是，福建其他各府的风俗记载中均无"社日"这一条目，这说明很可能当时福建的其他各府并没有按照官方的规定，依法举行祭祀活动。不过，在"里社"的"祠庙化"趋势下，建宁府的祭社习俗很难不受影响，这从今日所见的武夷山祭社习俗即可见一斑。

据了解，武夷山祭社活动受到中原的影响，祭祀时以猪羊牛三牲、各类果蔬、糕、酒等组成"社供"，供所有村民饮胙。在社日当天，一些地区有举社火、看社戏、喝社酒等民俗活

动。元末明初的崇安县诗人蓝仁在其诗集中就多次提到"社酒"：

代毛生答

浮世容身狭,韶光过眼非。瓦盆盛社酒,槲叶制秋衣。
礼乐休拘束,渔樵乞放归。前林逐麋鹿,未与素心违。

怀张兼善

社酒醒来曾送客,秋山望断未还家。雨声门巷萧萧叶,霜信园林采采花。
念我草堂初伐木,候君松径自煎茶,角巾藜杖随诗兴,十里青山日未斜。

花朝偶成

一声霹雳洗乾坤,满目青山带白云。地底龙蛇惊欲动,树头乌鹊喜相闻。
邻人买酒酬春社,野老携书就夕曛。闲拂尘埃开匣镜,白头微有黑丝分。

由此不难想见民间饮"社酒"之风的盛行。另外,据民国《崇安县新志》记载：

社日,乡人多以粥肉祀神,曰拦社,秋亦如之。

据了解,在武夷山,一些村民还保留着"拦社"的习俗,即在亲人去世的头三年之内的社日,家人要去上坟扫墓,把死者的灵魂拦住,让其入土为安。这可能是古代土地神崇拜思想反映在武夷山的一种特殊表现,按照民间的习惯,村中死了人时,有关系的就是土地庙。不管死了谁都要在那里开始号哭,边哭边向土地庙报告,过了三天还要到庙里去。

当然,随着时代的变迁,武夷山民间在社日进行祭祀活动的习俗有所淡化,不过人们以更生动活泼的方式来过社日。据了解,一些农家以新做的糕点小吃来过社日子,有的村野还自编自演茶歌舞来过社日,不论春社,还是秋社,一些村寨里的村民用山歌对唱来代替古代的咚咚社鼓,聚在一起享用社宴的村野之民,注入了新的时尚观念,不再是祭祀用的牛羊猪等牲畜,二是啤酒加流行歌曲。

今日武夷山社祭活动的另一个特点是,社祭的日子并不仅限于春、秋二社日。面对快速变化的环境,人们亟需灵验的神祇为他们解决问题,不论是农业生产、商业交易、科举考试以及盗寇频发、入侵等问题,需要搭设祭坛,准备丰盛的祭品,一年只举行两次的里社祭祀显然无法满足人们的需求。笔者在武夷山的城村了解到,当地百姓初一、十五会去离家最近的社公庙烧香,平日里如果杀猪、或是粮食、茶叶收获,投入市场之前也会去烧香,供奉猪肉,祈求卖个好价钱。另外,喂猪、鸡、鸭前也会去烧香,以求牲畜长得又快又好。而在武夷山景区的"慧苑寺"边,笔者从附近的一位老先生那里得知,外人进村一般沿着河流溯源而上,因而本村的"社公庙"就建在河流的下游,以便外人一进村就能烧香礼拜。这对新来者是非常重要的一种礼仪,标志着你从此进入到这一个社区里,因此要先到社公处报到,以便日后得到社公的关照。

很显然,当地百姓赋予社公的职责范围,已经远远超出了最初的对农业生产的护佑,这时的社公已经不是单纯的自然神,而更近于基层领袖的神格化。在对武夷山的社公进行调查的过程中,笔者发现了一个很有意思的现象,尽管各种文献资料都表明"社公"即"土地公",但当地百姓绝大部分都不以为然。许多乡民告诉我,"社公"的地位就类似于一个村的村长,而且是玉帝从天上派下来管理地上的老百姓的。一位老先生更是为我区分

了"社公"和"土地公"的不同所在,老先生说,"社公"是地方的说法,它所对应的书面语是"土主",与"土地公"处于不同的系统,前者是掌管当地各种事务的神明领袖,而后者则是只负责地方农业生产的自然神。对此,笔者认为,"社公"与"土地公"内涵不同的局面并不是从一开始就存在的,而是历时性变化的结果。丁荷生先生根据在莆田社神所作的调查指出,从明朝开始的几个世纪时间里,明初官方系统化政策创造的社坛/祠,逐渐从一定数量的处于行政框架之内的庙宇,转化为民间宗教空间自组组织背后的单元。在这个过程中,百姓寻求"社公"保佑的内容逐渐多元化,"社公"就从掌管地方农业的自然神,上升为地方的保护神。

四、结　语

本文通过对武夷山过去以及今日的"社"进行考察,可以看到,以"社"作为联结基层百姓的社区组织,这一民俗传统在武夷山由来已久。建立在"社"这一建置的基础之上,形成了社学、社仓、社坛等一系列组织,而今天在武夷山乡民的日常生活里仍发生影响的,基本上只留下了围绕着里社坛的祭祀活动,即民间的"拜社公"习俗。在这一内涵丰富的民俗现象里,既有对古代"社神"崇拜传统的延续,也有随着历史的发展而不断更新的文化元素。武夷山的"社"所折射出来的社会文化变迁,不仅丰富了我们对武夷山社会组织民俗的了解,更加深了我们对民间社会运作机制的认识。

武夷山的民间礼俗及《朱子家礼》

钟 华[*]

在儒学思想发展史上，好以"道统论"来规立儒家传道的脉络和系统。作为儒学思想的集大成者，朱熹显然是这道统中很重要的一个衔接点，他发扬和诠释了作为自己时代需要和个人救济天下理想的孔孟之道，给儒学注入了新的生命力，使之能再次焕发出令人震撼的光彩。而这位继孔孟之后对中国社会思想影响最大的人物与武夷山却有着难以言语的关系。朱熹一生大部分的光景都定格在武夷山，武夷山给了朱熹成长的重要"养分"，同时，对武夷山而言，朱熹对武夷山也给予了无以估量的精神方面的价值回报。

朱熹在武夷山地区建构他的理学体系，这种理论创建的目的，还是为了儒家的"治国平天下"的理想。所以朱熹需要为"天理"和"人心"架设一座桥梁，使作为形而上的"天理"能够影响和指导世俗社会。这座桥梁就是"礼"。朱熹重拾儒家倡导的礼仪，来实现其对"天理"的践履。他说，"礼谓之天理之节文者，盖天下皆有当然之理。今复礼，便是天理。但此理无形无影，故作此礼文，画出一个天理与人看，教有规矩，可以凭据，故谓之天理之节文。"由于一生的大部分都是在武夷山地区度过的，因此朱熹及其门生理所当然地会将自己的理学思想推之于武夷山世俗社会中。《朱子家礼》对武夷山世俗社会是产生了很大的影响的。本文试图从朱熹与武夷山的情缘谈起，探究《朱子家礼》对武夷山礼俗的影响及意义。我想，了解了这些知识，对于研究和推广武夷山文化是有着一定的建设性意义的。

一、朱熹与武夷山情缘

要探究《朱子家礼》对武夷山礼俗的影响，我们首先就要了解朱熹在武夷山活动的踪迹，感受朱熹与武夷山深深的情缘。确实，武夷山对于朱熹来说，是修养身心的洞天福地。下面，主要站在文化影响的角度介绍一下朱熹与武夷山的深厚关系。

---

[*] 钟华，厦门大学哲学系硕士研究生。

（一）受学

公元 1143 年，朱松病故，为使年少的朱熹能够在生活上得到好的照顾，其父将家事寄托于武夷山五夫里镇好友刘子羽。清光绪《刘氏宗谱》卷一《刘子羽传》有载："吏部侍郎韦斋朱松，疾病在家，托公筑室于舍傍，名曰紫阳楼。"在朱熹为悼念刘子羽撰写的《少傅刘公神道碑》中，他写道："熹之先人晚从公游，病死寓书以家事为寄。公恻然怜之，收养熹如子侄。"同时，为使朱熹继续接受良好的理学教育，临死时，朱松又将其子的学业托付于刘子翚等三人。据朱熹《朱公行状》回忆说："晚既属疾，自知必不起，而处之泰然，略无忧惧之色。手书告诀所善胡公宪原仲、刘公勉之致中、刘公子翚彦冲，属以其子，而顾谓熹往受学焉。"至此，朱熹开始了长达五十余年的武夷山生活。

由于借住于刘家庄园里，因此朱熹思想的形成，是从受教育刘子翚开始的。刘子翚十分看重朱熹，将朱熹带在身边言传身教，"朝夕于之侧"、"顿首受教"，（《文集》卷九十，《屏山先生刘公墓志》，《全书》第 24 册）。而且屏山先生好禅道，出入佛老的经历对朱熹后来创建儒家学术体系抗衡佛道起了十分重要的作用。据清王懋竑《朱子年谱》云："屏山与朱子讲习武夷"刘勉之的教育对

图 1　紫阳楼

朱熹思想的形成同样占有重要地位。由于刘勉之在三先生中最为年长，在学术上具有领袖地位，同时由于朱熹的聪颖好学，而其下又无子，所以刘勉之对朱熹的态度是视为己出，特别加强对朱熹的培养，还将自己女儿妻于朱熹。胡宪一生研究《论语》，同时又治佛老。

武夷三先生对朱熹进行正规全面的儒家教育，从小学到大学，从法帖临摹到苦读经书，一面为科举入仕教导朱熹攻习程文与辞章之学，一面为入"圣贤之城"督促朱熹苦研二程洛学。胡宪是北宋末、南宋初大学者胡安国之侄，家学渊源很深，他授课方式特殊，常令"诸生于功课余暇，以片纸书古人懿行，或诗人铭赞之有补于人者，粘置壁间，俾往来诵之，咸令精熟。"朱熹称赞他："质本恬淡，而培养深固，平居危坐，植立时后言，然望之枵如槁木之枝，而即之温然。"刘勉之是胡宪的内兄、好友，他对好学的朱熹极为赏识，并将女儿许配他。朱熹称其岳父"随材施教，娓娓无倦色，自壮至老如一日也。"刘子翚更是治学严谨，"每相见讲学之外，并无他言……"后人评论说："文公称其（刘子翚）文辞之伟，足以惊一世；精微之学，静退之风，足以发蒙蔽。"朱熹在三位严师的课督下，矢志攻读，毫不倦怠。

武夷三先生对朱熹的教育和人格影响是多面性的,三先生都是程门理学家,都是洁身自守、超世脱俗的饱学硕儒,高尚其事,高蹈其行。这种品行的影响,铸造了朱熹清高淡泊、难进易退、终身以读书著述为乐的处世性格。三先生又都怀有一腔抗金报国的热忱和大义击贼的忠愤。刘子翚早年效命沙场,痛愤靖康之变而哭哀成疾,并写下《汴京纪事》愤世诗:"帝城王气杂妖氛,胡虏何如屡易君。犹有太平遗老在,时时洒泪向南云……"归家讲学著述中,还频频遥望北方涕泗呜咽。刘勉之在绍兴八年(1138年)被召入都,因要进反对和议之言,遭到秦桧党羽的阻挠而归。胡宪更是以敢上疏首倡起用抗金宿将张浚和刘锜而名震朝野,因此,三先生又锻铸了朱熹济世忧民、坚决抗金、力挽衰世的报国之心。由于受学的三先生都是既精通儒家经典又出入佛老,这种影响使得朱熹能够拥有更广的视角解读儒家经典,创建自己的理学体系。总之一句话,在武夷山接受的教育对朱熹的影响和启迪是非常重要的。

(二)授学与著书

在授学方面,由于对武夷山怀有深厚的感情,朱熹也将自己的大半辈子奉献在武夷山的教育事业上。这样的一位大儒在武夷山授学,也使得朱子的家礼能够直接被人们所接纳。在武夷山,朱子亲建武夷书院,收徒讲学。宋代韩元吉在《隐屏精舍记》中云:"吾友朱元晦……去武夷……与其门生弟子挟书而诵。"作为一代大儒,朱熹在教学理念上讲求义理之学,明人伦,重格物穷理,兼学理与修身于一体。遵循仁礼为门,德义为路,要求学生"读圣贤书,行仁义事;存忠孝心,立修齐志"。由于教学理念和原则方法等在封建社会当时都极为新颖且切中实际利害,来武夷拜师于朱熹门下学习的人不计其数。一时间,使得武夷书院成为当时儒家思想文化传播的集散地。在武夷书院受学于朱子的学者中,不计其数,有包定、蔡元定、蔡沈、黄榦、吕道一、潘植、汪季良等,这些人后来也成为朱子学的有力传播者和卫道者。谈到武夷书院对后世的影响,清人何瀚在《武夷山志序》中说:"迄朱文公开紫阳书院,四方响道者云集,诸贤儒相继星拱……"在这种讲学与交流的过程中,也使得朱子思想渐走向成熟,开始一步步登上武夷之巅。

在讲学的同时,朱熹也在不断地提升自己的理论空间,这主要是通过约会学者加强学术交流和著书立说来实现的。现介绍一二:吕祖谦是朱熹非常要好的朋友,与朱熹同出于胡宪之门,两人经常在武夷山商讨学问,交换学术观点,各为己辩,相

图2 武夷书院

互吸收。宋代大词人辛弃疾,曾三次主管武夷山冲佑观,多次到武夷精舍与朱熹论道讲学。刘甫,研究邵雍之学的学者,常与朱熹同游武夷,至今在武夷山上还存有两处二人同游的石刻记文。据明代徐表然《武夷志略》记载:"刘甫与朱子讲求义理不及利禄。尝约朱文公构游仙馆于五曲为佚老计"。通过与这些文化名流切磋学问,推动朱子理学思想的形成与发展。在武夷山钻研儒学经典和与人争辩切磋的经历,让朱熹思如泉涌,为此,朱熹也在武夷山留下了大量的理学著作。如作成《易学启蒙》,修订《四书集注》,序定《大学章句》、《中庸章句》,完成《小学》,并着手设想编纂儒家规模宏大的《礼书》等。这些著作作为朱子理学思想的重要载体,得以在武夷山地区传承与弘扬。

（三）武夷山地缘优势

武夷山惯有"碧水丹山秀甲东南"的美称,自然与人文景观相得益彰,山明水秀,人文荟萃。朱熹曾作《武夷山图序》,对武夷山的来由和美丽景致做了深刻而正确的考据。特别值得一提的是,朱熹在武夷讲学的时候,和朋友一起泛舟九曲溪时,赏山玩水的过程中,创作出了《九曲棹歌》,对各曲特色风景都做了细致生动的描述。可见朱子对武夷山水的喜好。

此外,当时的政治腐败,奸人当道,皇帝重小人,远贤臣,朱熹的治国平天下的主张得不到当权者的合作而无法实现,道不能行,只好隐迹山林,独善其身。他也有诗云:"无处堪投迹,空山寄一椽。"加之武夷山向来是宗教名山,佛道盛兴,朱熹自幼便喜欢和道士和尚共游山水,共话心声,这一定程度上也能排解因儒家道义无法推行所带来的忧愤感。在《大隐屏》中,朱熹就表达了这种思想,"眷焉此家山,名号列九霄。相与一来聚,旷然新朗寥"。

图3　武夷胜景

身在武夷山,置身美景,能避免尘世的喧嚣,潜心钻研学术,以其后来者能有推行其主张者。武夷山乃天下名山,素有"天下第一山"的美誉,中国文人学者历来喜好山林胜景,自然使武夷山成为一学术中心。清代孙嘉淦《董天工武夷山志序》中说:"当晦庵讲学武夷时,自辟精舍,令诸从游者诵习其中,亦惟是山闲静远少避世纷,与二、三子可以专肆于身心学问中,非必耽玩溪山之胜,与谢公屐履同疲敝于清泉白石间者比。"

二、《朱子家礼》对武夷山礼俗之影响

《朱子家礼》是朱熹晚年综合自己一生治礼思想,为打破"礼不下庶人"而对传统儒家礼学思想进行简化改造,具有普适性的一个儒家礼治小册子。朱熹了解到"礼废久矣",意识到推广宗法礼制对个人修养,家族乃至国家稳定和谐的重要作用,因此而尽一生之精力从理论和实践层面,推广平民化的宗法家礼思想。朱熹曾说:"凡礼有本有文。自其施于家者言之,则名份之守,爱敬之实,其本也。冠昏丧祭仪章度数者,其文也。其本者,有家日用之常体,固不可以一日而不修。其文又皆所以纪纲人道之经始。虽其行之有时,施之有所,然非讲之素明,习之素熟,则其临事之际,亦无以合宜而应节,是不可以一日而不讲且习焉。"朱熹一生大部分时间生活在闽北地区,加之在武夷山地区兴建书院,授书讲学,著书立说,因此朱熹理所当然地会将自己的儒家礼仪思想播撒出去,影响整个武夷山地区。这就是我们这第二部分所要探讨的主要问题。

我们先来分析一下朱熹的《朱子家礼》。此书是一本朱熹为推动儒家礼学思想至普通百姓大众的简行本,全书主要分为通礼(祠堂和深衣制度)、冠礼、婚礼、丧礼和祭礼。本节内容也将针对这几个部分对武夷山礼俗进行简要说明。

(一)通礼

依《朱子家礼》言,通礼者,"皆所谓有家日用之常礼,不可一日而不修者"。此日常家用之通礼主要有二,祠堂和深衣制度。今依此家礼,对武夷山礼仪略述一二。

1. 祠堂

祠堂也称宗祠、家庙、家祠。一般而言,每个宗族都有自己的祠堂。祠堂是一个家族组织活动的中心,是供奉着死去祖先的神主牌位的场所,为祭祀祖先的地方。同时,它又是执行族规、家规

图 4 五夫里刘氏家祠

的地点。祠堂者,为家居之根本也。朱熹主张各家族,无论贫贱,都应修祠堂。依各自家族经济实力不一,祠堂建设可大可小,可简可繁。但是基本上来说,在民间推广的祠堂建制,基本上差不多是一个类型的。在武夷山实地考察的这几天里,我们走访了许多乡村家

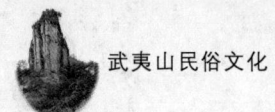

祠。就拿朱熹的第二故乡——五夫里镇来说，此处有好几个祠堂，主要有刘氏家祠，连氏家祠、林氏家祠和赵氏家祠。其中最出名者，当属刘氏家祠。刘氏家祠，始建于南宋建炎四年（1130年），初建时在府前村，与屏山书院并列。元初毁于兵燹。清光绪六年（1880年）移建兴贤街。"五夫刘氏家族自中唐文景时入闽，始祖刘翔官居金吾上将军，传至宋代七世孙刘韐，忠贞卫国，谥忠显公。刘韐长子刘子羽为南宋名将，谥忠定公；季子刘子翚兴贤育秀，培养了刘珙、朱熹等名臣大儒，谥文靖公。其长孙刘珙为爱国忠臣，谥忠肃公。刘韐一家三代史称忠义世家，有'三忠一文'之称。祠堂门上方嵌刻'宋儒'、'刘氏家祠'石匾；门楼砖雕技艺精湛，古风犹存，祠内进深20余米。历代均有修葺。"

祠堂既然立下，就需要家族经营祠堂之财源和祭具。如不能提供经济钱财做支撑，不能准备家祭所用之道具，则祭祀便不能按时依礼而行，则设立祠堂之目的便无意义，也无实施下去的可能。古代一般通用的做法是依《朱子家礼》，通过提留祭产的方式来扩大祭田。"所谓提留祭产，即每当分家析产时，提取出一定数量的田产作为祖、父辈的赡养费，祖、父辈死后，变成为祭产。"这些家庭分家析产时所提留的祭产，一般都达总租额的30%~40%。这种分家提留祭产的做法，是福建族田增殖最具制度化和最重要的一种手段。此外，接收绝嗣户的田地，也是扩充族田的另一种方式。凡是家族事务的经费开支，一般都可动用族产，不过最主要和最常用的是用作祭祖之费。祭器则使用祭田收入即族产储备于祠堂内。祭器主要为床席、桌椅、盥盆、火炉、酒食之器等。凡此等祭器，皆当祠堂祭祀之用，不得私用它途。如今在武夷山地区，祠堂仍然大量存在，祠堂对团结家族，管理家族方面还发挥了一定作用。在节日习俗时候，家族仍会在祠堂内举行祭祖等各种活动。不过祭祀的形式已经更加简化。

2. 深衣制度

深衣者，本为古代传统之服饰类型，它是一种直筒式的长衫，因把衣、裳连在一起包住身子，分开裁却上下缝合，"被体深邃"，因而得名。因更古深衣制度，去古日远，实物已不见，故朱熹参考《三礼经》之描述，重新研制，以求实用且合乎古礼。主要包括：大襟、大裆裤、黑履（即黑布鞋）、传统缁冠、配饰等。

传统上民间的衣裳叫大襟。从目前来看，武夷山地区山村里基本上没有人保持着大襟穿着，偶尔能见到部分老人家里还保存有大襟，但是平时也不穿。大襟的主要特点是长袖、直小领、襟口开于胫中，转向右肩下，折入右腋，没有明兜，边要开3到4寸叉。大襟共5副纽扣，纽扣用小布条缝成小管状结成。除上数第二个纽扣要竖着缝制外，其余布扣都是横着缝制。据武夷山考察的情况来看，曾经老人们都会自己做大襟，布料用迪卡、棉布（粗布）。而如今由于新中国反封建思想和社会的发展进步，近现代以来已经很少有人穿大襟，自己会做的人更是越来越少。

传统上男女裤子都叫"大裆裤"。但是传统上女士的裤长要比男士的长，这是为了防止露出脚，是当时封建思想的明显表现。"大裆裤"特点有三：大裤腰，大裤裆，大裤腿。因其特点，所以又名之为"甩裆裤"。大裆裤的穿用不分男女，没有兜，没有拉链、没有纽扣，裤腰处要另接上四五寸的腰头，腰不开口，多余部分折叠于肚前，以布腰带或棉腰带系住，

经济条件差的村民还有用树皮做腰带。大裆裤的特点还有行动方便、干活得劲、下雨时可以把裤腿儿高高卷起,高卷裤管儿也是典型农民形象的一个细节。由于现代工业技术的发达,目前很少有村民还在穿大裆裤。

传统上的男女所穿的鞋都是素色布鞋。这种布鞋制作相对简单,基本上现在在武夷山也能见到很多老人甚至是年轻人穿着自己家纳的布鞋出门。这种布鞋分鞋面和鞋底两部分,用苎麻线钉成,穿着舒服、轻便,但是不防水、不吸汗。鞋面由黑白两层新布粘合成,并用布滚边;鞋底,一层复一层,层层都用细白布条儿包沿儿,底厚层多,一层一层的铺衬底必须大小完全相等,然后用苎麻线钉纳结实,再用新的布垫底盖面,厚约1厘米。颜色大多是黑色、褐色和灰色,男鞋不加装饰,女鞋有的在鞋面前上方用花线绣上花鸟修饰。以前村民没有雨鞋时,村民习惯在千层底鞋鞋底钉上木板,一般选用松木板,因为松木板不容易裂,木板有一寸多厚,中间锯开。曾经下梅村村民在经济生活困难时期,有的村民平时光脚走路,不舍得穿鞋,上山时怕山草刺伤脚,会带上一双草鞋。20世纪80年代村里有卖解放鞋后,村民慢慢开始不穿草鞋了。

如今武夷山地区,已无带缁冠的传统。据一些老人介绍,男士古老的帽子,像头巾状,用深蓝或黑布制成,双层,内铺薄棉,由前额披盖至后肩。女士则戴帽额子,状如相连的两片枇杷叶,用双层布内夹薄棉制成,外层黑色,戴时由前额围至脑后,在脑后扎捆固定,头顶空露。帽额子中间部位钉有或金或玉或铜的珠或佛像或鸟兽花样,以为修饰。当地人的配饰主要以金、银、玉为主。村民认为穿金戴玉能够避邪消灾,小孩出生后满月就穿戴银饰可避邪防灾。如今这种传统仍然保留。

如今的武夷山年轻人穿着方面也十分时尚,注重品味。一般都会去县城的专卖店购买,对服装品牌的要求很高。年长一些的人对服饰款式、价格、品牌等方面的要求会少点。但是整体而言,市民的服装观念正在变化,年轻人对服装的款式要求很高,品牌观正逐渐深入。

(二)婚礼

古时看来,结婚是一件天大的事,婚礼所承载的内涵,《礼记·昏义》有言,"昏礼者,将合二姓之好,上以事宗庙,而下以继后世也。"依《朱子家礼》婚礼之仪节,主要有议婚、纳采、纳币、亲迎、妇见舅姑、庙见和婿见妇之父母。如今婚礼所存之仪节主要包括相亲、订婚、迎娶、回门这四个步骤。基本上还是保存着《朱子家礼》的婚礼形式。旧时,婚姻习俗较古而言,大同小异,较今而言比较烦琐。随着社会风俗的变化,婚姻行为程序也跟着小有变化了。但是,从深层次来讲,婚礼所蕴含的礼仪还是差不多维持古礼意涵。

1. 相亲

古礼即朱熹讲的结婚的第一道程序:议婚。以前结婚都要找媒人做媒,做媒之前媒人首先得弄清楚男女双方家庭情况,讲求的原则是门当户对。"石门楼对石门楼(一般人家),柴门楼对柴门楼(穷苦人家),朱门楼对朱门楼(大富人家)"。旧时,这些前期工作全由媒氏穿针引线,往来通信。新中国成立后,男女双方可以见面,但也是由媒人带着男子去女方家,并随带糖果一包,如果女方觉得中意,就收下糖果,不中意就退掉糖果。之后,双方父母便拿出儿女的生辰八字匹配,而现在基本上都不看八字了。如今社会已经没有了正式媒婆这个行当,但是媒人的角色却依然按古礼而行。即使是通过自由恋爱而结婚的青年男女,也需要一位关系亲密的人(通常是姑姑或嫂子之类的亲戚)客串媒人的角色,去女方家说亲。用当地人的话说就是"虽然是自己谈的,但规矩还在"。

2. 订婚

订婚的时候,男方需要将聘礼带到女方家去,另外还要送糖果之类的礼品,数量必须是8种,或者6种,比如桂圆、糖、花生、饼干之类,男女双方都要置办"订婚酒",女方在酒席上会将男方送来的礼品分成小包,送给前来祝贺的亲戚,并当场宣布结婚的日期。订婚当天需要请村里的文笔先生"下单",也叫写"乾坤书",意思是双方通过商量定下结婚日期了,红纸黑字,一共3张,要写年庚,男方及其父亲姓名,女方姓氏等等,用红纸包好,封面写上女方名字,红包里面还要装钱,至少60元,现在一般都装600元。由男方交给女方,现在结婚依然需要写"下单"。据下梅村的文笔先生说,对方客气的话,在结婚当天会请他去吃喜酒,送一包糖,不客气的当面就给包烟,或者给二三十元。如果女方要退亲的话,就要办理一定的手续,还要将聘礼都退回给男方家,但实际上很少有女方退亲的,除非男女一方出现意外情况,否则婚事就已敲定。

3. 迎娶

迎娶前一天,女方亲戚要为女方家嫁女多得财物而与男方派来的代表商讨增加财物,当地叫做"闹亲",比如糖果钱、行路钱等。男方代表一般是男方的内亲,叫做"清厨"。他去女方家一般会挑一个担子,一头放一只酒壶,一头装一只公鸡(酒壶是男性生殖器的象征,公鸡也代表着雄性),用当地人的话说就是"一壶酒、一刀肉,老婆得到手"。第二天也就是新娘出嫁当天,女方亲属也要

图5 古时迎娶新娘所用的"花轿"

提一壶米、一只母鸡（女性的象征）到男方家。此外，男方还会提一被点亮的马灯，火种寓意着婚后男方家香火的延续。男方迎亲队伍一般在结婚当天早晨到达女方家。

据当地的老人回忆，以前在新娘出嫁那天，要戴凤冠，穿霞披，由舅舅抱上花轿，并换上新鞋，意思是不能把娘家的泥土沾去。现在新娘都是改坐小轿车，依然要由舅舅抱上车。新娘将要离别父母的时候一般都会哭，表示舍不得父母亲和家人，但现在并不是所有人都要哭，对父母感情比较深的一般都会哭。有的家庭的女儿在外面读书或打工多年，已经习惯不在家的生活，出嫁的时候不一定会哭。

迎娶当日，还有很多烦琐的习俗，现在农村地区还有部分仪式保留。现也在下面列举出来。第一，出煞。新娘刚嫁到夫家，会带来不好的东西，需要将不好的东西请出去。请厨师或者唢呐师一人，手持公鸡一只，站立在花轿门前，左手抓住鸡脚，右手在鸡身上画符，默念咒语，然后扶住鸡头高举而唱行语。唱完将鸡冠咬破，把鸡血先涂天门、地服、人门、鬼路，再涂花轿杠边，这叫"出煞"。第二、拦门。新娘下轿后，前面会设一圆桌挡住去路，圆桌由两个半圆桌组成，可以分开，桌上点燃一对蜡烛，两边各立一青年抬桌，中间仍由"出煞"师傅手持剪刀，尺各一把，左手扶桌边，右手抓尺，剪刀在桌上碰两下，又高唱行语，桌子动一步唱一段行语，这叫"拦门"，意思是希望新娘结婚后要听话，要有度量，婆婆即使说不好听的话也不要放心上，自己做自己的事，不要和婆婆计较。第三、拜堂。拜堂有五拜：一拜天地；二拜祖先；三拜父母；四拜近亲长辈（受拜者要送红包给新娘）；五是新郎新娘对拜。对拜完毕，就进洞房。

现在的新人结婚已经省去了诸如出煞、拦门、拜堂之类的程序，但是某些程序还是必须的，比如敬酒，酒宴开始后，公婆会带着新娘、新郎去给客人敬酒，并一一告诉新娘哪位是舅公，哪位是叔公，哪位是姑姑，长辈也会给新娘红包。村里老人说以前有钱人就会举办两次酒宴，除了中午的宴席，晚上还要请"小舅子"等其他新娘亲属，俗称"双餐酒"，穷苦人家只举办午宴，但是现在男方家一般都会在晚上继续宴请新娘娘家亲戚，路途遥远的还需要留宿在男方家。

晚宴过后，就是闹洞房的时间了，主要是大家出难题给新郎、新娘，让他们彼此有身体接触，带有戏谑的意味。比如新娘床上会挂一根柏树枝，新郎要抱着新娘去拿那根树枝，表示"百子千孙"。会在新娘被褥里放麻糍果（当地的一种食物，里面是糯米团，外面沾满芝麻），意思是新郎、新娘洞房夜要黏黏糊糊。

婚礼当天，男方家要散发多种红包，一般数额 20 元，60 元，100 元，最多 200 元（给小舅子），在以下场合中应该给红包：娘舅抱新娘上车、点蜡烛、新娘扮妆钱、给岳母"洗尿布钱"、"铺床钱"（由两个命好的给新娘新郎铺床）、"拉尿钱"（由一个小孩在放有柚子的马桶里拉尿，表示"早生贵子"）、新娘"走路钱"、"提鞋钱"（新娘上车之前换鞋子，由小孩提回去，表示不沾上娘家的泥土）、帮厨钱等等。

4. 返马（回门）

"新郎被女方正式认可为'半子'，得履行一定手续，即'成婿礼'，俗称'回门'，新郎在女方家庭中的'姑爷'身份藉此得以确认。"新娘出嫁第三天要和新郎一起回娘家拜见岳父

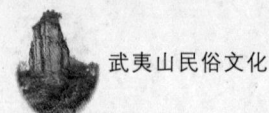

母,岳父母家要设宴席招待,当地人叫做"返马",也称"会亲",当地人认为如果第三天新娘不回娘家就要过四个月再回去,这样娘家人就会倒霉。以前新娘要坐水轿,戴凤冠,穿霞披,新娘的轿子在前面,新郎的轿子在后面,随从吹着唢呐,新娘到达娘家的时候要放鞭炮,还要祭拜祖宗。现在由三天改为两天了,即第二天就回娘家,主要是为了节省酒席的费用,因为新娘出嫁当天会设酒席招待娘家的亲人,第二天新娘带新郎回来,菜、肉都还没有坏掉,不用另置酒席,出嫁当天的酒席留一两桌肉、菜就足够返马那天招待亲戚了。当地人认为返马当天新娘新郎不能在岳父母家过夜,所以当天就得回新郎家。如今有不少嫁到外省的,由于路途遥远,返马是不可能实现的。

(三)丧礼

死生,是人之大事,悲恸之极,无一能及。在传统儒家伦理思想影响下,中国人都重视养生丧死之人子孝道。丧礼,乃所以明孝子尽爱之道。因此于古言之,丧礼形式最为烦琐。而现在丧礼形式已经发生了巨大的变化,特别让人难以接受的是火葬的推行。武夷山自2005年以来,国家强制实行火葬,然而,对于农民来说火葬是件大事。首先,最为重要的,这是对中国传统儒家文化的一种冲击,身体发肤,存一整全,对于老人来说,要烧掉自己的身子,让他们来说太难接受了。其次,火葬的费用太高——农民除了支付火化的费用之外,还需要在武夷山市修建的公墓里自行购买一块只拥有30年使用权的公墓。另外,火葬后骨灰必须安放在武夷山市公墓,也造成了清明或平时祭拜时的不方便,下梅村的人必须去崇安县的公墓拜祭。如今,火葬虽在武夷民间仍不叫好,但是国家法规难逾越,还是得这么做。但是大部分的丧礼仪式仍然保留了下来。现就武夷山当前的丧礼仪式介绍一二。

1. 初终

在死者病危前,家里人就会将正厅铺设,迁居正寝,这在古礼看来就是寿终正寝。在断气之前,一般情况下,子女都会在身边尽孝送终。

断气的时候,女儿就要开始放声大哭,儿媳妇也会哭,这时候就算与死者关系不好,也要假哭做个孝子的样子。在断气的一刻,要准备纸钱和鞭炮,为死者践行。断气之后,烧的香不能断,但是烧纸钱是按时间段来烧的。烧香和烧纸钱一直要持续到出殡那天才可以结束。

2. 报丧

长辈去世,子女必须披麻戴孝,迅速到近亲家报丧,报丧以母舅、伯、叔、伯为先,再到其他亲友家报丧。子女在报丧或见亲友时,必须跪地磕头,以感谢亲友对长辈生前的关照。报丧的时候,如果死者是女性则先去舅舅家报丧,如果死者是男性则先去叔叔伯伯家报丧。长辈扶起来之后,就邀请长辈来东家中帮忙料理后事。从最亲的亲戚家开始挨家挨户的去报丧。邻居和朋友会主动地去问是否需要帮忙,然后东家会给亲戚朋友分配各自不同的任务。比如做饭、洗碗、砍柴等。如今通信方便,报丧的方式主要也是电话。打个电话就可以了,这样也省下来治丧的时间。

3. 入殓

入殓分为小殓和大殓。首先是小殓，小殓者，即是以衣裳裹尸。在死者走后，就要伺候死者像生前一样，为他沐浴更衣。长辈年事已高，子女则预先为其制好百年寿衣，合计要七至十一重布料，内衣内裤有的用绵绸，制好寿被，寿席（此二物系死者入殓的垫盖物，由女儿置办）。逝世时，由子女为死者擦身（水由子女至河边烧纸钱，跪取小半盆）、更衣。其次，将遗体放入棺材，此是"大殓"。同时，设灵床于厅堂，由子女、近亲好友为其守灵，通宵达旦直至下葬。灵床床尾摆供米饭一碗，米饭上放一个鸡蛋，饭碗边插筷子一双。床前灯光长明，香火不断。而如今此过程则交给了殡仪馆，由殡仪馆入殓师来帮死者化妆直至火化。有钱人则会租用殡仪馆场地搞一个遗体告别追悼会，缅怀一下；无钱者就会顾不上那么多传统礼仪了。

4. 丧服

昔日武夷山地区的丧服与全国其他地方的丧服基本上是一样的。如今虽全武夷地区都改成火葬，但是着传统丧服治丧的礼俗仍在。丧服也因与死者的关系不同而有所差异。男性直系亲属的丧服式样为：外罩白色布质套衫，头戴几近垂地的白布，以绳子或橡胶质松紧带固定，头上也需戴稻草编制的草冠，死者的儿子头上戴的草冠有三条从脑门连接至后脑勺的草绳，称为结；死者的

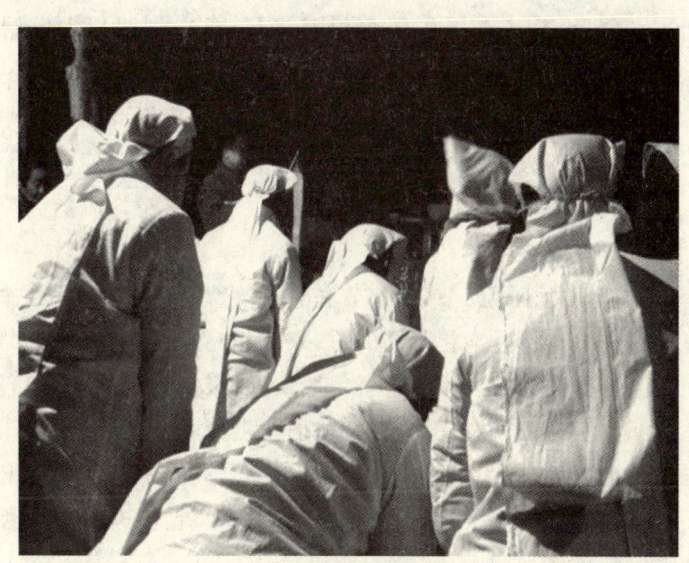

图6　穿着孝服的子孙们

孙子头上戴的草冠只有一条结。脖颈处系垂向身后的麻制细绳，称为批麻；左臂佩戴白色布质手圈；腰上绑着草制细条，称为绳；脚上穿白色布鞋。

女性直系亲属的丧服式样为：外罩白色布质套衫，头戴三角形白色布制斗篷，长近垂地，脖颈处系垂向身后的麻制细绳，称为批麻；右臂佩戴白色布质手圈，腰上绑着草制细条，称为绳；脚上穿白色布鞋。

男性与女性远亲和邻里朋友的丧服式样：男子头戴白布，以绳或橡胶质松紧带固定，正中缀有红色圆点，长至腰间；女子头戴三角形斗篷，正中缀有红色圆点，长至腰间。男性远亲左臂佩戴白色或黑色布质手圈，女性远亲右臂佩戴白色或黑色布质手圈。邻里朋友不论男女，每个人手上皆系一条白色毛巾，毛巾上面系着一条红线。远亲与邻里朋友不需"披麻戴孝"，也不必在脚上穿白色布鞋，但是血缘关系较远但尚未出五服的亲戚需要手持竹棍，竹棍长约半米，通体缠有带有条状式样的白纸。

5. 出殡

以前土葬的时候,出殡也是非常重要的葬礼仪式之一,如今火葬的全面推广,使得这个礼仪正在走向消亡。而且以前出殡还看中风水,在死者下葬前,家里人要带着风水先生去选定"风水宝地"。而现今死者家属必须花钱在殡仪馆公墓里买下一块地作为死者的"居所",或者实在是凑不起钱的家庭,就只好存放在殡仪馆骨灰箱里,无法入土为安,当然,这种情况也是非常少的,一般忠孝的人是不会让自己的亲属如此事后的。因此,以往土葬所需的打井,八仙抬棺,下葬等礼节都已用不上了。所以说,火葬的大力推广,对传统礼仪产生了很大的冲击力。

(四)祭礼

祭者,追其不及之养,而继其未尽之孝,则明报本反始之道也,因此祭祀讲求尽爱致诚。祭祀祖先是中国人的传统行为,祭祀也是忠孝的一种延伸。依《朱子家礼》记述的祭礼类型主要有:四时祭;祭初祖、先祖及祢;墓祭。以历史学家陈支平先生划分,福建民间的家族祭祖方式,主要有四种:一是家祭;二是墓祭;三是祠祭;四是杂祭。虽两者分法略有不同,但是内容却大同小异。

1. 家祭

家祭是于中元节、中秋节和除夕等特定时节,各家在家里设香案、列供品、焚纸衣,遥祭祖先。与祠堂祭祀不同的是,家祭相对来说不够隆重,祭祀对象也较窄,而且这种祭祀形式主要在穷苦人家。学者一般认为,家祭的对象,一般仅限于尔、祖、曾、高等三至四代的近亲祖先。"文革"期间破"四旧",祖先牌位成为当时革除的对象。随着分田到户,改革开放后,以家庭为中心的制度得以建立,人们纷纷恢复祭祀祖先的活动。祭品根据各家庭的经济条件而定,为三牲或五牲,无非鸡、鱼、猪肉、年糕、酒、糖果之类物品。

2. 墓祭

墓祭时间都比较固定,从古至今基本都集中在清明节。祭祀对象基本都为近祖,主要为父母亲与祖父母一辈,曾祖、高祖则很少成为当地人祭祀的对象,当然这跟家祭基本类似,但也有些差异。这主要因曾祖、高祖及远祖之墓,基本都已被破坏掉,尤其是五六十年代的平整山地活动,不少姓氏的先祖之墓都被破坏,难以弄清各先祖的具体墓址,只能有个模糊印象。坟墓被破坏是各姓氏族人未祭祀远祖之墓最通行的说法。如今,由于清明节成为了中国的法定节假日,许多在外工作和迁居外地的族人也会尽量赶回来参加。墓祭时祭祀者要上祖坟祭拜,然后以酒肉、蔬果、鞭炮、冥纸等物品供奉祖先。祭祖需清除祖坟之杂草,祈求祖先之护佑。

当然,随着火葬的推行,公墓制越发通行,这种制度必将受到冲击。

3. 祠祭

祠堂是供奉神主牌位之场所,象征着祖先的存在。在各种祭祀中,祠祭是最具正规性的一种。一般而言,每逢春秋二祭,各宗族都十分重视祠祭。据当地老人回忆,传统的朱子祠祭较为隆重,比较讲究繁文缛节。当然,祠祭所需的费用,由族产支出。各家族的祭祀,隆重程度当然因各家族经济及政治地位等不同而有所差异。现在,祠祭在武夷山地区也大量存在,祭祀所需主要是各家凑钱举办,有钱的多拿,没钱的少拿些,但是大家也都不感觉吃亏或者不平衡,而是觉得祭祀祖先是应当的,给的多祖先会保佑全家人。现在的祭祖仪式,不管是形式还是内容,较之传统均相对简化。在保存基本内容之余,也添加了部分新内容。邹氏祭祖,人员多样,包括主祭人、司仪与执事,各成员分工明确,各司其职。

4. 杂祭

家族的祭祀祖先除了以上这三种比较规范化的活动外,还有许多不规则、非定时的祭奉荐享等,特别是每逢家人或族人有喜庆大事,如添丁、中举、婚娶、架屋等,一般都要举行祭祖活动,向祖先报喜。

(五)冠礼(笄礼)

古者男子二十而冠礼,女子十五而笄礼,这是古人推崇的成年礼。依《礼记·冠义》言,"冠者,礼之始也,嘉事之重者也,是故古者重冠。"冠礼标志着一个男子步入成年,因此十分重视之。依《朱子家礼》,冠礼要择吉日于祠堂举行,由受冠者之祖父充当主人大宴宾客。宾客先将受冠者的头发聚束于顶绾结成发髻。然后,由宾客中的德高望重者为之戴冠,赐字。冠礼之后,该男子即为成人了,享受成年人的权利和履行成年人的责任。相比冠礼,因封建社会重男轻女思想的影响,女子笄礼则要简单多了。由母亲做主人,接待宾客。挑选宾客中的有贤德之妇女,为其绾发戴簪。此礼过后,即表示该女子已经成年,可以婚嫁了。如今,成年礼已经随着社会主义经济文化的发展,随着社会的进步,不在民间实行。

由上可知,朱熹一生历尽坎坷,怀才不遇,终其一生活动于福建地带,以著书授学为业。朱熹虽然仕途不顺,但是却竭力在武夷山做着一位合格的儒生理应承担的入世救世的社会使命,创办书院,教书授业,著书立说,教化百姓。经过朱熹一生的活动以及后生闽学继任者的传承,古来被称为"荒蛮之地"的武夷山区终造就"满街都是圣人"的盛况。人人都讲求仁义道德,以礼治家,以德服人,以忠报国,修身养性。虽然世事巨变,历史的车轮转过了几百年,但是武夷礼俗依然能够立足传统,推陈出新而不脱离古礼,这是难能可贵的。

武夷山民俗文化

闽北民间岁时节令习俗文化

乐裕贤*

岁时节令,实际是我国历法的杰出创造。它依据天体运行、地球运动、气候变化、鸟兽、草木虫鱼的生态变化,极为精确地划分出年月、四季、二十四节气的演变时间,让人们依据这个时间规律,进行春耕春种;夏蓐夏耘;秋播秋收;冬选冬藏。为社会群体创造物质财富,同时亦为自己的劳动获得奖赏、丰富自己的物质生活享受。

岁时节令习俗,即是当我们民族先民们,在通过辛苦劳动而获得丰收果实时,很自然地因丰收感到欢欣鼓舞,由此而激发对天地鬼神(自然界各种现象)的敬畏和崇拜,以及对氏族祖先的感恩而举行纪念活动。这些活动久而久之,为民族社会群体所认同,并逐渐被固定,形成传统的民间习俗。

闽北是福建开发最早的地区之一。由于她境内不但有着温和湿润的气候,浓郁茂密的森林植被,多种多样的珍禽奇兽,辽阔肥沃的可耕土地,纵横交错的河流溪涧,山丹水碧,资源丰富。而且其地理位置处于福建与江西、浙江三省交界,是中原文化入闽的最佳走廊。因此,自古以来就是中原民族部落理想的栖息地。

早在"新石器"晚期,本地区的土著先民(学者考证为"古闽族"或"东南族"),就在此披荆斩棘,诛茅垦荒,开疆拓土,繁衍生息着。这从境内诸多古遗址(如武夷山市的梅溪口、五夫下屏山、枫坡、光泽的"新石器"遗址、建阳大潭山等)中出土的石箭石镞、石锛、石矛、石镰、石刀、石弋等文物得到证明。其后春秋战国,越国被吴所灭,其后人散入闽地,与"古闽"族同化,衍生了"古闽越"族。继之是荆楚、中原文化的相互沟通(至今全闽北地区已有畲、回、苗、满、壮、彝、侗、瑶、白、傣、高山、蒙古、朝鲜、西藏、布依、土家等25个少数民族在此世代聚居),他们相互影响,有机互融,形成以中原文化为主体的多元、支系纷繁而绚丽多彩、内涵丰富的岁时节令习俗的文化格局。

本文试图就其习俗文化,说一些个人粗浅管见。限于水平,舛误难免,尚祈指正。

---

* 乐裕贤,武夷山风景名胜区管理委员会。

一、春节元旦，颂岁寻春大合唱

春节与元旦，既是两个节令，又有同一内涵，均属民间古老又隆重的传统佳节。

元旦是特指正月初一日，古称"元旦"。"元旦"是合成词。"元"是指第一或开始；"旦"是日（太阳）从地平线上升起（从日从一）。南朝文学、史学家肖子云在他的《雅乐歌》中说："四气（春、夏、秋、冬）新元旦，万寿如今朝"。这就点明：一年四季的轮回，又转到了新的一日开始，即使再过一万年，还是有"元旦"今朝这一天，又回到了这个"正月初一"。它表明：很早以前，人们就把这正月初一视为元旦节，庆祝这个节日，礼仪特别隆重。

首先在前一日晚（即旧年的除夕），各家各户均要把自家旧门联清除干净，准备初一开门换贴新的春联。初一开门前，先给祖先点烛焚香，备好鞭炮（旧称爆竹），等候开门时刻。旧时一个县城或乡镇村坊，春节前就按照当年属性，选定开门时辰并规定一人到时以施放鸟铳为号，民众听到第一声铳响后，立即开门，同时鸣放鞭炮。燃放时万炮齐鸣，此起彼伏，惊心动魄，十分庄严。故古人有春联说："爆竹一声除旧岁，桃符万户迎新年"。鸣炮后贴上新的春联，随着全家共祝"新年纳福"。共饮糖茶，以示新的一年甜甜蜜蜜，万事如意。开始举行小辈给长辈行拜年礼，长辈则给晚辈吃橘子，祝新年"吉庆"，发给压岁钱红包。当天早餐必有年糕、素菜菠菱、韭菜、葱、豆腐乳之类，用其谐音：年糕——年年高升；菠菱——会多买田（方言）；韭菜——好运长久；豆腐乳——养猪长到350；等等吉祥语。接下来是小辈到长辈家拜年（弟弟给哥嫂，孙、侄给伯叔，女婿给岳父母……），长辈则盛宴待客。

"爆竹"和"桃符"二词，据南朝人梁宗懔的《荆楚岁时记》中说："正月一日……先于庭前爆竹以辟山臊恶鬼。"可知，爆竹即是用一根完整的竹子，以火烧裂让其发出如炮的响声，借以驱鬼避邪。至于"桃符"他亦在此文中说："在度阴山上，有棵大桃树，树下有扇门，众鬼皆从此门进出，给人带来祸害。神荼、郁垒把守此门，发现恶鬼，使用苇索缚来喂虎，为人驱邪。"后来人们为了避邪保平安，就用桃木板书写"神荼"、"郁垒"二神名字，或画其像悬挂大门两旁，不让恶鬼邪气进门。五代时西蜀后主孟昶曾于广政二十六年（964 年）春节，始用"桃符"板题书春联："新年纳余庆，嘉节号长春"，悬于宫门。自此人们效法，桃符由此成为春联的别称。

节期连续五天，初一上寺庙"拜佛年"或去祖坟"拜祖年"；初二访友；初三始往亲戚长辈家拜年；初五过"小元宵"，开斋戒；初六开始作家常活，商家开始开门营业。整个节期，气氛祥和，社会皆大欢喜。

另外正月初九、初十，是民间所说的天地生日。天生日不洗晒衣服；地生日不洗扫地和涤洗马桶和脏污之物，同时都要燃放鞭炮，以庆天、地寿辰。

春节古时是以"立春"日为准的。例如：2010 年立春是在农历旧年的二十一日；2011年的"立春"却在新年正月初二；而 2012 年的"立春"就退到正月十三日。因此古时"春节"

武夷山民俗文化

实际是指"立春"日,有所谓"新春大似年"的说法。"立春"这天要举行"迎春"活动,各家各户都要摆设香案,置果品、花草、麦苗(也有用胡萝卜上栽香葱、以茶花为迎春花)等,点烛焚香迎接春季的到来。有的地方在立春当天早晨进行踩街游行,队伍由当地绅士或地方首领率领,前面鸣锣开道、彩旗飘扬,中有古装戏。殿后的是头插金花的水牛,笙箫鼓乐齐鸣,鞭炮声不断。最终来到设定地点,对牛焚香礼拜(有的地方用土塑之牛),礼拜后举行"鞭牛",寓意民众对春天的美好向往。鞭牛有鞭牛歌,道是:"一打风调雨顺,二打地肥土暄,三打三阳开泰,四打四季平安,五打五谷丰登,六打六合同春,七打七星高照,八打八方吉祥,九打九域太平,十打十全十美。"这叫"打春"。浦城有句民间俗语说:"春牛过后街"。意为:某事失去机会,感到后悔已迟。

千百年来,春节和元旦,被视为中华文化最重要的节日,它把年、岁、春三个概念联合在一起,但又彼此自成一节,其中包涵"迎新春"、"过元旦"、"送旧年"三层意义。究其意:年是庆祝丰收,岁是祭祀(包括天地鬼神和家祖)神祇,春是"得首阳而万物萌发生成",值得欢庆。它涵盖了社会的选择、文化的选择和生命的选择,渗透着人们对自然、灵魂、祖先的信仰和崇拜诸因素,是缅怀祖宗之德、继承先人之志,融通天地万物、感恩天时、地利、人和,庆贺丰收,享受劳动成果,筹划新一轮的生产生活,扩大人际交往,维系亲朋故旧等方面的具体感情宣泄以及对未来的美好期盼。

二、元宵灯节,火树银花庆升平

元宵节,古称上元节。

"九陌连灯影,千门共月华"。这是唐人郭利咏元宵诗的前两句,充分反映了古时人们在元宵之夜张灯盛况。闽北的元宵灯节,用闽北人的俗语,说是"正月十五闹元宵"。这个"闹"字,就道出了闽北人之于元宵灯节的热心程度。在这个节日里,各县城的大街小巷,千家万户门口都能看到张灯结彩。自正月初十日起,直至十五日下半夜,都有踩街、赛花灯、舞龙、舞狮、踩高跷、划旱船等活动,旧时还有迎神、赛神、抬菩萨游街,商家富户不惜资本,竞放鞭炮,放得越多,越能求得"菩萨保佑"(这种迷信不足取,现基本取消),闽北的灯节,具有乡土特色和浓郁的生活气息。辟如,武夷山市枫坡村的烛桥灯,它是由各家各户出长板凳一条,全村集中有百数十条,全都连接成一条"长龙",并在每张板凳上,固定2~3盏花灯,每灯内点蜡烛,加起来有数百盏灯。"长龙"由村里精壮后生百数十人,一人擎一张板凳,舞着长龙在田间野处巡游,远观犹如长长大龙在田间游弋,惟妙惟俏。此外,还有许多极具民间特色的花灯舞蹈展示,诸如:建阳的采茶灯舞,延平的组字花钵灯舞蛇灯,松溪、政和、建瓯一带的花鼓灯舞,光泽的滚龙灯舞,浦城的白菜灯舞,武夷山市的蚨蝶灯和马仔灯、鲤鱼灯舞等,五彩缤纷,不一而足。另有"樟湖的蛇灯",其灯节最长,从十五日晚到二十五日。

元宵灯节的历史渊源,有说始于西汉,有说始于东汉。还许多民间故事传说、历史传

记,众说纷纭,笔者水平有限,难于追溯。但我想,它既然能形成官民共庆的传统节令,其中缘由,可能不仅仅是历朝封建统治者企图通过这种欢庆形式,沟通官民关系,求得"国泰民安",同时也表达了民间期盼"安居乐业"的民间心态,体现出人们借此佳节尽一日之欢,此后即转入正常的生产生活,投入新的耕耘劳作,创造新的社会物质财富。

三、春社清明,吊亡奠祖寄哀思

春社,立春后的第五个戊日,亦即古时祭祀社神(土地神)的日子。《礼记·祭法》载:"共工氏之子后土,能平九州,祀以为社。"《礼记·月令》载:"命民社"。即引申为祀社神的节日。闽北民间,在此日采田间鼠麴草和米浆做粿,称为"焦麴粿",祭土地神古时较隆重,祭神要以全鸡,全豚"猪"来祭祀,并将粿分送亲朋好友。唐代诗人韩愈有诗云:"愿为同社人,鸡豚宴春社。"乡间自此日始,禁止人们上山山挖竹笋砍竹,以保护山林。有刚葬新坟之家,这天必须上新坟扫墓,名为"拦社"。其意为:此日土地神有人祭祀,新坟"没上户口"土地神不允许祭奠,故家人乘机祭奠扫墓。现举行此俗活动的不多,仅个别人家举行。

清明节是中华传统节日,其历史已有 2500 余年。古时这个节日全国盛行。秦代以后,定在清明前一日,即寒食节进行扫墓活动,主要是为纪念春秋战国晋文公从臣介子推的。当年晋文公战败出逃,介子推跟随着,在逃难中,晋文公绝粮受饥,介子推剜自己手腕上的肉囡,烧给他充饥。后来文公复国,奖赏众臣却忘记了他,他作蛇伏隐于绵山。不久文公想起了他,去召他回国,他不愿受赏不肯出山,文公令放火烧山,企图逼他出山,但他抱树就死。活活被烧死,晋文公悯其贤,下令全国官民此日禁用火,吃冷食,后沿袭至今。闽北受中原文化影响,在寒食节这日,虽不行冷食,但亦不进行扫墓活动,避开用火,扫墓放在清明前三日或者后四日(即所谓前三后四)。上坟的礼仪很规矩,全家由家主率领,到墓地先铲除坟地杂草、荆棘,清理墓旁水沟,添加墓土,在坟头和周围挂纸钱。事毕,进行点烛、焚香、上供品(供品一般是"三牲"、鱼、肉、鸡、蛋及果和专做的"清明粿")、众人依次叩拜、焚纸钱鸣炮,礼成。较富裕之家,扫墓活动更加隆重,有的还奏乐、宣读祭文。

清明扫墓,吊亡奠祖,慎终追远,崇祖先之德,报先辈之恩,可说是民间的优良传统,值得继承发扬,但其中某些陋习,应该摈弃。

四、端午七夕,竞渡乞巧趣盎然

端午,又名端五、端阳、重午和重五,别号"天中、蒲节"。据汉语语义所谓"端午",端是开始的意思,古时午与五音韵相同,常被同用。端午节在五月初五日,是当月五(初五、十五、二十五)的第一个,是为开端之五;至于重五、重午意为二五相重叠;端阳,五月又名午月,午为日中为阳,故称端阳;蒲节由民间此日门挂菖蒲,加饮菖蒲酒而得名。

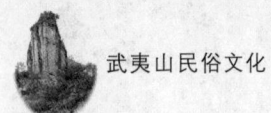

闽北的端午节庆祝活动多种,主要有:(1)包粽子。粽子种类繁多,有甜、咸、淡;有肉粽、豆粽、板栗、香蔬、腌菜等,它是节日的主食,每家必备。在节前,每家还必须将粽子和扇子多份,送到新嫁女婿家,并让其分送近亲朋友,称之为压节。当日午餐要吃粽子、田螺(按一岁吃一个)、黄鳝、大蒜,饮雄黄酒。小孩戴"臭丸袋",借以驱邪保健康。吃粽一是与春秋楚国大夫屈原有关;二是祭龙。民间认为,五月五日是龙的生日,故划龙舟并投粽子以祭,祈求龙王适时降雨,减少旱涝灾害,确保五谷丰登,民生康泰。(2)举行龙舟竞渡。一年一度的端午划龙舟竞渡活动,闽北沿建溪各县市均很隆重。龙舟是集体置办、长期使用。届时,各地挑选水性好,身强力壮的青壮年,节前进行训练。两边船舷各8人,每条龙舟约配划船手16名,另擂鼓手一名(指挥以鼓点控制速度),敲锣手一人,尾艄掌舵一人,共计19人。龙舟有分五色,在宽阔的河面上,摆开阵势,划船手号声伴随鼓点,整齐划一,飞速前进。越是水手与指挥鼓点配合得好,速度越快,谁最先冲过终点线,谁就是胜者,竞渡时,观者人山人海,场面热烈而壮观。(3)是采百草制作"凤凰蛋"。端午这天,许多农家均会派稍知草药的青壮年,到山中、田野采集草药(品种越多越好),乘节日午时,捣药制成团子(要求必用午时井水制作),团外余雄黄水为衣,晒干药用。此团称"凤凰蛋",其药用价值很高,一般外感风寒时疫效果极佳。(4)家家户户门前悬挂菖蒲、艾条(有少数民族村民庄插柳),其意是:艾形似虎、菖浦如剑,借以驱鬼压邪。饮菖蒲雄黄酒(今时很少用雄黄,仅用菖蒲和艾蒜等)。有些地方儿童则以菖蒲、鸡蛋装袋,挂在胸前其意均为驱瘴避邪。

七月七夕,民间传为"牛郎、织女"双星在银河上相会的日子(实际是古时的女儿节)。梁宗懔在《荆楚岁时记》里载说:"七月初七为牵牛织女聚会之夜,是夕,人家妇女结彩缕、穿七孔牛……陈瓜果于庭中以乞巧。"唐《天宝遗事》中亦载:"唐宫中,每过七夕,宫女群执九孔针,五色线,向月穿之,过者为得巧。"闽北地区,此俗亦盛行,无论城乡人家,当日夜静时,成年妇女,带领着青年姑娘,在月下膜拜织女星,穿针引线,乞求织女赐给灵巧。武夷山还加有七夕洗灯脚名之俗"灯脚柄器皿",并做米面丸吃,以作庆贺,取意"团圆"。活动风俗多种多样,丰富多彩,表达了妇女崇尚心灵手巧,追求真挚美好爱情的心愿。

五、中元开道,孝亲祭鬼备丰收

中元(农历七月十五日),俗称"鬼节"。据唐人韩鄂《岁华纪丽·中元》记载:"道门宝盖,献在中元。释氏兰盆,盛于此日。"中元节应是佛、道两家的遗风。《道经》说:"七月十五日,中元之日,饿鬼囚徒一时俱集。"故道家称之为鬼节;佛家举行"盂兰盆会",僧人作普渡道场,诵《盂兰盆经》(闽北称之为《敌国盆经》)多为子女为母亲超渡,说是母亲生育子女时,有血污天地鬼神之罪,必须以"血盆经"为其赎罪,故此节又称"孝亲节"。闽北人在这天除祭祀祖先(到寺庙捐施香烛钱币,请僧道设醮,诵《盂兰盆经》和献"宝盖"外,还在当日夜晚在家门外或垄道中焚烧"路纸",以超渡无家可归的孤魂野鬼,求得不来相扰和平安,武夷山市旧时要往河中放水灯(纸叠灯、内置纸钱点蜡烛),为水鬼超渡。

开道节,浦城、松溪、政和、建阳、光泽等县市,武夷山市东部乡镇,在八月初一日,是农村的"开道"日(即清理乡村和田间大道)。是日,全村男女老少,都携带工具,到村外道路和村中道路上,铲除杂草,疏通水沟,进行义务劳动。本村凡当年生有男孩的人家,则须要置备"修路饭"来款待参加修路的亲友,其主要目的是作开镰收割稻谷粮食的准备工作。习惯成自然,故每年不约而同,家家户户自觉地踊跃参加,热闹而有趣。

六、中秋重阳,诗情画意菊黄时

中秋亦为我国传统佳节,古人对此节极重视,都把它作为家人团聚的最佳节令,故又有"团圆节"之称。多数人认为,"月到中秋分外明",中秋夜是人们赏月最理想的夜晚,由来已久。唐天宝年间(742—756年)玄宗李隆基与侍臣罗公远,中秋夜赏月,罗公远以道术折桂枝化成大桥,携明皇过桥到一大宫阙游,气势过皇宫。明皇问罗:"此是何宫?"罗答曰:"此即月宫也。"这则故事后被扩大流传,影响许多文人墨客纷纷效仿,如唐诗人杜牧有咏中秋诗曰:"月白烟青水暗流,孤猿御恨叫中秋。"刘禹锡亦有诗:"夜半碧云收,中天素月流,开城邀好友,置酒赏中秋。"于是民间沿袭,多在八月十五日之夜,在自家的庭前院里,与家人相聚于皓月星空之下,摆上几样果品,月饼,美酒香茶,赏月叙情,别具一番风味。

闽北中秋节习俗,其赏月,吃月饼等与上述习俗基本相同外,还有许多独具特色的民间活动。如"烧宝塔",这日夜晚,一些男青壮年,选一块面积较广的空坪,用碎砖碎瓦,叠成一座近2米高,内空(直径)近3米的宝塔。然后用茅柴燃烧至瓦片通红,再需三四位青年,二人以煤油泼向宝塔,二人用大斗笠扇风。喷一阵煤油扇一阵火,其烈焰腾空,照红周围一片,十分壮观。许多村的老人小孩均来围观,欢快热烈,活动持续到午夜方散。烧宝塔是寓意"李天王以宝塔镇妖",人们以此作为保佑本境平安之举。另外还有"偷月",一批批妇女,带领着刚过门的新媳妇,到田园、瓜田、香橼树下"偷瓜、偷果",瓜田主人虽发现,亦仅是骂:"娘们,你生下个……臭小子。"其意在讨口彩,希望早生贵子。

重阳,意为九九重叠(节日在九月初九日),亦是我国的传统节日。相传,春秋战国时期,齐国汝南(今河南)人桓景,跟随名道费长房学道术多年,有一年的九月初九,费长房突然向桓景说:"九月初九日,你家有灾难,你立即让你家人缝布袋装茱萸(中药名)背上,去登高山,饮菊花酒,可以免灾。"桓景听从费长房的盼咐,举家登山。到晚边回家时,却见家里的鸡、犬、牛、羊全部死了。费长房告诉桓景说:"这是这些牲畜代你家受灾了。"此后,世人每至这日登高,效法桓景避灾遂成风俗(《续齐谐志》)。早在汉唐风韵里,重阳节多彩多姿。文人雅士登高、饮酒、赋诗;一般市井小民,亦插起茱萸,喝雄黄浊酒,老人小孩,荡面笑容,给节日里增添儿许欢快。诗人杜甫在重阳节这天也跑到兰田的玉山登高会友,饮酒题诗道:"老去悲秋强自宽,兴来今日尽君欢……"闽北民间在这一天,普遍举行登高,放风筝活动。浦城、松溪、武夷山市等地,多用粳米磨浆,加板栗、青豆等,蒸九层糕。建阳蒸红

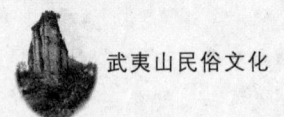

薯糯米糕,除自食外,更多互相馈赠,以祝重九平安。此日还有些人家要迎出嫁的女儿回门吃花糕。

七、除夕过年,交织着悲欢愁乐

中华民族最具传统色彩的节日,莫过于"过年"。这过年,无论哪个民族,城市和乡村,官家和平民百姓,都把它当作一件极为隆盛的事件来办理,有着极大的感染力和凝聚力。闽北的地理条件十分特别,它的人口构成枝繁叶茂,故民风习俗在多元文化的影响下,亦呈现出多元化状态。对于年节习俗,既多彩又有独特风味,无论官宦百姓,穷人富家,对过年都不含糊,操办尽力。但在整个操办过程中,贵与贱,贫与富的物质精神享受,却千差万别,欢乐悲愁相去甚远,境况不同。

1. 年前扫尘,祭灶神活动。过年前扫尘,祭灶神活动,是过年必要的一道程序,家家户户都必须进行。腊月二十四日一早,各家各户操起大扫把,在自己的屋内屋外,细致认真地进行一次大扫除(民间叫作"掸尘"),且一定要做到干净彻底,不留一丝尘污和一处死角。按照民间的说法是除去过去一年中的陈(尘谐音)旧,将不吉的"穷"和"坏"运气(晦气)统统打扫出门,以此准备迎接来年的新运。这充分寄托着人们去旧迎新的美好心愿和期盼,"掸尘"结束,接着是家家户户进行"祭灶神"(民间称为灶烟公公),行恭送灶王爷上天大礼。仪式是:先在灶神前供上果品、茶、酒,点烛焚香,合家跪拜,祝请灶王爷上天,并请其向玉皇大帝奏报其家做的"善事",求得玉皇大帝降福本家(原供奉在灶墙上的灶神之位两旁就有一对联:"上天奏善事,下地降吉祥"),然后除去旧的神缘。待到大年三十日夜,再贴上新的神像。照前仪点灯、焚香、供果,跪拜迎接灶神下凡归位。这一程序,表达了人们对上天玉皇大帝的崇拜敬仰。人们认为灶神是玉帝派遣到凡间观察恶的"特派员",他的上天下凡,就是专为体察人间善恶,一年一度地汇总奏报玉帝。请玉帝根据善恶程度,增减人们的寿数,如"大恶减寿360日;小恶减寿100天,善事反之"。这些虽属迷信,但其出发点和终极目标,均是劝善举动,有它可取的一面。

2、蒸年糕,打年粿,备年蔸。过年之前,年糕、年粿,年蔸(年蔸是一个能燃烧三天三夜的老树蔸),这三件必备之物,均需备齐。年糕只是新年初一的食物,年粿却大有文章。在平时农家就选好藏着备用,城里人家则早早购好。到了除夕之夜,把它放在灶前厌炉中,埋上炭火,慢慢地燃烧,直至到新年初三日,不能断火。其含意是:祝福阖家"福禄寿喜财火旺",并继续旺到新年,年年都旺。它寄托着人们对走向富裕幸福的无限期盼。

3、除夕,阖家大小都在一起吃"团圆饭",即使在外务工赚钱的成员,一般均应"有钱没钱,回家过年"。过年这顿年饭,贵与贱,贫与富虽有质与量的不同,但"关起门来自成世界",其欢乐气氛亦很浓厚。除夕过年求团圆,是主要意含,阖家必须团圆。如果有成员离家太远无法回家,年饭桌上亦必须留给席位和餐具,饭前还必须先举行祭祖仪式。吃完年饮,大人们忙着点灯度岁(每个房内角落,都必须有灯光,把整个屋子照得通红透亮)和准

备新年正月初一日的饭菜(正月初一日是不能动刀动铲的),小孩们先沐浴,换新内衣,然后晚辈给长辈行礼,长辈给晚辈发"压岁钱"。忙完琐事,一家人坐下来,边守岁,边讲故事,直到新年正月初一日"开门"。其中,城里商家在腊月廿四日,要过个小年,称为"打牙祭"。店家、手工业作坊的主人,届时把自己所雇用的店员、伙计、工人请来吃一餐较丰盛的饭,一方面表示对他们一年辛苦的"慰劳",另一方面老板借此给雇员下逐客令。老板在席上向谁敬酒,谁就必须卷铺走人。这与其说是"过小年",实际是一席"鸿门宴",让就餐者惴惴难安。

结 语

千百年来,年(岁)节均被视为中华文化最重要的日子。春节是传统佳节体系的开端,和年岁成形三个概念,但又被此结成一体。故春节有"迎新春,送旧年,过元旦"三层意义。元宵是三元节中第一个(上元),是春节活动的高潮,实可称为"国人狂欢节"。至于其他节令,均为人们在从事生产劳动之余结合其时令特点所进行的"放松"活动。

岁时节令的习俗,总其意是:庆祝丰收,祭祀祖先(包括天地鬼神),庆贺和祝福新一轮平安吉庆,风调雨顺,再夺丰收。其中涵盖了社会的选择、文化的选择、生命的选择多个内含,渗透着人们对自然、灵魂、祖先的信仰和崇拜诸因素。它除了感恩,感情联络外,尚有对未来的规划和憧憬,希望和期盼。

武夷山民俗文化

武夷山的中元节

董乾坤*

武夷山市旧称崇安县,位于闽北,与江西毗邻,为古闽越王故地,后为崇安。据民国《崇安县志》载:"五代时,王审知析建阳西北乡,置温岭镇即今崇地。南唐宝大九年改温岭镇为崇安场。宋淳化五年(994年)升崇安场为县,属建宁军。"由此可知,崇安正式设县为994年左右,后虽屡经变易,但其县治却一直保留。1989年,撤崇安县改设为武夷山市至今。

武夷山市历史悠久,为闽越王故地,因而风俗多有古闽越遗风,但由于其又为宋著名理学家朱熹的故居,因而其民风自南宋以来多有改变。据嘉庆《崇安县志》载:"旧志云,山峻水急,易门轻生。又云,民多悍戾,罕尚文艺。自唐李频为建州刺史,以礼法治天下,民始知文雅。至宋胡文定、刘屏山、朱考亭诸公继出,诗书礼乐之盛,几于邹鲁。"此说不无美誉之词,但走进武夷山市的各个村落,其古朴之风则随处可见。这里保存了许多远古时期的记忆,从建筑到手艺,但其中一种现象引起了笔者的注意,那就是几乎每个村庄都会有售卖祭祀用品的商店,种类很多,各种用途的都有。其中用锡纸制成的元宝状的东西最为常见,问及店主,他们都说是给死人用的,尤其是在"七月半"时用的最多。何为"七月半"?"七月半"又称"中元节",即每年农历的七月十五日。民间的这一习俗由来已久,下面笔者就中元节的由来,结合武夷山市当地的风俗来分析一下这一节日的流传和变异。

一、中元节的由来

中元节是我国三大鬼节之一,其他两个则为清明和十月十五日的下元节,但中元节尤为重要。那么中元节从何而来?起于何时?目前有许多学者对此进行了研究,就笔者所见,其观点大致可分为三种。其一,中元节起源于佛教和道教。持此论点者认为中元节起源于东汉时期的道教和南北朝时期的佛教。其二,认为起源于中国的祭祖习俗,其中中元节可视为"秋尝"的一种形式,可以追溯到商周时期。其三,认为来源于中国的五行观念,

---

* 董乾坤,厦门大学历史系硕士研究生。

之所以把七月十五日这一天当作鬼节是因为这一天是阴阳观念中的"阴"之始。

笔者认为三种说法都有其合理性,更倾向于后两种说法。作为一种习俗,其背后必然包含着先人们对阴阳鬼魂以及农业社会的某种观念,并在以后的发展中随着道教的产生和佛教的传入,二者都很好地利用了民众对这种观念的认同而达到传教的目的。这也就是为什么今天的中元节包含了"祭祖"、"盂兰盆会"和"道士设坛打醮"等内容的原因。

中国祭祀神鬼的习俗在道教产生和佛教传入之前就已存在当是无疑的,中国传统上是一个农业社会,气候好坏直接影响到庄稼的收成,中国的统治者早就意识到这一点,因而中国早就有春祈秋报的典礼仪式。七月为孟秋,是一年中庄稼收获的季节,先民们会在此时祭祀上天以报答上天的恩赐,此种仪式称之为"秋尝"、"尝新"、"荐新"等。但是由于先民信仰中的灵魂观念,认为人死后魂升于天,魄降于地,并未消亡,而是以魂鬼的形态继续存在,并且能将自己子孙的需求传达给上帝,从而成为沟通人神之间的媒介。因而人们逐渐将祀天与祭祖结合在一起。据《春秋繁露·四祭》载:"古者岁四祭。四祭者,因四时之生熟,而祭其祖先父母也。故春曰祠,夏曰礿,秋曰尝,冬曰蒸。……尝者以七月,尝黍稷也。"《礼记·月令》载:"是月也,农乃登谷,天子尝新,先荐寝庙。"也就是说,子孙后代在获得丰收以后都要先祭祀祖先以表达孝心,同时也可以请祖先请求上帝赐予来年的风调雨顺。但是要真正弄清这一习俗的来源,笔者认为必须要解决以下几个小问题。

1. 这种祭祀祖先的节日,为何称为"鬼节"?

这要从中国人关于"鬼"的观念说起。鬼者,归也。据钱穆先生的研究认为,"关于鬼神观之新思想,其开始亦在春秋时,而为战国所承袭。"据《左传》记载,公元前535年,郑子产说道:"鬼有所归,乃不为厉,吾为之归也。"可见此时的中国人很流行鬼的观念。但余英时先生认为,鬼魂观念发展是有一个过程的,他认为春秋以前的鬼魂尚未与中国的阴阳观念结合起来,只是后来阴阳五行的观念作为一种宇宙观流行开来后才把鬼魂和其联系在一起。《礼记·郊特性》云:"魂气归于天,形魄归于地,故祭求诸阴阳之义也。殷人先求诸阳,周人先求诸阴。"由此看来,人死后其精神和肉身分别化为魂和魄而升天、入地,魂为阳,魄为阴。钱穆先生认为,这种魂魄指的是人活着时的精神和身体,而死后则分别称之为"神"、"鬼"。他举出《左传》之《正义》中所载:"圣王缘生事死,制其祭祀。存亡既异,别立为名。改生之魂曰神,改生之魄曰鬼。"可见,儒家中的"神鬼"与后来通俗所讲的鬼神观是有所区别的。这样"鬼"代表了"阴","神"就代表了阳。东汉时的王充曾引用时人对鬼的观点说:"或说,鬼神,阴阳之名也。阴气逆物而归,故谓之鬼。阳气导物而生,故谓之神。"据此看来至东汉时期,中国人已经将魂魄与神鬼、阴阳的观念完全结合了起来,而鬼也就成了"纯阴"的代表,因为其生活于地下而终年不见阳光。

然而这依然解释不了其为何称为"鬼节",因为在这一天,家家户户都要祭祀自己的祖先,而祖先是无法称之为"鬼"的,他是作为神来祭拜的。关于此,美国学者武雅士(Arthur P. Wolf)为我们提供了一个很好的解释,他认为"(在中国)神和祖先因其地位的崇高而受到尊重,而鬼则被蔑称为'乞丐'。"也就是中国人认为自己的祖先是神而认为陌生人甚至熟悉而与自己无血缘关系的人是鬼,神和鬼的区别是因为自己所面对的对象的不同而已,

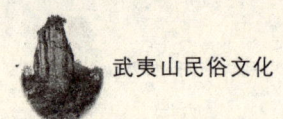

而且祖先总是会保护后代,而鬼则会带来伤害,"在中国,人们总是将人的那些正面的、神圣的、升天的灵魂冠之为神,同时则把那些阴暗的、庸俗的和世俗的一面称之为鬼。哲学家把生长、繁殖以及生命与神联系起来从而使其成为光明和温暖的代表,而鬼则被定义为堕落、破坏和死亡因而更进一步将其视为黑暗和寒冷的化身。"从中我们不难发现对于每个人来说,这一天除了自己的祖先之外,其他人的祖先都应被视作"鬼"。

当然,除了别人的祖先可视为"鬼"之外,还有那些"无祀之鬼"。这些鬼主要是那些无后之人以及外来的无名之人死于本地者,据说,这些人死后变成了无祀之鬼,如果没有人给他们食物,他们将四处游荡对本地人不利,因而,这一天也会给这些鬼送些食物和衣物。

2. 为何选在七月?

中元节为何选在七月呢?根据高洪兴先生的研究,这与中国的阴阳五行观念有关。

据他的研究,在阴阳五行理论中鬼是纯阴的代表,而一年之中,春是少阳,夏是太阳,秋是少阴,冬是太阴;寒暑而言,寒是阴,暑是阳;方位之中,南是阳,北是阴。纯阴之鬼应与同属阴的冬、寒、北相对应。阴之气主要为水。至阴的北方就是祭祀鬼的"宗庙祭祀之象",五行之水气开始显现的时间则是申,而七月为申。根据阴阳五行学说,一年十二个月中,五行经历始生、旺盛、终了的过程,阴气在七月萌生,到了子月也就是十一月达到极盛,到辰月即三月消亡。同类相应,纯阴之鬼一年中的活动周期就是七月开始活跃,至十一月达到极盛,此后又渐渐趋向平静,到三月敛藏沉寂。所以七月是鬼活动周期中的重要时刻,此时是他们活跃的开始。民间习俗中有七月"鬼门开"之称。这一研究无疑为我们提供了一种理解中元节来源的合理解释。

3. 为何是在七月十五日?

高洪兴的上述研究虽然很好地为我们解释了为何选在了七月作为中元节,但是并没有涉及为什么是在七月十五日这一天。要解释这个问题,笔者以为还要从古人对"鬼"的观念的理解入手。

前已述及,鬼是纯阴。在阴阳五行中,太阳和月亮分别代表了阳和阴。在每个农历月中,只有到了十五日的晚上,月亮才是最圆的,此时古人便认为是一个月中最阴的时刻。这一点正好符合了鬼的纯阴属性。事实上,这一点余英时先生早已指出了鬼与月亮之间的关系。他认为:"在公元前6世纪中期,魂、魄概念开始传播之前,魄似乎单独用来表示人的灵魂。'魄'字(或它的异体字'霸')的意思是'白色的'、'明亮的'或'白色的光',是由新月逐渐增亮这一本义发展而来的。"并根据王国维先生对"既魄"一词的研究推断,"古代中国人将月亮的变化阶段看成是它的'魄'(即'白光'或灵魂)的周期性出现和消失"。由此观之,我们不难发现古代人为何将这一节日选在七月十五日这一天了。

以上我们从观念的层面论述了中元节的思想来源,但是我们却无法找到充分的证据说明在道教产生、佛教传入之前中元节的制度化,虽然有学者从《楚辞》的《招魂》一节来说明在春秋时期就已有了祭祀鬼神的行为,但依然无法证明其祭祀的日期就在七月十五这一天。据萧放先生的研究认为,正是由于佛教的传入使得七月十五日在中国的传统节日中占有了特殊地位。七月十五日是佛教中的佛腊日,即佛历中的最后一天。但佛教传入中国后为了迎合中国民众尚孝的传统而更好地在中国传播,便结合《盂兰盆经》中"目连救母"的故事,发明了盂兰盆会这一仪式。据载,目连为佛祖的十大弟子之一,其母因生前犯罪死后被打入地狱,目连发现自己的母亲在地狱挨饿,就用钵盛饭给母亲,但饭刚一入口便化作木炭而不能食,目连无奈便求救于佛祖,佛祖告诉他,他的母亲因罪孽深重,要想帮助,必须要"十方众僧威神之力"方可,于是目连便在七月十五日以盆盛百味五果以供"十方大德",于是连母得救。"盂兰"即为"倒悬"之意,"盂兰盆"合起来就是解救饿鬼倒悬之苦的意思。这个故事中所包含的孝道精神为中国民众所接受,因而这一天就与古已有之的秋尝祭祖节日合二为一了。

道教是中国本土的宗教,在东汉末年就已经有了三官之说,三官即天官、地官、水官。天官赐福,地官赦罪,水官解厄。但是真正把三官和三元结合起来是在魏晋南北朝。据学者研究此时的道教为了与佛教竞争,也依照佛教的教义将正月十五日、七月十五日、十月十五日三个月圆之夜,称作上元、中元和下元分别作为三官的诞辰。据说在七月十五日这一天,地官大帝将地狱中的所有鬼都放出来,并根据各个鬼的表现来决定是否得到赦免。这一天的鬼也将回到自己的家与家人团聚。

当然,在以后的演变中,民众还会根据自己的想象并结合佛、道中的某些观念来增加一些内容,比如说普度孤魂、点路灯、烧路纸、放河灯,唱目连戏等。节日内容逐渐地丰富化和娱乐化。下面我们就结合武夷山市此项习俗的记载来加以说明。

二、武夷山下的中元节

武夷山市的中元节应该具有很长的历史,但是在笔者手头有限的资料中,有三处对此作了记载,一是何乔远的《八闽通志》中关于闽地的记载,二是民国时期的《崇安县志》,三是武夷山建市后所编的《武夷山市志》。它们的相关记载分别如下:

其一:

"中元","盂兰盆会"(郡人以是日严洁厅宇,设祖考斋筵荐献,贫者率就寺院共设。近数十年来,此风稍减),焚楮衣(前"中元"一二日,具酒馔祭享,仍以纸衣逐位焚献)。

其二:

俗谓之'七月半'。出嫁女以果物馈父母,谓之"送节"。县公署东岳庙城隍庙各会馆均为盂兰之会,民间祀先烧路纸祭墓(惟小南行之)。其以纸衣冥镪封焚者,谓之'烧封'。县公署原有太保庙一所,俗谓太保姓萧(城坊谓为'太保爷',乡人谓为'独脚仔',以其系一足也;或云萧何为制律始祖,故各县署崇奉之,后遂误为怪物,其言近是)甚神,故地方官亦虔奉之,今废。

其三:

农历七月十五,俗称'七月半',是武夷山市民间流传的'鬼节'。供奉祖先香位的

家庭,一般都在前一天的晚上,置办鸡鸭鱼肉(煮半熟)在供桌前摆上,并点香燃烛,焚化纸钱、冥洋、封包,意在供死者在阴间受用。

十五日晚餐时,把前一天摆供的菜肴煮熟后一家人共进,饭后一般不出门玩耍,待到九时许,即由住处沿街道,巷路行进,逢门点香、焚化纸钱、金银(即锡箔),直到第一道三岔路口为止,称'烧路钱'。如家庭未设祖先香位的,封包随带到三岔路口焚化。化毕返家关门不出。

冥洋圆形,用厚纸外喷银锡粉制作,状似银元。封包是用较厚的一张大白纸裁成大信封似地的包裹,内装冥洋、纸制金银和用五色纸制的衣服鞋帽、金银首饰等;另一种称'笼仔',系用硬纸皮做成小箱匣样,外敷红纸,内装同上。封包与笼仔外写故人姓名、生前住址及奉送人称呼、姓名等,如邮寄状。

从以上的记载中我们发现在武夷山市的中元节里包含以下几种元素:第一,盂兰盆会;第二,祭祖;第三,祭鬼;第四,"送节"。其中"盂兰盆会"和"送节"仅在民国时期的《崇安县志》里有记载,而《武夷山市志》已无记载,其中原因不得而知,但据笔者在田野调查中当今的武夷山民众亦无"盂兰盆会"和"送节"的说法,仅有祭祖和祭鬼两项内容,由此可说明《武夷山市志》的记载反映的是当下人对这一节日的历史记忆。

据此,我们认为武夷山市的中元节习俗在历史上是包括了盂兰盆会的内容,这是佛教在这里传播的反映,但是奇怪的是这里并没有有关道教的内容,虽然这里的道教很兴盛。不过在当地一座著名的道观——天上宫里,我们有幸遇到了观主林清道长,据他的介绍,在中元节这一天其实是"思亲节",就是所谓的祭祖,而对于孤魂野鬼的祭祀,在闽南才存在,这一天被称为"中元大施度",但在全真教里并不会去做这种仪式。但是,对比上面的记载,我们不难发现在当地的民众里,祭祀孤魂野鬼的内容还是存在的。据下梅村对当地风俗比较有研究的邹全荣老师介绍,在"七月半"这一天,村民会去村头的三岔路口烧"路纸",而这种"路纸"就是烧给那些孤魂野鬼的,为了使他们不致于出来作祟。他的这一说法恰好证明了文献记载中的真实性。

结合第一节对中元节来源的分析,我们不难发现武夷山市的中元节其实是对通行的中元节有所取舍而形成的。当然我们很难说它舍去了哪一部分,但至少我们可以说当地的中元节突出了祭祖和祭鬼两项内容。那么我们不禁要问,为什么会将这两项内容加以强化而传承下来呢?

对于祭祖的内容,当然是符合中国传统中"孝"的观念,在上述文献中所说的"包封"其实就是给逝去的祖先寄去生活所必须的钱财,而"焚楮衣"则是因为入秋天凉给祖先添加衣服以免受冻的缘故。这种"孝"的观念和行为在全国各地的中元节中都有体现。但是对于武夷山市来说,我们不能不考虑当地南宋三大理学家的影响。据文献记载:"自唐李频为建州刺史,以礼法治天下,民始知文雅。至宋胡文定、刘屏山、朱考亭诸公继出,诗书礼乐之盛,几于邹鲁。"其中胡文定、刘屏山和朱考亭就是当时著名的理学家,尤其是朱考亭。朱考亭即朱熹,他一生都居住在崇安县的武夫,即今天武夷山市的武夫镇。他在当地建书院、收学徒,传播他的理学思想,作为当地人,他肯定会不遗余力地贯彻他的思想,他所制定的《朱子家礼》当然首先在本地实施,《家礼》中的祭祖则是其最重要的一部分。试想一下在理学如此兴盛的地方,佛教和道教对当地民众的渗透一定是很难的。因而当地中元节中突出祭祖而漠视佛、道自然是情理之中了。

那么重视"祭鬼",则要结合闽人的传统了。武夷山市是古闽越国的所在地,至今城村还保存着古闽越国的遗址。众所周知,闽越自古崇鬼尚巫。宋缘之曾作《闽中吟》道:"南人素好鬼,闽中久成俗,遂使孤鬼词(祠),多于编氓屋。"《重纂福建通志》亦载:"照得闽人好鬼,习俗相沿,而淫祀惑众……从未有淫污卑辱,诞妄凶邪诸象祀,公然祈报,如闽俗之甚者也。"《宋史·地理志》中在概括福建的民风时曰:"其俗信鬼尚祀。"可见,闽人信鬼尚巫的传统一直保存在闽人的风俗中,而这些风俗反过来又使得信鬼尚巫的观念持久地保存在闽人的记忆里。而作为古闽越国故地的武夷山市在中元节强调对鬼的祭祀自然是再正常不过了。前已述及和文献中所记载的"烧路纸"作为给那些孤魂野鬼的钱财,正是这种信鬼观念的真实反映。

余 论

中元节作为中国的一项传统的节日,其来源是多种观念系统的结合,它的形成是有一个渐进的过程的。在道教产生、佛教传入中土之前,中元节最初的形态就存在于中国先民的祭祖和南方的祭鬼仪式中。随后魂魄的观念逐渐和阴阳五行结合,使鬼成为了纯阴的象征。东汉时佛教传入中国,为了更好地传播其教义,为了迎合中国人"孝"的观念,在魏晋南北朝时,佛教利用目连救母的故事,在七月十五日举行"盂兰盆会"。而此时的道教为了与佛教竞争,也依照佛教将在东汉末年道教系统中的三官大帝的信仰与三元结合起来,从而把佛教的"盂兰盆会"节日而当作自己的中元节,至此"中元节"最终形成。

但是,在中元节的流传中,全国各地并不是等而划一的,而是结合本地固有的传统对此加以改造或取舍。这种二元一体的文化现象,在武夷山市的中元节习俗中充分地得到体现。一方面,作为理学兴盛的发源地,当地民众深受理学的影响首先接受了中元节中的"祭祖"内容,却漠视或淡化佛、道系统。另一方面,作为古闽越国的所在地,他们又明显地带有信鬼尚巫的传统,因而中元节中的"祭鬼"得到了强化并流传至今。

因而,我们认为在分析风俗这一文化表征的时候,我们不仅要深入考察其历史的过程,同时其形成之后,还要考虑地域间的差异。中国是一个多元一体的国家,每一个文化现象的产生和流传都不可避免地受到多种因素的影响,从而变得丰富多彩。

武夷山民俗文化

武夷山的传统婚俗

王心君*

引　言

一方水土养一方之人,一方之人成一方之风。大自然的宠儿武夷山,以其丹山碧水养育着一代又一代的武夷人,而世世代代的武夷人民,也在日常的劳动、生产中,凭着山水的灵气,铸就了内涵丰富、源远流长的武夷民俗文化。在民俗的诸多方面中,婚俗常常被当作整个社会伦理的出发点。中国人对婚礼倍加重视,因为"昏(婚)礼者礼之本也"。因此,婚俗往往是一个民族、地区、社会的人伦、道德意识的透视镜,武夷山也不例外。本文通过在武夷山进行田野调查、阅读资料,对武夷山的婚俗做一番梳理,并通过婚俗这一透视镜,揭示"理学圣地"武夷山的道德价值、人伦意识形态,尤其对妇女在婚俗、婚姻家庭制度中的地位予以特别关注,力图在古今对比中,彰显武夷文化进步、宽容的一面。

一、成婚程序

武夷山的婚姻习俗,滥觞于儒家传统婚俗中的"六礼",即纳彩、问名、纳吉、纳征、请期、亲迎,并在长期的发展过程中,融入了许多武夷山本地的民俗内涵。本文要讨论的武夷山传统婚俗,是在历史上长期存在而与当下现代化的婚俗呈现较为不同面貌的婚俗。从时间上界定,大概是在新中国成立之前的传统婚俗(因为新中国成立后,很多封建的传统被废除);从范围上界定,不仅包括成亲阶段,还包括完婚前的准备阶段和完婚后的表现阶段。概而言之,武夷山的传统婚俗大致要经过相亲、插记、订婚、迎娶、返马等程序,而各个程序中,均蕴涵着丰富的人伦意味。

---

* 王心君,厦门大学中文系硕士研究生。

(一)相亲:"吾家有女初长成,养在深闺人不识"

在传统的武夷山婚俗中,年轻人的婚事并非自己决定,娶妻嫁女,均由父母做主,以相亲作为传统婚姻关系缔结的开端,即所谓的"父母之命,媒妁之言"。相亲,是由男方托媒人向女方父母介绍男方的情况。习惯上,媒人一般是请与两家有亲属或朋友关系的人来担当,这样既能保证媒人对男女一方或双方较熟悉,又能在某种程度上代表某方的意愿。在兴田镇兴田村做的调查显示,也有男、女方各自选一人为媒的情况,总之媒人是必不可少的。在媒人略表求亲之意后,女方父母若表示受意,则由媒人将男青年引荐到女方家做客,进见女方父母。在此过程中,年轻的男女双方还不能直接交谈,甚至不能见面。女方若想觑得男方的相貌气度,只能躲在门后或房间内窥看;男方则想方设法通过上茶、端菜这样的机会看看女方的品相举止。男方此番来女方家,必须随带冰糖一包、果品两包,一来作为送给女方父母的进见礼,二来这果品还有传情达意的作用——进见结束后,若女方父母表示有意这门亲事,就将果品收下,否则就在当日或隔日将果品退回男方家。

当女方表示有意之后,如果男方也同意,媒人就进一步说合,请双方父母拿出儿女的生辰八字对换,这与六礼中的"问名"大致相同:双方将儿女的生辰八字写在红纸上交予对方,并将对方的生辰八字置于祖先灵位或所贡奉神祇的香炉下,点香叩拜卜吉。若七天之内阖家诸事顺利,人畜平安,即为不冲,亲事可初步确定。否则退还庚帖(即写有生辰八字的红纸),婚事不成。在确定男女八字相合亲事初定之后,媒人就开始在男女两家之间奔走,商谈订婚、聘礼、迎娶、酒席等一系列事宜,当然,这些事全由父母说定,婚姻当事双方几乎无权过问。

由武夷山婚俗中的相亲过程,可以清楚地看出父母之命是传统婚姻赖以确立的一个决定性因素。无论是媒人探意、进见家人、决定婚否,都是双方父母通过媒人进行意见交流,而不问男女双方当事人的意愿。有时,年轻人在直至结婚之时还不知道配偶的长相品行,或多或少地牺牲和压抑了他们之间的纯真感情。这种状况不仅造就了旧时许多婚姻的无情结合,而且出现了许多违背父命以求真情的悲喜交加的故事。

在武夷山下梅村,有一座"闺秀楼";就记载着在婚姻中违背"父母之命"邹氏小姐的辛酸故事:

武夷富商邹氏,生有一个闭月羞花的女儿。当年晋商到下梅与邹氏结为合作伙伴。其中有位李姓的山西客郎(晋商掌柜中有些还没成家的小伙子,下梅人称他们为山西客郎),年轻英俊,喜欢武艺,深得邹氏老板喜爱,欲将家中人闺女嫁之。岂料邹女不爱习武之人,愿嫁书生。邹氏恼怒女儿不听顺父命,遂修闺秀楼,命女儿不得随意下楼,长年困于楼中专攻文史经书或经营刺绣。邹女此番难违父命,一年难得下楼几天,终于待山西李客郎走后,邹女亦风华不再。邹父无奈,只得招一位善读经史的私塾先生为婿以传承家业。邹小姐的终身幸福就这样断送在"父命"之下。

在下梅村,除了上述邹家的闺秀楼保存完好外,邹氏宅第均设有闺秀楼,但因年代久远,已毁多处。虽如此,当我们凭栏望楼时,还是能感受到古代女子长期受到封闭,婚姻不能自主,"独锁深闺愁更愁"的哀怨之感。

在武夷山,父母之命不可违,是传统婚姻缔结中的已被升华为"礼"甚至"法"的风俗。这也许就和武夷山一些名人和传统文化的影响有关,但更多的是受到传统封建道德的制约。儒家的圣人之一孟子就曾经说过:"丈夫生而愿为之有室,女子生而愿为之有家;父母之命,人皆有之。不待父母之命,媒妁之言,则父母国人皆贱之"。更为值得一提的是,南宋理学家朱熹曾在武夷山从学为官、著书立说、办学授徒,生活了长达50余年的时间。朱子理学在武夷山孕育、形成、传播、发展,构成中国宋代至清代以来(13世纪至20世纪)700多年间一直处于统治地位的思想理论,代表着具有普遍意义的传统民族精神。朱熹在其撰写的《家礼》就有"(议昏)必先使媒氏往来通言",且主昏(婚)人必须是父亲等规定。朱熹在武夷山的时间长达半个世纪,和朱熹有着千丝万缕的武夷山人的婚嫁习俗,当然也深受朱熹思想的影响。

图1　小姐绣楼(上)

图2　小姐绣楼(下)

在相亲这一程序中,还不得不说明的是:注重门当户对是传统婚姻关系确立的一条最为盛行的标准。这一点不仅在武夷山如此,在全国范围内也大都如此。所谓"门当户对",指的就是发生婚姻关系的男女双方在社会地位、经济实力、文化素养,以及古时的官位官阶等方面应大致相当和对等,否则两家便基本没有联姻的基础和前提。在武夷山,"门当户对"甚至以建筑的形式呈现出来,如图3、图4:门当就是设置在门楣之上或者门楣双侧的砖雕、木雕部件,由于它位于门户指上方的当中,故称"门当";而户对指的是支撑着大宅门的一对础石。有"户对"的宅院,必须有"门当",因此"门当"、"户对"常常同呼并称。又因为造得起这种装饰华丽的房宅的主人,大都为当地富豪官吏,于是便成为门第身份的重要标志,同时也成了男女婚嫁的衡量条件。在武夷山五夫镇、下梅村等许多地方,都存在着有"门当"、"户对"的宅邸,可见此地门第观念之盛。

不过,随着社会的进步,人们在文明的进程上越走越远,武夷山婚俗中的相亲也变得越来越开放和自由。不仅相亲打破了"男女之大防"的界限,许多年轻男女亲自参与相亲,自由恋爱也变得越来越普遍。但无论经媒人介绍还是自由恋爱,到了将要迎娶时都必须请两位媒人,这是经由历史积淀下来的一种传统,媒人始终是缔结婚姻的一个"必要条件"。武夷山还有句对媒人说的俗语:"做得好就鸡腿擂,做不好就拳头擂",可见媒人"任重而道远"。

图3　五夫镇连氏节孝坊的"门当"、"户对"　　图4　下梅村邹氏家祠的"门当"、"户对"

(二)插记:"绣花鞋,蝴蝶梦,黄金镯子别样情"

"插记"在现在的武夷山婚俗中已经没有了。在过去,通过相亲、算合、男女双方均同意婚事后,为了方便年轻男女的往来,或惧怕别人插足,横生是非,同时也为了双方进一步进行考察,往往先行一回简单的订定礼,让乡亲们知道二人已有婚约之事,称为插记,有点像订婚礼的前奏。通常双方设宴请亲友"吃插记酒",将确定婚姻关系公诸于众。订亲时所请客人一般是最亲近的长辈或少数同辈,也请几位长辈最为要好的朋友,新郎的挚友。

据《武夷山市志》的记载:"插记是由男方带去糖果四包,有条件者还有金戒指一只,女装服饰材料一套,由媒人(男女双方各一人)陪男青年同到女方家送定礼,并共进午餐。这时起,男女均可称对方父母为爸妈。逢年过节男方要送年节礼,女方亦回敬。"

武夷山民俗文化

从"插记"这一程序,可以大致看出武夷山(乃至整个中国)传统婚姻关系中的"交换原则"。这种交换原则大致体现为人质与人质、人质与物质等交换形式。被交换的人质当然往往是处于家庭中附属地位的女性了,男方通过一定的物质(如戒指、服饰材料等)与女方进行人质交换,女方收下这些财物之后,则表示女子已属男方家了。在过去,插记的存在在某种程度上反应了男性对女性的一种欺诈和压迫,这种"交换"往往是将女子作为生育工具和扩大社会关系的一种砝码的体现。有时,这种交换还剥夺了婚姻当事者的权利,践踏了他们的意愿,摧残了他们的尊严。但现在,自由恋爱、自主婚姻的提倡已经大大地改变了这种不平等的"交换",武夷山婚俗中的"插记"也自动地退出了历史的舞台。

(三)订婚:"白首成约,成家之始"

武夷山的订婚之俗,和许多地区的订婚礼大致相似,又有着自己的特色。在武夷山的传统婚俗中,订婚被认为是婚姻关系确定的一个必然程序,而围绕着订婚而出现的各种习俗,不仅能充分体现传统婚姻的性质和特点,也包涵了丰富的人伦道理。

具体说来,订婚由男方准备聘礼、糖果、礼饼和金银首饰等,用木制漆红的专用大型果箱装盛,用杠抬到女家,箱面上贴大红双喜字或用红纸写"琴瑟友之"等字。聘礼数、果品数一般都取双数,比如要备8到10样的果品,设4到8杠,每杠两人抬,宴请亲朋好友的酒席亦为4到10桌不等……这些"双数现象"其实也是对等交换原则的体现:从一夫一妻、天生一对、地设一双、扩大到对称、平衡等思维定势,继而影响着婚俗中的种种事项。

订婚时,男女双方还要请文笔先生写启回书(即乾坤书),书上写明双方的籍贯、三代、姓氏、年庚等。颇为有趣的是,在启回书的最后还要出上联要女方来对,女方的回书必须符合男方所出上联的平仄对仗,否则将遭人取笑。有时,男方先生故意出个难句来试探女方乡里的文才,女方也要想方设法对上,故而在武夷山流传着"启书容易回书难"的谚语。不仅平仄对应难,在启回书中提到的礼品、果品等物均不能直接写明,必须用其他名词来替代。比如鸡称德音、帽曰亢服,凤履指女鞋,花生称为地豆……故弄玄虚,弄得一般人都不知所云。不要小看这些"暗语"的作用,追究起来,它们也是别有深意的:一来是由于武夷山人特有的语言习惯;二来大概还是"面子"在起作用。因为启回书中记载的这些礼品、果品是由男方家决定的,如果样样齐全、宗宗具备的话,则说明男方家境殷实,且对这桩婚事有诚意,女方也会因结下了这门亲事而脸上带光;相反,如果聘礼寒酸,则双方都没有面子。但把这些记载到启回书上又是必须的,所以采用代名词等"暗语",一来可把聘礼交代清楚,二来也维护了各方的面子。

抬杠进女方家后,在订婚当日的中午,女方设酒席款待男方来人,他们当天下午返回。女方要将男方送去的果品每样退还三分之一,并附送男方衣服鞋袜,笔墨书砚或五谷种籽等物,这里还是能看出贯穿婚姻关系中的(物物)交换原则。男方晚餐办酒席宴请亲友,并赠送来宾每人果品1包,订婚礼即告完成,婚约最终正式确立。

传统的武夷山订婚礼虽然繁文缛节颇多,但也充满着喜庆、诙谐的气氛。如今武夷山的订婚礼就简化多了,仅举办酒席宴请至亲好友再分发果品数样即可,淡化了武夷的特色,有时倒让人怀念起老祖宗的传统来了。

(四)迎娶:"喜烘烘,闹洋洋,携牵彩带入洞房"

迎娶既包括男女两家为迎娶新娘而做的各种准备,也包括新郎亲子前往女方家迎娶新娘,是各地婚俗的重头戏,武夷山亦如此。

武夷山婚俗中的迎娶是从"闹亲"开始的:迎娶前夜,女方亲戚要为女方嫁女多得些财物而与男方委托来的代表人讨求增加财物,比如多加些银元、金戒指、服装布料、糖果之类,这个过程即为闹亲。男方代表被称为"清厨",要用刚砍下来的竹竿,挑着一只活公鸡、一壶酒一盏油灯来到女方家。双方你一言我一语,闹得不亦乐乎,故而武夷山还有"闹亲闹亲,越闹越亲,不闹不亲"的民谚。讨来的财物由新娘随身带走。在旧的社会意识上,认为花钱多娶来的媳妇更为珍贵、更受尊重,花钱少娶来的媳妇则身价低,会受夫家轻视。归根结底,这还是"交换原则"在人们心理上的投射。

闹亲时为什么要用油灯和公鸡呢?在传统观念中,缔结婚姻的最终目的是为了生儿育女、传宗接代,这是人类婚姻历史发展的最基本的动因。因此在婚礼中的各个事项都寄寓着人们对新婚夫妻繁衍子孙的期待。公鸡实乃古代婚礼时用雁鸟的遗存和变异。因为雁鸟顺乎物候,阴阳往来,象征着顺乎阴阳之意。古代鸟类还是人们的食物之源,如雉类经过人们的长期驯养,终于成为家鸡,它们常常有着强大的生殖能力,人们希望自己的种族像禽类一样生生不息,便以此作为婚礼时暗喻生育的吉祥物。除此之外,在以男子为主宰的社会里,人们认为传宗接代的任务是由男性来完成的,所以带去的是只公鸡。油灯的"灯"和"丁"字谐音,带灯去接火,意味着过去"接丁"来为男方家"添丁",同样是生殖期待的表现。"酒"则因与"久",包涵了人们对新人"天长地久"的祝福。关于这一传统,武夷山流传着"一公鸡,一壶酒,叫声亲家母,老婆娶到手"的民谚。

据《武夷山市志》的记载:"中华人民共和国成立前崇安迎娶隆重烦琐。择定良辰吉日迎娶,男方要雇好花轿,备好凤冠霞帔、宫灯、高脚大灯笼等。灯笼等写明新郎姓氏堂份、郡属。迎娶前一天下午,迎亲队伍就敲锣、打鼓、吹唢呐、放鞭炮,浩浩荡荡开进女方家,第二天吹吹打打、鞭炮声声,抬着新娘来男家,一路风光,很是热闹"。三言两句的描写,远不能表现出武夷山婚礼中迎娶的隆重烦琐。事实上,不管男女,在迎娶时都要经历漫长的考验和等待。

吉日的前一天是女方的"炼门酒"。新嫁娘必须听家中父母大人及舅父吩咐。大厅正中摆上一张桌子,上边点燃一对男方送来的大红蜡烛,新娘坐在桌子的中间,她的脚下放着一个竹制的米筛,上面盛着五种果子(桂圆、荔枝、花生、红枣、瓜子),还摆有新娘上路时走的新鞋。新娘坐上椅子后,她的脚就不能踏在地上,此时,就由邻里最有福气的老妇人为新娘修脸,也叫开脸。开脸要用剃刀剃去须毛,还要用纸索搓捻去眉毛边的细毛。修脸妇人再用草纸给新娘细细擦过脸面,再进行化妆。此仪式结束后,就盛上三碗蛋汤,新娘喝一口后,就分给周围的小孩喝,待选定的吉时一到,新娘的父亲就站在新娘身后,双手捧上燃烧着的一对红蜡烛举过头顶,以示大吉大利,全家平安。待新娘的娘舅抱起新娘出大

门,新娘就要一直哭到上轿。

新娘的"哭嫁"有几层含义:一是表示感谢父母多年来的养育之恩;二是与父母生活多年不愿远离父母;三是在家有父母宠着,出嫁后则要看公婆的脸色行事,心中多少有点伤感;四是远离父母不能报答父母的养育之恩。还有一种是因父母做主的婚姻,自己不愿意而伤心地哭了,这种哭,才是最伤心的,也才是最真实的哭。如果新娘出嫁不哭,长辈会认为这个女孩无情无义。

针对新嫁娘还有个"反鞋"礼,也值得一提:即新娘以旧鞋上轿,坐定后脱下鞋交给弟侄兜回,换上男家带来的新鞋。其意是说女儿不带走娘家泥土,一是表示女儿身份清白;二是避免带走娘家的风水和财气。这种习俗实际上反映了在宗族制度下,妇女没有独立的人格,而是作为父亲或家族的财产而存在的。《礼记·丧服》传云:"妇人有三从之义,无专用之道,故未嫁从父,既嫁从夫,夫死从子"。这"三从"既是女子的为人之道,又是其作为男子财产的写照。所以娘家深怕伴随着女子的出阁,会带走家中的风水财运,故而采取种种措施"加以防范",与之划清界限。除了以上所说的穿新鞋、脚不沾娘家地之外,在陈村还流行着一种风俗也颇能说明问题。他们让出嫁的新娘子托着一筛子的米在头顶往前走,然后由父亲或者兄长在背后接过米筛,此时新娘不能回头要继续往前走,意味从此不再回头食娘家粮,全靠夫家来养。根据调查,这种风俗在兴田村也有,就叫"不回头",这实际上也是将出嫁的女儿彻底排除于家门之外,人们常说的"嫁出去的女儿泼出去的水"也是这一回事。

古时武夷山女子和其他地方一样,乘花轿出嫁。花轿是木制四方轿,由轿顶、轿框、轿杆等木质支撑结构和轿围、流苏、彩绸等装饰物组成,大小只容新娘端坐其中,十分拘束。花轿的装饰是很讲究的,漆红、贴金,装饰轿子的绸缎上刺绣有百鸟朝凤、富贵花开、丹凤朝阳、百子图等吉祥图案,无怪乎娶亲的轿子被称为"花轿"。武夷山五夫镇、下梅村都保留有古时迎亲的花轿。

迎亲的花轿由四个人抬,轿夫均由男家邀请亲友出力,对于出嫁的女子来说,坐花轿去男家,既体面光彩,又排场气派。不仅如此,在武夷山,迎亲队伍和花轿行进途中均不受阻拦,官民坐轿与之相遇都会相让,人们认为官员天天坐轿,而新娘子一生仅坐一次,故而谦让,以此表达对新娘的祝福,所以有民谚曰"破扇子扇扇也有风,破花轿坐坐也威风"。

新娘下轿后由牵婚妈(男方请来的德高望重、福分好的妇人)扶进新房坐床。坐床时,牵婚妈分别喂新郎、新娘吃酒饭、猪肝、姜、葱等食物,并请二人喝交杯酒。此后扶新娘到大厅拜堂,大致的行礼顺序是一拜天地,二拜祖先,三拜父母,然后夫妻对拜。礼毕后牵婚妈再把两位新人送回洞房。坐床的仪式,除了新郎、新娘,还有许多旁人参与其中,新房内的摆设之物也都有讲究。比如要有一只舅舅买的"坐床鸡"。坐床鸡必须是舅舅买的大红公鸡,杀公鸡也有讲究,尾部的鸡毛不能拔掉,开堂只能开一个小洞,然后将内脏掏空。加工时还要小心,不能太熟,否则易脱皮不好看,而且要用筷子等辅助工具摆好造型。坐床鸡还要染成红色,和同样染成红色的鸡内脏、蛋等放在一个新的容器里,摆成鸡蹲在很多蛋上面的造型。如上文所提,这象征着男性强大的生殖能力。当两位新人喝过交杯酒后,男方家族中年长高寿的人要"撒果子",其中有花生、瓜子、枣子、糖果等,意即"早生贵子"、"生活甜蜜"。撒果子时,前来"闹洞房"的年轻男女及儿童,要抢这些红蛋以及"果子",边抢边叫,互相逗趣,十分热闹,这也表示了人们对他们早生贵子的祝福。

图5 五夫镇花轿

图6 下梅村花轿

拜堂结束后就要"请媒人"了,其实就是宴请媒人、近亲中的长辈以表谢意。晚宴后,便可以闹新房了。宾客聚集在洞房里向新婚夫妇出难题,如"钓鱼""磕瓜子""探柏""合奏""山歌对唱"等等,花样繁多,新人则要应付众人出的题目,这样一直闹到夜里十一二点,宾客方才散去,但迎娶之礼还没结束——新婚第三天还有个"荡厨"的仪式。这一天新娘要亲自进厨房烧火、切菜、煮饭(也可是象征性的),帮工的人这天又聚拢来吃饭,是为"荡厨"。新娘做这些以表示自己可以做个好媳妇。待这一切都完成后,迎娶才算完毕。

传统武夷山婚俗中的迎娶既隆重又烦琐,现在虽有所简化和改变,但大致的程序都还在,比如乘轿子变成坐轿车、喜宴、闹新房等习俗都还存在。除此以外,武夷山人结婚还喜欢挑选农历三、六、九这样的日子,大概是因为在古语中三、六、九这样的数字都为虚数,都表达数不尽之数,由此可表达长长久久之意。总而言之,整个迎娶过程所表现出的民俗文化内涵围绕着的就是祈求夫妻恩爱、早生贵子、天长地久这样一个主题。

(五)返马:"与妻偕老,不复归也"

武夷山的返马礼即人们所熟知的"回门"。《左传·宣公五年》记载:"冬来,反马也"。孔颖达疏:"礼,送女适于夫氏,留其所送之马,谦不敢自安于夫,若被出弃,则将乘之以归,

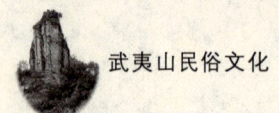

故留之也。至三月庙见,夫妇之情既固,则夫家谴使反其所留之马,以示与之偕老,不复归也。"返马是古代中国卿大夫等贵族婚礼中的一个重要环节。后来,这一礼仪大大简化,在武夷山演变成新娘出嫁第三天携新郎回娘家拜见岳父岳母,岳父母设宴邀集近亲相会即可,是为"会亲"。

上文已经提过,女子出嫁从夫,成了夫家之人,出嫁是进入一个新的家庭生活环境的开始,一定会有诸多不适应之处,回门使新娘对突如其来的新生活有一个缓冲的过程,过去结婚的当天新郎是不能去新娘家的,所以回门也使新郎有一个拜见女家亲属的机会。武夷山人在会亲宴上,女婿向各位来宾敬酒,长辈们要给新郎赠红包。

然而出嫁后的女子毕竟不再属于娘家,所以会亲后不论路程多远,新郎当天即携新娘返回洞房。"回门"只是暂时性的,为了祝福女儿婚姻幸福,父母其实是希望女儿"永不回门"的。返马可以看作新郎对岳父母的一种承诺:将新娘来时所坐车的驾车马匹解下,送还给岳家,以示不会让妻子回娘家——不会休掉她。

二、成婚妇女

成婚是一段婚姻的开始,成婚之后的婚姻家庭生活同样是一段婚俗中的重要组成部分,尤其对处于被动地位的女性来说,婚后为人妻媳、相夫教子,负担十分沉重。婚后若夫妻和睦,有儿有女,则可平平安安度过。若不幸无子,或丈夫对其不善,又或丈夫早逝,则大半生的幸福付之一炬。

首先是离婚,武夷山的传统婚俗中,离婚是不被允许的。在笔者的调查中可以发现,许多妇人一旦嫁入夫家,就终身在此度过。因为妻子不育或夫妻感情不和等原因,丈夫可以再娶,或单方提出离婚,妻子却没有主动权。就算离了婚,妇女再嫁也要受到诸多限制和非难。这当然是旧俗,也有其一定的历史客观原因:新中国成立早期,有关婚姻的法律还没齐备,又由于武夷山地处山区,相对闭塞,人们对法律的接受程度不高,所以有的人结婚并没有办理婚姻登记,只是办一桌酒席就证明他们是夫妻,就同居了。后来夫妻间出现问题,有裂痕了,男人可以休妻或提出离婚,女人就遭殃了,因为不是合法夫妻,她们受不到法律的保护。但人们又认为她们是结了婚的,所以妇女再嫁困难重重,这已经成为一种顽固的民族心理而影响着人们的现实生活及婚姻离异。

同样悲惨的,是寡妇的境遇。在旧时"好马不配二鞍,好女不嫁两男"的封建伦理思想统治下,无数女子的青春和幸福受到了摧残。控制寡妇再嫁的不仅有夫家的人,娘家也会觉得守寡的女儿再嫁而脸上无光,连整个社会都有种种舆论给寡妇造成压力。笔者在五夫镇听到这样一种说法:如果寡妇再嫁,她用过的墨水泼到路边,草就立刻死去,以此说明再嫁的寡妇有多么不洁。类似这样的说法对丧夫女人的心灵无疑又是一次巨大的伤害,许多人在种种舆论的压力下对新的婚姻望而却步,孤苦终老。除了消极的压制,社会对守节的寡妇还采取积极的鼓励措施。在武夷山,节孝坊、贞节牌坊这样的建筑不算是新鲜物

武夷山的传统婚俗

了。五夫镇的连氏节孝坊、曹墩的彭母贞节坊,都旌表守节的寡妇,这种表面上的"奖励",实际上像一副精神枷锁,摧残了古时许许多多妇女的人性。随着社会的进步,人们的观念也愈加文明和开放,对再嫁的女人大多可持宽容态度,免去了很多悲剧。

图7　五夫镇连氏节孝坊

图8　曹墩彭母贞节坊

武夷山民俗文化

三、成婚规训

(一)透过婚俗看人伦

英国学者莫里斯曾经说过:"与其说是文明的进步造就了现代人的性行为,倒不如说是性行为造就了人类文明。"自古以来,中国人就把婚姻作为整个社会伦理的出发点,对婚礼倍加重视。婚姻本来只是缔结婚姻的男女二人的事,但由于种种原因,人们把它无限扩大,将婚姻中的男尊女卑的观念与意识嫁接到整个社会的思想体系中,因此,婚姻实乃人伦之始。如何解释这其中的逻辑关系呢:首先,伦,即主次、上下、尊卑、等级。它广泛包涵了人与人之间的各种复杂的角色关系,规定着父子、兄弟、夫妻、男女之间的主从、上下、尊卑关系。在中国,三纲五常等人伦道理是放之四海皆准的结构原则,是家庭、宗族、国家社会的组织纪律。而"人伦之始"则在于夫妇之义——"有天地然后有万物,有万物然后有男女,有男女然后有夫妇,有夫妇然后有父子,有父子然后有君臣,有君臣然后有上下,有上下然后礼义有所错。"(《易·序卦》)也就是说,在古代社会中如此重要的统治之伦,一个作为中国社会结构原则的统治秩序,是经由婚姻嫁娶及夫妇角色的出现而确立的。在这个意义上,"人伦"包含了一个始于夫妇之道,经父子之亲至君臣之礼而臻极致的统治秩序的发生过程。夫妇之义既为人伦之始,就无怪乎人们在婚姻的缔结过程中大做文章,通过种种仪式,将"规训"的思想作用于人们的精神。了解了这种"游戏"之后,我们可以将武夷山的婚俗一一解读。

1."妇人无专用之道"

《礼仪·丧服》传云:妇人有三从之义,无专用之道,故未嫁从父,既嫁从夫,夫死从子。中国古代社会,盛行着男耕女织的传统生产关系,这种带有一主一附意味的男女性别分工,暗示了男性在社会中所占据的主导地位及女性在其中的附属的角色。在父权统治愈加兴盛的时代,这种分工便成为男性家长占有生产资料的依据。由于生理原因(后来更多地由于人为原因),女性只能处于辅助地位而丧失了生产资料的占有权,最终连自己也被异化为男性财产的一部分,最终失落了自己独立的人格——妇人无专用之道,而只有三从之义。

纵观武夷山婚俗,这种"三从"的伦理信条几乎贯穿于婚姻的始终:从相亲开始,女子便没有资格参与决定自己的婚事,媒人在双方父母之间往来说和,由父母决定嫁与否、嫁与何人。成婚时,父亲将女儿作为一种"财产"移交给男方,并换得一定的彩礼、物质。结婚后,女子必须勤恳服侍丈夫、公婆,除非遭到丈夫抛弃,否则少回娘家。当丈夫去世后,女人还是没有独立自主的权利,必须留在夫家直至终老,否则将遭人非议。

2."重人伦,广继嗣"

"人道所以嫁娶何?重人伦,广继嗣也。"(《白虎通》)在传统观念中,缔结婚姻的最终

目的是为了生儿育女、传宗接代,这是人类婚姻历史发展的最基本的动因。正所谓"不孝有三,无后为大",所以在缔结婚姻的过程中,人们在各种器物、仪式中都寄托着新人早生贵子、多子多福的希望。武夷山婚俗中也是如此,比如新娘出嫁时陪伴着的"子孙桶"、"接火""接丁"的仪式、"新娘包"里装着的"枣生桂子"、"坐床鸡"等等。这是鼓励和祝福,而不符合这种生育期待的人,则要遭到嫌弃,甚至抛弃。这里,还有一段趣事可讲:

在武夷山下梅村邹家的"西水别业",有一道"婆婆门"——一座门形似芭蕉叶形的石门。门的周围雕满了花形团,颇有阴柔之美。据说,茶商邹茂章的妻子美貌绝伦,身材窈窕,既能相夫教子,又能主持家政,可谓才貌双全。邹夫人希望娶进门的媳妇个个都像自己一样,有一副好身材,便请工匠按照自己的身材雕凿出一道门,用这道门作为测量年轻女子身高、体形、曲线的标准。只有符合这道门曲线的年轻女子才有机会进邹家门。据当地导游介绍,此门右边曲线约一米七左右,与身材高挑的窈窕女子形体曲线吻合;左边一米五左右,适合玲珑娇小女子的形体曲线。不过,从婆婆门的造型可以看出,女子不论高矮,"丰乳肥臀"是共同的要求,古时认为有着这样身材的女子生育能力强,这当然是婆婆挑媳妇的重要标准了!

孩子不仅要生,还要血统纯正。因为在自然经济的土壤中,以宗族血缘关系为纽带的宗法制根深蒂固。同宗同姓之人,结成强大的关系网络,可以一起抵御外敌,所以必须保持家中子嗣的血统纯正。正是因为这样,在武夷山婚俗中还有许多强调女子清白的细节。比如,相亲之时男女不可正面接触,就是为了防止万一合婚不成也不至有辱女子的清白;又比如,新娘上轿时的"反鞋"礼也意在表示女儿身份清白。

3."男不言内,女不言外"

家庭,乃至家族,从它出现的那一刻起,便是以男性为标志、为本位、为组织因素的。妇女在家庭中地位的从、服是她社会生存处境的统称。不仅如此,传统女性的社会职能也就是她的家庭职能,女性的日常生活范围也只存在于家庭之中:"夫受命于朝,妻受命于家";"妇顺者,顺于舅姑,和于家人,而后当于夫,以成丝麻布帛之事";"男子居外,女子居内";"男不言内,女不言外,内言不出,外言不入"……家庭几乎是为女性专设的特殊的强制系统,父系社会对女性的规定几乎无不源于家庭秩序的建立、维持、巩固之需,包括女性的贞操品德、举手投足、日常职能等等。这种"规训"存在已久,五夫镇朱熹故居紫阳楼的格局布置就含此深意:紫阳楼共有两层,朱熹之妻刘氏一生为其育有三男五女(第四、第五女早夭),其中三个儿子均住在一楼,而女儿则都住在二楼。闺楼的小厅柜台里展示着胭脂盒以及女红用品等,厅壁上悬挂着朱熹手迹拓本"诗理传家,涵养大机"。女儿们出嫁前很少出门,就在二楼的闺房里学习女红,等着将来为人妻媳。这就是女子"受命于家"的很好写照。

与女子"受命于家"相对应的,就是男人的"受命于朝"。与女性因生存与家庭之内而被拒斥在社会之外不同,"受命于朝"的男人理所当然是公共领域的一份子。他们广泛地参与各种社会活动,参政、行商,无所不包,而女人则只能在家里默默等待外出的男人回家。下梅村的"美人靠"还有着关于此的动人传说:在下梅村的当溪两岸,筑着两段长达数

百米的长廊,相传早期是为了让来下梅的商贾贩夫歇脚休憩,可是到后来却成了下梅的村民等待出门贩运茶叶的亲人返乡的眺望处所。据说,每当押运茶叶到山西的亲人归期将临之际,长廊前总会挤满了翘首以待亲人归来的人们,场面十分感人。当然,等待的人当中,以等待丈夫的妇人居多,"美人靠"之名也由此而来。

总之,传统的婚姻关系、婚礼程序都在强调女性作为传宗接代的工具或为女、为妻、为母、为媳的职能(比如婚后第三天的"荡厨"),来筑成一道由父、夫、子及亲属网络构成的人墙,让她在人身、名分、心灵上都是家庭——父、夫、子世代同盟的万劫不复的囚徒。

(二)变与不变

如文章开篇所说的,此篇论文讨论的主要是武夷山的传统婚俗,而当今时代发展之迅速,市场经济、全球化浪潮之迅猛,使婚俗和其他民俗事象一样,都遭受着巨大的冲击。尤其是武夷山,钟灵毓秀,人杰地灵,其自然和文化双遗产不断地吸引着四面八方的游客和专业学者。来者既陶醉于武夷山的山好水美,也把外界的思想观念带进武夷山,使得武夷山的民俗有了或多或少的变化。拿婚俗来说,主要体现在以下几个方面。

1. 婚姻自主性增大

新时代的武夷山男女,传统联姻的必要形式"父母之命,媒妁之言"已经受到巨大的冲击。年轻人可以自由恋爱、自主择偶,婚姻有了爱情作为基础,也更加牢固和幸福。择偶不仅更自由,而且标准也有所改变,范围有所扩大。过去重门第的观念得到很大的改变,现在年轻人更注重对方的才干、学历、人品;而择偶的范围则从乡亲邻里扩大到全国各地,比如笔者此次田野调查中遇到一位即将成婚的武夷山女子,她的未婚夫是来自四川的,而他们认识的方式则是通过网络。

2. 婚礼大大简化

在现代武夷山人的婚姻缔结过程中,过去婚礼当中的很多繁文缛节被大量地删除。婚礼更加"人性化",而不像过去那样对新郎新娘都有诸多礼节的限制和束缚,好不累人。

3. 婚礼中女性地位有所提升

时代的发展使女性获得巨大解放,新时代的女性许多都不再是男人的附庸,而拥有自己独立的人格和经济、政治、文化权利。伴随着女性的独立和解放,婚俗中压抑女性人格的元素(比如"颠轿"、"不回头"等)也被渐渐弱化。除此以外,现在妇女不管是离婚或是再婚都比过去自由得多,不再像过去那样受尽种种非议和压制。这些都体现了武夷山民俗宽容、进步的一面。

虽然武夷山婚俗在新时代发生了很多变化,但民俗毕竟是深植于集体,它来自于人民,传承于人民,又规范人民,深藏在人民的行为、语言和心理中。所以不管时代怎样变化,它仍有着自己的稳定性。就如武夷山婚俗,即使发生了以上的"变",还有很多元素是"不变"的。比如:

(1)婚姻的缔结依然要讲究明媒正娶。在今天的武夷山,即使人们的婚姻自由了,开放了,但一段婚姻的缔结还是要有很多形式上的要件。比如结婚前婚姻双方,无论经媒人介绍还是自由恋爱,到了将要迎娶时都必需请两位媒人,男、女方各自选一人;结婚的程序可以简化,但婚礼是必不可少的;迎亲的花轿没有了,但却有了轿车这种替代品;结婚要大摆宴席,"诏告天下",在现在也是一直有的,这都是一种历史的传承。

(2)生殖期待还是明显存在于结婚的目的当中。在过去,人们结婚只是为了传宗接代,纯粹把女人当作生育的工具,所以在婚礼当中设置各种仪式、事项加以强调。现在随着女性地位的提高,人们的结婚或基于爱情的自然结合,或有别的因素的作用,但结婚中的生殖期待依然贯穿在婚姻的始终,人们对新人的祝福还总是围绕着生儿育女而展开。

结　　语

婚俗,是关系到人类种族繁衍、人丁兴旺和社会组成的一种本能文化,是一种能够贯穿人生全过程的重要民俗。它作为一个民族的标志和文化特色,在民族研究乃至人类历史发展的探讨中均有异常重要的作用。笔者以武夷山婚俗作为透视镜,勘探武夷山人伦道德的一些特点和内涵。但这只是管中窥豹,正所谓"中国古文化,泰山和武夷",绵绵的武夷山,凭借着她悠久的历史、优美的山水和勤劳智慧的劳动人民,创造了辉煌的文化宝藏,并且随着武夷山文化和外界文化的交流互动,这笔宝藏也在不断地丰富着、变化着,这使得对其研究本身就该是个动态的过程。这将吸引笔者在未来的学习道路上对其进行更加深入和全面的研究!

参考文献

《武夷山市志》,北京:中国统计出版社,1994年。
邹全荣:《中国历史文化名村——下梅》,香港:国际炎黄文化出版社,2006年。
吴存浩:《中国民俗通志·婚嫁志》,济南:山东教育出版社,2005年。
仲富兰:《现代民俗流变》,上海:三联书店,1990年。
王辉:《五夫日记》上海:上海书店出版社,2009年。
孟悦、戴锦华:《浮出历史地表——现代妇女文学研究》,北京:中国人民大学出版社,2004年。
福柯:《规训与惩罚》,刘北成、杨远婴译,北京:生活·读书·新知三联书店,2007年。

武夷山民俗文化

武夷山的民间信仰

曾 伟[*]

武夷山是著名的世界文化遗产,武夷山丰富的历史文化吸引了学者的目光,对武夷山的研究也逐渐深入。2011年3月19日至3月24日厦门大学武夷山考察小组在武夷山市进行了为期六天的考察。根据当地管委会的介绍武夷山是一座人文名山,武夷山有丰富的民间信仰,在这里儒释道三教很好的结合在一起,相互影响,相互交融,和谐共处。在六天行程中,我们先后考察了小浆村、大安村、五夫镇、兴贤村、城村、星村等村镇,走访了包括玉皇庙、天后宫、观音殿、葛玄道观等宗教活动场所,笔者希望通过对当地村民的访谈,试图对武夷山的民间信仰做一个梳理,整理成文,加深对武夷山民间信仰的了解。在对武夷山信仰进行梳理时,有必要先对本文研究的区域做一个说明。

一、武夷山的民间信仰概况

武夷山市位于福建省西北部、闽赣两省交界处,介于北纬27°27′31″—28°04′49″东经117°37′22″—118°19′44″之间,属中亚热带地区。前身为崇安县,建置于北宋淳化五年(994年),1989年8月经国务院批准撤县建市。本文所讨论的地区便是以武夷山为中心,今武夷山市管辖范围内的区域。武夷山信仰十分丰富多彩,儒、释、道三家在这里都能找到大量的信仰资源。这里是理学宗师朱熹从事著书讲学的主要活动地方,具有深厚的儒学积淀;这里是以扣冰古佛为中心的禅宗信仰发脉地;同时,更是道教三十六洞天的第十六洞天"真升化玄天"所在地。丰富的信仰资源,给武夷山增添了深厚的文化底蕴,与这里的美景一道,成为世界文化与自然遗产。

武夷山的民间信仰是民众生活中不可或缺的一部分。一方面,它的形成与发展有着深刻的历史文化背景,闽越族"好巫尚鬼"的传统,为民间信仰的滋生提供了肥沃的土壤。另一方面,儒、释、道三教为了争取各自信众,会对民间信仰加以利用、引导甚至改造,使其符合各自的教义传播的需要,在对民间信仰改造过程中,民间信仰的巫、鬼、精灵等低级神

---

[*] 曾伟,厦门大学历史系博士研究生。

明开始被改造成为具有神格力量的高级神明,武夷山民间信仰也因融合儒、释、道三教而丰富了其内涵,同时,也改造了儒、释、道三教本身,使其民间信仰和三教呈现出多种面相。正如徐晓望认为佛教的传入,压倒了当地的精灵崇拜,但佛教并没有消灭民间信仰,而是与民间信仰融合,形成融为一体的信仰文化圈。这种融会,巩固了佛教的地位,同时又使正统佛教出现了异化的迹象。民间信仰利用儒释道改造自身的过程,同时也是儒释道本身被改造的过程。笔者在武夷山进行了六天考察,直观地感受到民间信仰的丰富,同时,那些神明也很难从严格意义上去区分哪些神明是属于儒道,哪些属于佛教,民间信仰大多是三教的混合体,渗透着三教的思想。从这个意义上来说,如果能深入挖掘确实是一笔不可多得的精神文化财富。在武夷山民间信仰中的神明除了有观音、妈祖等福建有影响力的神明外,同样也包括武夷君、扣冰古佛等在内的武夷山地域性神明,甚至有如护驾大王公等聚落性神明,这些神明一起构成了民间信仰的重要组成部分。

关于民间信仰神明类型的划分,目前笔者所知的有以下三类:第一,直接把民间诸神进行罗列,这种方式适合于全国性神明的概括分类,但是,缺乏系统比较,不能很好的展示武夷山丰富的信仰内涵。第二,有按照职能、教派属性把民间信仰诸神明划分为自然神、祖先神、医药神、海神、道教神和佛教神等,如把天后纳入海神崇拜,陈靖姑纳入医药神崇拜,观音等纳入到佛教系统里。林国平按照职能、教派划分民间信仰类别,比较系统地总结了各类神明的功能类型,适合多区域神明的归类,但是,容易使神明陷入单一面相,如把妈祖列入海神崇拜,这一点就武夷山的妈祖信仰而言是不大适宜的。第三,按照把神明影响区域划分为家庭神明和聚落神明。这种划分能很好地把一个小社区的神明分类,适合进行微观的观察比较,放到整个武夷山区域内讨论会显得繁杂。笔者认为,一方面,由于儒释道三教对民间信仰的影响,民间信仰的神明很难按照儒释道教派系统进行划分,另一方面,武夷山具有影响力的信仰除了武夷君和扣冰古佛属于武夷山土生土长的地域信仰之外,妈祖、观音、三奶娘等信仰则非武夷山所独有,因此,在对武夷山民间信仰进行划分时,应该淡化教派属性和地域属性。因此,笔者把所见民间信仰神明造像,按照性别分为女性主神和男性神明,一方面,作为有独立神格的女性神明的观音、妈祖等在武夷山都有很大影响力,完全可以独立出来作为一个大类进行讨论;另一方面,作为地域特色神明的武夷君和扣冰古佛,放到男性主神之下讨论,并不影响层次感。至于王母、社母和土地婆等女性神明,就武夷山地区而言不具有独立神格,可以作为玉皇大帝、社公和土地公的陪祀放到男性神明内进行讨论,无须单独抽出划入女性神明内。笔者希望通过这样的划分,给读者展现出一个具有丰富民间信仰的武夷山。

二、女性主神

女性神明体现了女性美德和特有的能力,在福建民间信仰的神明体系中,女神是其中的重要组成部分。高神格的女神妈祖、陈靖姑、观音等,地位并不亚于男性神明,其送子、

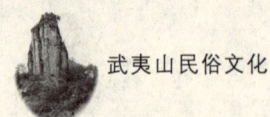

助产、保赤、施药的功能体现的是女性的角色，担负的母亲的职责。女性特有的温柔气质满足了人类对母性呵护的心理需求，从中获得强烈的安全感。同时，女神是丰产与生殖的力量、生儿育女的母亲。因此，女神崇拜是人类母亲情感在神灵世界的一种释放。武夷山的女性主神主要有观音、妈祖、三奶娘等，这些女性神明在武夷山信仰体系中占有重要地位。

（一）观音信仰

观音是佛教传入中国后，对中国产生最大影响力的神明，《妙法莲华经》的记载：若又无量百千万亿众生受诸苦恼，闻是观世音菩萨，一心称名，观世音菩萨即时观其音声，皆得解脱。由于，观音信仰没有复杂的求神仪式，也不用念烦琐的经文，修持简单，因此，观音在民间拥有很多信众。同样，在武夷山地区，观音信仰拥有深厚的群众基础，各家各户随处可见神龛上供奉着观音的神像或者画像。观音的原型本为古印度救助海难的一位海神，魏晋南北朝时期随着《大广方佛华严经》等佛教经典的传入，由于《华严经》比较详细讲述了念诵观音名号的好处，观音信仰得到了士族阶层的欣赏和重视，但是，这个时期的观音神像保持着男子潇洒的形象，到了宋代以后，随着佛教中国化的加强，中国人对观音的形象进行了改造，变成了一位女神的形象，慈悲为怀，救济苍生。观音从男性形象神明向女性神明的转变，是佛教中国化、民间化的一个表现，因为在普通信众眼中，女性的形象更符合观音救苦救难，拯救苍生的要求，而讲究随缘方便的佛教，在本土化过程中，为了争取更多的信众，便按照普通信众的要求，把原来男性形象的观音转变成女性形象。除了观音形象的改变，观音的身世也发生了变化，在信徒们的讲述中，观音被塑造成为国王的女儿，名叫妙善，由于国王病重，需要双眼、双手做药引，在身边的女儿都不愿意献身救助，妙善得知此事之后，便化身为和尚割自己的双眼、双手给国王做药引，国王因此而活，而妙善因为救助国王得道成佛，长出了千手千眼，成为我们见到的千手观音。信徒们觉得，观音要救助的人太多了，一双手和一双眼忙不过来，于是便塑造了千手千眼的形象，去救助人世间的苍生。

在武夷山观音信众中，以女性居多，采访中笔者得知观音有三个重要的纪念日，即观音生日农历二月十九日，成道日六月十九日，出家日九月十九日，这三个日子信众们为了方便都会称之为观音生日，笔者在3月23日即二月十九日观音生日这天来到星村的观音殿，该殿建于五代时期，原殿在该殿的后山上并且已经无存，现在的大殿是重新翻修的。大殿中央供奉着一个很高的木雕千手观音，十分雄伟，观音脚下有两位童子，在大殿两侧是各色各样的观音化身，对应的应该是掌管不同职能的观音，应该是民间所称的"三十三观音"。在大殿东南方向是一尊高大的观音像，观音左手拿玉净瓶，面容慈和地望着远方。

在观音生日这一天信徒们会沐浴、斋戒，到祀奉观音的庙里去拜观音菩萨，给观音做寿。这一天的寺庙会来很多人，把寺庙挤得满满的，一些寺庙的信士到这天会到寺庙里帮忙做一些解签、分香、伙房、卫生、防火等勤杂工作，信众们为了讨得好彩头，会一大清早起来带上香火和贡品去抢头香，希望能得到好运。贡品放在贡桌之上，到那天贡桌根本放不

下信众们的贡品。敬完香之后,大殿会有早课,僧众在里面诵经,一些信众们便会站在一旁听诵经,然后在寺庙的斋堂里吃一顿素斋,当然,信众们会很自觉的给寺庙捐一些香火钱的。在吃完素斋之后,寺庙里还会有诵经,一些信众还会赶过去听。民谚有云:"跨进庙门两件事,烧香求签问心事。"除了敬香听诵经之外,信众们尤其是女性信众喜欢在观音庙里面去求签,她们认为在这天求的签特别灵验,希望能给全家或自己求到一支好签,这样就能够保平安。有时候,如果求到了好签,信众们会非常高兴的给寺庙更多的香火钱,如果求到了不好的签,抽签人会很不安,解签的人会安慰求签者,暗示他菩萨无时无刻都在看着信众,只要心诚多信菩萨、多拜菩萨便能化解未来的灾厄,同时,解签人还会打听信众家有没有供奉菩萨,如果没有的话便会建议他从寺庙里请一尊菩萨回去,在家里经常祭拜或者给家人带观音的小像、佛珠、手链等,以保家人平安,并不忘提醒如果日子过的平安的话,不要忘记来寺庙还要感谢菩萨保佑,在听完解签人的话之后信众同样会非常乐意给寺庙捐香火钱。解签者安慰信众的话,是百试不爽的套话,信众当遇到许多未知事件得到应验的时候,会更加深信不疑,并把这些故事告诉给周围的朋友,吸引他们加入到这个行列中来,信众的规模也就在无形中巩固并不断扩大了。除了观音的生日之外,寺庙的重大节日,如九月初一法会的时候,寺庙大开中门,信众们也会像观音生日一样去寺庙进香。

　　在观音生日的时候,除了佛教寺庙里会有隆重的敬香、诵经活动外,在祀奉有观音的道教的宫观里面,同样有大量信众去敬香朝拜,其表现形式与寺庙并无差异,甚至会破例念诵本为佛教经文的《观音宝忏》。除了寺庙、宫观等比较大规模的宗教场所有热闹的敬香活动外,在乡村祭拜观音的小庙,也会有热闹的活动,尤其是在二月十九日观音生日那天,附近的村民会聚集到庙里来为观音庆生,一些村民自愿加入到为观音生日帮忙的行列中来,寺庙会准备丰盛的素斋给敬香的信众,随意乐捐,随到随吃。在庆生活动中,除了聚餐外还会到请僧侣或道士过来诵经,如果本村没有僧道甚至会到外地请僧侣或道士过来,为的就是能在观音生日那天能听到僧道们的诵经。武夷山观音信仰的兴盛以及信众对观音的虔诚可窥一斑。除了观音生日之外,信众平时在家里面也会经常为观音举行祭拜仪式,比较虔诚的信众会在每月的初一、十五吃斋念佛,在武夷山大安村每家门口都有一个小香筒,信众们会在初一、十五的时候给观音奉上祭品,祭品很简单一般是三杯水和三杯小碗盛装的面条,并在门口香筒上插上香,向观音祭拜。他们认为只要多拜观音,生活就会过得平安。

　　中国的民间信仰是一个开放的系统,古代的闽越人时时刻刻盯着世界的变化,从神迹去揣摩神灵世界的衍变,在林林总总的众神中,他们关注着最活跃的、并且是最能影响人类生活的神灵。那些被认为是最有灵验的神明,一定会得到最多的香火。反之,总会有一些不够灵验的神受到民间的冷落。因此,民间的庙宇总是有接连不断的此兴彼落的现象。人们对神明世界的切入点,随着时代而不断转移。民间信仰神明的变化,反映了民众现实要求的变化,通过对武夷山观音信仰的考察可以发现,近数百年来的观音信仰总是长盛不衰,在大安村甚至到几乎每家都有观音的神像或者画像。应该说观音自我牺牲、救济苍生、普度众生的形象使他在全武夷山赢得了广泛的信众,拥有深厚的信仰基础。

(二)妈祖信仰

妈祖又称天后,天上圣母等,福建莆田湄洲岛人,原名林默,相传生于宋建隆元年(960年),卒于雍熙四年(987年),根据南宋廖鹏飞《圣墩祖庙重建顺济庙记》的记载,妈祖生前是一位能预知祸福的女巫,死后被当地人奉为神灵而建庙祭祀,最初仅限于湄洲岛,后来其信仰范围不断扩大,宋徽宗时期赐额"顺济夫人",妈祖信仰得到官府承认。南宋时期,更得到统治阶级大力扶持,先后被赐达14次之多,并从夫人晋升为妃,元代妈祖成为漕运保护神,明代时成为庇护渔船、商船的海神,为朝廷使节出海护航,清代施琅攻打台湾,向皇帝表奏得妈祖之助,请求为妈祖加封,直到成为"天上圣母"。从功能上妈祖经历了从地方的乡土之神到公务之神再到海商之神的变迁,地位不断提高。妈祖的官方祀典名称经历了从夫人—天妃—天后的演变,而民间对妈祖的称呼则经历了从姑娘—娘妈—妈祖的名称演变。在官方层面,妈祖的级别越来越高,而在民间层面,妈祖形象则变得越来越具有母性的稳重感和亲切感。武夷山的妈祖信仰起自何时,根据周典恩的考察,推断为明清时期福建汀州商人带入到武夷山的。笔者认为武夷山妈祖信仰根据"天后宫""天上宫"的称号可以推断武夷山的妈祖庙从正式有寺庙祭祀的层面上来看应该是从清代开始的,但是,在武夷山从事水上运输的商人、渔民对妈祖的信仰可能会早于清代。在武夷山,妈祖由海神延伸变成了保护水上交通的神明,从考察中看到的城村天上宫和星村天后宫都是建在水边的,其中星村天后宫就建在渡口边上。保护水上运输的职能十分明显。

1. 城村天后宫

城村天后宫,位于城村临水渡口处,该渡口是村中李姓族人捐建,在渡口负责撑船的也是李姓族人。城村天后宫是2010年重修的,是由武夷山荣誉市民香港的何宜健先生捐建的。一进宫内,左右两边各塑了三尊共六尊手捧元宝的财神像,根据庙祝介绍他们是五路财神,但为什么会有六尊,笔者不得而知。天后宫的大殿,有三尊神像,中间站立的是妈祖神像,神像上方有书有"妈祖庙"的匾额,站立像的风格仿照湄洲岛妈祖石雕的造型,左右两边分别是妈祖的护法千里眼和顺风耳,通过他们妈祖可以知道哪里有人求助,在妈祖站立的神像右边是一尊坐着的妈祖神像,很可能是巡游时抬的神像,大殿的右边是一尊头戴华冠坐着的金身妈祖神像,大殿的左边则是观世音菩萨。为什么天后宫里面有观音像呢?根据庙祝的介绍,因为观音菩萨会千般变化,当遇到水上的人遇难的时候,观音菩萨便会化身妈祖去救助他们,而且,三尊神像各自的职能分工是不一样的,中间的妈祖站像是负责保护家庭平安的,如家中有人出行就一般向中间的妈祖祈祷求助,大殿右边的坐着的妈祖像则是负责河道或海上行船安全的,海上航行的人就要靠她来保佑,而左边的观音菩萨是救苦救难的,只要有灾有难都可以向观音求助,因此,观音保护的范围会大很多。城村的天后宫在妈祖生日的三月二十三日有隆重的庆典,笔者十分遗憾不能看到庆典,但是在城村的村宣传栏处,却看到了天后宫庆祝观音生日的一张通知,行文如下:

佛　讯

城村妈祖庙定于2011年二月十九日,观音菩萨生日,为大众拜《观音宝忏》一部,

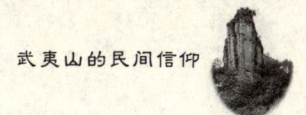

求平安祈福,望四方信男善女前来朝拜,二月十八日下午起鼓。

  阿弥陀佛,随喜功德

农历 2011 年二月十六日妈祖庙宣

通过这个榜文可以知道,天后宫除了会为妈祖庆生之外,同样会为观音祝寿,在信众的观念里面,观音和天后同样重要,甚至更重要,可见观音的信仰在城村的影响力深入人心。

2. 星村天上宫

星村天上宫位于九曲溪星村的黄花岭上,之所以该处叫天上宫,一方面是因为在这个妈祖庙是建立的康熙三十八年(1699 年)之前,康熙二十年(1681 年)因为妈祖助施琅平台成功,妈祖被封为"照灵显应仁慈天后",星村妈祖庙具备称"天上宫"的制度条件;另一方面,由于武夷山在道教中的独特地位和星村的重要地理位置有关的。因为武夷山地处闽、粤、台最高处,具有"东南屋脊"之称,星村九曲溪上游的桐木溪又叫"通天河",妈祖在形成时期被民间传为"通天女神",星村传说是九天之上的星辰化就,因此建在星村的妈祖庙,被认为是妈祖的天上行宫,故称"天上宫"。在星村考察天上宫当天,正好赶上星村的天上宫举行观音生日的祭拜仪式,十点半钟我们来到了天上宫,"天上宫"的匾额是竖写的,据说只有当时只有皇宫才可以用竖匾,说明该宫的规格很高,正对大门是一幅雕龙画凤、流光溢彩、金碧辉煌的屏风,屏风背面书有《重修天上宫记》,记云:

  武夷山神仙窟宅道教十六升真玄化洞天,华夏仙都道书云:登仙者当在天台注册,武夷换骨,为历代名家养生登真首选福地,天上宫座落星村九曲之畔,志书云,星村者,天街之参毕也,九曲者星河也。故曰:天上之宫祀奉天上圣母——妈祖元君。宫宇始建于清康熙三十八年,重檐翘脊,雕梁画栋,雄伟壮观,宫殿门楼嘉庆时间赐建,砖镂细刻,龙绕凤舞,美轮美奂,兀显妈祖之尊崇号,行宫之冠首,宫务历来黄冠主持,晨夕诵经礼忏,祷文祈言,信众熙攘,香火绵延,圣母诞辰,绕境踩街,万民空巷,燃灯焚香,竞相朝拜。然岁月沧桑,经历文化浩劫,近代宫宇荒芜颓败殆尽,似遭权利侵夺,险被拆除,幸逢国昌道兴,圣母显灵,岁共和辛巳桃源道观焚修弟子感戴厚德,承负重修之责,冲破阻力,不辞劳倦,十方募资,幸有所成。今琳宫轮奂一新,神迹成赫,护国佑民,恩泽群黎。道历四千七百零六年宫门弟子林信涵、李信觥、赵崇觉沐手拜撰。

通过碑记我们知道天上宫最早兴建于康熙三十八年(1699 年),那个宏伟的门楼则修建于嘉庆年间,最近的重修则是在 2007 年。屏风后面是一个大的天井,里面是正殿,中间是妈祖的塑像,由于今天是观音的生日,所以今天有道士和信众在正殿念经拜诵。由于今天是观音生日所以今天诵的是《观音忏》,由于领读道士是用普通话领头诵读的,所以能基本听清楚其诵读内容。在妈祖像背后是观音像,奇怪的是诵经活动不是在观音像前却是在妈祖像前。后来在对该宫的一位云游道士进行访谈时,他给出的解释是:"这里是道教宫观,而观音是佛教系统的菩萨,所以不宜放到正殿来,而之所以在观音生日进行诵经拜忏,则更多是为了满足信众的情感要求。"从这个意义上来说民间道教和佛教的信仰在普通信众看来并不是有清晰的界限完全分开的,观音作为佛教的菩萨同样可以在道教的宫观里存在。

（三）三奶娘信仰

在福建能与妈祖相提并论的女神便是陈靖姑,其影响力仅次于妈祖,民间有"海上妈祖,陆上陈靖姑"或者"陆上妈祖"的说法。而"三奶娘"是包括对陈靖姑与林姓、李姓两位仙娘在内的尊称。陈靖姑又称临水夫人,福州下渡人,她出身于一个世代行巫术的家庭,耳濡目染,自身也熟谙巫术,后嫁给刘杞为妻。相传,唐贞元六年(790年),福州大旱,陈靖姑脱胎祈雨,不幸身亡,终年24岁,临终前曾发誓死后要做保产之神。死后,常化身治病救人,自称下渡陈昌之女,专门扶胎救由于人们在遇到求子、问病、辟邪、难产等问题时前来祷告,十分灵验,百姓称之为娘奶、奶娘、太奶夫人、陈夫人等。如果单独从陈靖姑经历来看,她本人就是一个巫婆,治病救人属于她份内工作,其法力得自家传且其行善的形式表现为个人的行为。但是,当陈靖姑加入到三奶娘信仰行列中之后,个人作为巫婆的形象被弱化,作为仙女的形象则得到了强调。以集体形象出现的"三奶娘"有了正式的派别——道教闾山派,该派是道教在福建、浙江、江西、广东、台湾等地流行的一个重要流派,因以"闾山"为其中心地而得名。该教派以奉祀许真君为教主,以陈靖姑(并有林九娘、李千金二夫人)为法主,也有地方称其为"三奶派"或"夫人教"。从这个层面上来讲,三奶娘信仰脱离了巫的系统,变得更加具有法力和神性。而在武夷山关于三奶娘的传说又变得更加丰富更加传奇,且不同地区有一定差异,下梅村三奶娘的传说梗概是王母娘娘不慎将白头发掉落人间,她慌忙用梳子去捞回,梳子变成黑虎与白蛇一道下凡,王母便将手指咬破下界除魔,三滴血幻化成为陈、林、李三位仙姑,而三位仙姑没有法术,便外出学法,历经艰辛,学成归来后,陈神娘有了自己的儿子,三位神娘带了干弟弟和掌管五谷的神遗弃回来,打败黑虎与白蛇。从这个口述故事里,可以看到,三位仙姑降魔的功夫并非是靠王母娘娘赐予,这就增强了三奶娘作为独立神格的神性,而之所以附会王母娘娘,则是从身份确立三奶娘的正统性。笔者考察的五夫镇的三奶娘是陈、林、李三位结拜的异姓姐妹,为了拯救百姓的苦难结伴到茅山拜许真君学法。学成后治病救人造福乡里,被乡民们亲切的称为"三圣娘娘"、"海清仔"或"新庵仔"。五夫的三奶娘,拜的是许真君,但不同的是三奶娘被传说成到茅山学道。抛开闾山派和茅山派的争议不表,笔者将对五夫的三奶娘做简单梳理。

五夫镇祭祀三奶娘的地方叫玉皇庵,该庵位于五夫河畔的一座桥边,旁有一棵大树,玉皇庵正门便是弥勒佛笑脸相迎,旁边是赞颂弥勒佛中用的最多的楹联"开口便笑笑天下可笑之人,大肚能容容天下难容之事"。这副对联在做的并不对仗,因为"天下"和"天下"是不能相对,但是,总算也表达了对弥勒佛的赞美之意,弥勒佛背面是韦驮菩萨,右手挂着金刚杵于地,这是表示这个寺庙是小寺庙,不能招待云游到此的和尚免费吃住。在韦驮菩萨左边立有红衣的一男一女两尊造像,而对面则是一对夫妻和一位文官打扮的神像,韦驮对面正中立的是佛祖造像,佛祖左边是观音像、二郎神、谷神、财神等造像,而在佛祖右边是玉皇大帝、王母娘娘、哪吒以及数尊文官和武将打扮的神像。所有神像中除了弥勒佛、韦驮、佛祖等镀了金身之外,其他的神像做工都显得很朴素,穿过正厅来到后堂,便是三奶娘的庙,庙分两部分,左半部分是祀奉三奶娘的,有三大一小四尊坐像脸上镀金,三尊塑像中,披着黄布的是陈夫人,披着绿布和红布的分别是林夫人和李夫人,在三尊塑像旁边还有一尊披着红布的小神像,小的神像则会在正月初一代表三奶娘出巡。庙的右半部分则是三尊男性神像,据说是三奶娘的弟弟,因为与三奶娘一起修炼得道成仙而一并入祀。

图 1　五夫镇玉皇庵的三奶娘　　　　　　图 2　玉皇庵三奶娘旁边的三位陪祀神

关于祭祀仪式方面,每年正月初一,会抬着玉皇庵的小神像代表三奶娘出巡,到每家每户去巡游,神像到了各家后,各家都会给神明捐钱,数额由各家随缘乐助,没有硬性要求。而到了三月初三的时候,便会有村民来玉皇庵祭拜三位娘娘,以祈求平安、健康。对村民来讲,三奶娘分工不同,陈夫人是负责助产的,李夫人、林夫人则是负责水陆交通安全和保平安的。当然,职能分工只是为了方便区分神明,在祭拜的时候并不会厚此薄彼,往往是在一起的,只要有事求助,任何一位神明都是会管的。而三个神明之中,以陈夫人的法力最高,修行最好,受欢迎程度也就高很多,三奶娘整个信仰也因此变得兴盛。在五夫除了三皇庵祭祀三奶娘之外,在五夫镇大将村的中兴庵和新庵仔奶娘庙也祭祀三奶娘,规模比玉皇庵小,中兴庵只有一个神龛供奉三尊小的三奶娘神像,新庵仔奶娘庙的三奶娘塑像则考究很多,披上了华丽的服饰,同样是陈夫人着黄色的礼服,林、李两夫人则是绿色和红色的礼服,相较于玉皇庵的三奶娘更显华贵,而且在陈夫人的脚下还有一尊小孩的塑像,求子的隐喻十分明显。除了这两座庙有三奶娘之外,村中隐仙庵也有被称做仙奶的神明,但却只有一尊,与地母一起放在神龛里并祀,旁边更大的神龛则供奉着观音。但是,三座庙虽然如新庵仔奶娘庙的神像很精美,但那也只是属于玉皇庵的分庙或者三奶娘的行宫,能抬出来游神的也只有玉皇庵的神像,由此可见,神明的级别和造像的精美程度并不完全等同。

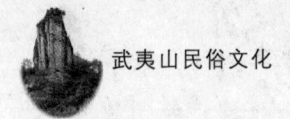

(四)女性神明信仰的特点

1. 功能上强调平安

上述包括观音、妈祖、三奶娘在内的女神,他们作为民间崇拜的对象起到了救苦救难、保驾护航和助产保赤的功能。但是,这些功能总的上求得平安的心理作用。而女性特有的温柔气质满足了人们对平安的渴求。而且信众群体当中,女性占了相当比重,尤其观音和三奶娘信仰中女性占的比重更高,女性信众对平安的渴求通过对观音、妈祖、三奶娘等女神的信仰得到反映和寄托,也更强化了女神在求取平安方面的象征意义。

2. 职能上相互转化

观音、妈祖、三奶娘在功能上强调对平安的诉求,在各自赋予的职能上是可以相互转化的,尤其是在民间传说和口述故事中,妈祖和三奶娘被当成了观音的化身,如妈祖是观音千般变化中的一个,三奶娘则是观音滴血变成的,种种传说和故事,使观音成为无所不能的神,从民众的角度强化了观音的法力,加深了信众对观音的信仰。而且,就职能划分只是神明就某项比较"擅长"而已,如妈祖是护佑海上行船安全的,但是,并不是说不能向她祈求助产保赤,当需要求妈祖送子保赤的时候,要叫"妈祖□太",而不能呼叫"天上圣母"否则显灵就比较慢。据说,嘉庆皇帝的出生就是托妈祖显灵的。可见这些女神的职能上并不只有人们赋予的专门职能,他们是可以根据人们的需要进行转化的。

三、男性神明

(一)武夷君

"平日气吞云梦泽,暮年缘在武夷君。"这是南宋诗人陆游游武夷山时留下的《龙钟》诗句,从中可以看出陆游晚年的感慨,但"气吞云梦泽"的气势给武夷君增添了几分神秘感。武夷山得名传说有两种说法,一说是武和夷本为两个部族,武族上山开荒,种树栽果,下河打鱼捞虾,为了保护自己领地还建起了城墙,夷族则拿着弓箭、长矛在山林里打猎,过着刀耕火种的生活。夷族族长看到武族城前后临溪,城内果实累累,觉得这是一块风光秀美的宝地,便生觊觎之心对武族发动了战争,就在战斗最激烈的时候,一位仙人乘金鸡下凡制止了战争,并要求两族和睦相处,金鸡则被送给武、夷两族人,当听到金鸡报晓的时候便各自开始劳作,从此两族和睦相处,为了巩固两族的情谊,他们共同生活的地方便被称为"武夷山",而制止战争的仙人则被称为"武夷君"受到人们的供奉。另一说是和彭祖有关系,彭祖又名钱铿,因擅长烹饪野鸡汤,受帝尧的赏识,受封于大彭,故名彭祖。彭祖有二子,一名彭武,一名彭夷,一陈春风吹过,他们就能呼喊爹娘;二遍春风吹过送来春雨浇洒,就能站立;彭祖用三片自己种的春茶泡水给他们饮,就能下地奔跑。彭祖在临终前把兄弟二人叫到身边,希望他们日夜开山,为百姓造福。兄弟二人遵从父亲之命在深山老林中开山

种地、打猎垦殖,终于使荒山变成了适合人们居住的秀美之地,后来人们为了纪念他们的开创之功,便从彭武和彭夷各取一字,以武夷山命名这块丹山碧水的地方。上述两个关于武夷山得名的传说中,以彭祖的儿子彭武、彭夷开发武夷的传说是目前被最多人接受的一个,武夷君是他们两兄弟的合称;而第一故事中,我们可以明显看到武夷君是一个诞生在武夷山地区早期先民武族和夷族部族之前的一个神明,可见武夷君的信仰应该是很早就有的,是一个历史悠久的原始信仰。民族学家石钟健认为越国的开国之王为"无余君",石钟健认为这个名字后来写作"武夷君",武夷君即无余君的不同汉字译写。执同样看法的还有宋代理学家朱熹,朱熹的推测是看了架壑船棺的遗物后作出的,他认为武夷山在很早以前是夷人聚居的地方,而汉武帝祭祀的很可能就是这些夷人的"君长",可能因为"君长"为人们所信服,所以被传为仙人。古今两位学者对武夷君都作出了富有想象力的推断,但是目前没有足够实物和文献来证明,这给武夷山增添了更多神秘感,在没有得到确切的答案之前,让更多的人去相信传说的真实。

武夷君传说和祭祀早在先秦时代就已存在,《史记·封禅书》记载:"武夷君,用干鱼。"用干鱼祭祀很可能是跟越族人临水而居有关,可见在汉代的时候,武夷君信仰已经很普遍,甚至得到官方的重视。经过后人的塑造逐渐成为神仙,武夷山也因为武夷君的传说,而被奉为道家三十六洞天的第十六洞天"真升化玄洞天"。

武夷山区主祀武夷君的地方叫"武夷宫",现在的武夷宫位于武夷山景区九曲溪的第一曲上,最初是由汉武帝在此设坛祭祀武夷君的,是武夷山目前历史最悠久的宫殿。唐天宝年间开始在这里营建宫殿,称天宝殿。南唐保大二年(944年),移到今址,改名会仙观,宋大中祥符二年(1009年)和绍圣二年(1095年),历经两次增修,改为冲佑观。元泰定五年(1328年),改名为万年宫。明代仍称观,为冲元观。明清之际,历经兵燹和火灾,经多次屡毁屡建,规模大不如前,现在见到的武夷宫是在仿清代万年宫基础上重修的。

除了武夷宫祀奉武夷君之外,天游峰的天游阁也有祀奉传说中开发武夷山最重要的三个人:彭祖、彭武和彭夷。武夷山的武夷宫和天游阁,武夷君从一个神变成多个神,成为武夷山文化中不可或缺的一部分。在考察中,我一直很想知道现在的武夷山人是怎么通过祭祀来纪念武夷君的,但是,很遗憾这次调查没有看到相关的仪式,在没有解开武夷君的谜之前武夷君的传说仍会一代一代地流传下去,这个传说也会激励学者不断去探索。

(二)扣冰古佛(城村)

扣冰古佛信仰是产生于武夷山地区一个佛,扣冰古佛又名"扣冰辟支老佛","扣冰藻光古佛",俗姓翁,崇安人(今武夷山市人)。生于唐会昌四年(844年),13岁出家为僧,法号藻光,先后拜雪峰义存、鹅湖大义禅师为师。唐广明元年(880年)驻锡于崇安瑞岩,创瑞岩寺。

由于他夏天穿棉衣,冬天则扣冰而浴,所以被人们称之为"扣冰古佛"。根据统计唐宋两代,从后唐天成二年(928年)闽王把扣冰谥为"妙觉通圣大师"起到南宋宝佑元年(1253年)宋理宗敕封为"灵感法威慈济妙应普照大师",总共对扣冰古佛先后进行了六次敕封,地位也变得越来越高。由于扣冰在武夷山的影响，以扣冰命名的地方很多，在城区内可以看到扣冰街、扣冰路等。笔者在考察过程中看到的祀奉扣冰的寺庙主要是位于城村的兴福寺，这个寺庙被称为典型的融合了儒释道三教的寺庙，因为在兴福寺同时供奉有孔子、佛祖、老子三尊分别代表儒释道的三教的祖神。兴福寺内纪念扣冰的活动是在每年的正月初一到十五的晚上，会有舞龙活动，在这十五天里，每天都会到不同的人家里去，每家接龙的人都要把龙灯请入到自己家院子或者大厅里，只有龙灯走过之后，这家一年才能平安。所以，人们都争先恐后地争着让龙灯先到自己家来，场面十分热闹。

1. 瑞岩寺

瑞岩寺占地达到3375亩，为武夷山一大名胜，据说瑞岩寺的得名还有一个小故事。

传说，一天古佛坐在山上打坐休息时，梦见白衣地神对他说，在吴屯的东面山下，有一块风水宝地，那里将来可以作为他弘法的道场，可在其上建座寺庙。古佛有感神灵托梦，于是一路上找来，寻到了如今瑞岩寺这块地方。他想，这个寺院该什么名字好呢？就坐在一块石头上打坐，眼睛一闭，凝神思虑。此时有一个人前来召唤他，看到他在那里，就说，天都黑了，你怎么还在那里睡岩。古佛眼睛一亮，想那就叫"睡岩"好了。当地方言里"睡"与"瑞"谐音，故该寺后来取名为"瑞岩寺"。

2. 蜡烛会

除了耍龙灯之外，纪念扣冰古佛最重要的节日便是蜡烛会，应该说蜡烛会是武夷山独有的一个节日，也是重要的节日之一，据说这个节日是为了悼念扣冰古佛而立。由于武夷山人对扣冰古佛十分崇拜，每年农历二月二十一日都会为扣冰举行为期六天的蜡烛会。传统时期蜡烛会都是首先迎奉城内光化寺扣冰塑像上街，被称为"佛过街"，第四天，选数十名彪形大汉，跑步前往瑞岩寺去迎接扣冰肉身，一路"赛佛"急跑进城，途中不得停歇，此时，城内家家燃放巨烛，户户跪路迎，整个街市烛光冲天，人们点着蜡烛步行走过街市，蜡烛会由此而得名。到了第五天，满街张灯结彩，人人沐浴斋戒，午后，善男信女要抬着扣冰肉身"游佛"，接着是以戏文内容编排的三十六台"仙仔"。过后就是"喜放生"、"放水灯"、"送佛归"，一年一度的蜡烛会才算结束。现在的蜡烛会已经不再有迎佛、游佛和送佛的活动了，人们只是知道节日是为纪念扣冰而设，甚至很多年轻人并不知道扣冰，这种原初具有宗教性集会活动的蜡烛会变成了一个城乡物资交流会。我们有幸感受了蜡烛会前夕的热闹景象，在蜡烛会前夕，我们从来到武夷山市区，这里一夜之间聚集了大量的商户，把街道围得水泄不通，整个街面上，全国各地操着各种口音的商人来到武夷山参加蜡烛会，原来迎神赛会的活动取消了，但是约定俗成的集会继续着，人们到了这一天便会聚集在一起参加蜡烛会。在交易市场上，摆满了各种各样的商品，其中交易量最大的是木材和药材，因为，武夷山森林资源丰富，木材和药材产量丰富，所以大量的木制品、药材运到市场上来交易。而外地的客商，则带来他们那里的特产来进行交换。交易主要是现金当场交易，同时，买卖双方如果约定好的话甚至可以进行物物交换。

（三）葛仙

葛仙即葛玄，是三国时吴国的道士，是葛洪之从祖父。《抱朴子·金丹篇》称曾从左慈学道，受《太清》、《九鼎》、《金液》等丹经，被道教尊称为葛仙翁，或者叫太极仙翁。我们考察的供奉葛仙的道观位于星村内，上面挂有"葛玄道观"的匾额，大门口贴着"忠孝传家久，礼义道事长"的对联。据道观老人讲，这里供奉葛玄是和这里的江西移民有很大关系，老人的祖辈就是从江西迁入到这里的。星村靠近江西，且水陆交通便利，因此，从江西移民进入此地是很方便的。从道观大门进入大殿正门，门坊的屋顶上立有一个双龙戏珠的雕塑，门坊中间有一个"宝阕庄严"的匾额，从门坊进去便是道观的正殿。在正殿中间有三尊镀金铜像，中间是葛玄的镀金铜像，旁边两尊是葛玄的左右护法，在铜像前面还有一尊小的木雕葛玄像。在大殿右边是观音像和地母娘娘的像，由于我们参观的当天是观音生日，观音像前摆满了信众们送来的贡品，贡品有苹果、梨、面等，在大殿旁边和大殿外的隔间里面摆了很多桌凳，信众们可以在参拜完观音后去里面吃素斋。在大殿隔壁有一个小殿，正面是一尊弥勒佛像，背面是韦驮像，左右两边分别是四大天王的像，在这个道观里面，可以明显地感受到佛道两教的融合，而在普通信众来说，把两教融合在一起是习以为常甚至是理所当然的。通过老人的描述，武夷山的葛仙信仰很大程度是和江西有密切关系的，江右商人通过商业贸易来到武夷山下，同时把自己的信仰带到了这边。当然，与江右商帮一起过来的除了葛仙之外，最重要的还有许真君信仰。但是，相较而言，葛仙在武夷山的影响力比许真君更大。

（四）灶神

灶神，在中国是一个大众化的信仰，在武夷山地区同样十分盛行。灶神是古代五祀之一，俗称"灶君"、"灶公"、"灶王爷"等，灶王爷是玉皇大帝派到各家各户的司命之神，灶神又被称为司命府君。他的神位：有的用红漆板制作，有的用瓦筒灰浆黏贴于灶头烟囱上，有的用红纸写"司命神位"或"九天东厨司命张公定福府君之神位"。作为灶君有时是作为单独的神像出现，而有时旁边会有灶君夫人陪伴。在大安源村这里的司命府君的画像是贴在灶台左上角的，在画里面灶王爷和他的夫人端坐在一张桌子上开心地看着人们奉献的祭品，在灶王爷头顶上写着"司命府"三个大字，画像的两边写着"上天言善事，下地降吉祥"，简单的几句话，表达了人们对灶神的敬畏与期待。希望灶王爷上天向玉帝汇报人间情况的时候能多说好话，而从天庭回到人间的时候能带给人们吉祥。灶神一般是在每年腊月二十三日或二十四日向上天汇报各家的善恶，官府是腊月二十三日，民间则是腊月二十四日，故而有"官三民四"的说法，灶神在向玉帝汇报完人间的情况之后，便会在正月初一再从天上回到人间。大安源村民每年腊月二十四日这天会祭灶，贡上麦芽糖、年糕等食物，据说这样做的话，一方面，灶神吃了糖，嘴上抹了蜜，可以多讲些"甜言蜜语"；另一方面，吃了黏黏的东西，可以堵住他的嘴不让他乱说话。人们相信这样，灶君在"吃人嘴短"的情况下，会给他们奏善事说好话的。当灶神奏事完了之后，人们就要做仪式把灶神迎回来,在正月初一会设香案迎回灶神,也代表了新的一年即将开始,人们要开始新的生活,可见灶君在大安源村乃至武夷山民众生活中的重要地位。

(五)社公(护驾大王公)

村社神明信仰是民间信仰体系中的一个重要部分,有土地公、社公、社婆等,在武夷山地区的访谈中,得知社公、社婆和土地公并不是等同的,甚至村与社的神都不是一样的,大安源的护驾大王公就是其中的例子。

护驾大王公在武夷山大安源村十分受推崇,笔者遍查地方志、相关资料却没有看到有护驾大王公这个神的蛛丝马迹,而且在大安源村外就没有护驾大王公,笔者在推测这很可能是一个类似社公的村落保护神,由此推断很有可能是社公,社公又称为境主神,在福建各地民间每一个村落、境铺或街道一般都会奉祀一个或数个特定的神祇,作为本境的保护神,被称为"社公"、"境主"或者"大王"。大安源村的护驾大王公从类型上很像社公,但是,两者并不是一个神祇。笔者将在后面做阐释。在对村民暨先生采访中,村民们对护驾大王公的崇拜超过其他神,为什么当地村民会这么信护驾大王公并且在村里推崇和膜拜他,是什么维系着这个信仰纽带呢?按照村民暨先生的说法,护驾大王是很灵验的,只要真心诚意不管求什么都很容易应验。为了证明护驾大王公的灵验,他就提到这样一个故事:

有一次,村里面的钱由一个出纳和他姐夫负责押运,但是,在押运途中已经丢失,警察介入调查,当时我们就怀疑是出纳姐夫偷的,然后我们就通过掷筊问护驾大王公,如果是出纳姐夫偷的就是三个细告(掷筊时一正一反),结果三次都是细告,后来,警察调查果然是出纳姐夫偷的,十分灵验。

通过这些灵验故事,不断加强村民对护驾大王公的崇拜,村里给护驾大王做的游神活动也是相当隆重的,每年的正月十三日都要为护驾大王公举行庙会,在那一天还要选一家人把护驾大王公迎到他家的厅堂里,并在他家办酒席,据说村民们都以能把护驾大王公迎到家里为荣,说是护驾大王公来过自己家后,今年一年都会交好运。为此,在选择游哪家的时候,都会把各家各户户主的名字写在一个纸条上,然后,一家一家的通过掷筊的方式征询神灵今年愿意到谁家去,如果到某家三次都是细告,那么,今年的酒席就在他家办。很巧的是,这户暨姓人家连续三年都得到了神明的细告,所以,三年里面酒席都是在他家办的,在吃饭那天,来吃饭的每个人都要出 20 元的伙食费,据暨先生讲今年他家摆了 14 桌的酒席,来了有 150 多人,而且要招待这天过来吃饭的人,不管是谁只要来了人都要招待的。整个活动要持续 3 天,从第一天晚上开始准备迎接护驾大王出来。第二天游神开始,从早上 6 点到晚上 12 点结束,村里每个地方都要游,每户人家都要放鞭炮迎接护驾大王公的到来。晚上宿村中当年被选中的人家里。第三天早上,吃完早餐之后便要早早的把护驾大王公送至他的神祠那里,而送完护驾大王公之后,上午还要去社公庙,祭完社公之后,整个庙会也就算结束了。

图 3　高坐者为护驾大王公（大安源村）　　　图 4　大安源村的社庙

根据访谈，可以看到护驾大王公的职能很像社公，但是，问题是为什么在护送完大王公之后还要去社公庙，由此可见护驾大王公和社公并不是同一个神祇。两者在职能上类似甚至重合，但是还不完全等同，护驾大王公是村民们信仰的对象，巡游也是在村里巡游，但村和社很可能是有重合但并不完全等同，社公是整个社的神，社公甚至有类似村长的作用。然而护驾大王公则是大安源的村神，两者起着共同的保境安民的作用，同时，在地域辖区范围内重合并各自守护着自己的边界，根据实地考察，社公庙就在护驾大王公庙的旁边不远的地方，相距不到一百米。社庙外设栅栏防护，在门头左边用红纸写着"尊经"两字，右边可能也有字但没有看到，两边用黄纸分别写着："社公一年保四季，社母四季□□□"，然而，社庙里面没有社公、社母的神像，只有一个中间和左右两边各书"本坊民社司灵王、千里眼和顺风耳"神位。两相比较，社公庙和护驾大王公庙规模相当，但是，护驾大王公受大安源村民崇信程度明显超过社公。前已述及护驾大王公的仪式，对社公社母同样也有祭祀仪式，那就是每月的初一、十五日，都要杀一头猪，把新鲜猪肉和猪血献祭给社公、社母。值得注意的是，类似的聚落性保护神，除了社公外，土地公也是一个不容忽视的神明。在武夷山地区，对聚落性保护神的祀奉表现形式不同，有的地方既有社公也有土地公，如大将村。有的地方只有社公，没有土地公如五夫镇兴贤村。当然，这种格局不一定是历史上真实地反映，如兴贤村没有土地庙，是因为上个世纪破四旧的时候拆毁了，后来一直没有重建。因此，我们在考察民间信仰，尤其在对这些聚落性神明的考察时要格外留心和注意，即我们现在看到的状况可以反映历史，但不一定是历史真实原貌，在武夷山考察的几个村子中，一般都是有社公和土地公，只是很多情况下只保留其中一个或者没有留存。没有留存并不代表不拜社公，在采访中可以听到，当地人说的一句话是："菩萨不在，神灵在，就要继续拜。"作为实体建筑的土地庙、社庙没有了，但是，作为意识层面对社的依赖，祭社仍然存在。

（六）关帝、文昌帝君、朱衣神

关帝又被称为"关圣帝君"、"关帝爷"、"关公"、"关老爷"等，在民间有着广泛的信仰群体，尤其是《三国演义》在民间的传播，关帝的"忠、义、勇、武"更是被广大民众接受。正是关公在民间的影响，历代帝王对关公十分推崇并对其进行加封，从宋哲宗开始的"显烈王"封号，到清顺治加封到"忠义神武关圣大帝"，封号越来越长，地位也越来越高，并因此被儒释道三教奉为神灵，儒学者称之为"关夫子""武圣人"，与孔子等同看待，道教封其为"关圣帝君"，佛教封其为"伽蓝神"。除了得到儒释道三教的青睐之外，民间把关公看成是万能之神，司福禄、佑科举、治病消灾、驱邪避恶、招财进宝、庇佑商贾等，更是如皮革业、烟业、香烛业、豆腐业、屠宰业等众多行业的行业神。

这次考察中，武夷山的关帝庙没有单独供奉关帝的，一般都是与其他神明一起奉祀的，关公在不同庙宇中也表现出了文、武、财等多面形象。如在城村兴福寺关公是与神农、目连一起被奉祀的，关公的形象被彻底颠覆不是手提青龙偃月刀红脸美髯公，而换成了手持宝剑，脚踩猛虎的黑脸红须公，一副威猛不屈的形象。据管庙的庙祝讲这个关帝是求财的，十分勇武的样子。同样是在城村，天后宫里面的关帝则是手拿元宝，是典型的财神形象，关公"仁义、礼、智、信"的品格诠释着"君子爱财，取之有道"的儒家义利观。

关帝除了勇武和求财之外，也是求取功名的读书人尊奉的对象，他与文昌帝君、朱衣神、吕祖师（吕洞宾）、魁星一道被成为五文昌。笔者在五夫镇大将村看到有一座关圣庙就是兴文的表现，这座关圣庙大将村全体村众合资建立的。走进关帝庙，立在中间的神明并不是关帝，而是三尊身着华丽服饰的官员塑像，中坐者身着红色龙袍手拿书卷凝视前方，左右两边各立一人，左边一人手拿书有"金榜题名"的皇榜，右边一人手执类似科举考卷的文书，很显然这是传统时期代表科举的神。庙的左边是供奉关羽神像的，关羽手拿书卷端坐中间，旁边立有两个小将，守卫着关公，庙的右边供奉的是端坐的文昌帝君。文昌帝君又称文曲星，是民间传说主宰功名、禄位之神，为读书人所崇祀，每年中秋有祭魁星的活动。从整个关帝庙的神明组成来看，祀奉的都是科举考试之神，由此可以推知该庙应该祀五文昌中的三尊，在关帝庙中摆放在中间的不是关帝却是着红色龙袍的神像，笔者猜测很可能是被民间称为关帝前世的"朱衣神"。关于朱衣神的典故，宋赵令畤《侯靖录》有记载："欧阳公知贡举日，每遗考试卷，坐后尝觉一朱衣人时复点头，然后其文人格，始疑侍吏，及回视之，无所见，因语其事于同列，为之三叹，尝有句云：'文章自古无凭据，惟愿朱衣暗点头。'"凡经朱衣人点头的，都是能入选的奇文。所以，朱衣神的点头与否直接决定着科举士子们的命运，中式也被称为"朱衣点头"。这也解释了为什么把朱衣神祀奉在最中间的位置。

朱衣神

欧阳永叔诗文章自古无凭据,惟顾朱衣暗点头。自言恍惚见有神,点头未尝指的何者也。趙令畤侯鯖錄又謂所言朱衣神乃刺闈節者,得皆以謔欧公,非實有是神。則其詩亦非欧公作,突然今人於文昌帝君像旁塑朱衣二神,各曰天聾地啞,蓋木明王,遠盜海,葉謂帝君不欲聰明之靈用,故假聾啞以寓意耳。

攷古録 卷八 七〇

图5 城村兴福寺的关公

图6 大将村关圣庙的关公

(七)玉皇大帝、王母娘娘

玉皇大帝是道教中一个地位崇高的神明,有万神之主的称号,但是在民间信仰的实际格局中,它并不处于中心地位。笔者在武夷山考察时也印证了这一说法,玉帝的香火在武夷山并不兴盛,作为玉帝一起被供奉的王母也受到冷遇。王母娘娘是道教神明中被普遍祭祀的女性神明,一般是和玉皇大帝一起被供奉的,笔者在武夷山地区见到的神庙并没有单独祭祀王母的,更多是和玉皇大帝一起作为陪祀。王母的信仰在武夷山地区并不兴盛,虽然在一些传说故事中能看到附会王母娘娘的痕迹,但是,王母在其中扮演的形象并不正面。如下梅的三奶娘,被认为是王母娘娘滴血的化身。故事的梗概前已述及,王母无意间过失制造成白蛇和黑虎祸害人间,为了除妖便滴血变出了陈、林、李三位仙姑,而且三位仙姑没有法术要去闾山拜师学法才能打败白蛇和黑虎。从这个口述的故事来看,王母娘娘的形象并不正面,倒是像"麻烦制造者",一方面放纵妖魔祸害人间制造苦难,另一方面滴血变成降妖除魔的仙姑要借助外力消灭妖魔,王母的神性在这里打了折扣,作为女神护佑万民平安的职能没有得到体现,从这个意义上来说自然得不到人们太多的供奉。五夫玉皇庵有王母娘娘,但是她是作为玉帝的夫人而陪祀。甚至在玉皇庵里面,玉帝并不是最主要的神,供奉在正中的是佛教的如来佛祖。

(八)华光天王

华光大帝又称灵官马元帅、三眼灵光、华光天王、马天君等,系道教护法四圣之一。相传他姓马名灵耀,因生有三只眼,故民间又称"马王爷三只眼"。九月二十七日是华光天王的圣辰诞日,当天也会操办庙会庆祝活动。请先生前来操办醮仪活动。华光天王被认为是玉皇大帝的外甥,据传其幼时十分调皮,经常闯祸,某次玉帝将其叫到面前,并用手指点着其脑门批评他。后来华光天王就有三只眼睛。华光天王在武夷山地区受到广泛崇信,人们会在华光天王生日那天,由会首以糯米、红糖、五香粉混合制成馒头,供奉给华光天王享用,尔后亦由各家户出钱购买回去供家人分享。请先生来到庙中念经,各家户都会带上果品、香纸前来庙中为华光天王庆祝生日,祈求保佑阖家平安。

结　语

通过对武夷山民间信仰的考察,笔者发现武夷山的信仰民俗十分丰富,各个神明之间有着各自的职能,如观音保平安,妈祖保行船安全等,但是,同时这些职能又是相互交叉重叠的,一个神有的功能在另外的神也能得到体现。而且相对的而言女性神明侧重于对日常生活、健康方面的守护职能,而男性神明也有保护平安方面的作用,但是更多的则侧重于对功名、财利、官禄等的进取职能。通过对功名的取进来获得高官厚禄及钱财。同时,信仰的多元,儒释道三家在对民间进行改造的时候,同时也被民间信仰所改造。徐晓望在论述佛教在民间信仰中被改造时说,佛教的本质是无神论,所谓神明,不过是人心中幻念的折射,觉悟者应当知道万物皆空才是悟道,这是佛教的基本理念。但是,纵然中国的传统知识分子欣赏佛教的哲理与大彻大悟的解脱境界,对于普通的村民来说,他们更愿相信佛教的神明是传统信仰中的神。形成了没有脱离儒、释、道而独自存在的民间信仰,也形成了没有脱离民间信仰基础而存在的儒、释、道三家。从这个意义上来说,武夷山的民间信仰反映了民间信仰中蕴含的强大力量,也反映了儒、释、道三家被民间吸收改造融合在一起的过程,并值得我们进一步深入挖掘。

武夷山民俗文化

武夷山民间医疗习俗

王昌雷*

独特的地理生态环境,总是易于形成自己独具特色的文化与习俗。武夷山地处福建北部山区,地理生态环境特殊,自古以来就为中原文化进入福建的桥头堡,造就了其独特而丰富的文化与习俗,在民间医疗习俗上,更是如此。笔者一行人,在对武夷山进行为期6天的考察中,时刻都能感受到其魅力所在,也使我们对其有了更进一步的认识。

一、民间信仰与医疗

自古以来,闽人就以崇巫、崇祀神灵为人们所认识。而在历史的长河中,更是有许多福建地方的民间神灵,受到中央王朝的认可,而获得正统地位。时至今日,福建民间仍然遗留着非常多的民间神灵和民间信仰习俗。民间所以如此盛行神灵信仰,最根本的原因在于人们无法把握自身命运,只能祈望能从神灵处获得保护,以求得自身及家人的平安与健康。从这个角度来说,民间信仰所体现的正是古人在科学不明的状态下的医疗认识与诉求。

武夷山地区,更因其相对封闭的山区环境,民间信仰的这种医疗诉求观念表现得更为明显,可体现在两个方面:

1. 在武夷山地区,人们对于神的认识往往是不全面的,但是对于神所司职范围的认识是绝对清晰、明了的。什么事情该求什么神,在当地人的心中是清清楚楚的。笔者一行在洋庄乡小浆村龙岩寺进行考察时,碰见一位赖姓的婆婆,她说自己在本地生活了七十来年了,是在这些神的护佑下成长起来的。但是当笔者问及这些神有什么来历时,老人只说神叫葛仙公,至于什么来历她也不清楚。但是对于神的功能,老人却是清清楚楚,在为我们介绍神的显灵事迹时,老人更是如数家珍。这从一个侧面,反映了人们对于神灵信仰的关注点在于神的功能上,而武夷山的民间神很多是具有医疗能力的。

2. 在这一地区的庙宇里供奉的那些神像,除了一些佛、道中重要的神有标准化的形

---

* 王昌雷,厦门大学历史系硕士研究生。

象外,很多神在当地都是以手握利剑形象出现的,并一般都有几个同样是手握兵器的配神。人们在为自己树立一个超自然的神,让他手持利剑,定然是有许多看不见的"敌人"存在。而这敌人自然就是人们无法把握的生命与健康。因此可以说,人们让神灵手秉利剑,所体现的就是在恶劣的条件下,寻求被保护的需要,而这种保护在很在程度上则是对于健康的渴望。

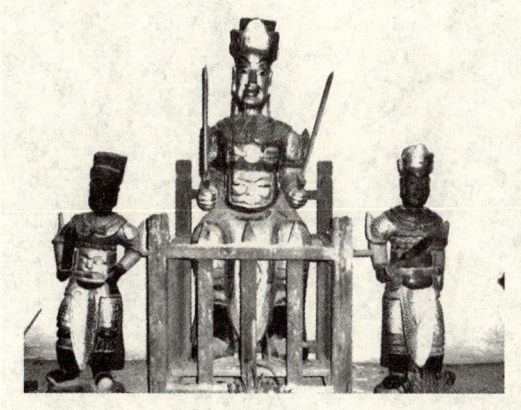
图1 大安源护驾大王公

图2 星村葛仙公

在武夷山的民间信仰中,既有专业的神,他们专门保护某一特定群体;也有综合性的神,他们保护的对象就比较广,包括男女老少。

陈靖姑就是一位专门保护妇女、小孩的神。在五夫镇走访时,当地老人就向我们说,在五夫,妇女们经常都会到娘娘庙里烧香,求娘娘保佑全家平安、健康。特别是到了每年的正月初一,更是会带领全家的男女老少到娘娘庙里拜。她这里所说的奶娘就是临水夫人陈靖姑,她以"扶胎救产,保赤佑童"为职能,成为妇幼科专业神。

根据民间传说,陈靖姑出生在一个世代行巫的家庭,15岁前往闾山,拜许真君为师,以"未嫁之人怎便入秽室"为由,不学扶胎救产之法。24岁那年,虽身怀六甲,但依旧为民脱胎求雨。然为白蛇精和长坑鬼所害,以身殉产。死时立誓:"吾死后不救世人产难,不神也。"故复赴闾山恳请许真君再传救产保胎之法,成为福建地区一个专门保护妇女的神。

虽然陈靖姑信仰是以福州和古田地区为中心,但是千余年来已成为对福建民众的社会生活和人生进程有巨大影响的女神,同时也在闽北民间信仰民俗中占有重要位置,信众千家万户,已成为闽北乡土文化的一个重要成分。《建宁府志》记载中:

> 浦城徐清叟,子妇怀孕十七月,举家忧危。一妇人踵门,自言姓陈,专医生产,令徐别治有楼之居。楼心凿一穴,置产妇于楼上,仆持仗伺楼下。既而产一蛇,长丈余自穴下,遂扑杀之。举家相庆,酬以物俱不受。但需手帕一方,令徐亲书"徐清叟赠救产陈氏",且曰:"某居福州古田县某地",出门不见。后清叟知福州,遣人寻访所居。邻人云:"此间只有陈夫人庙,尝化身救产。"细视之,则所题手帕悬于像前。乃为请于朝,加赠封号焉。

武夷山民俗文化

府志中所记载的此事，自然不能视为事情的真实记载。但是在古代，一地之志等同于一国之正史，修志务求其真，编修者将这一故事纳入志书当中，可见当时在建宁地区，人们对陈靖姑的信仰之深。

葛仙信仰在武夷山当地也是较为普遍的。前文笔者已经说到在洋庄乡小浆村龙岩寺进行考察时，赖姓婆婆介绍的神即是葛仙公。葛仙不仅是炼丹家，还是一位医学家，在道教的神仙体系中，他被视为可替人消除病痛的神。

在武夷山地区，神灵信仰还往往和传统中医相结合，在一些庙宇中，常常会形成独具特色的药签。由于环境所限，当地医疗条件难以

图3　临水夫人陈靖姑像

满足人们需求。在医疗资源相对不足的情况下，当人们有所病痛，就会去求药签，根据神的旨意来用药。在星村的葛仙庙中，我们就发现庙中现在依旧存在药签。

药签与灵签一样都是竹制的长条，上方标有号码。它的求签过程与一般的灵签是一样的，只不过它的签文是一个药方。我们在葛仙庙中发现的签文还分为男科、妇科和幼科，以满足不同人群的需要。

从药签的内容来看，它既有单纯的药方，告诉求签者该用什么药，用多大的剂量，如：

　　　　　　　药　第卅五仟（签）　男科

茯神4克　麦冬4克　赤芍4克　枳实4克　甘草4克　厚朴4克

引竹叶十片服剂

再祷

也有的药方还会在药方上加上诗歌，起到或是宽慰或是告诫的作用，如：

　　　　　　　药　第四仟（签）　男科

休急躁，勿烦恼，药到唇边自然效。

桔红4克　麦冬7克　川芎4克　积壳4克　桔梗4克

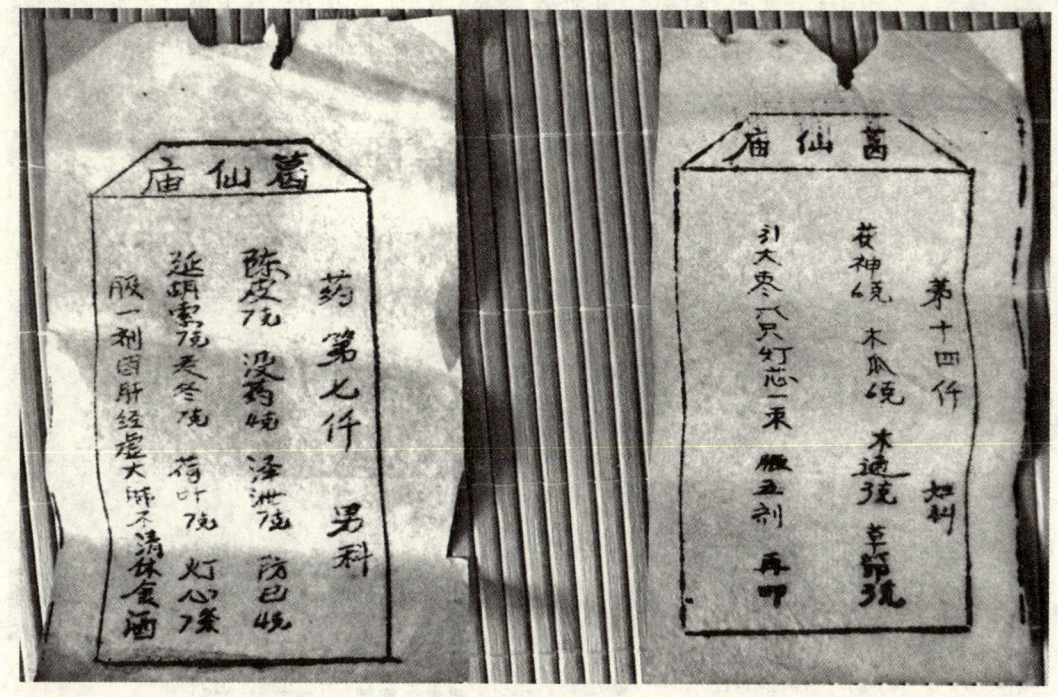

图 4　葛仙庙药签

引灯芯三条,服二剂。

从药签上所用的药方来看,绝大多数是一些清火、滋补、强肝之类的处方,使用的草药常见的有甘草、茯苓、熟地、当归、陈皮、牛七、淮山、砂山、肉桂、人参等等,绝不用剧烈药方,病人服用后,即使不对症,治不好病,也不会伤害身体。而且,庙里的庙祝一般都是精通医药的,他们也会适时的为求签者调整药方及药量的。这也就造就了药签往往很灵验的现象,即使偶尔不灵那也是神的旨意,是自己求得不够虔诚,不影响人们对神的信仰。

武夷山地区除了以上所举的两个例子外,还有许多非常独特的民间信仰与医疗习俗有关。在福建的很多地区都有为受惊的小孩收惊习俗,在武夷山地区也有这种习俗,但是家长一般会分为两种情况进行:一是家长知道小孩是在哪里受惊的,那就由家中长辈将小孩抱到受惊吓的地方,呼唤小孩的名字为他喊魂;另一种情况则要复杂,即家长不知道小孩是在哪里受惊的,那就得请专门的师公(或是道士)还收回小孩的魂魄了。

二、青草药与医疗

由于武夷山地处山区,动植物种类丰富,人们在世世代代的长期实践中,得出这样的认识"认识武夷草,样样都是宝"。在武夷山走访期间,我们一行常遇到一些老人指着屋边、墙角一些连他们自己都不知道名字的草,然后告诉我们它们所具有的医疗功效,真是

武夷山民俗文化

令人感觉在武夷山一花一草皆是药。因此在武夷山区，人们有了病痛大都自己处理，除非久病或是重病才去找专业的医生。他们所用的青草药，往往具有非常神奇的疗效。

在武夷山，最为出名的青草药当属凤凰蛋（当地方言称烘烘荽）了，它是武夷山民间流传最广、历史最为悠久的一种青草药。因为它的形状象特小的鸡蛋，又与凤凰衔药的传说有关，所以被武夷山一带的老百姓喻为"凤凰蛋"。

邹全荣在其所著的《武夷山村野文化》一书中，给我们介绍了关于"凤凰蛋"的传说。武夷山有一座药王庙，传说是古代乡民为了纪念唐代药王孙思邈武夷采药济民的事迹所建。有一年端午节，孙思邈千里迢迢来到武夷山采撷草药，当时盛夏早来，酷暑难当，百姓因此身染热疾，几乎成瘟。孙思邈用自己采集来的各种草药，进

图5　武夷山凤凰蛋（侯佳君拍摄）

行配方，给患病的百姓服用。可令孙思邈遗憾的是，如果要治疗当地百姓的病，就要当地的药引和汤头才能产生药效。这时有七只凤凰带着孙思邈到溪边崖畔去找所需的药引和汤头，七只凤凰衔来樟木、楠木、沉香木等奇缺药引给孙思邈研制验方，经过七天七夜，终于找齐了七七四十九种草药，烈日下七只凤凰筋疲力尽，刚衔完药引就坠崖而死了，孙思邈将药捣碎制成丸状，无数奄奄一息的患者服后得以救治。因为这种药的研制得到凤凰帮助而且形状如蛋，当地人故取名"凤凰蛋"。

笔者在五夫镇的一位叫刘裕清的青草药师那里了解到，当地的"凤凰蛋"是由上百种的青草药制成的，据老人介绍主要的成分有岩壁沏（主要生长在山岗上）、老干酥（长在路边）、寒藤子（长在路边）、石不落（很多地方都有）。在制作时，先是把采集来的青草药烤干或是晒干，然后再把它磨碎，加入雄黄酒搅拌，制成一个个鸽子蛋大小的丸子，再烤干就成凤凰蛋了。千百年来已成为当地百姓居家必备的良药。下梅村的村民都会研制凤凰蛋，而且草药齐全，疗效显著，时下已经成为武夷山旅游市场畅销的土特产品。

入夏后，武夷山家家户户均备有一定数量的青草药以制作凉茶，常用药物有鱼腥草、仙鹤草、车前草、淡竹叶、夏枯草、剑叶耳草、败酱草等。各地凉茶所用药物虽有不同，少则一二味，多则一二十味，但这些青草药均有清热解毒、清暑利尿、抗菌消炎的作用，对预防和治疗中暑及夏季肠道传染病确有一定的疗效。在武夷山的乡村，经常可以听到老百姓这样说，"乡间花草贵如金"、"认识的草就是宝，不认识的就是草"。在村野广袤的田塍，一年四季都有野生的花草，这是村野百姓受用不尽的资源。

同时，武夷山的很多民间谚语，也反应了青草药在治病上的应用。如"鸡苏草，路边

倒。人有寒，随便拗。"这是武夷山村野间常能听到的一句谚语。谚语中的鸡苏草，就是《本草纲目》中的紫苏；人有寒，是说人得了伤风感冒；随便拗，是说这种东西很多，到处都能采撷。紫苏是民间应用最广的一种常用药，它能解表症，去感冒。紫苏又有一种芳香味，具有嫣红的染色作用。村野之民又用它来腌制杨梅干、煮田螺，别有一番风味。

在武夷山村野，医食同源的花草很多，能给人带来食用价值的花草也不少。有一种叫做清明草的植物，制成的清明粿具有祛风湿，健脾胃的功效。清明粿是武夷山人非常喜爱的一种食物，更是清明节扫墓时的祭品之一，武夷山人家家户户每年清明前后都有做，作为亲属之间、邻里之间相互赠送的佳品。再如用山上的一种俗环乌俾仔、糖饼子的灌木的嫩叶制成乌米饭，吃乌米饭具有除邪气、祛痰、宽舒理气、治肠胃炎等的作用。

在武夷山地区，至今还保留着经常性的青草药交易市场。对于武夷山青草药的交易形式，据笔者的了解，主要可以分为"行商""坐贾"两种。所谓的"行商"是指，那些没有自己固定摊点的卖药者，他们当中又可以区分为专门从事青草药采摘销售的和仅是在一些农闲时节将自己平日农间劳作时采集而来的青草药拿来销售的，这

图6　清明草

种青草药的销售一般是在墟日进行的。而"坐贾"是指那些有固定摊点、店面的，这些人他们一般是自己采集或是通过收购的形式收集草药，然后用于销售。"行商""坐贾"之间也常是变化的，笔者在蜡烛会上遇到的金福莲医生，她的父亲原本就是一个"行商"，专门游走乡间买草药，但是由于找他买药看病的人渐渐多起来，病患们常苦于不知何处寻找他，所以就开起了个固定的店面看病卖药。

特别是在每年武夷山的柴头会和蜡烛会上，武夷山周边的人们，都会把自己采集而来的青草药，拿到固定的点去交易，市区里会出现有许许多多的青草药摊。这些青草药都是武夷山随处可以采到的，当地群众用它来祛痛防病很有疗效。备受武夷山人青睐的药材有鸡血藤、青风藤、金毛狮子、儿节香、地钱草、石豆莲，还有配方奇特、制作繁杂的凤凰蛋和太乙紫金锭等。这些青草药在当地人的眼中，不但具有奇特疗效，而且还具有价格低廉的特点。笔者了解到在蜡烛会上卖的很多在草药都是0.5元一份的，当然一向珍稀的药草，人们也会卖个高一点的价格，但是总体来说其价格是非常低廉的。

图7 金毛狮子

图8 蜡烛会上用于交易的草药

三、武夷岩茶与医疗

福建山区的气候潮湿多雾，土壤略带酸性，非常适合茶树的生长。唐代陆羽在其名著《茶经》中就言道，"岭南、福州、建州、韶州、象州……往往得之，其味极佳"。唐时福建已经成为中国茶叶主要产区之一，制茶业发达，在《新唐书》中记载，闽茶被列为贡品之一；五代初，建州茶也被列为贡品。在六朝时期，茶叶已成为百姓的日常饮料，茶树的种植不仅遍及全省；而且茶叶品种繁多，产量多，如作为贡品的北苑贡茶、建州茶等，还有腊面茶、半岩茶、紫笋茶、白芽茶等。

茶最早为人们所认知，就是在于它的药用功能。《神农本草经》记载："神农尝百草，日遇七十二毒，得茶而解之"的说法。五代学者王文锡在《茶谱》中记载道，茶是"万病之药"，有"返老还童之功"。《旧唐书·宣宗纪》记载道，洛阳来了位130多岁的僧人，宣宗问他："服何药如此长寿？"僧答："贫僧素不知药，只是好饮香茗，至处唯茶是求。"长寿的秘诀是饮茶。

因此，在大量产茶的武夷山地区，流传着丰富的以茶的医疗功效作为题材的传说故事。

南平茶学会的巩志先生在《武夷佛茶故事三则》里，给我们讲述了一个关于武夷茶洞的故事。在遥远的古时候，武夷九曲溪畔有一砍樵为生的人，因熟悉山里的草药，替人治病，人称半仙。一年武夷山瘟疫流行，死人无数，半仙走东串西为民采药治病。一天进山为好友李义寻找一种非常稀罕难寻的灵药"碧玉灵芽"时，不慎摔下山崖昏迷，后为一阵清风拂醒，睁眼就见一位童颜鹤发的仙人，叫他闭上双眼，半仙顿感身体在上升，不觉已到岩洞，仙翁放下半仙。便从腰际取下一葫芦，旋开盖，倒出一盏仙露让其服下，半仙顿觉浑身舒畅，精神抖擞，连忙翻身伏拜，谢仙翁救命之恩。仙翁在洞内拿出数株似苦茶的小树苗说:"此乃'碧玉灵草'能治百病,我看你有颗慈善之心,行医济世,吾助你灵草。速去为民治病,但要留下一株栽培传世,吾乃武夷君是也。"语毕隐去,半仙望空一拜,便在洞前栽上一株。

而有关武夷山茶的传说中,最为人所熟知的当属有关大红袍名字的传说。相传有一个穷秀才上京赶考,路过武夷山时病倒了,被下山化缘的天心禅寺的老方丈叫人抬回庙中,老方丈见他脸色苍白,腹部鼓胀,便取出一撮神茶叶片用开水冲泡让其服下。过了一会儿,秀才顿感香气回肠,经排泄后腹胀全消,身体康复后即上京赶考。不久,秀才金榜题名,中了头名状元,并被招为驸马。可谓虽春风得意,但是难忘老方丈救命之恩,尽管日夜有美丽的公主相伴,但却终日闷闷不乐。皇上得知之后,派其前往武夷山谢恩。老方丈告诉他,此茶乃武夷山神鸟从蓬莱仙岛衔来栽种的,叶片能消百病。状元听罢,让老方丈精制一盒带回皇宫。刚回到皇宫,只见上下一片忙乱,方知是皇后肚疼腹胀,卧床不起,请遍天下名医,用尽仙丹妙药,均不见效,状元献出神茶,治愈了皇后的病。皇上为了报治病之恩特派一位状元带上一件大红袍前往武夷山,把它披在茶树上,因而得名。

对于神话的传说,我们不能一概斥之为虚妄不经的东西。事实上,神话传说的背后,往往是有历史的真实存在。透过这些传说,其背后在向我们传递了这么一个信息:武夷山岩茶在当地人的生活中,不仅仅是一种休闲饮品,它更具有非常独特的医疗作用,保护着这片神奇山水中的人们。

在今天的武夷山地区,人们还保留着许多独特的喝茶养生习俗,如吴屯妇女喝茶俗,这里的妇女喝茶俗与其他地区的饮茶风格大不一样,它不是品茶,也不是饮茶,而是喝茶,它既不用茶杯,又不用热水瓶,也不用当今最流行的紫砂茶具,而是用饭碗。用的茶叶也不很讲究,当地山茶即可。茶水用三角茶壶放在灶门炉前文火煨开。这里的喝茶习俗,男

图9 大红袍母树

人概不介入,只有女性才有资格入席。设宴喝茶由村里农家妇女轮流做东,当天"茶宴"少不了邀请进村来的女宾客入席。做东者都想借此机会表现自己的手艺和盛情,拿出自己所有的好菜摆上茶宴,让姐妹们品尝。银根紧缩的日子,她们也会想方设法"就地取材",亲手制作小菜,如雪里蕻、豆腐乳、豆渣饼、腌辣椒、南瓜干、咸笋干、沙炒黄豆、花生等。如今,"茶宴"则丰富了起来。"茶宴"上农家以茶代酒,相互敬茶,且边喝边聊,谈笑风生。"喝茶"不仅交流女性情感,而且还起到了增进邻里和睦的作用,发挥着"妇委会"的调解功

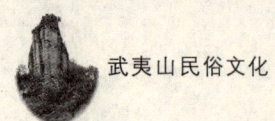

能。吴屯红园、上村、大际、小际一带,这农家妇女的喝茶习俗沿袭至今已有上千年的历史。(李敏收集)

人们不仅保留着喝茶养生的习俗,还保留下直接以茶为药的传统。

管家婆茶:下梅村将该茶作为一种常用的降火、清热的日常药茶,主要采自山野中的一种野茶,制作的程序相对简单,其味略苦,苦后有甘。在提神、解酒、助消化等方面都有着独特的效果,是区别于"凤凰蛋"的另一种药茶,下梅人目前叫做"管家婆茶",据说居家的妇女常喝此茶能精神气爽,能催进料理好整个家庭,好客的下梅人在邀请宾客喝岩茶的同时也不忘让大家尝一尝她泡的"管家婆茶"。

谷雨茶:在洋庄乡一个叫余叔龙的老人告诉笔者说,谷雨茶,吃了有利于肠胃消化,因此当地人都会把在谷雨时节采摘的茶叶制成后,特别收藏起来,作为消化药,在需要的时候拿出来用。而这种茶的采摘,除了前面说的时间上需要在谷雨当天(其他时候采的茶叶不行),他还特地强调,必需采自野生的茶树。

除此之外,还有许多各具功能的茶叶,如云门竹筒茶,此茶有玉竹之甘香、野茶之馥郁,消积健胃、解渴生津、涤心去浊,醒脑明神。当地百姓一有恙,便到寺中乞求佛方,扣冰和尚常将云门竹筒茶送给来求医问药的百姓,具有多方疗效。柚子茶,具有止喘、祛痰、宽郁理气的药效,因此很受村野之民的欢迎。

根据中医的理论,茶叶性味苦、甘、凉、入心、肺、胃经。茶具有提神醒脑,安神除烦;明目清火;下气消食,醒酒解腻;止渴生津,通便利尿;清热解毒,消暑止痢;疏风解表,祛痰止咳;益气力,坚牙齿等诸多功效。武夷山区的人们,经过世代的实践总结出各具功效的茶叶,应该说是有科学根据的。山区劳动人民对于茶叶的认识在《武夷真君仙茶道秘笈》中就有非常充分的认识:"养气延年,其功在茶;啜吃枕沐,其理太和;细乳留情,其碧如荷;冬凉夏暖,其顺天可;暑冷寒沸,其同麦禾;石泉涛击,其力除魔;修仙炼丹,其门最夸;三烝聚顶,其珍非芽;盈等永歌,其寿无涯。"

偶像的塑造：武夷山扣冰古佛信仰的兴起与演变

张锡臻*

扣冰古佛在佛教典籍《五灯会元》中名列六祖下五世之列，屡受历代皇帝敕封，是武夷山区载入佛教典籍中为数不多的圣僧之一。千百年来，信徒们对扣冰古佛顶礼膜拜，扣冰古佛信仰曾一度由武夷山区扩大到福建、浙江、江西甚至是四川地区。在《嘉泰普灯录》、《五灯会元》、《佛祖统纪》、《神僧传》、《十国春秋》、《扣冰古佛全传》、嘉靖《建宁府志》、乾隆《福州府志》、嘉庆《大清一统志》、嘉庆《崇安县志》、民国《崇安县新志》等典籍中都记载有扣冰古佛的生平及其禅法思想。但目前史学界对扣冰古佛的研究较少，就笔者所见仅有陈支平老师的《崇安县的辟支古佛崇拜与蜡烛会》、张慧远的《武夷山扣冰古佛及其禅法思想》、杨娟的《武夷山扣冰古佛崇拜的历史和现状》等论及扣冰古佛的事迹以及民间对他的信仰。本文试图在前人的研究基础上对扣冰古佛信仰做进一步的梳理，通过将典籍与地方文献的结合来探讨扣冰古佛信仰的塑造过程。

一、唐宋时期扣冰信仰的兴起

扣冰古佛俗姓翁，因其"夏则衣褚，冬则扣冰而浴"被人尊称为"扣冰和尚"。现存有关扣冰古佛的最早记载是《嘉泰普灯录》：

> 建宁新丰翁氏子。母梦比丘，风神炯然，荷锡求宿。人指谓曰："是辟支佛。"已而孕。生于武宗会昌之四年，香雾满室，弥日不散。年十三求出家，父母许之。依乌山兴福行全为师。咸通乙酉落发受具，初以讲说为众所归。弃谒雪峰真觉禅师。手携龟蚯一包、酱一器献之。峰曰："包中何物？"云："龟蚯。"曰："何处得来？"云："泥中得。"曰："泥深多少？"云："无丈数。"曰："还更有么？"云："转深转有。"又问："器中何物？"云："酱。"曰："何处得来？"云："自合得。"曰："还熟也未？"云："不较多。"峰异之，曰："子异日必为王者师。"后自鹅湖归温岭结庵（今为永丰寺），继居将军岩，二虎侍侧。神人献地为

---

* 张锡臻，厦门大学历史系硕士研究生。

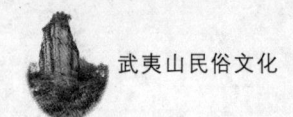

瑞岩院。学者争集,尝谓众曰:"古圣修行,须凭苦节。吾今夏则衣褚,冬则扣冰而浴。"故世人号为扣冰古佛。太傅章公仔钧闻师道誉,躬迎瞻礼。未几,舍第为寺。夫人练氏以子孙爵问之。答以十世(后如其言)。住灵曜,上堂曰:"四众云臻,教老僧说个甚么?"便下座。有僧烧炭积成火龛云:"请师入此修行。"曰:"真玉不随流水化,琉璃争夺众星明。"云:"莫只这便是么?"曰:"且莫认奴作郎。"云:"毕竟如何?"曰:"梅华腊月开。"刺史陈公诲于建安显亲寺之溪西,范铁为三大佛。既成,饭僧告众曰:"有能为赞者。当得奉之。"众皆默然。师居座末,起对曰:"百年陈铁,一朝成佛。"诲大喜,即跪奉以归(铁陈之小名也)。天成戊子,应闽主之召,延居内堂。敬拜曰:"谢师远降。"赐茶次,师提起橐子曰:"大王会么?"云:"不会。"曰:"人王法王,各自照了。"留十日,以疾辞。至十二月二日。沐浴升堂。告众而逝。王与道俗备香薪苏油荼毗之。祥耀满山。获设利五色。塔于瑞岩正寝。寿八十有五。腊六十有三。谥曰妙应法威慈济。

《嘉泰普灯录》由平江府国光孝寺僧雷庵正受于南宋嘉泰四年(1204年)编写而成,内容涉及王侯、士庶、女流、尼师等圣贤众庶,故名《普灯录》。而著名的佛教禅宗史书《五灯会元》则成书于南宋淳祐十二年(1252年),有宋宝祐元年(1253年)和元至正二十四年(1364年)两个刻本。《五灯会元》中所记载的内容省略了陈练夫人及刺史陈公诲的部分,其余内容与《普灯录》大体相同。从这两部较早的佛教典籍中,我们大致可以归纳出扣冰古佛的生平以及扣冰古佛在佛教中的形象。自13岁出家,扣冰先后参拜行全、真觉禅师,以其出众的禅法思想为众所归,并得到太傅章仔钧、刺史陈公诲以及闽王王廷钧的推崇。在佛教典籍中,扣冰是作为一个精通佛理的高僧形象出现的。典籍中称扣冰"初以讲说为众所归",紧接着列举了扣冰与真觉充满禅语的机智对话。扣冰借凫觜、酱等物说禅,阐明禅法思想。"四众云臻,教老僧说个甚么?"则是以此启悟众人,让人明晓禅理超出语言的边界,必须自悟自得。扣冰以"真玉"和"玻璃"比喻光明的心性,强调修行者在心性上的修行等等。佛教的典籍通过对话的方式,在一问一答之间阐明扣冰基本的禅法思想,为扣冰古佛塑造了一个精通佛理,讲学说道的高僧形象。

在唐宋两朝,扣冰曾受到六次封赠。现将扣冰古佛的敕封情况整理如下:

年号纪年	公历	皇帝	封号	间隔年限	敕封事迹
天成三年	928年	闽王廷钧	妙觉通圣大师	开始年	慈威盖世直诤闽王
宋绍兴五年	1136年	高宗	法威大师	208年	宏施法力祈雨救民
宋绍兴二十一年	1151年	高宗	慈济大师	15年	宏施法力祈雨救民
宋乾道元年	1165年	孝宗	法威慈济妙应大师	14年	宏施法力祈雨救民
宋淳熙十一年	1184年	孝宗	法威慈济妙应普照大师	19年	宏施法力祈雨灭病
宋宝祐元年	1253年	理宗	灵威法威慈济妙应普照大师	69年	宏施法力击退贼匪

根据上表的内容,我们发现对扣冰的敕封主要集中在宋代。从扣冰得到敕封的事迹来看,我们发现去世后的扣冰古佛的主要职能是祈雨救民和抵御寇匪,这与其生前传授佛法的形象有了很大的不同。扣冰古佛的信仰通过朝廷的封赐而趋于国家化和正统化,士大夫阶层也对扣冰古佛信仰倍加推崇。朱熹就曾赞扣冰云:"梦感神灵,天成佛性。戒行超凡,智慧人圣。法威普及,声传谷应。慈光炯照,屡被朝命。"

在武夷山民间,扣冰显灵的传说更是不胜枚举。相传,有一次黄河决口,田园淹没,饿殍遍野,河堤无法修好,扣冰古佛在崇安修寄水斋,黄河河堤才治理完成。又有一年,福州荔枝红时,遇大虫灾,人们来祈求老佛。老佛给铁牌一面,铁牌一到福州,大雨倾盆,给荔枝洗了一个澡,虫灭了,荔枝得到空前丰收。又有一年江西大旱,闻辟支老佛灵验,江西百姓特来祈雨,老佛又给铁牌一面,果然江西人回去后,雨真的落到那里,旱灾顿解。武夷山至今还有扣冰街、每年举行的"蜡烛会"以纪念扣冰古佛。通过民间的传说、朝廷的敕封,扣冰古佛的形象已经不再是传道高僧,人们将扣冰塑造成了普渡众生的神明。在这里,扣冰具备了祈雨求福、驱邪免灾、抵御寇乱的神话色彩。同时,扣冰古佛信仰也由武夷山区扩大到了福州、江西等邻近地区。

二、明清时期扣冰信仰的完善

时至明代,记载扣冰古佛的典籍有瞿汝稷的《指月录》卷二、谢纯的嘉靖《建宁府志》卷三以及朱棣《神僧传》卷九等。就其内容而言多与唐宋时期的典籍记载类似,且有略有缩减,当是对前代典籍的抄录。在明代编修的《建州弘释录》中除了记载上文所引《嘉泰普灯录》的内容之外,还增加了扣冰祈雨免灾的内容:"时建阳苦旱,邑侯童海请师祈雨,师书偈投之龙潭曰:'咨尔蜿蜒,听吾法语。天道好生,岂令禾死,潭渎汝司,曷悭致雨,今再愆期,法不贷汝。'须臾黑云四合大雨如注。众大悦。"此时,扣冰古佛已经兼具高僧与神明的双重形象。

清代有关扣冰的记载更加详尽,扣冰古佛的形象也越加丰满。其中《扣冰古佛全传》(以下简称为《全传》)由武夷山扣冰古佛俗姓翁氏家族合族捐资,委托古佛三十三代侄孙翁祖望所撰。全书分为上下两卷,上卷详实地记载了扣冰古佛的生平行履、传法经历、禅语诗偈,下卷为历代文人墨客歌颂扣冰古佛修行道场瑞岩寺及古佛的诗文,对扣冰古佛的形象进行了详尽系统的塑造。

1. 奇异之举,祥瑞之兆

在《全传》的记载中,扣冰的一生伴随着各种常人难以解释的征兆。如出生时的祥瑞:通过其母夜梦比丘有感而生,将扣冰与辟支佛联系起来,因而,又称扣冰辟支古佛。"武宗会昌四年甲子岁二月初八日辰时,是日仙乐腾空余音不断,异香满室弥月犹存……居襁褓中貌甚歧,凝视经文佛像辄哆哆和和而笑。"修行时则"冬不炉,夏不扇,褚衣敝衲,无间寒

暑,唯以屏息外缘砥砺内行,谨严法界,如护明珠。""师居岁久,有猱猿供果,禽鹊衔花,群物侍伴,似得所依,二虎复来,风云变现。"扣冰去世亦是"四处异香扑座,瑞气凝坛,半空飘笙乐之音,殿角有香花之象,云色惨空,鸟声悲野……师身七日色形如生,端坐禅堂,祥光不散。"

2. 移锡云游,普播佛法

在《全传》的记载中,扣冰最早是在乌山兴福寺落发出家,乌山兴福寺,地多古松、怪木、神鸦,人不敢入。唐咸通五年僧行全重建。寺后有坛,传为扣冰撒麻降魔处。此后,扣冰前往雪峰拜谒存义禅师,并有一段机智的对话谈禅,为存义禅师所称赞"异日必为王者师"。之后,扣冰先后前往永丰仁寿寺,吴屯大智寺,广福寺驻锡,最终建立瑞岩禅院。扣冰所到之处或刻苦清修,或畅谈佛法,或普渡众生,留下了佛法偈语,如"秋空一轮月,霜夜五更钟","木鱼声裹粥,玉板味中禅","瞑目睡一觉,回头月在天"。"洗皮不洗骨,浴垢不浴佛,刮磨西来意,悟者真心出。""苦当为,恶莫作,违吾戒,终罹祸"等等。扣冰强调佛即是心,心心长念;勤修持戒,顿悟真空;禅不可说,自然平常。

3. 慈悲为怀,祈福免灾

在《全传》的记载中,就已出现有关扣冰生前为民祈福免灾的内容。"时建阳干旱,田亩水涸、土地龟裂、禾苗稿死,民心怆惶……师因其诚敬随至阳邑,设坛于郊,乃跌坐默祷……黑云四起,风雷大作,须臾甘沐如注…通邑欢呼,禾稼勃然。""大师伏虎高风、降魔清誉、法召钵龙,曾沛建阳之甘沐,力辞山魅。"在扣冰去世之后,仍心系百姓,显灵消灾。《全传》中记载在康熙与雍正年间扣冰曾多次显灵,为邑中百姓抵御寇匪、祈雨救旱、灭虫消灾、排洪泄涝、救治伤病等等。

从《全传》的记载中,我们看见了一个完整、丰满的扣冰古佛的形象。它是在前代基础之上进一步塑造而成的。此时的扣冰兼具转世佛陀、传道高僧以及救世神明的形象。这三个的形象在古佛全传中都有详细的记载,且彼此之间没有强烈的冲突,是共生共存的。

三、扣冰古佛形象及信仰兴起的分析

通过上文对有关典籍文献的分析,我们发现,扣冰可以是一位一生中都伴有奇异祥瑞之兆的转世古佛,又可以是机智聪慧精通佛理的传道高僧,还可以是生前具有无穷法力,死后仍能祈福显灵的救世神明。自唐宋以来,扣冰信仰在发展传播中与王朝、地方社会以及民间社会之间发生了复杂的互动关系。而扣冰的多重形象则是由这些不同的社会阶层所塑造而成的。

在武夷山民间社会,扣冰崇拜持续至今。《古佛全传》记载:"每年仲春,邦人迎奉入邑,建无遮道场四昼夜,制香斋一百员,轮图接收,名为常承,取常承佛会之义。是期万众云集,香花灯烛,极其诚敬,毋感戏渝。自唐迄今,未闻有因佛会而生事致祸者。是以人心愈觉悚虔。灯烛之隆,岁盛一岁。下至村坊市镇,远近迎请,殆无虚日,仲冬方送回瑞岩。

若会典不缺,则一年之内,雨阳协应,禾黍丰隆,奇灾异疫消归无有。留心民瘼者当念此典乃春祈秋报之常,非近神赛会之比,勿加厉禁,听民自便,则佛歆其祀,而民受其福矣。"武夷山地处闽北山区,人们主要以农耕为生,民风淳朴,但山区多灾,人们祭拜神明以祈求风调雨顺,五谷丰登。于是,人们结合扣冰种种神奇的经历和传说,使其具备祈雨求福、驱灾免祸、弥兵御寇的职能,将其塑造成为地方的保护神。

武夷山自古就是宗教繁荣之地,北宋武夷山词人柳永就曾赞云:"千万峰中梵室开,僧向半空为世界。"据民国《崇安县新志》统计:武夷山佛教兴于唐朝和五代之时,共有寺庙54座,宋朝共有寺庙72座,迄到明朝有100余座,清朝寺庙接近200座。深厚的佛教底蕴为扣冰的传道高僧形象提供了土壤,扣冰的禅法思想得以在众多寺庙以及僧侣之间交流与传播。由此可见,寺庙与僧侣是地方社会推动扣冰信仰传播的重要力量。

地方社会推动信仰传播的另一支重要力量则是宗族。《扣冰古佛全传》是由翁氏家族合族捐资编著,从中可以窥见扣冰古佛信仰与地方社会之间的关系。在《全传》中记载:

> 扣冰辟支老佛,崇邑之新丰乡吴屯里翁屯水东村人,姓京兆翁氏,法号藻光。乃祖巨隅公,官拜荣府谘议参军。父承钦字文敬(邑曾载佛为承赞公之季子,与家谱不符,年远讹传,当以谱系为正),辟荐河西节度推官,刚果有为,才华炼达。中年艰于子嗣,弃职归家,广布善根,多行方便。会逢荐饥郡县,待哺公倒廪,倾囷捐输以济。又弃竭家财接籴继赈,活人亿万,颂声载道。

细读《全传》,便会发现其记载与前人典籍有所不同。唐宋时期的典籍中仅记载"(扣冰)为建宁新丰翁氏子"。而到了清代则记载:"父承赞为唐谏议大夫","藻光翁承赞季子也。"此处的记载则是"父承钦字文敬"。扣冰的身世记载存在颇多版本。首先是翁承赞,在武夷山的方志中多有其传记。据考证,翁承赞为乾宁三年(896年)进士,其生卒年月大约为公元859年和932年。而扣冰则是于会昌四年(844年)出生于吴屯,所以翁承载是其父的记载应为讹传。《全传》中亦称:"邑曾载佛为承赞公之季子,与家谱不符,年远讹传,当以谱系为正。"但据《百家姓·吴屯翁姓》的记载,扣冰的祖父巨隅公曾任荣王府谘议参军,因朝中朱全忠逼迫唐哀帝退位,不愿随波逐流,遂弃官避祸迁入福建。几经辗转来到吴屯定居。但唐哀帝禅让的时间为天祐四年(907年),那么巨隅入闽的时间也应在其后,也晚于扣冰出生的会昌四年(844年)。所以,《全传》中的记载也不准确。

从上文的分析来看,扣冰很有可能并不是翁氏宗族中的一员,但翁氏宗族仍将其纳入了家族体系之中,并合族耗资为其修撰《扣冰古佛全传》,这说明扣冰信仰在地方社会具有较大的影响力。从上面的引文中可以看出《全传》在叙述扣冰生平的同时还论及其翁氏宗族成员施德行善的事迹,这一方面是为翁氏祖先歌功颂德,另一方面则是希望借助扣冰信仰的影响力来扩大宗族在地方社会的势力。而关于扣冰身世的种种版本则在一定程度上反映了地方势力之间的斗争。当然,《全传》中所塑造的古佛形象也使得扣冰信仰得到了进一步的深化和传播。

在传统社会里,一种民间信仰能否得到提升,最重要的指标便是能否被王朝祭祀体系所接纳。扣冰信仰得到了王朝的认可与多次敕封,这对推动扣冰信仰的传播起了重要的

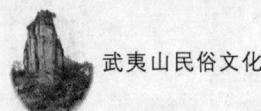

作用。扣冰在民间显灵的事迹不仅为其赢得了民众的信任,还通过地方士绅精英们得到提升,赢得朝廷的敕封。宋代对民间信仰的敕封采取了比较宽松的政策。宋代地方神明追封敕号蔚然成风。据《宋史》记载:"诸神祠无爵号者赐庙额,已赐额者加封爵,初封侯,再封公,次封王,生有爵位者从其本封。妇人之神封夫人,再封妃。其封号者初二字,再加四字。如此,则锡命驭神,恩礼有序。欲更有增神仙封号,初真人,次真君。"敕封的程序一般是地方官僚或乡绅上表请封,列举所谓"功及生民"的种种"灵异",朝廷派人到实地核实后,就颁诰敕封,因此,宋代的敕封神明很多。王朝通过敕封扣冰古佛可以对其信仰进行必要的引导和规范,控制以扣冰为信仰皈依的众多民众,从而加强了王朝对闽北山区以及周边地区的统治。

结　语

从唐宋起至明清,扣冰古佛的形象由一位传道高僧逐渐演变成兼具转世佛陀、传道高僧、救世神明的形象。扣冰的多重身份经历了信仰兴起、演变、完善这样一个漫长的历史时期才逐渐确立的,反映了不同的社会群体对于扣冰信仰不同的理解、解释以及利用。通过不同形象之间的互动与融合,又使得扣冰的形象逐渐趋于丰满与完整,从而推动了扣冰信仰的传播和发展。

武夷山地区下梅等传统村落民间宗教的状况考察

王利兵[*]

中国的宗教信仰源远流长，从原始社会的图腾崇拜、鬼神信仰到汉朝开始的儒教信仰，再到后来的佛教、基督教传入，以及道教的生长和各种民间宗教的发展，宗教对国家发展和人民生活的影响始终相伴随。伴随社会环境的发展变化，各种宗教在历史上都曾经历过繁荣与低迷，但不管其发展态势如何，有几种要素是各种宗教存在和发展所必须具备的，如教职人员、信众、场所、教义等。其中场所是指供教职人员和信众举行仪式和祭拜的地方，具体到不同宗教有不同的称呼，佛教称寺庙，道教称道观，基督教称教堂，伊斯兰教称清真寺，而民间宗教的场所名称更是繁多，如土地庙、城隍庙、龙王庙、鸣山庙等等，为了行文上的方便，本文将以上各种不同宗教场所统一称为庙宇。

庙宇作为奉神灵、祈平安、行仪式等的宗教场所，不仅体现和反映了各种不同的宗教文化，更包含诸如建筑、雕刻、绘画等众多其他文化和艺术，因而庙宇自身也就成为了融众多文化于一体的一种独特文化。然而，各地的庙宇及庙宇文化也因其信仰对象和时间、空间等的不同而不尽相同，我国自改革开放以来，各地的宗教信仰和庙宇建设总体上呈逐渐发展的趋势，尤以我国东南地区为甚。本文不拟对宗教信仰和庙宇文化进行研究，而是旨在通过对地方上庙宇兴盛原因的探讨来获得对宗教信仰不断发展的认识。

宗教作为一种社会意识形态，其发展和变化在很大程度上取决于诸如政治、经济等客观存在的各种社会环境。本文以社会存在决定社会意识以及社会意识对社会存在具有反作用为理论依据，以闽北武夷山地区为叙说对象，从多角度对当地庙宇兴盛进行原因追踪。文章所依据的方法主要有观察法、访谈法以及文献法等，所使用的资料部分来自笔者的实地调查，部分是由各村委会及相关部门人工提供。

---

[*] 王利兵，厦门大学人类学与民族学系博士生。

武夷山民俗文化

一、背景介绍

武夷山地处中国福建省的西北部,江西省东部,位于福建省与江西省的交界处,主要通用赣方言和闽北方言以及普通话。有关武夷山地区的相关历史记载可追溯到三千多年前的商周时期,武夷山地区不仅有着悠久的历史,更有诸如古越族架壑船、闽越汉城遗址、朱子理学和黄岗山、九曲溪等众多令人惊叹的人文景观和自然景观,武夷山也因其古老的历史、优秀的文化和迷人的景观而为世人所知晓和向往。1999 年 12 月,鉴于上述突出意义和普遍价值的自然和文化资源,武夷山被联合国教科文组织列入《世界遗产名录》,成为我国第四个文化和自然双遗产,也成为全人类共同的财富。

根据历史文献记载,武夷山地区在西周时为闽人聚居之地,春秋末期越人入闽,形成闽越族,武夷山又成为闽越人的主要聚居地之一。公元前 110 年,汉武帝平定闽越王叛乱之后,汉族人口逐渐南迁,土著闽越族逐渐同化为汉族,此后,武夷山地区居民以汉族居多,少数民族中以畲族人口居多。到了近代,随着交通条件的改善以及各方面的发展变化,往来武夷山地区的人口更是复杂多样。另据历史记载,武夷族先民很早就有诸如蛇、鱼、鸟等图腾崇拜和神灵信仰的习俗,正是在上述深厚历史积淀和复杂社会条件的基础上,武夷山地区形成了当下繁盛而又多元的宗教信仰局面。武夷山地区现有的正统宗教主要有四种:佛教、道教、基督教和天主教,另有大量土生的形式各异的民间宗教,据粗略估计,武夷山全市现有宗教场所 140 多处,经民族宗教局正式登记和临时登记的宗教场所有 60 多处。

除上述四种正统宗教和官方登记在册的宗教场所以外,在广大的农村社区,还有大量官方未登记的民间宗教场所。通过走访武夷山辖下的城村、五夫村、下梅村和曹墩村等几个知名而又传统的旅游村庄,我们了解到这一地区的农民对民间宗教的信仰非常强烈,民间宗教庙宇的修建也是非常兴盛。除曹墩村只有一座庙宇(鸣山庙)之外,其它几个村庄各自至少有两座庙宇,有的村庄甚至有三四座。只要进入这些村庄,外来者往往都能注意到存在于其中的建筑式样独特、香火烟气缭绕的庙宇,而从这些庙宇的位置、建筑的规模和香火的旺盛中,又可以深刻地感受到这些供奉着各式神灵的庙宇在村人中的影响和村人对其重视程度,也正是出于对这些村庄中各色庙宇大兴其道的现象感到惊奇,故拟对其兴盛原因做一番探究。

二、原因探析

如前所述,宗教的存在和发展是伴随客观社会环境的变化而变化。自 1978 年实行改革开放以后,我国市场经济开始逐步确立和完善,政治环境渐变宽松,民众主体地位开始逐渐被重视,诸如以上各方面的变化共同促使着宗教发展、宗教信仰自由和宗教多元化的社会氛围愈加良好。有关宗教各方面的变化和发展,我们可以从当下民间社会中各种庙宇的复建和兴盛中窥见一斑,而关于当下民间庙宇兴盛的具体原因则可能涉及多方面,具体到武夷山地区,可以从传统的影响、宗教功能、民众信仰、官方支持、经济发展等五个方面进行分析。

（一）传统复兴的影响

此处所说的"传统的影响"主要包含两方面:一是民众对各种宗教信仰的传统在当下的复兴,以及一些传统节日习俗在当下被重新重视所带来的影响;二是武夷山地区独有的悠久历史文化传统所产生的影响。中国是一个有着丰富风俗文化传统的文明古国,图腾崇拜、神灵信仰、节日庆祝、祖先祭拜等不仅是百姓日常生活的展现,也是百姓精神情感的体现,而这一切都孕育着宗教的产生。宗教作为人们生活的一种表达,也是人们生活的一种需求。在中国,很多民间宗教信仰的产生就是源于上述传统习俗,并在现实需求（如康福禄寿等）的基础上得以发展。可以说,宗教（尤其是民间宗教）的兴盛与否在很大程度上与人们对传统、习俗的继承和重视程度相关联。改革开放之前的几十年间,在所谓的"批林批孔"、"破四旧"、"反封建迷信"等的名义下,中国的宗教发展经历了一段低迷阶段。当下,随着各方面限令的放开,尤其是经济的发展和国力的增强以及民众受教育程度的普遍提高,国人开始重提传统习俗和文化的重要性,也因此,部分传统习俗和文化重新受到重视。以清明节成为一种国假为例,清明节的制度化可以说在很大程度上复燃了国人对祖先崇拜和祭祀的热情,进而刺激了民间崇拜和信仰行为的复苏和发展。又如当下时兴的"申遗"热,诸如孔子、老子、羌年、端午节、妈祖信仰等传统文化和思想重新回归民众视野以及被重视、保护、传承、发展足以说明这些传统的重要性和影响力,而这些对传统热情的回归又在一定程度上激发了民众对宗教信仰的热情。

武夷山是一个有着几千年历史记载的人文和自然圣地,各种图腾崇拜和神灵信仰的观念古已有之,其历史记载可追溯至商周时期。曾经让汉武帝为之倾倒的武夷君历经几千年一直为当地人所崇拜,当地人将自己的各种愿望寄于武夷君之类的神灵;理学集大成者朱熹更是武夷山的象征和代表,也正是他让武夷山充满理学气息,为武夷山的发展积淀了深厚的文化底蕴。武夷山地区所独有的这些历史和传统深深地影响了当地的民众生活和社会发展,而宗教在当地的发展和兴盛也不可避免地受到这些传统的影响。

（二）宗教自身的功用

任何事物的存在和发展都有其自身的价值和功能,宗教和其庙宇也不例外。一般来说,宗教可以具有下述一些功能:社会整合、凝聚精神、心理调适、伦理教化、社会交往等,在历史的长河中,宗教正是凭借其所具有的这些强大功能而得以存在和不断发展,并被国家和民众广泛接受和信仰。宗教的这些功用之于政府是一种工具,政府利用宗教所具有的这些功用来凝聚民众之精神、教化民众以伦理、约束民众之行为,以此达到其长久统治

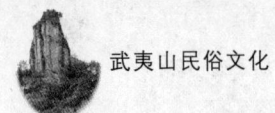

和维护社会稳定的目的。当下社会,宗教又多了一项可以为政府所利用的功能,即促进经济发展和国际交流。另外,宗教之于民众是一种手段,民众可以通过宗教所宣扬的和平、正义、求知、禁欲、极乐等教义和宗旨来获得一种心灵上的解脱和满足,以及精神上的一种愉悦感。

通常情况下,宗教信仰的内容和形式会因地理环境和社会环境等的不同而不尽相同,如我国东南沿海地带妈祖信仰十分普遍,这一信仰恰是与这些地方临海的地理位置以及当地人对出海安全的渴求相吻合;又如在农村社会,我们经常可以看见一座庙宇中会同时摆放着诸如财神、观音、如来、孔子等众多神像,而此点又是与农民实用功利性的宗教心态相适应,因为农民在日常生活中往往会同时存在诸如求子、求财、求平安、求丰收等多种愿望和需求,而一座庙宇同时摆放多种神灵塑像的做法既经济又实惠,符合农民的需求,故可以被农民广泛接受。在武夷山调查期间,笔者也经常可以见到上述现象,当问及村民如何看待这种现象时,他们通常的回答是"不同的神可以保佑你得到不同的东西"。另外,在走访的几个地点中,除了可以见到民间宗教的各种庙宇,还可以见到一些佛教的寺庙和道教的道观等,由此也可看出,多教合一的现象在当下社会已被民众普遍接受。而多教共存现象在当下之所以普遍被接受在很大程度上也是因为不同的宗教具有的不同功能,以及可以满足民众不同的需求,如佛教可以教人如何摒弃尘俗、寻求解脱,道教可以满足人们祈求长生不老的愿望,而民间宗教则可以实现人们对福、禄、寿等的多方面追求。

(三)民众的信仰

如果说庙宇是宗教存在和传播的物质载体,那么民众的信仰则是各种宗教得以存在和传播的主体基础和物质基础。在现实生活中,有时可以看到这样一番景象,即一地的庙宇规模宏大、香火旺盛,而另一地的庙宇则是香客寥寥、破败不堪,究其两者差异的原因之一就是信众的多寡。一座庙宇的存在、一种宗教的发展在很大程度上是依赖其信众,只有信众才能保证宗教的组织和体系得到正常运转,也只有信众才能保证宗教的庙宇有可靠的经济来源和源源不断的香火。

闽北武夷山地区,几乎所有大小庙宇都呈现一派香火旺盛的景象,在笔者重点走访的四个村庄中,部分村民(多为中年妇女和五六十岁以上的老年人)甚至是一日两拜(即早、晚两次焚拜),并且一年当中村民平均都会举行几次针对不同神灵的庆典祭拜活动。因为信众和需求的不断增加,所以在一些地方各种庙宇才得以不断增加和扩建,武夷山的城村汉城兴福寺就属于此种情况,城村因为人口较多,而原先的兴福寺规模较小,在一些大的节日庆典时难以容纳较多村民同时进出,基于此考虑,并在村民和村外香客的共同集资之下,兴福寺才得以不断扩建和修缮。城村村民之所以如此积极热情地修建庙宇、信奉神灵,其原因可以归结为以下几点:一是思想观念的多元化和功利化。随着物质生活的不断繁荣,民众的追求和想法也在不断增加,现今,民众对各种宗教的信仰和神灵的祭拜已不再是单纯的祈求生活温饱、庄稼丰收,还有诸如求子、求财、求寿、求学等多种愿望和需求,关于此点可从一座庙宇同时供奉多种神灵的现象中得到说明,由此也可见民众对宗教信

仰的实用功利性心态比较严重。著名汉学家葛兰言就曾说过中国人是一个最实际但却不是最虔诚信仰宗教的民族。二是现实生活带给人们的内心压力和无助。经济发展和生活水平的提升无疑给部分人带来了物质生活上的便利和富足,但同时不可否认的是,它使更多人内心的压力和无助感在不断增加,富有者担心财富流失而祈求保护,中产者祈求现实生活的安稳,失落者和受挫者祈求心灵的慰藉。总之,无论是富者还是贫者,无论是城市人还是农村人,他们都渴望从宗教信仰和神灵祭拜中获得一种心灵上的慰藉和一种暂时的内心解脱感。三是社会生活秩序的不稳定。现实生活中诸如抢劫、偷窃、腐败、谎言等众多不稳定因素让民众难以从现有的生活秩序中寻找到一种安全感,民众普遍的感觉是传统道德的衰退,所以他们渴望宗教信仰能够带来传统道德的复兴,渴望庙宇中的各种神灵能够为他们主持现实中的正义。四是生活的单调(尤其是农村地区)。农村地区经济发展相对城市地区落后,公共基础设施(尤其是文化娱乐设施)建设落后,村民在闲暇之时基本没有可供其休闲娱乐的场所和项目,所以,村民不可避免地会将注意力转移到诵经念佛、焚香叩拜等的宗教信仰和仪式活动中,以此来填补单调乏味的农闲生活和获取一种精神上的充实感,并且对于村民来说,经常参加庙会或仪式活动还可以巩固和扩大民众的交际圈。此外,庙宇等公共场所和庙会等仪式活动是一个充斥着大量信息和地方性知识的场域,村民可以借此来获取很多有用的信息和地方性知识。总之,以上诸因素在很大程度上影响和扩大了信仰宗教的民众范围,从而也必然会刺激作为宗教载体的庙宇的兴盛和增加。

(四)官方的默许

根据我国的法律规定,宗教活动场所的建设需要报请地方政府宗教事务部门批准,在新中国成立后(主要是改革开放之前)很长一段时间内,政府部门对宗教活动管制较为严格,宗教活动场所的建设更是很少获准。自1982年我国宪法明确规定"宗教信仰自由"和"国家保护公民从事正常的宗教活动"之后,以及随着改革开放和现代化建设的逐步推进,我国宗教信仰的政治环境逐渐宽松。目前,民间社会中各种宗教庙宇兴盛更加说明政府对待宗教及其发展的态度愈加地开明。结合对武夷山地区调查所得的相关资料,笔者以为可从以下四个方面来说明政府对待宗教的态度之所以改变的原因。一是国家精神文明建设的需要。1996年中共十四届六中全会明确提出了精神文明建设的主要目标,希望实现民众物质生活和精神生活的全面提高。宗教作为一种饱含各种价值的传统文化,在国家大力倡导精神文明建设的旗帜下,得以强调和重视,并用来丰富民众的精神文化生活。宗教作为一项丰富民众生活的文化内容,其中包含大量有益于社会发展和民众生活的思想,诸如道教的"自然观"、儒教的"忠孝"思想、佛教的"天人合一"思想,以及民间宗教中"敬天敬祖"等的思想都在国家精神文明建设中发挥了重要作用。二是宗教作为一种意识形态,具有前文所述的多种功用。宗教之于政府是一种社会整合、伦理教化的工具,政府一方面重视和强调宗教是一种传统文化资源,另一方面也在充分利用宗教可以统一民众思想、凝聚民众精神来实现其维护社会稳定的目的。三是宗教可以带动经济发展。由宗

教所形成的诸如庙宇文化和建筑艺术等吸引着众多的民众和游客,尤其是在一些宗教传统浓厚和旅游经济发展较好的地区,以武夷山为例,武夷山作为一座旅游城市,同时也是一座宗教文化浓厚的城市,在笔者所走访的各种庙宇中,焚香叩拜的除了当地民众,还有很多是来自全国各地的游客,如坐落在九曲溪畔的闽北最大的妈祖庙(天山宫)每年都吸引着来自全国各地的众多游客,另外,从各个庙宇中张贴的"乐善好施榜"和"功德碑"上也可看出宗教所具有的经济功能。四是我国东南地区诸如妈祖等的宗教信仰现象,在台湾、东南亚以及海外华人华侨社会中也都普遍存在,由此可见,台湾以及世界各地的华人华侨同中国大陆同根同源,由此可以看出,宗教还可以用来培养台湾同胞以及海外华人华侨对大陆的文化认同感,进而激发他们对祖国的热爱,培育他们的爱国主义精神。此外,随着全球化的不断发展,宗教还可以是一种加强国际交流、向世界传播中国文化的有效手段。综上所述,宗教对于国家和政府具有重要价值和作用,由此而来政府对宗教的默许态度和宽松政策也必将带动宗教的发展,促进庙宇的兴盛。

(五)旅游经济发展的带动

马克思政治经济原理告诉我们,经济基础决定上层建筑。经济对政治会产生重大影响,政治方面的诸多政策措施往往都是依据经济发展的需要而制定的。上文所述宗教信仰和发展的政治环境逐渐宽松,主要也是考虑到宗教作为一种传统文化资源对经济和社会发展具有重要价值和意义。近些年,随着国家整体经济发展形势的好转,武夷山地区的经济社会发展水平也在不断提高,经济的发展不仅使民众物质生活得以改善,也使民众手头上开始有剩余的钞票,而这就为民众更多地从事宗教活动提供了一定的物质保障。笔者在调查中经常也能够听到民众如此诉说:"以前没钱的时候比较少拜神,烧香火也比较少;现在有钱了可以多给各路神灵烧些香火,村里修庙也可以多出些钱",甚至有民众表示其一年光是花费在拜神等宗教活动上的费用就高达两三千元。另外,笔者每走进一座庙宇,都会发现庙宇内墙壁上张贴有许多红榜,这些红纸黑字记录的都是当地村民和香客在修建庙宇和举行仪式活动时所捐助的钱物。所以说,经济发展使民众有更多财力可以投入到庙宇修建等宗教活动中,同时不可否认民众之所以花费大量金钱在神灵祭拜和庙宇修建中,也是为了祈求能够获得更多的财富。

武夷山作为一个以旅游业为主的发展城市,旅游业对当地的经济增长和社会发展具有很大的贡献,尤其是在武夷山申遗成功之后。武夷山作为一个旅游型城市,其吸引游客之处一是其优美的自然景观,二是其浓厚的人文传统。可以说,武夷山地区的人文景观和文化资源对广大游客的吸引力不亚于其风景秀丽的自然景观,而在武夷山众多的人文景观和文化资源中,宗教和庙宇是其不可或缺的重要部分。来到武夷山,无论你是走在市区还是乡村,无论你是进入自然景区还是观赏历史古城遗址,你都可以感受到宗教的气息,目睹到庙宇的神韵。在以庙宇为载体的各种宗教活动场所中,游客络绎不绝,其中焚香叩拜、乐善好施的游客也不在少数,根据调查,武夷山地区各种大小庙宇的兴修扩建主要都是得自全国各地香客的捐助,捐助的数额小至几十元,大到几百万元,值得一提的莫过于武夷山景区的桃源洞道观,它的重修就是得到了一位来自泉州的香客的大力捐助,根据功德碑记录,此香客个人捐助399万元。无疑,武夷山旅游业的发展对于当地宗教发展和庙宇修建起到了促进作用,一方面,旅游业的发展为宗教的传播发展尤其是庙宇等宗教活动场所的修建提供了物质上的帮助和保障;另一方面,庙宇的兴盛以及宗教作为一种传统文化的提倡也在一定程度上促进了当地旅游经济的发展。

三、结　语

在欧美社会中间,很多人相信宇宙间的最高主宰者只有一个,或是上帝,或是真主。但在中国人眼中,则不然,中国人除了会信仰上帝和真主,还会信仰和崇拜诸如释迦摩尼、孔子、老子、关公、观世音、玉皇大帝、山神、水神、祖先等众多神灵,关于这一点可以通过中国民间社会中供奉着不同神灵的各色庙宇得以验证。很多西方学者认为,中国是一个最能包容的社会,所以在中国既可以看见悬挂着十字架的基督教堂,又可以看见象征求知、和平的伊斯兰清真寺,还可以看见宣扬来世轮回、禁欲极乐的佛教寺庙以及传授养生之道和阴阳五行之术的道教道观,此外,还可以看见摆放着各种神灵塑像供民众祈福、求财等的各种民间庙宇。殊不知,泛神信仰、多教共存的宗教现实出现于中国社会是有着多方面原因。

一般而言,探讨某件事情产生的原因不外乎从政治、经济和社会文化三方面着手,本文对武夷山地区民间庙宇兴盛原因的探析基本也是遵循此一思路,但在此基础上略有延伸。宗教作为一种神圣的信仰体系,它的教义和宗旨往往可以为信众提供一种心理上的方向感和希望,而庙宇作为宗教的一种物质载体和精神象征,它的存在可以为信众内心的宣泄、精神的暂时解脱以及心灵的慰藉提供一处场所。当下社会是一个物欲纵横、善恶交织、灾难不断、生活加速、竞争激烈的复杂多元社会,人们在享受生产发展所带来的优越物质生活的同时,精神和心灵上的压力以及对现实的无助感不免增加,而此时能够为人们提供心理宽慰的场所莫过于代表正义、和平、善良和友谊等的各种宗教庙宇,也正是基于此,信仰各种宗教的民众才会不断增加。同时,宗教作为一种社会意识形态,它自身的存在和发展有赖于客观存在的社会现实,所以,现实社会中经济等各方面的发展进步无疑也促进了宗教的发展以及作为宗教载体的庙宇的兴盛。作为一种信仰体系和社会意识形态的宗教,它的存在和发展除了受经济发展影响之外,还深受政治的影响,因为宗教在动员社会成员方面是一种巨大的力量,故政府必须对其善加利用以维护社会稳定和教化民众。此外,宗教还是一种传统文化资源,它的存在本身就具有价值,并且作为一种文化资源的宗教也是一个社会全面发展所不可或缺的重要组成部分。

武夷山作为一个拥有丰富人文景观和优美自然景观的旅游型城市,近些年它在经济和社会各方面的发展无疑很大程度上得益于其丰富的旅游资源,但在经济发展的同时,其当地政府和民众也逐渐意识到重视、保护和发展各种资源的重要性,尤其是人文资源,笔

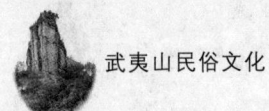

者在调查期间经常就能够听到一些当地人士(包括相关部门的工作人员)在讨论诸如如何保护和发展旅游资源等问题。此外,对于武夷山各方面的发展变化,我们还应将其放置到整个社会和国家的层面上加以考虑,这样一来它的各方面发展变化原因无疑会更加复杂多样。所以,对于作为武夷山地区重要人文景观的宗教庙宇的兴盛原因的研究和探讨无疑也会复杂多样,虽然本文对此一问题的研究是基于一定的田野调查,但仍是初步和尝试性的。

参考文献

罗莉:《寺庙经济论——兼论道观清真寺教堂经济》,北京:宗教文化出版社,2004年。

赵勇:《武夷山文化丛书:千古之谜》,福州:福建人民出版社,1993年。

林国平:《民间宗教的复兴与当代中国社会——以福建为研究中心》,《世界宗教研究》2009年第4期。

邹全荣:《武夷山村野文化》,福州:海潮摄影艺术出版社,2003年。

彭盛友、胡黛棣:《武夷山文化丛书——美丽传说》,福州:福建人民出版社,2000年。

刘家军主编:《闽文化与武夷山》,厦门:厦门大学出版社,2008年。

李天纲:《从文化多样性看民间宗教信仰的合法性》,《上海市社会主义学院学报》2006年第3期。

陈国清:《当代中国农村民间宗教转型的原因及趋势》,《时代人物·理论探讨》2008年第4期。

(法)葛兰言著,程门译:《中国人的宗教信仰》,贵阳:贵州人民出版社,2010年。

克里斯蒂安·乔基姆著,王平等译:《中国的宗教精神》,北京:中国华侨出版公司,1991年。

福建省地方志编纂委员会编:《福建省志·武夷山志》,北京:方志出版社,2004年。

武夷山的生产与居住民俗

殷秀云[*]

武夷山位于福建省西北部,毗邻江西省,是福建省南平市下辖的一个县级市,旧称崇安县,因境内武夷山而得名。武夷山有着极为奇特的丹霞地貌,风景秀丽,被誉为"碧水丹山"。除了大自然赐予的礼物外,世世代代居住在武夷山的人们还创造了极其丰富的物质、精神文化。武夷山人重农事、重时令、重风水、重村居,使得武夷山形成了较为独特的民俗与文化。本文将着重对武夷山的生产与居住民俗做一番探讨。

一、武夷山的生产民俗

武夷山,"在府西北二百四十里,东抵浦城县界七十里,东南抵建阳县界八十五里,南抵建阳之横金铺八十里,南西抵江西上饶县界七十五里,北抵江西上饶之洋源七十里,北东抵浦城县界七十里,自东徂西广一百四十里,自南徂北袤一百五十里"[①]。境内最大的河流是崇阳溪,设有崇城、星村、兴田、五夫、武夷5个镇,城东、上梅、吴屯、岚谷、洋庄5个乡,13个居民委员会,115个村民委员会。武夷山处亚热带季风气候区,其气候季节变化明显,7、8月份最为炎热,1月最为寒冷。由于武夷山市处于武夷山脉的迎风坡,因此气候湿润,雨水充沛,为水稻种植提供了良好的条件。先秦时期,就有"古闽人"在此生活,他们主要从事渔猎、砍伐、耕种及简单的手工竹编。直至清代,以手工劳动为主的农业、畜牧业和采矿、陶瓷业、造纸业等开始有了一定的发展,商业也趋于活跃。但由于地处深山,交通不发达,经济发展受阻。民国时期修通武夷山连接外地的公路后,经济情况较以前有了很大改观。武夷山不仅重农,是中国国家商品粮基地之一,而且其风景秀丽,吸引着众多游客,旅游业也十分发达,另有以饮料食品加工、纺织服装、木材加工为主的轻工业,经济形式十分多样。

---

[*] 殷秀云,厦门大学历史系硕士研究生。
[①] 嘉庆《崇安县志》卷一《疆域》,民国油印本,第9页。

（一）"靠山吃山，靠水吃水"的武夷山农业与手工业

"八山一水一分田"，以丘陵地貌为主的福建，山多田少，武夷山也不例外。嘉庆《崇安县志》载：

> 何乔远《闽书》云："崇安为建岩邑，士敦悫，民少经商"；《建安集》云："农力甚勤，桑麻被陇，茶笋连山，土风差胜"；《旧志》云："山峻水急，易门轻生"，又云："民多悍戾，罕尚文艺。自唐李频为建州刺史，以礼法治下民，始知文雅。至宋胡文定、刘屏山、朱考亭诸公继出，诗书礼乐之盛几于邹鲁"；朱行中诗："水无涓滴不为用，山纵崔嵬也要耕"；《旧志》云："四乡之田，依山者多，平地者少，以雨露之多寡，山水之有无为丰凶。蓄水池塘，运水桔槔，未之有也。卖田与买田皆不知田，而仅知佃，佃之名曰赔，赔为田皮，买为田骨，竟有换赔而主不知田之所在者，其田租以谷二斗五升为一桶。四桶为一箩，每一箩纳粮米四升"。①

从上述材料中我们可以看到，即使自然环境并不理想，但武夷山的人们自古以来一直都十分重视农业，且形成了"靠山吃山，靠水吃水"的耕作习俗。

武夷山的主要粮食作物为水稻，因其气候湿润，雨水充沛，所以水稻种植较为普遍。由于地理条件不同，武夷山的水稻种植有单季稻、双季稻之分。山区由于比较冷，所以多种植单季稻，比如我们走访的小浆村、大安、大安源等。单季稻一般4月底播种，播种二十余日下肥，9月收获。而离山区稍远的温暖地区则普遍种植双季稻。由于武夷山雨水频多，所以不多种小麦。等到冬成之时，田事基本结束，因此在当地有"了田"的习俗，即农家于冬成之日聚餐，象征田事已了。

武夷山最为有特色的农业形式当属立体农业。所谓"立体农业"即在种植莲子的田中养鱼（也有一部分是在稻田中养鱼），同时在水的底层养殖田螺、泥鳅、黄鳝等的农业模式。其实在宋朝开始就有莲田养鱼，明、清时期发展比较缓慢，到了70—80年代，由于莲田施肥，特别是磷、钾肥施用后，莲田的田螺增多，群众既收莲子也收鱼，还有田螺收获，一举三得，深得农民喜爱，这种形式在崇安、建阳发展最为普遍。②

武夷山盛产莲子，南宋朱熹《莲沼》诗中就有"莲实"的记载。莲子的品种主要有锦卫莲、突目莲（均系建莲品系）、饶莲、湘莲等。最为有名的产莲地当属出产建莲的五夫，十几亩莲田相连，十分壮观。五夫人告诉我们莲子亩产可达100斤，每年四月份收，用竹签通芯，烘干（只能烘干，不能曝晒）后，制成莲芯茶，而脱芯后的莲子则可加工出售。五夫的很多居民都以此为生，因此当地很多民居的屋檐上都挂有晒干的莲蓬，以祈祷来年有好的收成（如图1）。

这里不仅盛产莲子，而且水田特别好，所以泥鳅、田螺、黄鳝等特别丰富，且都是久负盛名的土特产，这是武夷山立体农业发展的重要条件。除此之外，武夷山有"四特"，即"东

---

① 嘉庆《崇安县志》卷一《风俗》，民国油印本，第22页。
② 《南平地区志》卷六《农业》，南平市地方志编纂委员会，第394页。

笋、南茶、北米、西鱼"，东指的是武夷山市区东面的五夫镇、上梅乡，以竹笋最为出名；南指的是武夷山市区南面的武夷镇、兴田镇，因产岩茶出名；北指的是武夷山市区北面的岚谷乡、吴屯乡，以稻米而闻名；西则指的是武夷山市区西面的洋庄乡、星村镇，因水质好，盛产河鱼。武夷山丰富的土特产一直是武夷山人的骄傲。

"靠山吃山，靠水吃水"，武夷山丰富的土特产得益于它的自然、地理条件，而武夷山品种繁多且极

图1 五夫民居屋檐上的莲蓬

具特色的经济作物除了得益于当地的自然条件外，武夷山人的辛勤耕作也起到了非常关键的作用。

武夷山的经济作物较多，也较有特色。除了上文提到的莲子外，烤烟叶的种植在当地也十分普遍。据文献记载，整个南平地区已有400年的烟叶栽培历史，清陆耀《烟谱》记载，"烟草处处有之……第一数闽产，而浦城最著"[①]。民国初期，邵武、顺昌、武夷山多有种植烟叶习惯，当时多为晒烟，1979年，开始试种烤烟。20世纪90年代有组织地进行商品性大面积生产烤烟，并配套健全产、供、销一条龙服务体系建设，发展较快，晒烟面积逐年下降。[②]

图2 武夷山人将村墙上标语："农民要致富，种烟是条路"

烟草是一种喜温、喜光，需水较多的作物。武夷山年平均气温17℃，年降水量1894毫米，全年无霜期为272天、日照4400余小时，比较适合烤烟的种植。据当地居民反映，

---

① 《南平地区志》卷六《农业》，南平市地方志编纂委员会，第359页。
② 《南平地区志》卷六《农业》，南平市地方志编纂委员会，第359页。

12月中旬是培育壮苗的时期,一般要经历给种子消毒、浸种、催苗的过程,然后等待播种。在此期间,对规划种植烟叶的田块,秋收一结束就要翻土晒白,以促进土壤分化。3月上旬是烤烟壮苗的移栽期,一般是3天(避开移栽期低温影响,可稍做日期调整)。移栽前要先"起垄",在种植烟叶的大田中开好"十字"沟及边沟,做到田间排水通畅,施好肥后整条畦要盖膜待栽。15~20天后便可移栽烟叶,移栽时在移栽穴内先放一把营养土,再深栽烟苗用营养土填穴,移栽结束后3天傍晚连续喷洒适量水份。移栽后10天左右施加肥料(磷、镁、硼肥全部作基肥),采用基肥与追肥、干施与浇施、无机肥与有机肥相结合的施肥方法,如移栽后遇多雨天气,土壤水分过多,追肥可以采取干施的方法,避免土壤渍水。在移栽后25天之前结束第二次追肥。等到端午之时,便可以收烟叶,一亩1000颗左右,大概分几批采完。

由于武夷山大量种植烟叶,因此有许多烤烟厂。烤烟厂一般建在地势较高,地基牢固,地下水位较低,雨季不积水的地方,而且与民房、仓库等生活、生产设施有一定距离。部分烤烟房比较密集,建在一起,便于统一管理。我们在五夫镇大将村见到的烤烟房多为占地10平方米左右的烤烟房,烤出来的烟叶叶面颜色由绿色转为黄绿色,主脉甚至支脉颜色变白,叶片下垂,自然弯曲呈

图3 武夷山大将村烤烟厂

弓形则烤烟成熟。据大将村居民反映,一户人家大概有15亩烟叶田(40%~50%的人从事),一亩可以收获1000颗烟叶,每颗卖3元,一亩田的纯利润可达到1500~2000元。

武夷山的经济作物中食用菌的种类也较为丰富。人工栽培食用菌于明末清初传入此地,以香菇为主,还有黑木耳、白木耳、毛木耳、蘑菇、平菇、凤尾菇、金针菇、草菇以及竹荪、灵芝、茯苓、猴头菇等20余种,武夷山曾有许多菇厂,是菇农聚集之地。他们多来自浙江省龙泉等地,秋收后这些人便来到森林中搭草蓬生产香菇,收完春菇后则返乡从事他业。这些菇厂也有一套风俗。对待来到菇厂的客人,厂主需先以茶水接待,然后烹煮鲜菇,请客人品尝。大概20世纪70年代以后,由于森林资源逐渐减少,加之人工栽培的食用菌菇兴盛于市,山间菇厂已被取代。但我们现在却可以看到另一种菇厂,它并非建于山间,而是在平地上,即培育巴西菇用到的真菌房。巴西菇产业七八年前进入武夷山。在五夫,我们看到了很多种植巴西菇用的真菌房(如图4),且有很多妇女正在临时搭建的棚里编制真菌房中使用的芦苇垫、草垫(如图5)。巴西菇的培育大概从5月份开始,种植者从莆

田运来种子,并用之做母种。然后再用小麦种子等和运来的种子配好,把种子发出来。此期间需要建立巴西菇厂房,用稻草、芦苇等铺在厂房的底层,配好肥料(芦苇＋农家肥＋化肥)发酵。4月份,则开始施肥,铺种子,再铺一层泥巴,1个月后便可长成,大概10月份后结束采集(这期间可以采五六批,巴西菇种子全部弄好6小时就可以长大,采掉又可以长出来)。巴西菇出厂价1斤50多块,有莆田人、建阳人等来收购,卖到外面1斤80～90元,利润丰厚。很大程度上改善了当地居民的生活水平。

武夷山最为有名的当属茶叶种植,这与其优越的土壤条件密不可分。武夷山低海拔的平原地带以红壤、水稻土为主,由于红壤是一种酸性土,因此较适宜种茶叶。

茶文化自始至终都贯穿着武夷山的文化脉络,特别是元代朝廷在武夷山设置御茶园,使武夷山的茶叶贸易非常兴旺。武夷山许多人祖祖辈辈以茶业为生,因此有许多与茶有关的风俗,例如"喊山与开山"。"喊山与开山"是一种在御茶园举行的祭祀活动,由当地知县主持。所谓喊山即参加仪式的茶农们高喊"茶发芽,茶发芽"的口号,祈求神灵保佑茶叶丰收;开山是在带山人的带领下,茶农们清晨跟随带山人赶早向他们的制茶祖师塑像行默祭礼,之后便在休茶林分散采茶直到太阳升起,等到带山人分发烟卷后彼此方可说话交流。喊山与开山是武夷山特有的采茶习俗,源远流长。不过,现在已不多见。

图4 巴西菇真菌房

图5 五夫人编制巴西菇厂房草垫

我们在走访的过程中还发现了与采茶有关的花鼓曲,在当地广为流传。

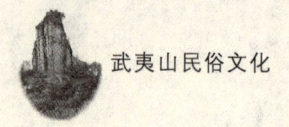武夷山民俗文化

采茶曲[①]

正月采茶是新年,下落金钗定茶园。定的茶园十二亩,当官写字二文钱。
二月采茶茶发芽,姐妹双双采山茶。姐采多来妹采少,不管多少采回家。
三月采茶茶叶青,姐在房中绣手巾。两边绣起茶花朵,中间绣起采茶郎。
四月采茶茶叶黄,当搁田中耕田郎。耕的田来茶又老,采的茶来秧又长。
五月采茶茶树黄,茶丛树下有黄虫。多买香纸谢土地,山神土地保平安。
六月采茶热洋洋,多栽杨柳少栽桑。多栽桑树无用处,多栽杨柳好当凉。
七月采茶昔高机,姐在房中绣高机。织得笔机三五尺,留到明年做郎衣。
八月采茶桂花香,风吹桂花满园香。大姐出来问二姐,春茶不如秋茶香。
九月采茶菊花黄,重阳米酒菊花香。男人爱吃糯米酒,女人爱吃菊花香。
十月采茶是立冬,十个茶篮九个空。茶篮挂在金钩上,留到明年再相逢。
十一月采茶雪花飘,雪花飘在郎身上。郎在外面取花钱,姐在房中烤火笼。
十二月采茶是一年,肩驮雨伞取茶钱。街上茶钱取完了,明年早早再相逢。

这首花鼓曲形象地反映了茶叶种植到采集的整个过程。

我们走访武夷山的时候,正值清明前夕,因此可以看到大片的清明菜,这些清明菜可以用来做清明粿,是当地较为有名的小吃之一。武夷山的蔬菜品种很多,而且蔬菜的种植与烤烟的种植采取轮作制。武夷山区内1000多年前就开始种葱、蒜、萝卜、小白菜等。20世纪初农民开始从外地引进花椰菜、结球甘蓝、大白菜等。主要有苋菜、白菜、番茄、茄子、辣椒、丝瓜、冬瓜、南瓜、黄瓜、四季豆、毛豆、长豇豆、葱、芋、花椰菜、甘蓝、萝卜、芥菜、马铃薯、芹菜、大蒜、豌豆、西红柿、山药等。武夷山的水果也很多,当地居民称他们是"靠山吃山",4月收获梅子,5月收获杨梅,7月上山采蘑菇(香菇、红菇),8、9月收获栗子、梨等。而武夷山中最为有名的山货则数山笋。每年清明时节,竹笋破土而出。农谚云:"清明赛出,谷雨赛高"。由于时处春暖,春雨绵绵,最适竹笋生长,竹笋出土半月内如不掘采,则落朴成竹。与菇厂类似的是,以前人们为了多采笋,多产笋干,在采笋期间,全家在竹林之中,水流边,用木头支起临时的住所和生产场地,集中力量挖笋、运笋、削笋、煮笋、烤笋……大概一个月后结束,再迁回原地。但20世纪60年代后,交通运输方便,鲜笋市场兴旺,毛竹销路也日趋扩大,减少了笋干的生产量,则不再有笋厂聚居的风俗。

笋不砍则变毛竹。现在每家都有毛竹承包林,以前归小队管,现在自己管,要卖的话,需要林业站批(收管理费)才能出售。毛竹10多块一寸,每家有自己的片区。毛竹隔年7—10月砍(因为上半年天气不好),2年长一次。大年长笋,变毛竹,大年不能砍,小年砍,笋大年9月到次年2月砍。

武夷山人充分利用本地丰富的毛竹资源,发展了许多手工业。比如编制竹制品等。竹制品分为两种,一种是竹制用具,一种是竹制工艺品。竹制用具有鱼篓、簸箕、箩筐、竹椅等,鱼篓又叫鱼筛(如图6),是用做捕鱼的,他形似一个立体的鱼,光口、鼓腹、敛尾,在

[①] 《闽北(小浆村)花鼓曲》(民间"马仔灯"小调),2007年,第2页。

入口处有一个圆锥形的竹圈(如图7),三、四、五月份鱼产卵时,将鱼罟大口朝向水流来的方向,鱼从圆锥形的竹圈进入后,就被困在里面无法出来。簸箕是用来挑土、端粪的。这些竹用具大多是本地人自己用的,当地人说在制作这些竹制工具时,要将竹黄扔掉,留下竹青(皮),因为竹青比较有韧性,不容易断裂。但制作竹制工艺品就可以二者混用了。工艺品主要用来在各种集市上出售。

图6 鱼罟

图7 鱼罟

(二)武夷山的贸易网络

武夷山的市场网络大体分为两种,笔者以其流通范围及功能的差异性,将其分为内部市场网络和外部市场网络。所谓内部市场网络是由以五夫镇、武夷山市为代表的商品集散城镇与以各个村落为代表的农村集市组成的,它的流通范围主要是整个武夷山内部物品的流通。所谓外部市场网络则是

图8 正在编制中的簸箕

由下梅、星村等为代表的货物输出地组成的,它们在明清时代作为整个世界茶叶运输网络的输出地,因当时水运便利,也具有贸易流通枢纽的功能。

1.武夷山的内部市场网络

武夷山的内部市场网络主要靠其集市体现出来。武夷山的集市分为两种,一种是村落间规模较小的集市,民众通常称之为"赶墟",另一种是比较大的集市,即会,比较常见的是柴头会与蜡烛会。

武夷山较小规模的集市一般设在村落人口多、有一定规模、交通便利的中心区域,各个村落的墟日错开,以农历月日为主。

据嘉庆《崇安县志》记载:"乡村神会各赛其土神,建醮演剧趁会贸易远近皆至,百货俱集,黄土十月,上梅十一月,俱以朔日为期,最盛者星村之九月十五,梨源之七月十五,曹墩之十月初一也。若每月六市,则各乡俱有所谓痎市也,俗谓之墟。"

这些墟场加快了当地农副产品的交换,使得人们各取所需,极大地促进了当地贸易的发展,给武夷山经济注入了活力。

表1 武夷山各村落墟日

一六日墟	二七日墟	三八日墟	四九日墟	五十日墟
五夫观音堂	下梅伯石	下梅吴齐	会仙赤石	会仙仙店
建平草坪	五夫街	上梅洋根	将村星村	丰阳黄亭
节和澄浒	丰阳黄土	下梅公馆	吴屯塔里	
石四黎口	黄柏官塔	周村曹墩	五夫澄溪	
	将村下詹	长平黎源		
		石四岚谷		
		大浑街		
		居宁山坳		

表2 武夷山输入与输出的产品

输出品名	输出地点	输入品名	输入地点
米	建瓯、福州	豆	河口
茶	福州、厦门、香港、汕头	麦	河口
纸	杭州、上海	油	河口
笋干	河口	盐	福州
杉木	福州	京果鱼货	福州
松木	福州	绸缎	杭州、上海
香菇	福州、上海	布	丰城(夏布由玉山输入)
姜黄	建瓯、福州	洋货	福州
		药材	河口
		家畜	上饶、铅山

资料来源:民国《崇安县新志》,第299～300页。

除了上述各种较小规模的集市,武夷山较大规模的墟场当属柴头会与蜡烛会。柴头会又称柴棍会,民国《崇安县新志》云:"柴棍会,二月初六日集中竹竿、柴棍、农具及一切日用品于城坊售之,故名。五夫于正月二十七日行之。"① 柴头会之时,各个村落的村民和外地人带着自家生产的各种工具、中草药、耕牛等前来武夷山"赶会"。柴头会起源于北路乡

---

① 民国《崇安县新志》,民国三十年铅印本,第165页。

村农民进城暴动。这些村民为反抗当地土豪劣绅的剥削,纷纷举起柴头木棍涌进城里,声势浩大,因为村民们手里举着的柴头木棍很是壮观,被当地人成为"柴头会"①。柴头会上有大量本地和外地的木制品、竹制品、铁器、药材、农具、农作物种苗、耕牛和日常生产、生活用品。其中交易数量最多的当属农民耕地所需的各种木制工具(如扁担、锄头柄、犁架、犁轭等)、耕牛以及各种从山中采来的中草药,会期一般维持2~3天。

蜡烛会是在农历二月廿一日,其一开始并非物品交流会。它起源于唐朝,是为悼念辟支古佛而起。相传辟支古佛曾在崇安修寄水斋,治理好黄河决口,又有一年,福州荔枝遭遇虫灾,老佛给铁牌一面,天降大雨,浇灭虫害,荔枝得到空前丰收。因此武夷山的民众为悼念他,特在吴屯建有父母庵一座,将他的肉身遗像供奉在那里。每到会期万众秉烛迎奉。每到蜡烛会之时,大家争迎古佛扣冰辟支,便能迎得此佛进乡,全乡当年则风调雨顺,五谷丰登。如今的蜡烛会则演变成为商品交流会,有些乡镇和村也有类似的会,如农历正月廿七五夫会、二月初一吴屯会、二月初六黎口会、二月初八岚谷会、二月十五大浑会、七月初一兴田会、八月十五南岸会、九月初一枫坡会。蜡烛会上交易的物品主要有木制品、竹制品、花果树种、凳椅、锄柄、犁耙等,还设有耕牛市场,出售整头牛。

五夫镇还有"二七会",即每个月逢二、七日(初二、初七、十二、十七、二十二、二十七)五夫镇各个村、各周边县市(建阳等)过来赶集,交易各种中草药、农副产品、生活用品,此集市的寓意在于正月二十七"二七会"之后才算真正过完年。

2. 武夷山的外部贸易网络

武夷山不仅各个村落间贸易交流兴盛,其在世界范围的贸易网络中也曾占有举足轻重的地位。说到武夷山与外界之间的贸易往来,就不得不提其十分便利的水运,而武夷山的水运很大程度上都依赖着崇阳溪。早在闽越时期,崇阳溪这条水道就发挥着重要的作用。闽粤王城横跨城村的三个山丘,坐北朝南,城门在东。它利用崇阳溪这条天然水系,构造了一条人工运河。崇阳溪的自然流向是从北面流向南面,在闽越王城绕了一个大湾,城则坐落在水系的大湾的中间,王城建造者利用上游和下游的高差,在城的中间裁弯取直,开了一个水道。因此除了4个城门外还有2个水门,这便形成了水上交通,在2000多年前,陆路交通很闭塞的情况下,水路交通是最好利用的,因此闽粤王出巡或朝廷官员前来拜访,都是坐船从水门进来,在宫殿门前下船,可避免登山之劳。

据嘉庆《崇安县志》记载:

> 崇溪,所谓大溪也,合众溪之水,汇而为一。自东北出者,由岑阳、瓯岭、寮竹、济拔、横源、铜坂诸路,至丰口而小浑溪入焉。至吴屯而浴水溪、岚溪、新丰溪入焉。至阳谷下而李洋溪、杉溪入焉,至寺口而大漈溪、寺溪入焉。自西北出者,由分水沿二十里而大安源入焉。又下而双溪入焉。至第四渡则温林、观音二关之水自大□桥□会至石雄支,分入陈湾陂为清献渠,其经流则逾德星桥,与东北来者合而为一。过永宁桥而濑溪自东入焉。经赤石而浆溪、黄龙溪,自西入焉。复下里许,而梅西自东入焉。

---
① 邹全荣:《武夷山村野文化》,福州:海潮摄影艺术出版社,2003年,第101页。

又十里,而柘溪、周溪、杉溪合为九曲溪自西入焉,至黄亭而籍西入焉,过此为建阳地矣。①

表3 崇阳溪航路情况表

经过地点	通航区域及里程	河幅及水深	流 速	两岸之状况	通航船舶之种类及其重量	渡河及架桥点状况
自县之西北发源,至县城合流,向南入建阳县,在赤石横断于路	由本县至建阳长约六十公里	河幅最宽为一百八十公尺,最狭为二十七公尺,水最深者焉十二公尺,最浅者不过一公尺	平面水流甚慢,险滩狂急	两岸六都为山,小教为田	通航船舶以民船为限,载量最大限度二千公斤	公馆附近,崇溪横隔崇建公路,河幅宽约近百公尺,水深约五公尺以上,流通尚缓,遇大雨时水势狂,不能渡船。

资料来源:民国《崇安县新志》,第81页。

依靠崇阳溪,武夷山的贸易自明清以来就十分繁盛,"宅门临渡头,村树连溪口",这是武夷山一些溪流旁古村落的环境写照,武夷山大多古村落都建造在大的溪流、河道旁边,而它们也因享有舟楫之利发展起来。武夷山最初的水运主要是依靠几条较大的水运。明清以来,大量的茶叶、木材、笋干、大米等当地特产,就是利用竹筏等水上运输工具,从九曲溪、东溪、西溪、梅溪、黄柏溪、岚谷溪等乡村水路运出,汇运至崇阳溪,然后再通过崇阳溪与闽江相通,出福州入海。武夷山的一些史料中记载:康熙五年(1666年),本县茶叶在下梅、赤石、星村急转运销。乾隆、嘉庆年间销于广东。雍正五年(1727年),晋商有经营武夷岩茶者,纷纷到武夷山下梅、赤石、星村等茶叶交易集散地采购,走出了一条"南茶西售"的商路。五口通商后,则由厦门、潮州、广州三帮至县采办,而转移到福州、汕头、香港。岩茶多销售于厦门、晋江、潮阳、汕头及南洋各岛。以上提到的下梅、赤石、星村都是武夷山大溪流旁的集镇,这些村借助水运的优势,形成了规模很大的茶市②。

虽然这些村落如今都繁华不再,但是却沉淀了许多历史。我们走访了古时繁盛的城村码头、星村渡口,如今依然有许多人拜祭这里的妈祖(如图9)。

城村古渡码头在城村之北,古有"淮溪首济"之称。城村古民居的发展,就源起于这个一度繁盛的渡口。明清以前,武夷山一带是没有供奉妈祖的,明清以后武夷山出于发展贸

---

① 嘉庆《崇安县志》卷一《疆域》,民国间油印本,第12页。
② 邹全荣:《武夷山村野文化》,福州:海潮摄影艺术出版社,2003年,第32~33页。

易的需要,加之崇阳溪的特殊地理位置,使得武夷山水上交通兴起,城村古渡码头也成了商客云集之地,因此,来往商贾受沿海一带敬神习俗的影响,为保溪流水运平安,在码头、渡口修建妈祖庙。渡口所在的古粤城村是闽粤人离去后,中原移民重建的村落。它兴于宋元,在明清之时最为繁荣,民国之际趋于衰落。城村曾经是"隔溪灯火团相聚,半是渔舟半客船"的闽北通商大埠,来来往往的商人都会到妈祖庙中拜祭一番,以求妈祖保佑。

图9　城村渡口妈祖庙

在星村码头附近,也有一座天上宫妈祖庙。天上宫妈祖庙建于清嘉庆年间。殿中有重建碑记:

重修天上宫记

　　武夷山神仙窟宅,道教十六升真玄化洞天。《华夏仙都道书》云:登仙者,当在天台注册。武夷山换骨,为历代名家养生登真首选福地。天上宫座落星村九曲之畔。志书云星村者,天街之参华也,九曲者,星河也。故曰:"天上之宫"。祀奉天上圣母妈祖元君。宫宇始建于清康熙三十八年,重檐翘脊,雕梁画栋,雄伟壮观。宫殿门楼嘉庆时赐建,砖镂细刻,龙绕凤舞,美轮美奂,兀显妈祖之尊崇,号行宫之冠首。宫务历来黄冠主持,晨夕诵经礼忏,祷文祈言,信众熙攘,香火绵延。圣母诞辰,绕境踩街,万民空巷。燃灯焚香,竞相朝拜。然岁月沧桑,经历文化浩劫,近代宫宇荒芜颓败殆尽。似遭权利侵夺,险被拆除。幸国昌道兴,圣母显灵,岁共和辛巳桃源道观焚修,弟子感戴厚德,承负重修之责,冲破阻力,不辞劳倦,十方募资,幸有所成。今琳宫轮奂一新,神迹咸赫,护国佑民,恩泽群黎。

　　道历四千七百零八年　玄门弟子林信涵、李信觥、赵崇沐手拜撰

殿门上宫殿门砖雕上刻有额名:天上宫。据史料记载:嘉庆七年(1802年)妈祖被敕封为"天上无极元君",天上宫这一额名标示出妈祖的封号。保存在后殿石柱上的楹联"瀚海破恬神德厚,行宫迹驻圣水恩",大殿木柱上的对联是"门临曲水鹤舣常留,地隔湄洲虹桥可接",这些楹联的内涵都与妈祖文化有关。妈祖在形成初期就被水户们奉为"通天水神"。"枯槎"是妈祖的信物,"鹤舣"指的是"枯槎","虹桥"源于武夷君幔亭招宴的神话,"虹桥"又叫"仙船"、"仙槎",至于星村妈祖庙为何"天上宫",有关学者认为妈祖庙建于九

曲溪上游,且九曲溪上游又俗称通天河。① 据考证,这座妈祖庙是汀州会馆,从门额上题刻着的"鄞江聚秀"这四个大字来看,鄞江在汀州。星村自古是茶市,从汀洲来的商客集聚汀洲会馆。嘉庆《崇安县志》有载:"星村茶市,五方杂处,物价昂贵,习尚奢淫,奴隶皆纨绔执事,江西及汀州人为多,漳泉亦间有之。初春时,筐盈于山,担属于路,牙行佛宇,几欲塞破"②,可见星村之贸易繁盛。到星村的外地客商大都从事经营水上运输,从九曲溪水运汇崇阳溪经过闽江入海,为保漕运安全,必须仰赖妈祖庇护,天上宫门额上刻地"宁波"、"利济",强化了祈求风平水静、惠利济船的求安、求财意识。③ 清康熙年间,天上宫旁边有很多茶行,放茶到各地。除此之外,茶叶还主要是通过当溪码头装货上船,需先经水路(梅溪、崇阳溪)运往崇安城,然后再由陆路运抵铅山的河口,再运往外界的其他地方。由崇安城到铅山主要经由崇安分水关。分水关是崇安县八关之一,尤其是在康熙年间,晋商由下梅茶市为起点,通过梅溪、崇阳溪水路将岩茶运至崇安县城,再雇用当地工匠千余人,用车马将茶运至江西铅山,后水运至汉口,一路北上,经太原、大同、至张家口、归化,再换骆驼至库仑、恰克图。武夷山的岩茶便由此到达了俄罗斯等地。在下梅有一条小运河,名为当溪,它曾经是清康熙年间武夷山茶市最为繁华的水道,盛时每日行筏300艘,转运不绝。因此,当溪的南岸也建有一座妈祖庙,供奉妈祖。

而我们走访的馀庆桥也是当时下梅、五夫等商贾百姓到达江西或进城的必经之路。馀庆桥建于清光绪十三年(1887年),是古代崇安闽赣古道的枢纽。它是崇安县缙绅朱敬熙为母亲献寿而捐建的。民国《崇安县新志》记载,"(崇安)南郊阻大河,行者病涉,敬熙秉母命,以三万金创馀庆、垂裕二桥,雄伟为闽北冠。"④馀庆、垂裕二桥相接于崇阳溪师姑洲,为崇阳溪水运贸易及往来商旅、百姓提供了不少便利。

可以说,明清时期武夷山的水运对当地的贸易发展起了关键性的作用,随着公路等陆路交通的发展,这些水道已经失去了水运的功能,只有从遗留下来的妈祖庙中,我们还能探寻到当时历史的点点记忆。

二、武夷山的居住民俗

(一)武夷山民居结构

我们走访了武夷山的小浆村、大安、大安源、五夫镇、大将村、古越城村,发现这里的建筑风格有一样的地方,也有不一样的地方。总的来看,武夷山遗留下来的民居多为二进一

---

① 邹全荣:《武夷山村野文化》,福州:海潮摄影艺术出版社,2003年,第33~34页。
② 嘉庆《崇安县志》卷一《风俗》,民国间油印本,第23页。
③ 邹全荣:《武夷山村野文化》,福州:海潮摄影艺术出版社,2003年,第33~34页。
④ 民国《崇安县新志》,民国三十年铅印本,第291页。

院的院落式住宅,或一进式三合院。一般来说,一进为门厅,二进为迎客厅或供奉祖先牌位的正厅,牌位之后有后落(泉州建筑中称寿后堂),用来存储物品,有的做厨房使用。另有一些民居将一进左右的厢房用作厨房或储藏室。门厅与正厅之间为院落,中间设有天井,部分民居在后落之后带有一个小院子饲养家畜等。

大户人家的居住规模较大,有三进两院式的组合式院落住宅,在普通民居的基础上多一个厅与院,也有在此基础上衍生出来的其他形制。例如城村的林氏祠堂就是典型的三进二院式建筑(如图10),而城村赵氏祠堂则为小型二进一院建筑的代表(如图11)。

城村李氏家祠则比较特殊,但也符合一般四合院的形制,其在两侧设有回廊,且在四合院左侧又伸出一部分空间,增加了一个院落(如图12)。

武夷山遗留下来的古民居建筑结构大抵如此。四合院这种合院式建筑中的庭院四周闭合而露天,一方面可以在夏天有效地遮荫纳凉,冬天又可以很好地采光保暖,抵御风沙。露天通透的庭院既是入风口也是出风口,通过自然的风压得到流畅的通风。此外,庭院还有利于排水和收集雨水。而天井则是

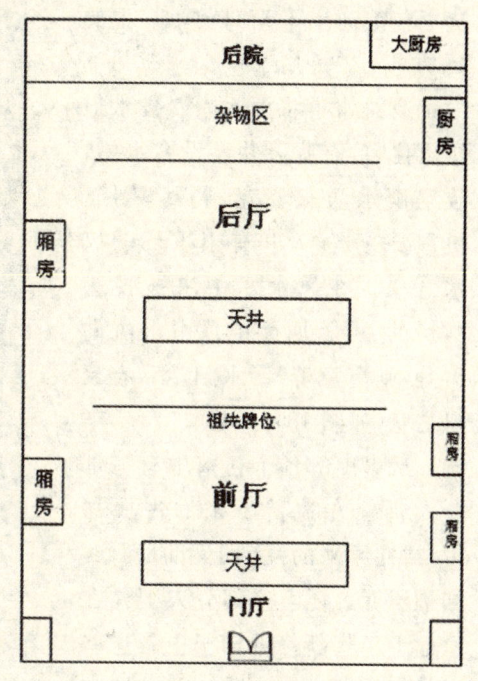

图10　武夷山古粤城村林氏祠堂

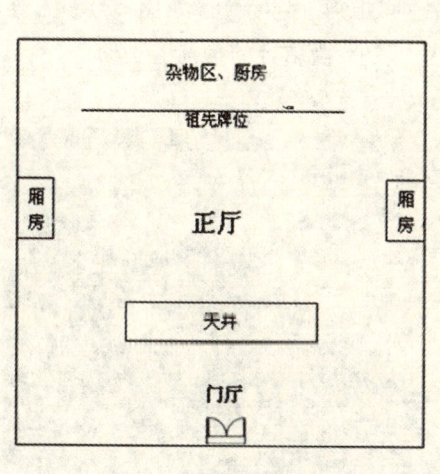

图11　武夷山古粤城村赵氏祠堂

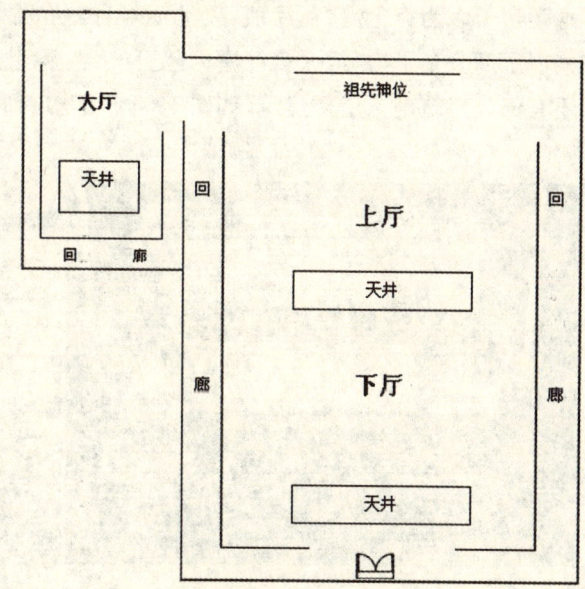

图12　武夷山城村李氏祠堂

排水、集水、通风的主要介质。其主要功能是解决住宅采光通风。古代民居居住密度较大,且窗户较少,比较密闭,因此天井基本解决了住宅通风采光问题。其主要功能之二是用于排水。天井下方都有排水道将雨水顺着排水道排出住宅,有些天井还设有水槽,收集雨水防火浇花,物尽其用。更重要的是,天井有很重要的风水意义。在风水术中水被视为"财"的象征,四面屋顶雨水流向天井,则寓意着"四水归堂",有聚财之意(如图13、14、15)。

武夷山的各个村落中有一部分人仍住在遗留下来的古民居中,或在原来的基础上稍加翻修,结构不变。还有一部分人则住在六七十年代新修的房子中。这些房子多采用木制结构,木材被禁止砍伐后,部分则改用砖制结构。

图13　古民居天井,下方为集水池、排水道

这类房子多为夯土墙,瓦片顶,顶呈不对称三角形,有利于雨水的泻出(如图16、17)。这些屋子部分是平房,但大多在屋内隔开一层,将上层空间堆放一些杂物(如图18)。另外还有部分建筑是二层楼建筑(如图19),亦是木制框架与夯土墙结合的构造。

图14　古民居天井,下方为集水槽、排水道

图15　古民居天井,下方为集水槽、排水道

图16 武夷山民居侧面

图17 武夷山民居正面

图18 武夷山民居第二层隔断间——仓库区

图19 武夷山民居——二层建筑

(二)武夷山民居的防火、通风、排水、防潮系统

武夷山民居必不可少的组成部分是夯土墙,无论是砖制房屋,还是木制房屋,都用夯土墙作为和周围房屋的隔断层。夯土墙一般高6~8米,比住宅厅堂的屋脊高出1米左右,能起到很好的封(隔)火效果(如图20)。

防火的建筑结构还有许多,比如图14中天井之中的水槽,其功能之一就是来应急救火的。另外,在村落中,还有许多的防火构造,例如马头墙(如图21)。

图20 封(隔)火墙

图21 马头墙

 武夷山民俗文化

这些马头墙可以避免一家着火,多家受灾的局面。它可以很好地将火势控制在一定的范围之内,避免了"火烧连营之势"。

除了防火,村落的排水、防潮设施也很重要。武夷山民居的底层都是由卵石叠加而成的基础,可以起到很好的防潮作用。而且靠近溪流、地势比较低平的地区卵石层比较高(如图22),而偏离河流、地势较高的地方卵石层则比较矮(如图23)。

图22 靠近溪流的民居卵石层较高

图23 远离溪流的民居卵石层较矮

每一个民居中都有排水系统,古民居最典型的排水设施则属天井,不再赘述。而整个村落的排水系统也很重要。最为典型的当属武夷山古粤城村。

城村坐北朝南,三湾抱水,街巷按十字交叉分布,以卵石铺地,36条小巷纵横交错,街巷两旁都是排水系统(如图24、25、26),由西向东或由北向南注入溪流、河流。

在走访的过程中我们还发现了比较有趣的通风设施,即在房间的前后,于上部留出两个通风孔相对,这样便可以让空气流通(如图27)。

图24 城村街道旁的排水系统

图 25　城村街道旁的排水系统

图 26　城村街道中的引水道

图 27　通风孔（在门的同样高度上亦有一相同的通风孔与此相对）

（三）建筑习俗

在我们访问过程中，得知了许多建筑习俗，如上梁礼、新屋落成典礼等。所谓上梁礼即建房之时，各亲友需互相帮助，房柱竖好之后，择一吉日，把房屋主梁架上，称为"上梁"。上梁之日，诸位亲友要来帮忙或观看，并送礼品或红包祝贺，主人则设酒宴款待。新屋落成礼是在新屋落成时，亲友送上贺礼或红包，主人设酒宴款待亲友的礼俗。

三、结　语

武夷山风景秀丽，土产、山货十分丰富，给武夷山的人们带来了很多便利。他们自古重农，靠山吃山，靠水吃水，在传统的耕作模式下，又发展出了许多新型的农业模式，如立体农业、各种经济作物的种植等，尤其是巴西菇与烤烟叶的种植，给当地的经济注入活力。

武夷山的市场贸易在明清时期甚是发达，由于其地处崇阳溪之畔，水运十分便利，且崇阳溪的各个支流也让许多村落有了发展对外贸易的条件。武夷山不仅内部市场网络健全，形成了有一定规模、有固定时间的集市，且在明清时期的世界贸易网络中也扮演着重要的角色。明清以来，武夷山将大量的茶叶、木材、笋干、大米等当地特产，利用竹筏等水上运输工具，从九曲溪、东溪、西溪、梅溪、黄柏溪、岚谷溪等乡村水路运出，汇运至崇阳溪，然后再通过崇阳溪与闽江相通，出福州入海。重要的是，康熙年间，晋商以下梅茶市为起点，通过梅溪、崇阳溪水路将岩茶运至崇安县城，再雇用当地工匠千余人，用车马将茶运至江西铅山，后水运至汉口，一路北上，经太原、大同、至张家口、归化，再换骆驼至库仑、恰克图。武夷山的岩茶便由此到达了俄罗斯等地。除了下梅，星村也是放茶的重要地点。

武夷山不仅地理位置优越、资源丰富，给当地人提供了许多便利，武夷山人也十分勤奋，创造了各种具有武夷山特色的文化与风俗。其居住民俗就是十分有特色的一点。武夷山的许多村落如城村、下梅等还完好地保有一些古民居，这些古民居不仅建筑风格独特，还巧妙地把风水、排水、通风、防火等因素考虑进去，在走访的过程中，武夷山民居的各种雕刻艺术也让我们眼前一亮，让我们对古人的智慧肃然起敬。

这次考察让我对武夷山的物质与居住民俗有了一定的了解，但并未能穷尽这两大方面的其他细节，如有机会，我将对一些未能探讨的细节做更深入的调查，以更好地将武夷山丰富、独特的物质、居住民俗呈献给大家。

武夷山下梅聚落空间的形成与传统民居

吴鲁薇*

福建省境内山川丘陵纵横交错,历史上不便的陆路交通形成了众多或大或小、相对独立的方言区和民系,各个地区社会经济文化发展的不平衡形成了各具特色的文化圈和生活圈。这些文化圈和生活圈,在建筑形式和建筑材料上均得到充分体现,福建也因此保留了大量种类丰富的乡土建筑。如,"闽西有大量举世闻名的圆形或方形土楼,闽南盛行装修极其华丽的红砖建筑,闽东以热情奔放的、像海浪一样涌动起伏的封火山墙为重要特征,闽北建筑则多表露木结构,简朴轻快。"久居闽南,此番武夷之行,让我切身体会到了两地民居的华丽与淳朴之鲜明特征。

一、下梅村地理环境与人文概况

下梅村为武夷山市武夷街道办下属的一个行政村,因其位于武夷山市东南部的梅溪下游河畔而得名,现包括有坑头、后山、君山、溪畔、黄泥头五个自然村。村落周边山清水秀,景色宜人,四周山峰的海拔平均高度在600多米以上,其中南面的芦峰海拔高度在900米以上,北面的夏主岭也在800米以上,东面的黄竹岭与西面的后山岭海拔高度在400米左右,地势相对较低。村庄田园坐落于山间盆地之中,南面山高如屏,可挡淫风(即夏季之风);北面山高如障,可挡朔风(即冬季之风);而东面山冈和西面山岭稍低,正好有利于延长日照时间。梅溪环绕村庄南北后汇入崇阳溪,又有900多米长的人工运河当溪穿村而过,将下梅分为南北两部分,在村口与梅溪交汇成"丁字形"水网。这一水网不仅满足了下梅村民生产、生活的用水需要,也是重要的水运通道,沿溪畔有众多码头,下梅也就成为了梅溪流域重要的交通孔道。周围皆山的地理环境使茶叶、菇类、杉木、烟草、柑橘、笋干等多种山区经济作物成为除水稻以外,下梅村民重要的生计来源,在梅溪、当溪流域中转贸易。整个村庄蕴藏着"山气刚,川气柔"的风水意象,堪称"钟灵毓秀"、"藏风聚气"之地。优雅的人居环境和重要的交通区位使下梅村日渐兴旺。

---

* 吴鲁薇,厦门大学历史系硕士研究生。

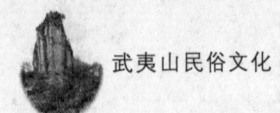
武夷山民俗文化

下梅何时形成聚落，今无确凿史料可证，但据嘉庆《崇安县志》记载："宋咸平中（998—1003年），（崇安县）增置二乡，统里六。武夷乡曰上梅，共五图；下梅，共五图；会仙，共七图。上仁义乡曰周村，共二图，黄村一图；将村，共五图。"可见，下梅村早在北宋时已是梅溪下游的一个基层行政单位，那么，当时应有一定规模的人口定居了。

闽北古村落的形成多数缘于移民的到来。明清以来，随着下梅茶市的兴起和商埠的形成，下梅村作为基层行政中心的地位得到了加强。现居住于下梅村的隆、方、程、孙、陈、岳、张、江、邹等姓氏也基本是在这一时期陆续迁入，不断扩展着下梅的聚落空间。清代，武夷茶叶在国际贸易中的繁荣，闽北山区的茶叶种植与加工生产获得了很大发展，闽北与浙赣两省以及福建沿海地区之间的物资流通与人口流动十分频繁和活跃，乡村市场骤然兴起，下梅村即在这一时期发展成为闽北地区重要的茶市。据《崇安县志》载："康熙十九年（1680年）间，武夷茶市集崇安下梅，盛时每日行筏300艘，转运不绝。"大量外来人口入住下梅，他们或是长期定居种茶、种菇，抑或从事打铁、酿酒、卖药等行业，或是不同时令因采茶、制茶、包装、贩茶等需要而从外地招募来的短期雇工等。在武夷山就有"福建的茶叶，江西的技术"之说，江西茶工因为拥有较好的制茶技术，每逢茶季纷纷到崇安采茶，形成闽浙赣地区季节性的移民潮。这些移民的到来不仅为求生计和发展机遇，也传播了祖籍地的文化，而且使得整个村落的各种设施日渐完善齐全。

二、宗族发展对聚落宅第的影响

在下梅聚落空间的形成和发展过程中，邹氏宗族的发展及其家业的建置起了非常重要的主导作用。现在下梅古村落中的大部分古民居都是属于邹家的，保存也最为完好。

（一）邹氏兴衰与聚落发展

如前所述，邹氏为当时江西移民大潮中的一员，来到他们所向往的"翠碧湾还之，内便是仙乡；溪水萦绕之间，顿成福地"的下梅村。于是也就有了邹氏"发祥起祚，烟火万众，正未有艾也"的兴旺景象。我们从保存在下梅邹氏后人手中的《南丰茶溪邹氏家谱》（民国八年七修）了解到，下梅邹氏的始迁祖邹元老世居于江西省建昌府南丰县茶溪村，其妣李氏生禹章、茂章、舜章、英章四子，是为第二十一世。大约在康熙年间，夫妇二人携四子迁往江西广信府兴安县辟垦，雍正二年，二老逝世于广信府玉山县，其子兄弟四人又由玉山县徙居福建建宁府崇安县下梅里当坑坊谋生。据说刚开始时，仅靠掘窑烧炭沿街叫卖维持生计，经过一段时间之后，有了些许资本才从事茶叶贸易，购买茶山，逐步购置屋宇，终于在下梅村站稳脚跟，并逐渐兴旺发达起来。

邹氏兄弟于雍正乾隆之际入籍下梅后，以茂章和英章的茶贸事业最为成功，这两房的人丁也较为兴旺。邹茂章以诚信不欺为其经营宗旨，经商范围远及江浙一带，且与前来崇安采购茶叶的山西商人形成良好的合作关系，他在下梅开办"景隆号"茶庄，专门加工毛

茶,以售晋商,于是经营有成,为邹家起家奠定了基础。他出资在当溪街北路创建了"邹氏家祠",也就是"邹氏上祠",即今街北路的27号宅屋,是邹氏早期集祭祀与家居于一体的祠堂。

其弟邹英章主要在闽南和广东从事茶叶贸易,积累了巨额财富,举办了大量家族及社区公共事业,包括购置房产,修桥设渡等。英章第三子邹永深(1763—1816,字达远,号茅轩)在茂章、英章两房"自手买置下梅鸭巷口地基"之上,另建邹氏宗祠,即所谓的"邹氏下祠",祠堂正门直临当溪,"邹氏家祠"的雕花门楼至今保存完好,成为下梅村的标志性古建筑。除地基外,当时建祠的工资等费用亦皆出自茂章、英章两房。宗祠建成之后,禹章、茂章、舜章、英章四房各出银二百两,共计八百两,放贷生息,以为祠堂公产。至乾隆后期,邹氏家业臻于发达,现在下梅邹家巷、芦下巷、东兴路一带的大量宅第屋宇就是在这一时期创置的。他们还疏浚当溪至丈余,修筑了8个码头,促进了下梅经济的发展。大概从乾隆五十八年(1793年)至嘉庆十三年(1808年),本息共计得银五千余两,又购置崇安县曹墩彭蒙求田及庄一所;此后又连年添买各姓田产,累积租谷共计1900余桶,这些族产主要用于祭祀和奖掖读书及贩济族人,也使邹氏在当地社会声望日臻。

随着邹氏商业的成功,财富的积累,人丁的兴旺,不少族人通过读书科考或捐纳赐封走上仕途,如邹英章诰封奉直大夫,邹茂章诰封中宪大夫,其孙邹太成(1769—1816)曾担任广州澳门军民同知,掌握着粤海关进出口贸易的实权。这一切均促使邹氏在下梅的社会声望日益显赫,除修建了"邹氏大夫第"以外,还在当溪南面修建了"西水别业"、"隐士居"等大片豪宅和民居,使邹氏宅第在下梅聚落空间结构中占据了主导地位。下梅村以当溪为中轴线,沿溪南北两面的聚落空间格局在乾嘉时期正式形成并基本定型。

道光咸丰以后,随着茶市的转移,邹家的商业活动也开始走下坡路。据民国《崇安县新志》记载:"清初本县茶市在下梅、星村,道咸间下梅废而赤石兴。红茶、青茶向由山西客(俗称西客)至县采办运赴关外销售,乾嘉间销于粤东,五口通商后则由下府、潮州、广州、晋江、潮阳、汕头及南洋各岛。"加之邹氏家族内部的日益分化衰颓,晚清至民国时期,家道更是江河日下。许多屋宅出卖给异姓,如位于街南路23号的房子卖给程姓,位于新街巷8号的房子则卖给郎姓,下梅聚落的社会空间再次发生变化,但其实质空间迄今来看变化不大。

(二)聚族而居和宅第形制

闽北古村落的基本格局都是在明清时期形成或最终完善的。宗族的伦理观念是维持地方社会稳定的精神支柱,朱子理学在武夷的发源传播更为这一带儒家伦理道德学说抹上浓厚色彩。宗法理念在住宅中提倡长幼有序、兄弟和睦、男尊女卑、内外有别等观念,并崇尚几代同堂的大家庭共同生活,以此作为宗法制度和家庭兴旺的标志。另外,宗法制度崇天敬祖的观念提倡对家族或宗族祖先的崇拜并祭祀各种地方神明。这些体制和伦理道德观念,以及当时盛行的风水观念,对于村落的形成、民居的平面布局、房间构成和规模大小等都有着深刻的影响。

下梅古村落充分体现了这种"聚姓而居"的传统。邹氏在下梅的宅第主要有当溪北面的景隆号、邹氏家祠、大夫第、闺秀楼,以及当溪南面的西水别业、隐士居等大片的民宅。以邹氏大夫第为例,这是一组坐北朝南的宅第群,它由四幢依封火墙并列的古民居组成,从东至西依次往后退三至六尺,形成宅门错落有致"退一步"的规制。这样的布局不但丰富了宅前空间层次,使其路巷曲折幽深,同时也把长幼尊卑、礼让和睦的道德观融入在建筑之中。此外,大夫第、隐士居等大多民宅从入口到最里层的地势依次渐高,每上一层台阶为一层厅堂,每个厅堂约高出一尺,前后相差三尺左右,最里层一进面北而尊的厅堂也称"椿萱正寝",椿萱象征父母,因此这一堂屋就是父母长辈的起居所,蕴含着传统伦理观念和步步高升之意,而且从建筑本身来看,内高外低的宅基也有利于排水顺畅。神龛及祖先牌位放于内厅正座的左右甬门上方,或在甬门上方墨书"敬天"、"尊祖",也有将神龛置于正座之后,而神位放在香案上或神龛内。

其次,从宗族到小家庭的组织关系和山区气候环境也决定看住宅的外观与结构。一般以宗祠或家祠为中心辐射展开,以家族血缘为聚合的基础上组建而成,形成一种由内向外自然生长的村落格局。下梅古民居宅与宅之间紧接靠拢,由高出屋面屋脊的封火墙隔绝,建筑密度较大。外墙封闭,有利于夏季防晒、冬季防风,且山区偏僻,这也是出于安全上的需要,体现出封闭、求安的意识。邹氏等下梅的大户宅第和公共场所多由灰砖砌筑门面,平面有一字形和八字形两种,前者下枕墩石,上挑披檐,后者多为四柱三间牌楼门,如邹氏家祠。一般民宅则多由卵石叠砌墙基,再用三合土(当地泥土、瓦砾、红糖等按一定比例配制而成)夯筑墙体。大夫第等大宅的墙体还是由石、土、砖三种材料垒砌而成,即在夯土墙筑至一层楼高左右,再用匡斗砖墙围护。这样的墙体具有很好的吸潮、防火和保暖等功用,是当地百姓在日常生活中的智慧结晶,我们看到一些屋顶已坍圮的老宅,它们的墙体却表现出顽强的生命力,久经风雨而不衰。山墙犀头为耸立的"人"字形山面,山墙曲线有类似皖南、江西民居层层跌落的马头墙,有形似马鞍的流畅曲线等,肆意多样,富有动感。

再者,古民居的空间组织、使用和构成受当地人们日常生活和习俗的影响,其建筑形态必然与之相适应。下梅屋宅大多是内庭式,以天井为中心安排各种功能空间,一重天井一层厅,形成丰富的空间组合层次。一般农户多为二进三开间,有些带有附建的堆积偏屋;商户多采用"高脚厝"杆栏式建筑,店门与住屋相连,前店后屋;显贵人家则"三进九栋",或有纵向数进和横向护厝相结合的合院,室内用板壁分隔不同的使用空间,如大夫第和邹氏家祠等。大夫第的屋后还辟了一个可观花赏月的花园"小樊川",花园布置得精致玲珑,应该是闽北建筑中绝无仅有的一处了。除阁楼外,宅屋一般不超过两层。内天井为方形或长方形,可聚纳风水,是人与自然沟通的窗口,使院内空间有较好的采光、集雨、通风和绿化条件,也使住屋与外部隔离,少受干扰。天井内一般都摆设长条石花架,花架下设大口石槽,用于常年蓄水,供户主养花、养鱼和消防之用。天井及屋宅的排水设施是户户相通的地下涵沟。有趣的是下水口处的砖多做成铜钱状,或整个平铺天井角落,让水流下渗;或以半个铜钱状嵌入天井角落边缘,当地人的说法是"肥水不流外人田",把财富收纳起来。古民居中人、建筑、自然和社会协调发展的设计理念不正是今天人们所渴望的"诗意的栖居"环境么？

历史上，闽北是中原文化进入福建的必经之道。表现在下梅古民居的房架结构上，既有北方地区利用抬梁减柱来扩大楼宇空间的做法，也有南方地区穿斗式木柱网承重形式。前廊挑檐还颇具特色，使用大型板状的猫梁式斜撑，上方加一斜向下的小猫梁为拉系作用的枋状插栱，大斜撑上方则添加梁垫似的小插栱。部分民居由于采用屋内大额作法，廊步无平梁构件可供出挑，因此便将挑檐檩搁置在两侧梁枋的短柱上，其挑檐斜撑的荷载较小。这些结构在邹氏家祠、大夫第等民宅中均有所体现。

下梅村是在明清移民潮的过程中形成，邹氏等外姓移民的到来不仅对开发下梅做出贡献，对下梅聚落格局的形成和改变也有重大影响。移民在带来祖籍地文化的同时也渐渐被当地文化所同化。邹氏宅第等下梅古民居所呈现出的正是这种边界文化特色：大家族聚姓而居，封闭的内院式住宅，狭小的天井，木梁柱排架结构，外繁内简的装饰风格等。

三、装饰特色及其文化价值

下梅古民居的建筑装饰体现在其精巧丰富的砖雕、石雕和木雕上，雕刻以浮雕为主，也有透雕、线刻等。门面及大构件主要是砖雕和部分石雕，室内多为木雕和部分彩绘。下梅"三雕"早已远近闻名，尤以门楼砖雕最具代表性，是其古民居的显著特色，可与同样因"三雕"装饰闻名的徽派建筑相媲美。

下梅古民居的门楼无一例外地饰以精美的砖雕，现存大概有500多幅。内容多取自戏曲人物、神话传说、谐音的吉祥语，或是民间吉祥风物等，还有的研磨拼成砖斗拱、漏花砖窗和各种线脚。图案造型逼真，寓意深刻，气韵灵活，技艺精湛令人叹为观止。下梅石雕主要施于石础、门当、花架、水槽、抱鼓石、井栏等处。整体外观尽显豪华和富贵，处处显示着户主的身份地位与财力。如邹氏家祠，造型宏阔，单看其外观就会被那大气的排场所震撼。对称展开的砖雕风雅隽永，图案有"龙凤呈祥"、"四季平安"、"必定如意"、"魁星点斗"、"文丞武尉"等题材，两侧有"木本"、"水源"两幅篆刻横批。门础上有一对抱鼓石，与门楣上四根雕花石柱构成"门当户对"的寓意。此外，邹家的西水别业的门楼砖雕刻有花瓶、芦笙，喻为"升平气象"，还有圆月门、芭蕉叶形的"婆婆门"等颇有创意的石雕遗存。方氏参军第的砖雕图案一戟一磬一如意，喻为"吉庆平安"，还有"刘海戏金蟾"、"东方朔偷桃"等民间传说。这些富有生活气息的装饰把整个屋宇门面烘托得富丽堂皇，在外观上与粉墙黛瓦，黑白分明，马头山墙，轮廓清晰的徽派建筑相比，则更显繁复、精细，而后者更显古雅、简洁。

闽北盛产杉木，木雕在传统民居装饰中处处可见，主要集中于室内的挑梁、雀替、窗棂、吊筒、家具等处。各部位采用不同的工艺技法，如屋架等较高远的地方，采用通雕或镂雕，外表质朴粗犷，大气简洁，适于远观。邹氏家祠内的门雕是传统的"二十四孝图"。大夫第的"小樊川"有许多格扇窗，双门窗中的窗权木雕嵌许多工艺精湛的木雕卡子画，小巧玲珑；还有用龙凤组成福禄寿喜等字，精巧含蓄。而徽派建筑的"三雕"在此体现的淋漓尽致，西递的胡氏宅第内部石雕、砖雕、木雕，以及描金彩绘都极尽富丽雅致；高、低浮雕、镂空雕、透通雕等多种技艺，娴熟细致，层次丰富几近牙雕，木雕多以连环画形式成组出现。因此，与之相比，下梅古民居的室内装饰在技艺和数量上就显得简单朴素了，也远不如其外观上砖雕的精致华丽，所以可以称为外繁内简的装饰风格。

那么，这些门楼装饰何以如此精致华丽呢？首先，下梅古民居是明末清初以后的建筑，邹氏宅第更是清中期以后所建，这一时期的建筑装饰性有明显的加强。明末清初宗族组织也更为完善，宗法制度是维系地方社会安定的重要体制。在邹氏四兄弟迁居下梅后，经过几年甚或几代人的艰苦创业，家业日丰，购置豪宅70余幢，既有富商豪宅，也有官宦府第，富甲一方。这样就应该建造出与其身份地位和财富势力相适应的屋宅，以光宗耀祖、敬宗睦族，并可获得地方社会的认可，成为当地的名门望族。因此富商们不惜巨资修建宗祠，自觉、自愿地将一部分商业利润用于宗族事务的消费之中，花费大量资金在这些民间装饰技艺上，在门面装饰上无一以精美的砖雕尽显豪华气派。一些富商后人再通过读书科举或捐纳获取功名，自身的文化修养和生活情趣得到提高，也希冀自己的宅屋更具书香和荫庇子孙后代，于是便多采用祥瑞吉庆、品节高雅、福禄登科等图案，以显示户主荣浴皇恩的显赫身份。其次，这与下梅当时的社会风气状况或许也有所相关，在邹氏家族发展兴衰的前后，方姓、陈姓、岳姓、程姓等也有在下梅建宅修祠，各宗族组织之间势必会有所模仿或攀比，使得下梅的古民居门楼都极尽繁复豪华，产生了我们现在所见的艺术瑰宝。再者，下梅为闽、浙、赣三省交汇处的闽北中转要道，是一个移民形成的聚落，江西、浙江、粤东等移民甚或能工巧匠迁居到此，他们或者凭一技之长在下梅谋生发展，或者培养弟子以传承技艺，必然传播了徽派、浙派、粤派等传统工艺。据考证，下梅砖雕可溯源自"徽派砖雕"和广东"佛山砖雕"，吸收了两派的工艺而融合成自身的图案风格。这些大概是下梅的雕花门楼如此华丽繁复的成因吧。

四、结　语

乡土建筑随自然条件、社会状况和文化传统的不同而发生变化。在各类乡土建筑中，住宅对这些情况的反应又是最灵敏的，因为它与生活的关系最为密切。下梅在其特定的自然地理环境和人文历史环境中发展成闽北重要的茶贸集镇，邹氏等外地移民的到来影响着下梅聚落的形成于发展，邹氏建置的宅第是下梅古民居的典型代表，是其宗族发展、下梅社会文化传承的一面镜子。那富有边界文化特色的宅第形制和精致美观的三雕艺术是历史遗留的瑰宝，保护和弘扬这些富有历史文化的古建筑是一项神圣义务。

参考文献

吴觉农:《中国地方志茶叶历史资料选辑》,北京:农业出版社,1990年。

民国《崇安县新志》,台北:成文出版社,1975年影印。

福建博物院编著:《福建北部古村落调查报告》,北京:科学出版社,2006年。

邹全荣:《武夷山村野文化》,福州:海潮摄影艺术出版社,2003年。

陈志华等:《福建民居》,北京:清华大学出版社,2010年。

李秋香主编,陈志华、李秋香:《住宅·前言》,北京:三联书店,2007年。

张玉瑜:《福建民居木构架稳定支撑体系与区系研究》,《建筑史》第一辑,北京:机械工业出版社,2003年。

崔如梅:《明清以来下梅村的空间结构及其发展机制》,厦门大学历史系硕士学位论文,2008年5月。

孙宗文:《中国建筑与哲学》,南京:江苏科学技术出版社,2000年。

武夷山民俗文化

武夷山的宗族、祠堂与祭祖仪式

朱忠飞*

前　言

自20世纪以来,有关宗族的研究成为中国社会史和社会文化人类学研究的热点问题,而中国东南及华南地区又是研究的焦点所在。早在20世纪五六十年代,英国人类学家莫里斯·弗里德曼(Maurice Freedman)就提出中国宗族社会的命题,认为华南社会结构是以宗族和地方社会的结合为基础组织起来的。之后,中国社会经济史研究开创者之一的傅衣凌先生提出"乡族的理论"来理解中国乡村社会,认为乡族不仅是一个血缘性的组织,而且还是一个地缘性的组织。因此,宗族成为研究和理解中国乡村社会重要的突破口,而要理解宗族或乡族,又必须对宗族中重要的祠堂和祭祖活动进行深入的研究。

笔者2010年在福建省武夷山市进行田野调查,收集到一些碑刻、族谱等民间历史文献资料,这些民间历史文献,可以帮助我们建构明清以来武夷山的宗族、祠堂与祭祖仪式的大概情况,从而进一步帮助我们理解明清以来华南地方社会。

一、武夷山宗族概况

武夷山与中国东南其他地区一样,是一个聚族而居的地方。在武夷山的乡村,人们都是以姓氏为单位居住在一起。要理解武夷山的宗族情况,就必须首先了解武夷山的姓氏历史。对于武夷山的姓氏历史情况,民国县志有一个概括性的介绍:

> 崇安氏族以彭、詹、哀、丘、胡、刘、蔡、林、周、李、丁、翁、应为最古,而吴、徐、王、江、郑、安、祝、黄、程、蓝、曹、暨、冷、虞、游、萧、余、何、杨、黎、钟、衷、卢、范、洪、董、方、罗、连次之,邹、朱、潘、万又次之。

从上可知,彭、詹、哀、丘、胡、刘、蔡、林、周、李、丁、翁、应等姓被认为是最早来到武夷山定居的人群。特别是彭氏,其历史可以追溯到武夷山的开山鼻祖——彭祖。

---

* 朱忠飞,厦门大学历史系博士生。

表 1 武夷山姓氏来源分布情况

姓氏	迁入时间	来源	分 布	姓氏	迁入时间	来源	分 布
彭	唐贞观初		新丰、五夫、大将、岚谷	蓝	宋	河南	星村、山前蓝、城中
詹	南朝		五夫、星村、吴屯	曹	宋		曹墩、下曹、五夫
衷	隋大业中	袁州	新丰、大浑、吴屯、岚谷、星村、城区、浦城、铅山	暨	宋	开封	大漈、四渡
丘	唐禧宗	固始	黎口、枫坡、大安、城区、东岸、大浑、建宁、江西等	冷	宋	万载	黎源
胡	唐末	江南	籍溪、七傅	游	南宋	建阳	澄川、城中、兴田、吴屯
刘	唐昭宗		麻沙、马伏、五夫、松坳、曹墩、毛畲	虞	南宋	会稽	
蔡	唐昭宗	弋阳	七傅、四渡	杨	宋末		张山头、夏阳、吴屯
林	宋	兴化	城村	余	元顺帝	浦城	大浑、枫溪、吴屯
周	唐末	光州	黎源、铜坊、吴屯、横源、小浑、赤石、黄柏、柘洋、澄浒	萧	元初	浦城	黎口长源村、黎源、萧家湾、建阳、玉山
李	唐末		南岸、星村、城村、黄墩	哀			下梅、岭山、上梅、白水、吴屯
丁	五代	河南	上梅、理阳、星村	何	元末	象山	曹墩
翁	南唐	京兆	吴屯、黄柏、五夫	黎	元		黎源
张	唐广平间	固始	下梅、吴屯、大浑	钟	明	赣州	黎源
应	宋初		曹墩、澄浒、建阳、建瓯	卢	明	固始	
吴	无考,宋初已经有记载,			方	明	开封	西门外、本邑、浦城、上饶、莆田
徐	宋初	建阳	黄村里,石白里	董	明	江西	曹墩
王	宋		城区、吴屯、上梅、星村	范	明		白水、星村、黎口、漆裹
江	宋	建州		洪	明成化中	婺源	上梅洪厝村
郑	宋	福清	坑口、岚谷、吴屯、赤石、黎源、建阳等	罗	清中叶	连城	三姑、五夫
安	宋		漈下、下梅	邹	清顺治	南丰	下梅
祝	宋乾道间	歙县		朱	清顺治	歙县	

姓氏	迁入时间	来源	分布	姓氏	迁入时间	来源	分布
黄	宋		黄浦、大安	潘	清初	仁和	城中、黄柏
程	宋		程墩、城区	万	清初	南城	城南万家巷

资料来源：民国《崇安新县志》卷四《氏族》。

彭，武夷山之记载见有《史记·封禅书》，相传武夷为彭祖二子之名，因随其父隐居于此，后人遂以其名名山。唐贞观初润州人彭迁授建州左牛卫上将军，遂居于温领东岸之瀂口，垦辟荒垅九十余处，移民居之，名曰"新丰乡"。其子汉，请以新丰乡为温岭镇。玄孙珰请以温岭镇为崇安场，邑人高其功，祀以三丈祠。其子孙蕃衍于五夫、大将、岚谷等处，为一邑望族。然曹墩彭姓由吉安迁入，新阳彭姓为彭越后人，盖同姓不同宗也。可见，彭姓也不是武夷山的土著。我们现在很难找到武夷山的原始土著居民，居住在这里的各大家族，都是历史时期从各个地方不断移民而来的。到了明清时期，武夷山茶叶种植和贸易的发展，使得这个地区人口流动极大，不断的有外来的人定居于武夷山，其中"江西及汀洲人为多，漳泉亦间有之"。

这些姓氏迁入武夷山后，慢慢形成了宗族组织，开始建祠堂，设族田，修族谱，制定家规、族规，并且在地方公共事务中扮演重要角色。

在武夷山众多家族中，到晚清和民国时期逐渐形成了"四大家"，"邑人言家世者首称四大家，则朱、潘、万、丘是也"，"四大家"主要是指他们雄厚的资产和在科举方面人才倍成。如万姓"起家巨万，科第亦多发达"；潘姓"多读书腾达，而雄于资"；朱姓"以茶叶起家，号百万"，其中朱氏的朱敬熙"对公益事业为之甚力"，充分说明宗族在地方社会中扮演着重要的作用。

二、武夷山祠堂与祭祖仪式

祠堂被认为是宗族形成的重要表征之一。并不是每个姓氏都有自己的祠堂，根据民国县志的记载，武夷山有二十四个姓有祠堂，分别是周、王、杨、刘、张、彭、衷、林、詹、江、吴、陈、黄、安、万、赵、连、方、丘、李、郑、潘、董、范等姓，共四十三个祠堂，其中彭、张、江、丘等姓祠堂数量最多，具体参见表2。不过需要说明的是，县志中记载的祠堂应该是指大宗祠，并不包括支祠、分祠，我们在五夫和城村的调查就发现，这些地方的祠堂数量远远多于县志上记载情况。通常宗族内的每个房都有支祠，房下又有房，因此祠堂数量是非常多的。

表 2　民国时期武夷山祠堂分布情况

姓氏	祠堂	姓氏	祠堂
周	一在岚谷乡横源村;一在湖献镇,即濂溪先生祠也,清末建。	王	一在清献镇,清光绪间王政行等建;一在五夫镇。
杨	在上梅	刘	在五夫乡,清光绪六年建
张	一在吴屯乡翁屯村,清同治间张世利等建;一在五夫乡;一在清献镇,今圮;一在葛仙。	彭	一在五夫乡,清同治初彭椿等建;一在岚谷乡街头,清同治间彭振翖等建,今毁;一在岚谷乡沙墩下,民初彭助襄宸建,今毁;一在清献镇,即三丈祠也。
衷	一在大浑乡,今毁;一家祠在星村。	林	在文仙乡城村
詹	一在五夫乡,民初建;一在吴屯乡清光绪间詹肃纪等建。	江	一在黄浦,即江少征先生祠;一在大将乡茅广村;一在桐木关江湾。
吴	一在清献镇吴家山;一在黄柏;一在星村,今圮。	陈	在岚谷乡,清光绪间陈绍勋建,今圮。
黄	一在黄浦;一在星村镇,即黄勉斋先生祠也。	安	在岚谷乡潦下村
万	一在清献镇吴家山;一家祠址同。	赵	在城村,即赵朴斋祠也。
连	在五夫乡,民初连际昌等建	方	在西门外,清初建,今圮
丘	一家祠在清献镇,清同治间丘凤、诰鸣等建;一在西霞乡;一在黎口乡。	潘	在黄柏,清光绪间潘绍本等建。
郑	在坑口,清咸丰间郑尚佐等建,今毁。	李	一在黄浦即李延平先生祠;一在清献镇,今圮。
董	在曹墩	范	在清献镇,范思敬建。

资料来源:民国《崇安新县志》卷四《氏族》。

对于祠堂,宗族有一套严格制度来保障其运行和存在。如下梅村的邹氏,清顺治年间,从江西南丰茶溪村迁到武夷山的下梅。通过经营茶叶,"生意日遂,产业渐充",于是在乾隆五十五年(1790年)买下梅村鸭巷口地基一块,创建祠堂。祠堂建立成后,为了祠堂和宗族的运行得到保障,"各跃踊思置产业,以备蒸尝为日后长久之计"。以"每房各出银贰百两,共成八百两之数生息"。从乾隆五十八年(1793年)到嘉庆十三年(1808年)止,"共计得银五千余两,于十三年置买曹墩彭蒙求田及庄一所,后连年添买各姓等田,共计租谷壹千九百余桶"。为了进一步加强邹氏祠堂的管理,还订立了祠规,并且立碑于祠堂内,让子孙永记。其义如下:

　　一每年值祭轮着者,领出洋番壹百五拾员,于清明前亲往广信丙午山幼卿公坟,祖妣李氏坟祭扫。清明日,祠堂设祭,各房子孙男女均于祠堂饮胙。冬至日,复办祭一回,只有男丁饮胙,女眷不复设席。

　　一祠堂饮胙,不论男女均受。亲身到祠,不得私请亲戚及乳母、婢仆擅入,违者罚本子孙在祠演戏一台。一祠堂日后损坏,田土推涝及每年钱粮,管理者均要及早修葺整顿完纳,不得推延。一祠堂银钱管理者不得侵吞,子孙借贷,违者查出,即无助赔

缴,亦令将产业抵还。

一祠堂内公择一诚实之人逐年看守。每年给谷桶,及祠堂边铺、排钱出息,资其用度,如有赌博滋事,即行逐出。

一子孙有庆吊大事,准其开祠设吊,但不得私与外姓排设,及子孙令工匠在内造作、贮藏什物。其器皿、椅桌亦不得私借、私用、失落,违者罚赔。

一子孙考试于院,考时给盘费洋番四拾员,第二次者每次给盘费洋番贰拾员。中进士者,给帮费洋番六拾员,恩拔副岁贡给邦费洋番壹拾六员。

一子孙有无力殡葬父母者,给洋番壹拾贰员。

一祠堂年剩银两,管理者仍须逐年充置产业,于祠堂田簿注明。

嘉庆二十二年二月　日

从上述祠规可知,一是在清明、冬至祭祖,祭祖后要受胙,受胙不论男女,这就说明男女都可以参与祭祖;二是祠堂损坏要及早修葺;三是祠堂钱银不得私吞和借贷,有剩银两要置办产业;四是祠堂内可以做的事和不能做的事,一一注明;五是对于族人的科举功名给于一定奖励,并且给贫穷族人一定帮助。

对于祠堂的修葺,每个宗族都很重视,如曹墩的董氏,在定族规时就说,"我族祠堂及庙宇,乃先灵之所绥,神明之所陟降者。倘不及时修葺,必至颓坏,而贻神祖恫。众当同心协心,鸠工庀材,使庙貌常新,以绍当日堂构之功"。城村的赵氏,"祠以妥先灵,必岁加绸缪,乃不患漂摇于风雨"。对于破坏祠堂的行为,都要进行惩罚。如赵氏就规定,"致污壁者,除修补外,罚银贰两"。

祠堂是宗族认同的重要表征,而这种认同又是通过祭祖仪式来体现。祖先崇拜是一种宗族观念下的宗教活动,其建立的基础就在于血缘亲属观念,是传统社会团结个人、家族、社会群体的有效方式。祖先崇拜产生于原始社会后期,经过商周以来与宗法制度紧密结合,特别是儒家的大力推广之后,祖先崇拜构成了汉人社会最基本的宗教信仰活动。因此,祭祖便成为宗族最为重要的事件。其实祭祖分为家祭、祠祭和墓祭三种主要形式。其中祠祭是最为正式,也是最讲究的。祠祭有一整套仪节,这是朱子家礼在民间的重要实践。这里主要介绍与祠堂密切相关的祠祭。祠堂最重要的功能就是设有祖先神主牌位,象征着祖先的躯体,族众通过祭祖抒发尊敬孝穆的情操,县志就说:

祠堂为祀祖之地,所以崇先德,敦孝思,别长幼之序,联亲近之情者也。年祭二,以清明、冬至两日举行,由世行长者主持之。祭毕,或陈述世德,以资观感;或调解误会,以息争端。其有不孝不弟,及鸟兽之行者,逐之不许入祠。验谱捐(损)坏者,罚有笞者。聚餐长幼以次坐,不得僭越祠堂。多购置产业,以为祭祀之用。年高及有学历者,得分别受胙。元旦族人多率家属至祠堂,燃烛拈香以拜。

从引文可知,武夷山祭祖主要在清明和冬至两日举行,主持仪式的人一般是族长或宗族内的最高长辈。祭祖的功能主要在于纪念祖先,调解族内矛盾,惩罚违规者,达到宗族认同的目的。对于祭祖时间,城村赵氏,明确规定"祭不俗数,亦不容疏,春露秋霜,孝子所为履之而怆怵哉。春祭清明前日,秋祭冬节亦既专致于始祖矣。其各房列祖之祭,必须先半月卜吉出票,不许更易,并不许春祭过立夏,秋越重阳,违者罚银壹两"。

祠堂祭祖,一般比较讲究,严格按照一定的仪式规则来做。如曹墩董氏家族在族谱中就详细记载了祠祭仪式的仪节:

> 序立,主祭者就位,执事者各司其事,主祭者诣盥洗所,盥手授巾,主祭者诣主龛前。
>
> 引唱,鞠躬,跪,上香,俯伏工祝者读告祠:嗣孙某等,今以清明(冬至)之时,有事某祖公妣敢请神主出就,且寝恭申奠献;
>
> 兴,捧主就位,通唱,复位,主祭者诣香案前,鞠躬,跪,上香,灌酒,兴,复位,跪,叩首,二叩首,三叩首;
>
> 兴歌迎神诗:嗟嗟烈祖,遹骏有声;禴祠蒸尝,匪今斯今;是用孝享,其香始升;神之吊矣,绥我思成。
>
> 主祭者诣香案前,鞠躬,跪,进馔,兴,复位,跪,叩首,二叩首,三叩首,兴,主祭者诣香案前,鞠躬,跪,初献爵。
>
> 俯伏,工祝者读祝文:大清 年 月 日,嗣孙某等敢昭告于某祖公妣,今以清明(冬至)之期,追维冈极,礼不敢忘,谨以牲醴时蔬式陈明荐尚享。
>
> 兴,焚楮;
>
> 复位,跪,叩首,二叩首,三叩首,兴,歌初献诗:吉蠲为饎,旨酒欣欣;或剥或烹,于豆于登;享以祖考,祀事孔明;报以介福,子孙绳绳。
>
> 主祭者诣香案前,鞠躬,跪,亚献爵。
>
> 兴,复位,跪,叩首,二叩首,三叩首,兴,歌亚献诗:以兴嗣岁,跄跄济济;尔殽既将,酒既和旨;以委以侑,苾芬孝祀;卜尔百福,从以孙子。
>
> 主祭者诣香案前,鞠躬,跪,终献爵。
>
> 兴,复位,跪,叩首,二叩首,三叩首,兴,歌终献诗:祭以清酒,烝畀祖妣;或肆或将,百礼既至;孝孙有庆,介以繁祉;申锡无疆,本支百世。
>
> 主祭者诣神位前,侑食,诣香案前;
>
> 鞠躬,跪,献羹,献饭,兴,复位,跪,叩首,二叩首,三叩首;
>
> 主祭者诣香案前,鞠躬,跪,俯伏。
>
> 工祝者读嘏祠:祖考命工祝承致,多福于尔孝孙来尔孝孙,使尔爱福于天,宜稼于田,眉寿永年,勿替引之。
>
> 兴,焚楮,跪,钦福酒,受胙,叩首,二叩首,三叩首,兴,告利成,枕应曰:利成,主祭者退,执事者序立,众子孙行三叩礼,主祭者复位,跪,叩首,二叩首,三叩首,兴,歌道神诗:钟鼓喤喤,肃雝和鸣;以假以高,既和且平,小大稽首,恪其神明;于万斯年,濯濯厥灵。
>
> 主祭者诣香案前,工祝者,捧主归龛位,鞠躬,跪,叩首,二叩首,三叩首,兴,歌徹馔诗:笾豆静嘉,苾苾芬芬;礼仪既备,福禄来成;式礼莫愆,时靡有争;子子孙孙,以莫不兴。

礼毕,众对揖而退。

这是比较严格意思的三献礼,但并不是所有的祭祖都要实行三献礼,也可以一献礼。城村赵氏就规定,"礼不厌详,今祠致祭仪止肃登降跪简矣,不过牲醴粢盛易矣"。当然,也规定"不奉行者,罚银一两"。同时,对于祭器祠堂中也要准备好,赵氏就规定"备物乃尽志,故祖祠中笾豆鼎俎用一切几筵器,无不毕具,凡以供祀事也"。

现在武夷山的祭祖仪式大致如此。2009年,下梅邹氏在邹氏宗祠举行了祭祖仪式,主要有主祭1人,司仪1人,执事2人。主祭者为邹氏宗族内辈份和年龄最大者——二十八世裔孙邹远波。司仪为邹全荣,为祭祖仪式中的主导者和指挥者。在祭祖仪式中,司仪要唱,引导仪式进行。两名执事分别为邹浩文、邹荣斌,执事主要是在仪式中听从司仪指挥,在祭祖中协助主祭。

祭祖还要准备祭品,一般为熟猪头1个,熟整鸡1只,熟鱼1尾,蛋6只,白米饭或面食1碗,汤1碗,食物必须是极熟的;果品酒茶(果:苹果、桔子;酒:米酒;茶:当地茶叶;点现代点心类小食品,如饼干、糖果)。以前祭祖祭品还必须有牛羊,现在为了简约,也会省去。

2009年祭祖过程如下:

上午,全体序立,司仪、族人分列祠堂两侧。仪式开始。

首先是主祭启龛仪式。主祭立供桌正上方;司仪在主祭人左方;执事两人按左右分列于供桌下方。两位执事一人端立,一人递毛巾给主祭净手净身,毕,主祭人郑重开启祖先灵位龛门;司仪郎诵《开龛唱祠》:"吉日吉时开灵龛,庇佑代代子孙安,恭请历代祖考妣,子孙昌盛寿而康。"两执事相应开启中堂门,并献花篮于中门两侧,放置妥当后,归位恭候。

其次鼓乐告慰。司仪宣布:请鼓乐师傅为我先祖演奏八音五律。由右列执事将预先录制好的音乐通过设备播放,时间不超过3分钟。

接着上香拜谒。司仪宣布:敬请上香。由左、右两列执事将点燃的香送给主祭人,主祭向神位三鞠躬后插入香炉,返回伫立。两执事依次分香(一人一支)给各位参仪者手持。主祭人带领参仪人员手持香,并唱道:"给祖先三鞠躬,一鞠躬——二鞠躬——三鞠躬。"毕,两执事捧香炉让大家把香插上。

再次酹酒灌地。由右列执事将准备好的三小杯米酒,依次递给主祭人员,主祭人依次将三小杯米酒端起,举过头顶,然后弯腰将酒洒向左方、右方、下方的地面,右列执事同时负责将主祭人手中的空杯收回。毕,主祭人伫立。

然后进献祭品。执事恭候,听司仪唱供安排,依次递送祭品。先由左列人员将供桌上的牲依次递给主祭人,再收回。再由右列执事把果品等逐一端给主祭者拜,然后从主祭手中接过来,放回桌上。

紧接着宣读祭文。由左列执事将供桌上的祭文双手托给主祭人宣读:

惟,先祖在上——

公元二〇〇九年农历己丑年清明节,主祭二十八世裔孙邹远波、司仪二十九世裔孙邹全荣、执事二十九世裔孙邹浩文、邹荣斌等率邹氏众亲百余人,祭告于家祠祖先灵龛前。谨开我家祠耀祖之门,慎启我祖先安息之龛,瞻仰先贤,不忘木之本;怀想桑梓,更思水之源。裔孙略备薄酒,陈列供品,敬献于祖先神灵牌位,焚香拜谒,举家饮胙,礼仪为恭,高悬堂上,我等遵循祭祖先例,仪式若有不周,望祖先在天之灵有谅。

祖德福荫三百春秋,恩泽后人。缅怀祖先卿幼公邹元老,率四子从江西南丰至武夷山市下梅村,开辟茶园,铸就伟业。从十三世始,历经三百多年,几代人递为官、为商、为儒,可谓人才济济,声名鹊起闽北一方。我邹氏不故步自封,更上一层楼。三百多年来,不愧祖先教诲,安居乐业,子孙繁衍,生生不息。可喜邹氏人丁已至纪字派三十一世孙矣。如今下梅邹氏子孙自强自立,如八仙过海,各显神通焉。晚辈今立于祖先灵前,告慰祖先。子孙皆能恪守家训,无妄为,不越法,时至今日,我下梅邹氏声望清白,无一逆子逆孙,无一损祖德之事发生。既为家争光,又为国争誉。吾愿率众族亲立誓:凡邹氏子孙,必须牢记祖训,弘扬我祖先开辟的万里茶路之精神,承前启后,继往开来。做到胸怀大略,与时俱进,面向未来,勇于创新;爱岗敬业,利国利民;孝敬长辈,关照弱幼;诚实守信,知仁知义。家祠乃我祖业丰碑,独特文化遗产,虽经风雨洗礼,亦显高大辉煌。家祠是邹氏后人祭祀先祖,寻根问祖,联谊接待的重要场所,邹氏后人要精心管护,不可辱没祖业,不可贬损祖德。忠告族亲:万事以国家利益为重,以一家之和谐,兴一国之安邦,以团结向上,敢为人先,成就事业,告慰先祖之灵。

伏维

尚飨!

二十八世裔孙:邹远波 鞠躬再拜

主祭人读后,交回执事手中,放回供桌中央。主祭人宣布:"先祖唯上——裔孙邹远波率下梅邹氏众亲于己丑年三月初九清时日履行祭祖程仪,至此礼毕。祝:邹氏众亲,阖家平安,万事如意,四方相聚,难得一堂,略备午人、餐,共同饮胙。"左列执事在家祠门口燃放鞭炮,一并焚烧祭文。

最后主祭人关上灵龛门。执事收拾祭供品毕,参仪者入席饮胙。祭祖仪式结束。

邹氏祭祖还要设寿星座,做寿桃给八十岁或七十岁以上者。传统时期,祭完祖后的晚上要演戏,现在改为放电影。

传统时期,祭祖的如期举行,必须要有一定的经济基础作保障,否则,旨在尊祖、敬宗、收族的祭祖仪式便无法进行。而这个保障就来自于族田、祀田或蒸尝田,祀田的形成,是一个动态的历史过程。如城村林氏,乾隆三十二年(1767年)在祠堂内就立有《祀田碑记》,全文如下:

祠者,祀也。林氏之祠,祀林氏之祖也。林氏之祖三山立祠,其祀远矣。而享祀于斯者,则伯一先生始也。然祀无田,则亦无以为祀。爰敛公银买置田产以为祭祀之需,鸠工勒工以垂求久,俾后之人知子孙之其来有自,而蒸尝之勿替云尔。

一用银贰佰壹拾两正,买得皮骨苗米壹拾肆箩正,坐落建平里,一墩山下门前,一墩后门,一墩厝坽。年供苗米壹拾贰担正,系贴元埃粮银一两四钱正。

一用银贰佰壹拾两正,买得骨苗米壹拾玖箩弍石斗伍管正,坐落建平里李仔窠岭

后垅牛牯度石八千，年供苗米壹担伍方。其田反骨六箩，系贴辉祖粮银六钱正。外皮田供还赖宅大苗，系耕佃人交。

　　一用银省壹拾两正，买苗米捌箩正，坐落鸣山桥头。年供苗米伍担伍方正，系完林乔青户寺佃粮银七分八兀。

　　一用银六拾六两正，买得苗米伍箩正，坐落射源对门竹山下。年供苗米三担二方正，唐兴寺苗租银一两正。

　　一用银一十九两伍钱正，买得皮骨苗米壹箩八石正，坐落南屯后门垅。供苗米壹担三方正，系贴长梓粮银一钱六分二口兀正。

　　乾隆三十二年十二月　日　立

根据县志的记载，林氏"宋时，林伯益由兴化迁城村，子孙繁衍，清代盛时几千户"。嘉庆五年（1800年），又"用价银叁拾陆两叁钱□□□田壹垯，坐落底墟井仔林，计皮骨苗米贰箩伍□正。□□□□文里一图一甲虞铉海户内粮银贰钱伍分正。递□□□□壹担伍方。俾相公名下子孙收存公用，又剩得钱三千文，亦交给兴接手理年存众应用"。道光八年，又在祠堂内立一《祀田碑记》，记载新增祀田情况，全文如下：

　　尝闻《礼》云："有田则祭，无田则荐。"是田之有系于祭由来久矣。然人第知祭之不可无田，而不知田之所自出，寔由于我祖相九公衍派裔孙于嘉庆二十五年祠内受分丁银，历年生息，至道光四年六月十九及五年上元费用之外，剩得洋番贰拾壹员正，将本生息，积小成多，存至捌年冬月，置买正彬抽出晚田皮骨一垯，去价银叁拾伍两正，坐落过溪，土名斧头山，计苗米壹箩正，递年津贴文里三图二甲赵友朝户内粮银壹钱正，递年供租米八方正。俾相公派下子孙公存应用，契存长□贮藏，苟不早为之计，恐世远年湮，后来何由而知，爰是合众佥议，故勒碑永垂不朽云尔。

　　　　　□厚

道光八年冬月 日立　值年裔名长迓正原景洪　竖碑吉旦

　　　　　嵩亨

仅隔十五年，道光二十三年（1843年），城村林氏茂盛公派下子孙又捐钱置祭田，立碑于祠堂内，其文如下：

　　茂盛公发派孙子乐助疏钱以置祭田，尔备祭扫之资，今将芳名开后：学贤出洋番拾式元，□丰洋番六元，长迓洋番四元，正行洋番四元，碧凤洋番三元，碧现洋番三元，长岳、斗汉、正杨、正发、正机、正学、学毓、贻孙正焕、正亭、□许、景惠、具达各出洋印二元，正荣、正神、正杰、正厚、正朝、正熊、正寿、正亨、碧葵、迁孙、天孙、景洪、德祈、碧牛共、具荣、具享、具竹、金铭、金孙、景茂、景文、景荣各出洋番一元，□□、学益出洋番二元，金播、金梅、碧岩、金把、雷宝、正原、景宏、碧有、正迓、景沛、景河、长招、长灿、长迓、长妹各出钱四百文，□□、正迓、□妹、章福、学穆、正幽、德瀛、碧燃各出钱二百文□、正具、正炎、正棘、碧省、全宝、斗荣、正无、正直、正钦、正告、天荣、碧希、碧孙、长弟、运福、盛孙、碧坚、碧□、景泰、正招、碧拱各出钱乙□文，□□、正鉴、正思各出钱三百文，苗米、学庸各出钱乙百五十，金剪、□□各出钱二百文。

道光二十三年三月日立　劝首正亨、金铭、正朝、碧有仝鉴口碑　榖旦

城村林氏在乾隆、嘉庆、道光年间,不断地设立祀田,来保障敬宗收族的祭祀活动的正常进行。像城村林氏这样不断增加祀田的宗族,在武夷山并不在少数。如丘氏,乃武夷山望族,"唐禧宗时,丘祯、丘祥、丘福兄弟三人由固始随王潮入闽,居崇安之黎阳",后迁居武夷山各地。丘氏在乾隆年间,认识到建立祠堂,祭祀祖先的重要性,于是通过出米生息的办法资祭品。后又设立蒸尝田,祭祀祖先,并且立《兴祭碑》于祠堂内,其文如下:

闻之春露秋霜,仁人动怵惕之慕,水源木本,孝子兴追远之诚。盖物生天而和生祖,自存则事,而殁则祭。追维我祖,宗嗣公卜居枫山数十世于兹矣。暨后合族公建祠堂于乡之北。唯是堂构虽新,而稷黍无资,岂明水遂可昭诚耶?乾隆二十六年(1761年)春,节届清明,听子孙乐出制钱一百,为牲牢之费,但思虑不远,恐后给为继。述幸族长德显,于二十七年(1762年)用率族众议,订每房子孙各出白米二方,以裹盛奉,公存生放,行经五载,而前钱费用已尽,爰是岁取米息以资祭品,但丁众甚繁,而出者止三分之二,至今出米之家,遂得与祭。祭毕领胙,上可以妥先灵,下可以广神惠。非曰盛典亦报本于万一耳。迄今计其息本,约壹百金有奇,置到田苗八箩正,以作蒸尝。恐日后子孙年远,欢知与胙不与胙之分,当知出米未出米之别,倘慨然乐于敬祖,争光输捐,众且有厚望焉。用登诸簿,设立五册,交与族各房长、董事与现年值事,各存一册,再寿诸石,以表邦恩,并将出米子孙及田雨层段坐落,佃人具后。

乾隆三十八年(1773年)岁次癸巳姑洗月日。董事:立夫、克田、凯实、德显、德新、乾九、式九、引凤。

《兴祭碑》说明了丘氏蒸尝田的来历,更为重要的是,明确了祭祖分胙中谁有份,谁没有份。分胙是涉及族内的人有没有份参加祭祖的问题,也就是说能不能被宗族所认同。只能那些参与到祠堂建设和设立祀田的族人或房份才能参与到祭祖活动中来。这也是华南宗族被认为是通过股份制的形式实现的重要表现。清中叶,邹氏因为从事茶叶贸易,特别富足,因此规定"祠堂饮胙,不论男女均受"。一般的宗族不可能是男女均受,大部的宗族只能是按丁受胙。

不仅一个宗族要建立祠堂,祭祀祖先,就是宗族内各个房支也要建立祠堂,祭祀祖先。如丘氏应公五房也建祠立祭:

从来祀典,仿自唐虞,备于武周,故王者七庙,诸侯五庙,大夫三庙,士一庙,庶人祭于寝,皆所以妥先灵而致孝享也。如我八代伯祖名应公者,兆威公之长孙也,派下五房,长曰顺,次曰嵩,二曰德,四曰少宾,五曰少魁。荷祖宗之灵,濅昌濅炽,户口几百余家,承先世之泽,铢积寸累,致产亦数百两。继其后者,宜奉其先,食其德者,当崇其根,此□宫诸会所为作也。爰因旧基整建祠宇,虽未及如鸟如翚,亦庶几竹苍松茂,而我伯祖之巍乎其上者,得所愿依,与凡子孙之秩乎,其下者,可以致孝而肇礼造有成焉。独念创始困难,守成亦不易,倘无以订律于一朝,何以永俎豆于不祧,于是共立祭簿五卷,俾各房执据,分派轮值,肃将祀事,庶乎合子姓,序昭穆,骏奔走执笾豆于斯年,引之勿替云。

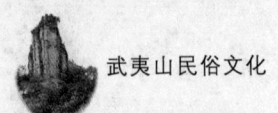

丘氏发展到第八代,也即名应公时,分房立户,名应公名下又分成五房。而这五房通过建祠立产的形式达到对名应公房的认同。而这个认同通过祭祖仪式得到强化,并且共立祭簿,使其制度化和常态化。

祀田多了,自然也难于管理。特别是时间长了,很多祀田就容易被盗买,或者祀田收入被挪用。针对这些问题,曹墩董氏在族谱中专门定立族规进行明确规定:

祠上醮田本以供春秋祭祀之用,是祖宗血食攸关。迩来人心刁悍,尚有领耕祭田者,任意拖欠,不能年清欵。嗣后如有仍效故辙,经理人宜屡为催取,倘再搞顽,即以灭祖宗血食论。

各房醮田亦祖宗血食攸关,本以供祭扫之用,理宜序次轮流,毋得混收。近有不法之子弟,或与值醮者相竞混收。许族长、房长秉公究治,决不苟情。

祖醮原以赡祭,近有典当醮产,契书不载完粮办祭,致国课拖欠,祭祀尽绝。嗣后有此者,无论久典新典,准其亲支半价收赎,不得强霸。其已完粮办祭,不在此论。

"人们在信不信神方面是自由的,但得信祖先。如果人们没能做到,祖先就会回来找麻烦。"由于人们祖先崇拜,对于祀田的管理便显得非常严格。只有这样才能保障祭祖仪式的正常进行。

三、结　论

从武夷山的宗族、祠堂和祭祖仪式来看,武夷山是一个典型的华南宗族社会。武夷山姓氏众多,特别是在明清时期,由于茶叶贸易的发展,很多大家族发展起来。这些大家族通过建立祠堂,加强祠堂的管理,进一步完善了宗族制度。在建立祠堂的同时,又设立族田、祭田或蒸尝田,保障宗族和祠堂的日常运作,以及每年祭祖仪式的举行。祭祖仪式的举行,一方面达到整合宗族的目的,另一方面也是中国传统文化的集中体现。建造祠堂,举行祭祖仪式,这些都是依照儒家式的礼仪原则进行的,是宋元以来,尤其是明代中叶以后,作为儒家文化的大传统渗透民间社会的具体体现。

武夷山民居雕刻艺术浅析

刘烨琳*

一、武夷文化历史溯源

武夷山位于福建北部，地处福建、江西、浙江三省交接处，是与泰山并立的历史文化名山，武夷山于1999年12月被列入《世界遗产名录》，是我国自然与文化领域中的一块瑰宝。

武夷山地区是福建开发最早的地区之一，历史积淀深厚，拥有着灿烂的历史文明，是福建文化的发源地之一。早在4000多年的新石器时代，就有古人类生活在武夷山地区；在距今3000多年的上古时期，闽越人聚居于此，并留下了丰厚的历史文化遗存，从出土的石器、陶器、青铜器等器物中，闽越独具特色的灿烂文明得以呈现；秦汉之后，中原人口南迁，武夷山地区成为与中原文化交融之地，形成了独特的地域文化特点；在唐宋时期，这一地区达官名流、学者文人辈出，一度成为福建的政治、经济、文化中心。武夷山地区经由长期的文化积淀，形成了独特的"以古往今来武夷山脉及其周边地区人民所创造的物质文明和精神文明的总和为广泛基础，以武夷山世界文化遗产为核心，以哲学、史学、文学、教育学、社会学、经济学等学科交叉融合为鲜明特色的具有深厚积淀和典范价值"的武夷地域文化。"武夷山至今保留着不少古村落，如下梅村、赤石村、溪洲村、城村村、澄浒村、南源岭村、府前村、曹墩村、星村村、溪北村、吴屯村、岚谷村、稍屯村等，都有保存较好的古民居建筑群"，而与其共存的民居建筑装饰雕刻也被较好地保留了下来。

二、武夷山民居雕刻的艺术特色

"艺术之始，雕塑为先。盖在先民穴居野处之时，必先凿石为器，以谋生存；其后既有

---

* 刘烨琳，厦门大学中文系本科生。

居室,乃作绘事,故雕塑之术,实始于石器时代,艺术之最古者也。"东方的雕刻艺术具有着与西方雕刻艺术截然不同的观感,这是与根植于雕刻深处的文化源流息息相关的。"中国人看待事物的眼光多是一种和谐的、欣赏的、顺应自然的,以一种根深蒂固的天人合一观来指导和影响着人们对艺术的认识和实践",这种文化观念在一定程度上也影响和决定了雕刻艺术的表达,在中国古代自成体系的雕刻创作中,所表现的人物与事物讲求的是一种意到,即所谓的"重情轻物",而非西方雕刻艺术中的真实还原的原则,因而中国的雕刻作品所表现的内容大多以一种共性而存在,以流于自然的表达方式,加以整体把握与适度改变而显现,因此中国雕刻中的情感与韵味可以毫无阻碍地流畅表达出来。这一点在用于中国建筑装饰的雕刻艺术中也有充分的体现。

几千年来,中国古代建筑中用于装饰的雕刻艺术在实践中不断地繁荣与发展。建筑中的雕刻艺术多运用于建筑的门窗、梁柱的装饰中,"在结构上,传统建筑装饰雕刻十分重视牢固与美学的协调统一,雕刻处理分寸得当,形象、色彩自然得体"。中国古建筑装饰雕刻多为依照所取材质的质料、形状等特征进行加工制作而成,是实用性与艺术性二者完美的结合。我国传统古建筑装饰雕刻作为建筑不可忽视的一个部分,充分反映了我国古代的人美精神和审美意识,同时也赋予了建筑以不一样的魅力。

由于武夷山当地独特的地理环境、历史背景以及民俗文化等因素的影响,当地的建筑装饰也有着独具一格的地方特点。武夷山地区盛产石料与木料,因而其建筑大多因地制宜地采用了泥土、砖瓦和木石等材料来构建,与此同时,作为与建筑相映衬的建筑装饰也多采用这些材料,并多通过雕刻的方式加以呈现。武夷建筑装饰中的三雕(砖雕、石雕、木雕)艺术尤为人称道,至今仍大量地留存于武夷的古民居之中,是闽北文化,乃至中国文化中不可忽视的臻宝。

(一)砖雕艺术

中国的砖雕艺术有着悠久的历史。春秋战国时期,大量的砖雕作品出现,但是当时的砖雕大多纹饰粗糙,工艺简单;秦汉时期,"秦砖汉瓦"见证了砖雕艺术的一次质的飞跃,无论是从制作的精致程度,还是内容的丰富程度上来看,都称得上是我国历史上的一次砖雕艺术高峰期;唐代因其发达的经济水平与制造工艺,砖雕作品经由魏晋的沉寂之后迅速地恢复与发展起来,当时的作品纹样精致,层次丰富,表现主题多样;其后的宋代延续唐代砖雕的风格,并且更趋精巧和细腻;明清时期是砖雕工艺发展的黄金时期,在这五百多年间,商品经济迅速发展,市民阶层逐步崛起,大量的民居建成,从而促使了砖雕艺术的全面进步,形成了多样的流派与风格。

明清时期的民居砖雕风格,大致可分为南北两派,这是与南北地域的自然环境以及历史文化环境的不同息息相关的。北方砖雕以北京砖雕和甘肃砖雕等为代表,"北方砖雕构图丰满、纹饰繁缛,雕刻刀法朴实而浑厚,雄浑中透射出粗犷的个性","岭南民居砖雕手法自由奔放,蕴藏着浓厚的民俗趣味";南方的砖雕作品以徽州砖雕、苏州砖雕、广东砖雕为代表,多以风格细腻,工艺精良,层次丰富,蕴意深远为特点。在我国古代这些砖雕作品中,成就最高的当属徽州砖雕。

武夷山当地古民居中保留有大量的砖雕作品,仅在下梅村一地就存留有砖雕作品五百余幅。这些砖雕作品构图精致,气韵活泼灵动,情与意境并存,"砖雕图式以回纹、花草、鸟兽、人物、山水为多,也有的叙述一则故事或再现当时的风土人情,有的研磨砖拼成砖斗拱、漏花砖窗和各种线脚",多用于装饰门楼。在武夷山留存的砖雕作品中,又尤以下梅村的砖雕为最盛。下梅村的民居建筑多以徽派建筑为主,用于装饰建筑的砖雕作品则多受到了徽州砖雕以及广东砖雕的影响。

武夷古民居中受徽州砖雕影响的雕刻作品在用料与制作上都极为讲究。从制造工艺上来说,武夷砖雕多选用淘洗后的精细泥土,经由特殊工艺烧制后制成青砖坯料,再在上面加以勾勒凿琢,由粗及细,深浅有致,从而图案得以一一凸显。从雕刻手法上来看,武夷徽派砖雕大多采用浅刻、透雕、圆雕、捏塑等雕刻手法,使得作品层次丰富,精致有趣。

而在受到广东砖雕风格影响的武夷山民居砖雕作品中,其坯料则采用专门精炼水磨而成的青砖,"然后依据整幅图层次的多少,将青砖按层排列,依次逐块雕出所属部分的纹样,最后逐层逐块嵌砌在墙上,形成多层次的画面"。在雕刻手法方面,则多采用深刻、阴刻、圆雕、透雕、高浮雕以及将减地与镂空结合运用的手法,这几种手法穿插于砖雕的制作过程中,使得人物形象生动,画面富有变化,景致深远而富于韵味。

武夷古民居中砖雕装饰具有很高的艺术价值与鲜明的艺术特色。其以精湛的雕刻技法、精细的磨刻工艺、和谐的构图特色使其成为武夷山地区的一大历史文化瑰宝,建筑学教授辛克靖称赞武夷古民居中的砖雕作品"其工艺的水平胜过西递",更是对其合理而恰当的评价。

(二)石雕艺术

早在汉代,中国的石雕艺术就出现在瓦当和崖墓门上,此时的石雕艺术题材已经比较丰富,纹样也比较多变,在工艺手法上多采用浮雕和线雕;魏晋南北朝时期,随着佛教的传入,中国的石刻艺术开始焕发出新的光彩,佛像、碑、塔、窟等佛教雕刻艺术相继出现,刀法准确,刻法犀利,纹理更加繁复和华丽,此时涌现出来的石雕作品在我国的建筑雕刻史上拥有不可忽视的地位;唐代以后的石刻艺术进入了繁荣发展的阶段,唐代的建筑石刻可分为立体雕和平雕两种,造型生动形象;宋辽时期的石刻作品多表现为柱础雕饰,纹样多元,雕工细腻;明清时期,"建筑雕刻达到了巅峰,牌坊、石柱雕饰精彩绝伦,线条丰富而流畅,构图相当完美"。

我国历史上有四大石雕之乡,即浙江省温岭、福建省惠安、浙江省青田、河北省曲阳。其中福建省惠安的石雕艺术与武夷地区的闽越文化有着深厚的历史渊源,是集闽越文化、中原文化、海洋文化于一体的雕刻艺术。武夷山地区的民居装饰石雕与惠安石雕有着共通的流脉与特性,其作品皆有着精雕细刻、纤巧灵动的南派艺术风格,被称作是"汲晋唐遗风、宋元神韵、明清风范之精华"的高超艺术作品。

武夷山民居中有大量的石雕装饰作品遗存,其石雕装饰多呈现于建筑构件的门框、栏

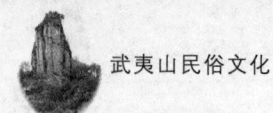

板、抱鼓石、台阶、柱础、梁枋、井圈等上，在雕刻手法上，多运用到浮雕、圆雕、沉雕、透雕等雕刻技法。浮雕根据石面脱石深浅程度的不同，分为浅浮雕及高浮雕，或单层次成像，或多层次造像，表现手段多样，引人入胜；圆雕以镂空技法和精细剁斧见长，多见于柱础的装饰之中；沉雕又称"线雕"，以线条粗细深浅程度，利用阴影体现立体感；在透雕的雕刻中，保留凸出的物像部分，而将背面部分进行局部镂空，从而使得雕刻作品层次丰富而富于变化。

武夷下梅村中西水别业里的石雕圆月门、芭蕉叶形门都是武夷山民居中保留下来的不可多得的石雕艺术精品，石雕圆月门仿圆月之形而建，由八块形状规整的石料雕刻拼接而成，门上装饰纹路精细简约，有着很高的艺术价值；芭蕉叶形门又称"婆婆门"，其形仿女子身材曲线所建，以流线型为主，造型奇特，门上以植物藤蔓与祥瑞图案饰之，精巧细致，极富美感和艺术价值。五夫兴贤古街的连氏节孝坊，该门楼的门楣即采用石雕工艺，在精致中又兼备宏阔的气势，"四只石雕的户对上面有一对立体雕刻的石狮子，在顾盼着那只精彩的绣球，浮雕手法灵活，狮子戏绣球的动感强烈，户对下的一组石雕是两只麒麟与凤凰在顾盼祥云瑞日，门坊上主体石雕书法是'圣旨'二字，饱满端庄"，连氏节孝坊被称为是"武夷山村野间最具代表性的牌坊石雕工艺遗存"。

在武夷古民居中所保留下来的石雕作品，集中反映了当时的社会生产力水平和制造工艺，这些作品大多具有很高的艺术鉴赏水平，是遗存于武夷山野中的文化明珠。

（三）木雕艺术

木雕是以各种木材及树根为材料进行雕刻，是传统雕刻工艺中的重要门类。木雕工艺也有着悠久的历史源流，浙江余姚河姆渡文化遗址的木雕鱼是现今我国木雕史上最早的实物；而河南信阳战国大墓出土的木雕镇木兽，湖北云梦汉墓出土的彩雕木俑是我国早期木雕作品；两宋以后，木雕作品已经比较常见，木雕技艺也日趋成熟；明清时期的木雕工艺在前代的基础上更进一层，这一时期出现的窗花等木雕装饰不仅仅是我国传统建筑中的精华，更是我国传统文化中的奇葩，而在这一期间，最为闻名的木雕艺术的集中地区当属福建与浙江，武夷山则是吸收两家之长，形成具有独特风格的武夷建筑木雕装饰艺术。

由于武夷山地区有着丰富的森林资源，因而该地区的古代民居大多以木结构或木石混搭的结构为主，这就为木雕技艺的施展提供了一个广阔的空间。武夷山建筑中的木雕装饰多用于梁、檐，以及门窗上，建筑的不同部位有着不同的特点与功用，因而其所呈现出来的木雕工艺精细程度也各有差异。房屋的梁架包括柱、梁、檩、枋、椽以及附属构件等，由于暴露在外，因而可以成为雕刻以及彩绘的平台，为建筑更增艺术魅力，"正是梁架独特的结构形式和梁架上依附的精湛雕刻使得以木材为主的梁架不仅具有结构功能的特点，而且具有深刻的审美意义"。梁柱是支撑整个建筑的框架，具有承重的功用，因而其在工艺上则多采用浮雕、线雕的工艺，使其在保证基本功用的基础上，同时具有美观性和艺术性，就梁柱的风格而言，大多简约大气，纹饰疏朗有致，在粗犷中带有南派建筑的精致之美。檐是屋顶向旁伸出的边缘部分，结构复杂，檐包括斗拱、额杨、雀替和撑拱等构件，是梁柱连接的关节之处,这些构件在起着支撑建筑物作用的同时,也成为雕刻艺术家所关注的对象,从而成为我国传统木雕工艺的集结之处,武夷山民居中檐上的雕刻多运用到浮雕、半圆雕、浮雕、镂空雕、线雕等雕刻手法,所雕刻的题材相当广泛,既有历史人物、珍禽瑞兽,又有戏文故事、祥瑞图案,从工艺上来看,檐上的木雕作品大多构思精巧,花纹繁复,展现了工匠的超群技艺。在中国传统文化中,"门面"是需要极其考究以待之处,可以说,门窗不仅是作通道之用,更是社会地位的彰显之处,因而木制门窗的制作也极为考究,其上的雕刻工艺也是木雕艺术的集中体现之处。在武夷山民居木雕装饰中,工匠多运用浮雕、线雕、镂空雕等雕刻工艺进行雕琢,内容包括历史神话中的人物形象,戏曲故事,祥瑞图案等纹样,使得作品细腻形象且生动,极富美感和艺术价值。

武夷山的民居中的木雕具有明显的南方雕刻艺术的鲜明特色,线条细腻精致,构图经过巧妙设计,表现主题丰富多样,在今天看来仍然富有艺术魅力。

三、武夷山民居雕刻的内容及其文化蕴意

在农业社会中,"居民建房,是社会生产力综合作用的结果,建筑的规划样式、取材用料,历经由小到大,由简到繁的发展过程,建筑与装饰实是经济实力,人为因素以及当地习俗综合作用的结果",一座建筑的营造乃至建筑中装饰的设计和建造经由主事者筹集资金,选择工匠,由精英阶层提供社会资源,而营造的匠师则以建筑或建筑装饰的实际规划者与具体营建者参与其中,"经他们巧妙构思,合理布局,鬼斧神工的工艺表现,终将这一时期的社会需求,审美情趣,工艺风格反映在工艺形态中"。因而,建筑中装饰的设计和制造不仅仅是单纯的集体劳作行为,在其背后更多代表的是当时当地的社会生产力,并体现了当地的历史流脉与文化特性,具有深远的文化蕴意,而这种文化蕴意,则通过其所展现的内容来表达。

在武夷山民居中的雕刻装饰中,大多寄寓着人们"求福"、"求禄"、"求寿"、"求喜"等美好愿望,通过对这些雕刻装饰的具体分析与归纳,我们可以将其中所呈现的图式和内容归纳为人物形象、植物动物、博古图案以及线条图形四个大类,而这四大类的中的不同图案又有着不同的主题蕴意。

(一)人物形象

民居雕刻装饰中的人物形象多表现为单人或多人以一定故事或传说为背景的图形样式,在该类主题的建筑雕刻装饰中,人物大多不单独出现,而是作为一定背景下的主体而加以呈现,配合场景表达出人们的美好愿望以及蕴含于其中的文化意向。在武夷山民居中的这类雕刻图式中,既有仙圣神佛,又有历史人物,既有来自于民间传说中的人物形象,又有根源于戏曲小说中的人物形象。这些图式既有着极高的艺术价值的同时,也有着深刻的文化内涵。

仙圣神佛的形象多来自于古代神仙志怪传说中的神通广大、法力无边的神仙圣人,因而其中所蕴含愿望是最为丰富和多样的。这类雕刻作品中的人物形象大多包括八仙、天官、仙翁、福禄寿喜四星等,形象丰富,表达了古代人民祈求神灵"庇佑信众、消灾解难,进而护国保民、风调雨顺、国泰民安、合境平安"的愿望。除此之外,将这种愿望细化到一个家族或一个群体身上,则多表现为祈求福泽功名、长寿喜庆等愿望。武夷下梅村参军第门楼上"东方朔偷桃"的砖雕作品中,营造工匠用浅雕的手法描绘出东方朔肩扛一枚仙桃的情境,这个故事来自于传说中的东方朔三次偷得西王母的三千年一熟的巨桃,而这个故事在中国文化中,则带有获得长寿的蕴意,因而这幅砖雕作品则集中表达了人们求得长寿的美好愿望。除此之外,武夷山的民居中还有多处以八仙或福禄寿喜四星为主题的雕刻创作,皆表达了人们对生活的美好期许。

历史人物的创作灵感多来源于或有史可查的历史资料或口耳相传的历史文化名士的逸闻趣事,该类作品所涉及的内容和题材很广泛,如舜以孝感天、文王聘太公、苏武牧羊、竹林七贤、饮中八仙等。这类图式运用于雕刻作品当中,或表现忠孝节义为主题,利用一种真实可感可知的艺术形式,达到对社会潜移默化的教化作用,或表达对增广见闻之生活的向往之情,或以文人之趣自比,展现个人清高的品位与追求。

武夷山民居的雕刻艺术中还有很多来自于戏曲小说中的人物形象,这一主题的图式大多取材于演义或传奇小说,寓教于乐,通过一种生动活泼的方式,借由起伏跌宕的故事情节达到宣扬孝悌忠义,惩恶扬善的教化目的。在下梅村的邹氏家祠中,其门雕为二十四孝图,这取材于中国古代一部关于二十四孝的故事书,这本书中讲述了包括忠孝双全、望云思亲、上书救父、彩衣养亲、哭竹生笋、打虎救父、鹿乳奉亲、笼负母归、弃官奉亲、单衣顺母、卖身葬父、亲尝汤药、卧冰求鲤、闻雷泣墓、负米养亲、挨杖伤老、跪父留母、孝感继母、劝姑孝祖、孝感动天、兄弟争孝、啮指痛心、老莱娱亲、郭巨埋儿在内的二十四个故事,该门雕作品用意在于发挥雕刻艺术的教化作用,宣扬孝悌之义。

(二)植物动物

植物与动物也是武夷山民居建筑装饰中选用的一大主题,在这类图式中,大多选取某个有特殊含义的动物或植物,或单独成图,或搭配出现,形成有特殊蕴意的图景,从而使其成为一个抒发人们内心愿景的窗口,一个具有独特含义的文化符号。根据对武夷山当地相关雕刻艺术作品的总结归纳,当地植物动物类的雕刻可进一步细分为植物与动物两大类,其中动物还可进一步划分为珍禽异兽与一般动物两个小类。

植物被广泛地运用到武夷山民居雕刻工艺之中,并带有丰富的含义。以花为例,"梅标清骨,兰挺幽芳,茶呈雅韵,李谢弄妆,杏娇疏丽,菊做严霜,水仙冰肌玉肤,牡丹国色天香,玉树亭亭皆砌,金莲冉冉池塘,丹桂飘香月窟,芙蓉冷艳寒江",将这些花的图式雕刻于建筑装饰之上,在增添屋宇艺术气息的同时,也彰显了主人的个人品位与道德追求。

动物是武夷山民居建筑装饰中一个较常出现的图式之一,不同的动物也有着不同的蕴意。建筑雕刻中的动物既包括诸如龙、麒麟、凤凰等在内的灵异神物,又包括在我国历史文化中具有特殊意义的飞禽走兽。下梅邹氏大夫第的"小樊川"阁中就留存有许多由龙凤构成的吉祥图样。而在武夷诸多以动物为主题的建筑雕刻装饰中,最值得一提的则是曹墩村的"天赐五福"壁画砖雕作品,这个作品呈现的是五只蝙蝠的形象,蝙蝠谐音"福"字,在我国古代文化中有福气的象征意义,在这里五只蝙蝠象征着"五福",即长寿、富裕、健康、好善、寿终正寝,表达了主人的美好愿望。

而实际上,植物与动物的图案在许多时候并非独立存在的,植物与动物的图形经由相互搭配从而具有更加深刻的含义,如牡丹与凤凰搭配所代表的"富贵文明",荷花与鹭鸶共同代表的"一路连科"之意,锦鸡与茶花搭配说代表的"锦上添花",以及梅花与喜鹊共同代表的"喜上眉梢"之意等,不同的组合带来蕴意的反复性不仅增添了雕刻本身的艺术价值,同时也说明了我国文化的博大精深。

(三)博古图案

博古是杂画的一种,后人将图画在器物上,形成装饰的工艺品,泛称"博古"。北宋徽宗大观年间命大臣编绘宣和殿所藏古器,修成《宣和博古图》三十卷,后人因此将绘有瓷、铜、玉、石等古代器物的图画,叫做"博古图"。因而所谓的博古图案,就是指由各类供品和宝物所组合而成的吉祥图式,或简单地解释为器物图。这种类型的图式包括了象征祈求神明保佑的香炉、瓶花、果品,代表平安如意的花扦、如意、卷轴,意为辟邪除恶,共沐神恩的葫芦、拂尘、犀角印或玉杯、佛珠、宝瓶、经卷、宝剑、如意八宝等。

博古图案构成了武夷建筑装饰的一大特色——物谜。所谓物谜,即是托物表意,要了解主人意欲表达的愿望,需首先破开这些物谜,而破开这些物谜的关键之处,就是要巧妙地利用物品的谐音。前文所提到的葫芦、拂尘、犀角印或玉杯、佛珠、宝瓶、经卷、宝剑、如意八宝,或称"暗八仙",即以八仙所持器物代表其本人,"借此表达人们求安的愿望",这幅以博古图案为载体的物谜壁画存留于黄柏吴家村的吴氏家祠的门楼上,是一组保存相当完好的砖雕作品。下梅村西水别业的门楼中,也巧妙地运用了这一手法,以"笙"对"升",以"瓶"对"平",组成了"吉庆平安"的美好宿愿。

博古图作为博古通今、崇尚儒雅之寓意的图式,常用于书香门第或官宦人家的宅第装饰,这也造成了其在艺术品投资领域中不俗的地位。

(四)线条图形

线条图形多指在雕刻作品中采用以线条围绕简化而成的图案形状,这类图形可见于诸如福、禄、寿、喜、吉等吉祥字的表现手法之中,钱宝、绣球、柿蒂等连续花纹图案也多采用这类表现手法。将特定图形线条化,从而增强了图形的适应能力,使得图式在具有美感的同时,也能发挥图形在补白、透光等方面的功用,因而这类图形被大量地运用于武夷山民居的装饰之中,又尤以门窗的装饰为最盛。

四、武夷山民居雕刻的美学特征

雕刻艺术作为民间工艺的一个重要门类，是一门产生于现实生活，立足于现实生活，服务于现实生活，而高于现实生活的艺术。雕刻艺术不仅仅是工匠个人的创造，同时也与各个地区的民间习俗、地理环境、生活方式都有着密切的联系，从而具有浓厚的地域特色，这种地域特色主要表现在雕刻材质的选择、技法的运用、主题的表达等方面，呈现出与其他地区不同的特征，而这又是与其所根植的地域文化息息相关的。

雕刻作为一种将实用性与艺术性相结合的艺术形式，它的创造被纳入到物化的社会意识形态中去，因而它的创造既是其所根植的传统文化引导的结果，也是当时群体意识与思想认识的反映，受到现实生活的影响和制约。探究武夷山地区的雕刻艺术的思想根源，我们不难发现这是与其所处的这理学盛行的文化环境，乃至整个中国传统文化的环境是息息相关的，作为可知却不可感的存在体，这种文化传统需要寻找一个物化的方式以更好地发挥教化作用，与普通大众密切接触的民俗文化无疑成为了最好的选择。经由工匠创造出来的雕刻作品作为一种可感可知的艺术形态，在配合人类日常生活的同时，也会对人的心理、情感和精神产生潜移默化的影响，这就是通常所称的教化作用。"许多民间工艺作品，通过运用一些民众喜闻乐见的题材，宣扬恶有恶报，善有善报的因果报应思想，赞颂弃恶扬善，劝诫不良之俗风，激发奋发上进。"民居中的雕刻作品作为与人们日常生活经常接触到的艺术作品，也有着这样的功用。雕刻艺术以一些看似或积极向上，或吉祥有福，或娱乐轻松的图形样式为载体，用一种委婉的方式，达到最终的教育目的。

如果说雕刻艺术所根植的传统文化是雕刻作品的"第一塑造者"，那么受到这一传统文化熏陶的手工艺人则是雕刻作品的"第二塑造者"，而雕刻作品的欣赏者，或雕刻作品信息的接受者则是雕刻作品的"第三塑造者"，这三者共同构成了雕刻艺术由产生到接收的一整个完整的体系。传统文化的思想观念深深地根植于雕塑作品的创作环境之中，并借由手工艺人在此基础上加以个人的人生体验进行创作，达到物化表达的形式，从而使得接受者能够顺利地接收并根据自身的理解消化雕塑作品所宣扬的理念与精神，在这种情况下，雕刻的教化作用目标便顺利地达到了。

从这一角度来看，武夷山地区的民居建筑装饰，尤其是祠堂的装饰则多以宣扬孝悌之义、礼义廉耻为文化内涵，建筑雕刻艺术，通过其"独有的表现形式，运用不同的媒材，多样性组合的手法来表现主题思想，打破了时空的局限，删除了琐细，使主次分明"，从而鲜明地传达了其所蕴涵的主题与文化内涵，这可以被称作是一次"时空合一的宇宙观的具体实践"。

参考文献

杨国学等：《论世界遗产武夷文化研究基地建设的意义》，《南平师专学报》2006年第1期。

邹全荣:《武夷山珍贵的人文景观遗存——古民居"三雕"艺术风景线》,《武夷山村野文化》。

梁思成:《中国雕塑史》,天津:百花文艺出版社,1998年。

王斌:《中国古代雕刻中的情感表达》,《当代艺术》2010年第2期。

唐西娅,尹鳄:《浅析中国古代建筑装饰中的雕刻艺术》,《南华大学报(自然科学版)》第22卷第1期。

王健:《武夷传统民居装饰图案的研究》,《武夷学院学报》第28卷第4期。

李志鹏:《溯源武夷山下梅砖雕》,《南平师专学报》第26卷1期。

李豫闽:《闽南民间工艺》,厦门市闽南文化研究会、厦门市社会科学界联合会,2009年。

武夷山民俗文化

武夷山饮食民俗漫谈

梅金鑫*

"未到名山梦已新,千峰拔地玉嶙峋。幔亭一夜风吹雨,似与游人洗俗尘。"驰名中外、闻名遐迩的武夷山之所以让人魂牵梦萦,不光是因为这里有山有水,山不高有高山之气魄,千姿百态、夹岸森列的三十六峰丹山挺立;水不深集水景之大成,莹润清透、盘绕山中的九曲溪碧水荡漾。还因为这里有寄情山水和茶香、酒香的人民,热情好客,纯朴逍遥,更因为这里有朱熹遗留下来的道家理学一门之风,博大精深,醇厚绵长。

武夷山之欹崎险峻,水之曲折潆洄,若鬼斧神工,莫可窥测。大自然的灵山秀水,为武夷人民提供了得天独厚的自然条件。粮蔬瓜果,薯芋菇笋,猪牛羊狗,鸡鸭鸽鹌鹑,麂獐狸兔,蛇及鱼虾龟鳖等,均有出产,山珍极多。智慧的武夷人民挥洒自己的辛劳汗水利用这种种原料打造出了独特的武夷饮食文化。

武夷山风味小吃,历史悠久,品种繁多,制作精细,风味各异,富有浓厚的闽北地方特色。"九曲竹筏",素有武夷精华美称;玉女迎宾、菊花草鱼、泥鳅粉丝、家乡豆腐是当地名菜;另有腌雪里蕻,岚谷的熏鹅,吴屯的鲤鱼干,五夫的田螺,上梅的熏田鼠,油炸豆腐、鲤鱼煮豆荚等民间菜,令人食后难忘。武夷山又是"宴"的故乡。幔亭宴,是武夷山最具传奇色彩的神仙宴;八卦宴,盛行800年而不衰;蛇宴,花样繁多,鲜美无比。武夷山的酒以武夷留香最为著名,武夷沁泉、文公酒、菊花酒、五步蛇酒、十月白米酒,也小有名声。各色小吃如"火烧豆荚"、"胡麻饭"、"粿仔"、"凉水仔"、"鼠曲粿"、"饴仔",等等种类繁多,不胜枚举。

一、日常饮食

闽中、闽北盛产稻米,一年两熟,有的还收一季小麦。武夷山人民日食三餐,主食以大米为主。冬天早餐在7—8点之间,夏天在6点左右,午餐冬夏都在12—1点之间,冬天5点多吃晚餐,夏天农忙时7点多吃晚餐。早餐副食则比较简单,多为腌菜、酱菜、腐乳、豆

---

* 梅金鑫,厦门大学中文系硕士研究生。

腐、豆腐干之类的小菜,有的加上油条之类的米面制品。有时吃干饭,配有酶豆腐、酶豆子、酶芋子、笋饼。其中酶豆腐的用料与其他地区有所不同,配有辣椒、红釉。

有一种早点叫"锅边",是武夷群众早餐时喜爱吃的。锅边的做法是:把大米用冷水浸泡两个小时,洗净,加清水磨成米浆待用;把大锅放在旺火上,加入生油,将肉丝、香菇丝、丁香鱼等倒入锅内炒上一会儿,加入水,煮成熟汤;待汤开后,在锅沿上抹一圈花生油,然后舀一碗米浆,由左向右绕锅边浇一圈,盖严盖,烙约3分钟,见米浆起卷时,用铲将已熟的米浆片铲入锅中汤内。如此依次做两三次米浆片,均铲入锅内,再加上芹菜、青蒜等佐料即成。浆片呈白色,质嫩,形曲卷,味鲜美。

一份热腾腾的锅边糊配上几块香酥的油圈是最好的搭配,一般有经营锅边糊的早餐店均会同时出售油圈,油圈的做法较为常见,也较为简单,一个做油圈的模子中间加入些肉丁,上下浇上米浆,放入油锅中炸,直到金黄发亮的油饼浮出锅,油饼就做好了。

午餐的菜则是一日三餐中最好的。一般的副食有二菜一汤或三菜四菜二汤。除蔬菜以外,还有鱼、肉、蛋,或虾、贝等海鲜,其数量与质量均视各家的经济条件而定。肉类以猪肉、鱼肉、鸭肉为主。其中做鸭肉的方法很多,可卤、烤、炸、炖、熏,婚宴上以鸡、鸭、鱼肉为主。过去婚宴上有4个盘菜、8个碗菜的说法。现在的婚宴上菜的数量越来越多,一般上24或28道菜,麻糍果、文公菜、地瓜粉、冬笋鱼汤、芋子炖牛肉等菜都是必不可少的。

特别值得一提的是闽中、闽北一带人民喜喝汤。午餐吃干饭,必定要有汤。这里所说的汤不是一般的清汤,而是汤菜。常见的有肉片汤、鱼片汤、蛋花汤、肉燕汤、点心鱼丸汤、清炖鸡、牛肉汤等等。

晚餐一般吃稀饭。老百姓认为晚餐后就休息了,不要吃得太多太好,所以不太讲究。下饭菜多是青菜、鱼、肉,当然也要视经济条件而定了。

在调料上,除一般的食盐、酱油、味精以外,武夷人民喜食辣椒,辣味与川味的麻辣不同,是酸辣、甜辣。人们炒菜经常使用桂叶、桂皮作为调味品。桂皮用来煮羊肉、狗肉,桂叶可以用来炒田螺,一起炖鱼可以去腥味,和肉一起炒菜香更浓。还有一种红糟,系用糯米、红曲酿制后的糟醪,色红艳、香浓,味醇厚,含有维生素C和维生素B及酵母菌、醇类等营养素,具有防腐、去腥、增香、生味、调色等功能,是民间主要的佐料之一。日常做菜用红糟调味的有炝糟蚬子、炝糟田螺等。逢年过节,用红糟烹制各种鱼、肉、禽、蛋。如糟鱼、糟肉、糟鸡、糟鸭、糟蛋等,不仅味美色香,且可贮存过月。妇女分娩,用红糟炖鸡、炆羊肉。糟香生热,是必不可少的滋补品。腊冬腌菜也用红糟,芳香扑鼻,香中带酸。用它作菜肴的辅料,更有地方特色。

二、特色食品

（一）文公菜

南宋理学家朱熹从学术成就上看,他是宋代理学的集大成者,也是宋明理学最突出的代表。其在武夷山的饮食界也是赫赫有名,于是传下了文公宴的美食菜谱,堪称一绝,而文公菜为文公宴经典之作。

具体做法:首先把猪肉皮去除,然后剁成肉馅,越烂越好;黄豆、扁豆、放入锅内加些许八角、香叶、盐,煮

图1　文公菜

熟备用,将肉馅盛入大的容器中,把饼干粉倒进肉馅中,肉和饼干粉的比例为3∶2,加入葱末、姜末、盐、味精、生抽、五香粉以及胡椒粉拌匀,搅拌过程中力道尽量大些,直至在搅拌的过程中越来越吃力,柔韧性差不多够了,搓成团状;敲几个鸡蛋煎成蛋皮,切成菱形备用;一层饼团、一层肥肉、黄豆、扁豆、蛋皮的方式层层堆叠,最上方再放一朵香菇,然后放入蒸屉内蒸13~20分钟出锅即可。

文公菜的摆放很有讲究。在碗里摆放肉丸之前,要先把焖烂的黄豆放进碗里,要放到与碗口持平,之后再摆放与肉丸大小相近的切成方形的五花肉片,五花肉片上还要放切好的一层薄薄蛋皮,最后才摆放肉丸,肉丸要一个个摆成圆锥形状。一般用20个肉丸子,最底层九个,逐层递减,最顶层一个,中间用香菇,蛋皮,五花肉隔开,最顶端还要放一个香菇,香菇不能头朝下,放上一个香菇意为盖顶。从前一桌酒席有十个人坐,一共有20个肉丸,规定一人只能吃两个肉丸。吃完肉丸后继续吃底下的黄豆,因为其余菜味的渗透,黄豆一样味香可口。文公菜味清香、细嫩可口,民间举办宴席,以此味为必备的主菜,小孩周岁、生日、白事、婚宴等事都会吃文公菜,无此味不算正规酒席。

各地做法稍有不同,五夫镇文公菜则是底下铺花生,寓意妙笔生花、步步高升。上面撒上青葱,表平步青云的愿望,更有甚者,撒上红枣预祝考生在考场上像朱熹那样文思泉涌,落笔有神,早(枣)日高中。而市区里某些餐馆连鸡蛋皮都省去了。不管哪种做法,做好后的文公菜都外形似塔,所选材料刚好十种,又有十层,所以又叫什锦菜,俗称十锦秀才塔。"十锦"顾名思义前程似锦。朱熹18岁时中了乡贡,19岁便考取进士,乡人认为这可

能与他喜食此菜有关。于是,当地秀才、举人在赶考前,亲人都要烹饪此菜以饯行,祈求考场上能像朱熹那样文思泉涌,金榜题名。文公菜流传至今生命力仍旺盛不已,也和人们的这种祈福趋利心理有关。

文公菜诗云:

此菜叫文公,佳肴味不同。
觥筹叠塔秀,似锦舞东风。

(二)麻糍果——甜香酥软回味无穷

麻糍果又叫麻糍。这是武夷山最古老的传统小吃,又称胡麻饭。在武夷山不少神话传说中,神仙都用胡麻饭招待乡人,因此又被称为"神仙饭"。

打麻糍果的工具有一口圆形的小石臼,一把丁字形的木杵、石臼捶。首先将上好的糯米在水中浸泡 24 小时左右后蒸熟,置石臼中,一人用木舂打,一人用手不停地翻动,使米完全捣烂,成为混合的一团粘饭。将捣烂的粘饭搓成一小团一小团,然后将种在山野里的芝麻掺入

图 2　麻糍果

白糖炒熟碾碎,把搓好的糍丸放到芝麻粉里去滚,香味浓厚的麻糍果就做成了。为防止粘手,一般会用小碗备上一块蜂蜡。

这种把捏好的糍丸放到备好的糖粉(即将花生、芝麻、黄豆等炒熟后碾成粉加白糖)里拌匀即吃,叫"糖糍"。如今又兴起一种吃法是炒着吃,叫"菜糍",即用猪肉、笋、白菜或青菜、香菇、辣椒、大蒜等佐料炒熟后,加入糍丸拌炒,香辣可口,其味无穷。

"在某些村庄,如下梅村,每到秋收时节,人们将稻谷等农作物收入仓后,就要将谷楻洗净,民间称洗楻日。洗楻这一天就要庆祝一下丰收,打麻糍米果就成了丰收的象征。"打麻糍米果还象征着喜庆。因为它的加工场面热烈,容易营造喜庆气氛。如村野之民家里遇造屋上梁、男婚女嫁、周岁寿庆等,都会打麻子粿。

城村在有贵客来、立冬等时会打麻糍果,而在四月初八日牛生日这天,还会打了给牛吃,让牛休息之余享受一下美食的待遇。

(三)糕点

1.春节年糕

将糯米浸泡几日后,磨成米浆,拌上红糖着色,撒上花生、枣、葡萄干等干果后,倒入铺好粽叶的专用的铁器皿中,在表层抹一层油,即可下锅,待年糕出现金黄的色泽出锅了,热着吃、晾着吃、炸着吃均可。近年来流行的一款炒年糕,味道酥软,口感香辣,使年糕的吃

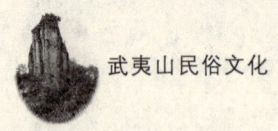

法更为丰富。

2. "糕子"又称米糖

相传糕子据今有200多年的历史。糕子以当地大米为主料,其粉质细腻,配方佐以红糖、香油、葱头、芝麻为主;香酥可口,味道质朴;具有大米等粮食作物的营养价值。糕子制作工艺沿用手工传统,图案造型丰富。

其制作流程是:(1)选择圆润饱满的大米洗净,加入清水浸泡10~12小时,再将米捞起沥干。(2)把沥干的米倒入预热的锅中,用小火翻炒炒至色泽金黄。(3)将翻炒好的米研磨粉状,盛入准备好的容器中待用。(4)准备辅助配料:在锅中放入2~3勺的油(猪油较好),用小火预热,将白砂糖香叶等其他香料放入锅中,一起煎、熬,直至锅中的油和糖均匀,有丝即可;将熬好的糖放在容器中冷却,备用。(5)将磨好的米粉与熬好的糖按比例搅拌均匀(可加入芝麻、花生丁等,味道更佳);把拌好的米粉装入糕印中,压实,压平;然后将糕印周围多余的米粉去掉,再用适当的力度将糕子糕子印中敲出。(6)把印好的糕子放入竹筛中,整齐的排列;用中度碳火烘烤,烤至水分完全干透后,即可食用。(7)保存方法:装入密封的袋子或者密室内。

(四)粿——煎炒蒸煮皮韧馅香

1. 清明粿

清明粿又叫鼠曲粿。在清明前后,采集田里、沟边一种小小的、叶片有白茸毛、会开小黄花的小草,本地人叫它"鼠菊",又叫清明草(植物学上即"鼠曲草")。将鼠曲草舂烂后掺入磨好的米浆中拌匀,然后放进锅里用小火边煮边搅动。煮开后用文火,不停搅拌的同时还要顺着锅边加入食油,以防粘锅。煮至浓稠成面团状后,以手摸上去不粘手为熟,即可起锅晾冷待用。

包清明果时,先在手心抹一点食用油,以防沾手,将熟面团捏成一个个小团,像做小笼包一样把皮捏好,用腌肉或烟熏肉、腌菜、熟小笋或笋干、香菇、熏制油豆腐、辣椒干、萝卜干等剁成的馅,包成一个个鸭蛋大小的菜包,然后上蒸笼蒸熟即可食用。外表看绿皮冷冷的,毫不起眼,吃起来香辣可口,令人胃口大开,吃完后还有草叶的清香在口中。

还有一种比较普遍的做法是取用草汁和入米浆,包上香菇、笋丝、肉丝、腌菜等制成的馅,做成绿色的大饺子,皮软馅香。有的还把不包馅的粿做成砖块状,切成条块,蒸着吃,或放上辣椒等调料炒着吃。其他季节,乡民就用野艾叶替代鼠曲草,味道独特,并具有温胃驱寒之功效。

清明节前后,农家都会做清清明粿,大将村、小浆村、下梅村、城村、五夫镇等各地皆如此。人们边吃边拉家长,或端送亲友与邻里,联结情谊。有的还送到城里亲朋好友家,让他们尝个鲜。武夷人民的淳朴热情可见一斑。

2. 苎叶粿

农村苎叶很多,把春季长出的嫩叶摘下洗净,捣烂后掺入磨好的米浆中拌匀,放入锅内搅拌煮熟,做法与清明粿一样。苎叶的叶绿素和纤维含量不亚于鼠曲草,吃起来更具香味。

还有一种叫淋碱粿。这种粿不掺其他植物,只用按比例配好的籼米、糯米,用碱水浸泡近半天,再捞起来磨浆,放入锅中搅拌煮熟后包馅,做法与前两种一样。这种粿吃起来带碱香味,呈金黄色,农家敬客时常做这种粿。

(五)七层糕

七层糕分七层,色彩美观,细嫩甜爽,富有弹性,老幼皆宜。

具体做法为:(1)将晚稻米用清水浸泡 2 小时,洗净捞出,沥干水分,加水 7500 克磨成稀浆,再加入明矾(调水)搅拌,留白浆 2250 克待用。将黄栀子磨成浆,从余下的稀浆内取 1500 克,搅拌成黄色浆(也可直接加入食用黄色素)。红板糖下锅,加水 750 克,用微火熬成浓液,滤去杂质,起锅晾凉,与剩下的稀浆 7250 克搅拌成红色浆。(2)大锅内加清水烧沸,放上笼屉,笼内铺上净纱布,放进通气板,舀入白浆 750 克蒸约 8 分钟,同量、同时间再蒸一次。然后,分 20 次舀入红色浆,每次约 350 克,头 5 次,每次蒸约 10 分钟,后 15 次,每次蒸约 15 分钟。红浆蒸完,舀入白浆 50 克蒸约 15 分钟,接着分 3 次舀入黄色浆,每次 500 克,蒸约 15 分钟,待全部蒸完,擦干蒸气水,取净纱布盖在粿面一角,用手指弹动,如见粿面颤动即熟。取出大约晾 2 小时,粿面上抹上花生油,倒在木板上,再翻扣在另一块木板上,再抹上熟花生油,再切三角形块。入笼蒸时要用沸水旺火速蒸。食用时,取一小块,加上调味料,即可食用。

据调查,七层糕一般是在七月半食用,也有些是说在七月七食用,如,小浆村即是如此。而城村人则在 9 月 9 日重阳吃七层糕。

(六)饴仔

饴仔是武夷山人七月半鬼节制作的节祭。用稠米浆为皮,馅有甜、咸两味,外面用芭蕉芋叶包成长方形。清香可口。鼠曲粿、饴仔等节令食品,可增加节日的欢乐气氛,因而从古至今,久传不衰。

农历七月十五日在民间俗称为"七月半"、"鬼节"。此时正值秋会。在武夷山村野有一则这样的传说:秋后,五谷渐熟,饿鬼会与人抢收五谷。为了避饿鬼之邪恶,夜里人们要在村口路头点香烛、烧冥钱和路头纸,并供饭菜于路旁,让游荡的饿鬼吃个饱。

其制作方法是先用七斤糯米加三斤早籼米混拌(认为这样才会包住馅),再加水磨成米浆,用布包住,后用石头压干包在布里的面团,拿出后用糖搅拌均匀,包馅(有甜的和咸的,咸的里有腌菜干、笋)煮熟。

下梅村的村民还熟悉这样的一个有关吃饴子的民间传说。有一平日吃素的新妇,丈夫出门时不明不白而死,生前喜食汤丸。七月半,她做汤丸供奉已亡的丈夫。为了不让丈夫变成饿鬼,她特地把汤丸做大,馅料用豆沙、咸菜,竟把丸子做成方块状了。钟馗知道了后,找到了冤死的男人,让他吃了这种方块状的素食丸子,丈夫觉得很好吃,问这是什么食品,钟馗用方言说是饴子。并告诉此食品是还活着的妻子特意为他做的,妻子很思念他,令已成鬼的丈夫特别感动。田野采访中有的异文版本说,丈夫的鬼魂因吃了妻子的特殊饴子,备受感动而还魂并与妻子团圆。

七月半吃饴子的风俗在当地因此盛行。如今,村野之民做饴子,外层用芭蕉叶包裹,里面用糯米与灿米按比例混合。一般为7斤糯米加3斤早籼米混拌,人们认为这样才会包住馅磨浆用布包住,后用石头压干包在布里的面团,掺进去糖,轧成皮,再在中间包上豆沙、咸菜干之类,其形为方,为防黏手,在芭蕉叶上涂上植物油,再放入锅内清蒸。还有一种说法认为芭蕉的蕉与"招"谐音,用芭蕉叶包象征着招财进宝。

(七)重阳糕

重阳糕也叫层层糕,千层糕,米塔。这是武夷山常见的一种小吃。说它是层层糕,是因为制作这种小吃时,用的是籼米,这是因为籼米黏性弱。用籼米磨成米浆,然后用口径尺许的圆形平底锅,悬架在大锅里,将灶火燃旺,大锅中的水滚沸之后,将拌有咸菜干末、五花肉丁、葱头末、香菇屑等佐料的米浆薄薄均匀地浇入平底圆锅中,盖上大锅盖,三五分钟后第一层即熟,再往已熟的上面薄薄地、均匀地浇上一层米浆,盖上锅盖,等三五分钟后即熟,接着又如此循环,熟一层,上一层米浆,直到所需层数为止。这样蒸出来的就叫层层糕,这种层层糕与年糕所不同的是,年糕用的是糯米而不是籼米,年糕是整体一块没有分层的。百姓一般是在重阳节蒸米塔的。重阳在我国是一个传统的带有民俗活动的民间节日,登高,是重阳节主要的活动,但这一活动在村民中并不盛行。武夷人民在重阳节盛行的是以展示饮食小吃为主的蒸米塔。米塔是由一层米浆一层米浆蒸熟的,由一层到数层,其寓意也含有步步高的意思,因此,百姓将自家做好的米塔送给亲人好友,互相品尝,并祝对方步步高升。

重阳节的糕五花八门,体现了地方特点。福州的"九重粿"(粿亦即糕),共九层,层层相连又可一一掀开,藉符重九之意。店铺出售时,将其切成菱形小块,上插红纸制的三角小旗,使人一望便知。建瓯、浦城有五色"九重糕",以米粉蒸制而成。厦门、南平、尤溪、大田、长汀等地,重阳日制作栗糕。建宁家家磨浆作糕,名为"层层糕"。建阳的糕则以红薯、芋和粳米制成,并且还互相馈送。霞浦在重阳节这天,民间以屑米蒸糕,和以红糖称甜糕,调以盐、肉称卤糕,这两种都叫重阳糕。亲戚之间互相馈送,特别是新婚的人家,尤重送头年。福安则有七层糕,而在连城吃的是"薯糕"、"芋糕",以致于俗称重阳节为"薯姜芋卵节"。将乐有"阳阳包",状如饺子。其皮由芋头、山粉和制而成,以饼、糖、油渣调均为馅,多包成近似三角形状。整个制法如包饺子。但吃起来韧滑可口,胜过饺子。莆田除了有九层糕外,据《闽小记·闽酒米曲》记载,还在重阳这天采草为粬,"和米捣成如弹丸大"。武夷山城村在九月九吃七层糕,大将村、五夫镇、小浆村则吃九层糕。

(八)岚谷熏鹅——香辣醇厚名闻遐迩

岚谷熏鹅在武夷山是一道桌面酒席必上的佳肴,在当地相当有名。整道岚谷熏鹅菜肴讲究色、香、味,其营养价值要高于鸡、鸭、猪、牛等牲畜,且脂肪含量低。

制作方法:(1)选鹅:鹅不宜太肥也不宜太瘦,重量大约在 2~3 斤为佳,选择的鹅必须是无疾病的(这个关系到食用者身体健康)。(2)将鹅宰杀、除毛、洗净后,将整只鹅放进锅里用清水煮 20~30 分钟,七八分熟(即鹅肉色泽微黄,鹅肉弹性强,筷子戳不穿鹅肉),将鹅取出锅,将鹅肉上的水分沥干。(3)将沥干水分后的鹅肉,全身涂抹上椒、盐等调味料,将鹅肉固定好放置专门烤箱熏制(烤箱内备有糯米、桂叶、茶叶,用文火将糯米烤焦出的烟熏制)七八小时,直至鹅肉融入了各种香料味,香味四逸,此时的鹅皮金黄透亮。口味稍偏重的可再在鹅肉上刷一道辣椒粉,则辣味十足。

烘烤出的鹅肉色香味俱全:色,色泽金黄透亮;香,正宗的岚谷熏鹅是经过长时间熏制而出,鹅肉融入了茶香、桂叶香及糯米香味,因而香味持久,浓浓的香熏味也掩盖不了麻辣香;味,岚谷熏鹅讲究的一个字"辣",辣味持久不退,久后回甘。

需要注意的是:岚谷熏鹅适用于一般身体健康人群,身体虚弱、营养不良的群体尽量少食。有皮肤病(温热内蕴者、皮肤疮毒、瘙痒症者)、痼疾者、高血压病、动脉硬化的人群忌食。

(九)红菇

武夷山随处可见卖红菇的,有真有假,怎么样区分呢,假的红菇虽然也发红,但据当地人说"那是芙蓉花掉落后染成的"。

此菇外表颜色发红,煮出来的汤色也略微发红,煮汤后的菇本身没有什么特别,惊艳在汤里,水烧开后,只需短短几分钟,舀一小勺汤来喝,鲜美异常,清香怡人。口感细腻而清滑,是上等菜肴和调味佳品。

口味不佳时,常用红菇调和胃口;小孩泄泻用红菇炖汤可止泻;妇女坐月子吃些红菇滋补健身,所以红菇又有"南方红参"之称。炖鸡、炖鸭、炖蛋、炖猪肚、炖猪排之类配些红菇不仅使汤色色彩夺目,更能使汤水增甜,味道鲜美,几颗入汤就可以。

红菇具有独特的生长环境,当地谚语云:"从来无种,四季无花,越嫩越好食,越老越有渣。"形象地概括了红菇的这一特征。它自古以来既无花又无种,一年一度自然生长,在高温高湿的气候下生长。它生长的地域更为独特,只生长在茂密椴木树下的沃土上。它虽然无花无种,但却有传宗接代的始祖地,每年均在这块故土上茁壮生长。采菇者年复一年依旧回老菇穴采菇。

(十)五夫田螺

五夫镇的田螺以壳大肉肥汁多,以辣味为主,用牙签取出螺肉的前段放如口中,肉质鲜美、味道醇香、Q 劲十足,配以武夷留香是最好不过的选择。

具体做法为:从河内捕捞的田螺需要在清水内泡上一段时间,以除尽泥沙。田螺洗净后下锅煮熟,配以家常的葱、姜、蒜、辣酱等佐料爆炒,并加上南方特有的调味料——桂叶,添加菜的香气,这是炒田螺必备佐料之一。

（十一）熏鼠肉

其特点是保存时间长。村民将捕获的田鼠加工成田鼠腊，必须进行烟火熏制。将捕获的田鼠剖腹去其内脏，用竹架撑起，放在盛有热水的锅中蒸熟，煺去皮毛，然后置于熏蒸锅中熏蒸。先是在熏蒸锅中加入糯米或糖，烧红后的锅再将糯米或糖烤焦，米糖中的油烧焦后所产生的炽热浓烟，将鼠肉熏得色泽赤黄，油脂四溢。熏制时必须将锅盖捂紧，不让其烟泄露，这样熏出的田鼠才香味扑鼻。因为田鼠杂食能力强，鼠肉含有大量的蛋白质、氨基酸，且肉质鲜嫩，所以熏鼠肉成了下百姓中一道时令佳肴。下梅村的熏鼠肉最为正宗。

（十二）笋

据资料记载，武夷山竹的种类有48种，因此，笋的种类也很多，主要有毛竹笋、花壳笋、黄竹笋、苦竹笋、石竹笋、麻竹笋、鞭笋等等。这些笋中最著名的是毛竹冬笋。唐朝诗人李商隐有"武夷洞里生毛竹，老尽曾孙更不来"，杜甫又有"远传冬笋味，更觉彩衣春"的诗句，可见那时冬笋就已闻名了。武夷山的冬笋，尤以产在东路上梅的金竹、首阳一带的为最佳，故又称东（与冬同音）笋。这里产的"黄泥冠"、"白肉笋"，武夷山俗语："南茶北米，东笋西鱼"。武夷山笋的肉质细嫩，味鲜爽口，素有"金衣白玉，蔬中一绝"之美誉，它脆、嫩、甘、香，含丰富的蛋白质、纤维素、钙、磷、铁等人体容易充分吸收的营养成分，开胃助食，味道鲜美，是食品中最具天然风味的农产品之一。

笋的做法很多，武夷山笋的菜系有：油焖笋、素炒冬笋、春笋香菇、冬笋肉丝、酸笋焖鱼、排骨老鸭汤，等等，无论是生炒还是炖汤，或是作馅，武夷山的土笋都鲜脆可口，是一道味鲜爽脆的美食，极富乡土气息和地方特色。

武夷山制作的笋干，技艺特殊，味道醇厚，土色土香，深受人们的喜爱。类别分榨、晒、熏三大类。工艺需要经过煮、切、压、榨、晒、熏、烘、焙等十多道工序。武夷山笋干按产地和制法分东路笋和西路笋。东路笋指上梅一带，用炭火烘烤制成；西路笋指洋庄一带，靠阳光晒干制成。东路笋香脆、味美，西路笋洁、美、色好。按颜色武夷山笋干又分为白笋干和黑笋干两大类。黑笋干好吃。白笋干充实，一公斤白笋干经过浸泡可变成七八公斤。据《崇安县新志》记载，上梅白水地区制作的"玉兰片"是笋乾中的珍品，长10厘米左右，用冬笋"黄泥冠"、"白肉笋"加工而成，色泽金黄，透明如玉。白笋干中的"黄尖"、"秀尖"也很出名。黑笋乾中的咸笋也是武夷山人津津乐道的佳肴之一，制作工艺特殊，咸辣适宜，只要是吃过它的人，一提起它就会平添无限食欲，是一种典型的地方风味。

武夷山还有一些含笋馅的小吃：冬笋包、清明粿、煎饼、笋饼。

笋的功效：吸附所吃食物中的油脂，降低胃肠黏膜对脂肪的吸收和积蓄，从而达到减肥目的，还能有效减少与高脂有关的疾病发生。

唐代诗人李商隐《题武夷》诗云：

只得流霞酒一杯,空中箫鼓几时回。

武夷洞里生毛竹,老尽曾孙更不来。

(十三)冻米

冻米是下梅村村民的零食之一,其制作时令在严冬霜冻天,一般在新年来临之前。材料有:糯米、芝麻、花生、糖、米糖、油、黑米(把糯米泡在当地称为"wu gu nai"叶子的水里即成为黑米)。作法是将糯米和黑米蒸成饭,然后拌食油搓散成饭粒,日晒夜冻成饭干,再用砂炒或油炸,使其酥松膨大。将此膨粒倒入经久煮的麦芽糖和沙糖或红糖、食油中,在锅内与炒熟的花生和芝麻拌匀,起锅后投入木夹内压实,去夹后切成片即成。此食品松脆、甜香、易消化。农家以此馈赠亲友,在新年接待客人。

三、武夷名饼

(一)光饼

光饼是用面粉加少许食盐烘制而成的饼类食物,直径约 6 厘米,中间带有穿孔,食之香脆可口,是武夷人所喜爱的传统风味小吃之一。光饼还有另一种类型,即改盐为糖,形状也比咸饼大一倍,被称为"征东饼"。但无论"光饼"还是"征东"饼,其名均与戚继光入闽抗倭的传说有关。

据《福州府志》记载,明嘉靖四十二年(1563 年),抗倭英雄戚继光率军入闽追歼倭寇,连日阴雨,军中不能开伙,戚继光便下令烤制一种最简单的小饼,用麻绳串起挂在将士身上充当干粮。后来,这小饼流入民间,不但普遍食用,而且还成为祭祀神灵祖先必备的供品。后人感念戚公,便把这种小饼叫作"继光饼"。这种叫法如今在福建省的福安等地依然保持着。

还有一种起源说是闽东南民众为戚继光的军队预备的干粮。关于这种说法,浙江慈溪的一个名不见经传的传说却能提供一点佐证。据说,戚继光率领士兵追杀捕剿倭寇,贵在用兵神速,但行军过程中,架锅烧饭拖延不少时间,戚继光又想不出其他的好法子。有一次,行军至慈溪龙山东门外,一老农为戚家军献上许多中间小孔、外置芝麻的咸饼以作慰劳,并对戚继光说,这饼光光的,用绳子穿上带在身边,饿时即可充饥。消息传开后,沿海各地的百姓争相为军队做光饼。光饼名称从此流传开来。由于助戚家军平倭有功,据说明嘉靖帝赐名曰"继光饼"。也因为该饼略带咸味,又称咸光饼。

制作方法:先把面粉发酵,和好面(10 斤面粉约加 3 斤水),每 10 斤面粉放盐 3~4 两、小苏打 1 两。加水揉成面团,捏成饼状,然后做成直径约 7.5 厘米,厚度约厘米的圆形饼坯,拍上芝麻,中间打孔饼面加葱、肉的光饼每个戳两个洞,再把饼坯贴在火炉上壁四周,在炭火里放一些硫磺,这样烤出的光饼是白色微黄,饼面有光泽,只只金黄,酥脆喷香。

 武夷山民俗文化

现在的武夷人吃光饼,更有诸多花样。有将炒干的海苔菜夹在饼中再加上酸辣佐料的苔菜饼,有将芥菜心夹在饼里的辣菜饼,还有将米粉肉夹在饼里的夹肉饼等等。

正因为武夷山星村光饼独具特色。色美,味香,咸脆,嚼后又觉得有甜味。有的长期离乡的邑人,每次回乡探亲后,再外出时总要携带些家乡的光饼以饱口福或分给外地的亲友共同品尝。

(二) 孝母饼

孝母饼原为武夷山民间汤饼,是文人墨客节日、聚会、品茗时的一道点心。朱子父亲曾有诗云,"生朝乐事记当年,汤饼何须半臂钱。吾算自知尊有酒,汝翁莫吧坐无毡。"而朱子奉母至孝,远近闻名,相传其母喜食他亲手做的汤饼。朱子每次出门远行游学,都要亲手制作大量的汤饼贡奉母亲,漫漫长日,以慰老母思儿之情,乡人感其孝心,相互效仿,以饼奉母,教化子孙,乡人遂称此饼为"朱子孝母饼"。

朱子汤饼制作考究、用料精良。以当地所产之莲子、板栗、槟榔芋、大红袍等为原料,配以古方制成。汤饼清香可口,滑而不腻,入口即化,老少皆宜。

(三) 煎饼

1. 刺花饼

刺花就是金樱子花,因枝上长满刺人们叫它刺花。《八闽通志》载:"金樱子生郊野中,类蔷薇,有刺,开白花,实如小石榴。"金缨子别名刺梨子,山石榴,丛生于山野中,类似蔷薇,四月开白花,其色如雪,花最为白腻,散发淡淡的清香。据说此花有排毒养颜之功,每当花开时,闽北一带姑娘、媳妇都上山摘刺花,拿回来和上面粉或米粉再加白糖煎饼吃。金缨子花煎饼不仅好吃,还能治各种腹泻,有染须发、补肾、健体、去湿等多种功效。

具体做法为:收拾好了竹背篓、磨利了茅柴刀,顶着露水上山采"刺花";把采回来的花铺在竹箩盘上阴一天,割上自家地里新长的韭菜,磨好粳米浆;把花瓣调进稀稠适中的米浆里,放上韭菜,撒上适中的盐,拌匀后,往锅里擦上一层薄油,用小勺舀一张薄饼量的米浆在锅底薄薄摊煎,用文火慢慢烘烤;经几次翻动,煎成一张张外表金黄、内里米白色的花饼。

煎烤的刺花饼外表焦黄,白的花、绿的韭菜,外酥里嫩,一口下去,花香、韭香盈唇齿。在物质缺乏的年代,节俭智慧的武夷山人利用大自然的馈赠,草可入饭,花可做菜。既解决了温饱问题,又具有极大的养生价值。只可惜如今即便是村里,农妇们也渐渐不去采刺花了,刺花饼已成为很多人童年的回忆。在某些村里,如大将村、城村,每到刺花开放季节,还是会采摘刺花做饼。

金缨子花饼

三春正是百花辰,如雪金缨也闹春。
淡淡清香风味好,陌头频见摘花人。

刺花饼

三春正是百花辰,如雪刺花开乱春。

有道刺花风味好,相逢都是摘花人。

2. 枸杞鸡蛋饼

据《八闽通志》载:"枸杞,《尔雅》云:枸杞,一名地骨。按《本草图经》谓:'其实形长而枝无刺者枸杞也。圆而有刺者枸棘也。枸棘不堪入药。'而《衍义》又谓:'凡杞未有无棘者,虽大至有成架,然亦有棘。但此物小则多刺,大则少棘耳。'"

在城村,流行一种枸杞鸡蛋饼,采摘来的枸杞叶阴干,将面粉打成浆,打入鸡蛋,加入枸杞叶,盐适量,搅拌均匀,往锅里擦上一层薄油,用小勺舀一张薄饼量的米浆在锅底薄薄摊煎,用文火慢慢烘烤。一张枸杞鸡蛋饼就做好了,黄绿相间,蛋香、草香交融,既有口感,又有清肝明目之功效。

四、武夷名宴

(一) 八卦宴

八卦宴是南宋理学家朱熹创制并用来待客的一种礼仪。南宋淳熙十五年(1188年),朱熹与蔡元定等学者结合武夷山民间饮食的一些菜肴,按《周易》"系辞传"的"易有太极,易生两仪,两仪生四象,四象生八卦"的道理,以及所交往的道士羽流的生活习俗,安排了一个清雅淡泊、奇俏瑰丽的八卦宴。

八卦宴以朱熹平时的饮食为基础,菜肴中有拼盘、羹、汤、丸等形式,制作上有煎、炸、清炖等烹饪方法。八卦宴最大的特色是各种菜肴的排列,无不按照朱熹所推崇的八卦图来进行。排列方法是:先在八仙桌上画上八卦图,正中为太极,其八方分别为乾、坤、震、巽、艮、坎、离、兑八种卦覆,各陈列上一道有关卦理意义、富有武夷山风味的佳肴,整个宴席犹如一幅八卦图,可谓匠心独具。在菜肴名上,更是寓意悠远。太极之首为翡翠羹;易生两仪,分别置上玄天混丸和太乙阴阳蛋;两仪生四象,分别为百发圆子、莲塘君子、桂花虾仁、油焖双冬。这四道菜还暗寓了春夏秋冬四季之象。按八卦方位,每方位上的菜肴又分别为素炒鳝鱼丝、香油凤腿、酒酿冬菇,宫保鸡丁、竹笋肉丝、溜鸡肝卷、白炒木耳、八宝吉祥。迄今为止,八卦宴一直流传了八百多年,经后人不断的整理,现在的八卦宴越发完善,已成为我国饮食中的一朵奇葩。

(二) 幔亭招宴

武夷山最具古远历史和传奇色彩的宴席。相传秦始皇二年中秋,武夷君、皇太姥和魏子骞等武夷十三仙在武夷山幔亭峰顶设彩屋幔亭数百间,大宴乡民,仙凡高聚。幔亭招宴由此而来。

幔亭招宴讲究场景气氛,要求宴会厅正上方悬挂牛头一架,两边柱子上各悬挂牛头,另两侧高挂棕衣、红辣椒干、大红绸布、红灯笼挂宴会厅内,场景气氛浓郁,气派非凡,给人以乡村民俗的感觉。在门口有天香6根,大红蜡烛一双,烟雾飘绕,充满淳朴民风情调。宾客置身在浓郁民俗风味的宴会厅中,听赏典雅的古乐曲,服务小姐送上一杯由桂花、葱、绿豆冲泡而成的武夷山民间待客最高贵的"敬亲茶"。然后请宾客在红纸上书写自己的姓名,并用小香在姓名下烧洞签到(这是古老武夷山人参加宴会的习俗),紧接着司仪宣布宴会开始,由主人或主宾点燃宴会的喜烛,这时,礼仪小姐托出酒壶、爵、酒提等酒皿,两青年抬出一缸米酒,绕厅一圈放下,开启酒坛上书写着"莫笑农家腊酒浑,丰年留客足鸡豚"的大红纸,坛盖一开,芳香四逸。小姐取酒装进锡壶,再倒入酒爵,然后逐个席位倒酒,幔亭招宴正式开始。菜肴可分四道:第一道是名为"玉女迎宾"的10个小碟,有用冬笋片拼成玉女峰图案的武夷晨曦冷盘,还有南山寿饼、五香咸笋、青梅珍珠酸辣芽丝、茄子干、腌蕨苗、薰味田龙等10个小碟等,都是当地百姓家制小菜;第二道为主菜,有翡翠流霞、干鱼宴仙、龙游凤舞、忆恋嫦娥、文公迎宾、岚谷熏鹅、彭祖佳肴、四宝蛋菇、五彩麂肉丝等充满民间乡土气息的十二道热菜;第三道是点心,有清明果、山粉包等用野菜加工而成的民间小点;第四道是水果。

整道宴席的焚香点烛、锣鼓迎宾、嘉宾入席、敬献清茶和上酒、揭酒、品酒等程序,都给人独特的乡村民俗感觉。

(三)文公宴

文公指南宋大理学家朱熹。他在武夷山生活、讲学四十余年,把儒家的修身养性之道融入饮食养生、保健之中,烹调出许多富有独特风味的菜肴和羹汤,广泛流传在武夷山民间,并名其为"文公菜",集许多文公菜称之为"文公宴"。

文公宴有15道菜,均以武夷山土特山珍为主料,用武夷山传统方法精制烹调而成,并冠以雅名,寓意深刻,别有一番风味。这15道菜是:紫阳高照、武夷十贤、鹅湖盛会、九曲泛舟、群星拥月、龙凤呈祥、鹊巢石磷、七宝葱羹、连年有余、春绿冬青、金榜题名、麻姑献寿、雪山含笑、干鱼宴仙、彭祖佳肴。道道独显武夷山背景文化。

(四)武夷蛇宴

武夷山是"蛇的王国",各种蛇宴花样繁多,美味无比。武夷蛇宴不见鱼、鳖、虾、蟹,也不闻行令劝酒,只见清素美色,只闻历史文化掌故。菜肴以蛇为主料,根据蛇的种类和大小,以煮、烤、炒、蒸等不同的形式,烹饪成十几至三十道特色菜肴。蛇宴中间,每人还有一只蛇胆,一小杯蛇血,都要冲白酒饮下。蛇胆有明目之功效,蛇血则有治风湿关节炎之奇效,让客人既饱口福,又留下美好回忆。主要有龙凤汤、龙虎斗、炒龙排、炒龙蛋、黄龙珠、蛟龙戏水等名目繁多、脍炙人口的著名蛇菜,加上用蛇酱作佐料,配上蛇酒,就成为一席美味的蛇宴。还有以蛇、猫、鸡为主要原料,脍制"龙虎凤大会斗"的名菜;以蛇肉丝、鸡肉丝和冬菇,鲜笋丝等烹制成的"蛇羹",香味四逸。这两种蛇菜均是大筵席中不可缺少的名菜。特别是龙凤汤,"汤清见底,面无油珠,肉烂无腥",盛放在上等餐具里,揭盖时香味四逸。

(五)武夷茶宴

以各种名贵茶叶,或取青叶榨汁,或以青叶直接投料混炒,也有以熟茶叶研末烹汤,或以茶为主料,或为配料,不一而足。制成的茶宴有"肉桂飘香"、"碧螺春鱼"、"正山锦鸡"、"水仙全鸭"等。"肉桂飘香"一菜,选取武夷肉桂茶生叶粘面粉油炸,摆放在由山间小笋拼接仿制成的武夷竹筏上,筏首立一香菇为艄公,惟妙惟肖,整道菜均可食用。也有用茶叶青汁擀面,色泽青绿,入口青香、柔韧绵软,更具绿色风味的种种面食。

朱熹在武夷创建武夷精舍,蛰居武夷,著书立说,以茶会友,以茶论道,以茶穷理,常与友人学者,以茶代酒,或宴于泉边,或宴竹林或宴岩亭,或宴溪畔。"仙翁留灶石,宛在水中央。饮罢方舟去,茶烟袅细香。"居五夫,常与友人赴开善寺茶宴,与住持圆悟交往甚笃,经常品茶吟哦,谈经论佛。圆悟圆寂,朱熹唁诗:"一别人间万事空,焚香瀹茗恨相逢。"茶宴之道,追求清俭朴实,淡雅逸越,以清俭淡雅为主旨,展示人们希冀和平与安定的心愿。

五、武夷饮品

(一)武夷茶

武夷山生产的茶叶,以乌龙茶为主,年产量占 80% 以上,也有工夫红茶,占 10% 左右,绿茶占 7%。其中最着名的是武夷岩茶和正山小种。

武夷岩茶为乌龙茶类,属半发酵的青茶。绿叶镶红边,形态艳丽;深橙黄亮,汤色如玛瑙;岩韵醇厚,花香怡人;清鲜甘爽,回味悠悠。它既有红茶的甘醇,又有绿茶的清香,是"活、甘、清、香"齐备的茶中珍品。武夷岩茶饮后齿颊留香,清朝美食大师袁枚说:"尝尽天下之茶,以武夷山顶所生,冲开白色者为第一。"

武夷岩茶品目繁多,据调查,仅山北慧苑岩便有名丛 800 多种,主要有大红袍、铁罗汉、水金龟、白鸡冠、四季春、万年青、肉桂、不知春、白牡丹等。而最负盛名的当数大红袍。"大红袍"产于九龙窠。相传,康熙皇帝巡视江南之际,因患水土不服,卧床不起,诸多良医献策配方,都不能治好,后来有人献上一包武夷山的茶叶,请康熙皇帝饮用,不料,康熙一喝病就好了。当康熙得知这种功效神奇的茶,原系武夷山生产时,当即脱下红色御袍,派人送往武夷山,披挂在茶树上,以示谢意,"大红袍"因此而得名。又传这丛茶生长于绝壁悬崖,无法攀摘,于是寺僧便驯猴穿红衣采之。"大红袍"品质奇绝,有一叶能泡一桶之说,味醇厚回甘、汤色橙黄、清澈,叶底匀亮,冲泡七次有余香,难怪它会具有神秘色彩。

肉桂茶是武夷岩茶的后起之秀,产于慧苑岩,它加工精巧,滋味鲜滑甘润,有"岩骨花香"之称,已连续五次在全国名茶评比中名列前茅。

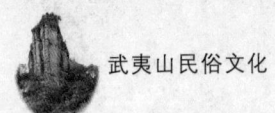

武夷水仙也是武夷岩茶中的精品,《红楼梦》里写的贾母最爱喝的"老君眉"就是武夷水仙。

正山小种红茶是又一个武夷独特的茶叶品种。正山小种又称桐木小种或星村小种。它采用全发酵,并用松香烘青焙干等,区别于乌龙茶的特别工艺,所以其形、色、香、味也别具一格。正山小种是英国女王最喜欢喝的红茶。英国诗人拜伦在其长诗《唐璜》中深情地写道:"我一定要去求助于武夷的红茶……"

1. 历代咏武夷茶诗词选

《谢尚书惠蜡面茶》 (唐)徐夤

武夷春暖月初圆,采摘新芽献地仙。飞鹊印成香蜡片,啼猿溪走木兰船。
金槽和碾沉香末,冰碗轻含翠缕烟。分赠恩深知最异,晚铛宜煮北山泉。

《和章岷从事斗茶歌》 (宋)范仲淹

年年春自东南来,建溪先暖冰微开。溪边奇茗冠天下,武夷仙人从古栽。
新雷昨夜发何处,家家嬉笑穿云去。露芽错落一番荣,缀玉含珠散嘉树。
终朝采掇未盈襜,唯求精粹不敢贪。研膏焙乳有雅制,方中圭分圆中蟾。
北苑将期献天子,林下雄豪先斗美。鼎磨云外首山铜,瓶携江上中泠水。
黄金碾畔绿尘飞,碧玉瓯心雪涛起。斗茶味兮轻醍醐,斗茶香兮薄兰芷。
其间品第胡能欺,十目视而十手指。胜若登仙不可攀,输同降将无穷耻。
吁嗟天产石上英,论功不愧阶前蓂。众人之浊我独清,千日之醉我可醒。
屈原试与招魂魄,刘伶却得闻雷霆。
卢仝敢不歌,陆羽须作经。森然万象中,焉知无茶星。
商山丈人休茹芝,首阳先生休采薇。长安酒价减千万,成都药市无光辉。
不如仙山一啜好,冷然便欲乘风飞。
君莫羡,花间女郎只斗草,赢得珠玑满斗归。

《答建州沈屯田寄新茶》 梅尧臣

春芽碾白膏,夜火焙紫饼。价与黄金齐,包开青箬整。
碾为玉色尘,远汲芦底井。一啜同醉翁,思君聊引领。

《咏茶》 苏轼

君不见,武夷溪边粟粒芽,前丁后蔡相笼加。争新买宠各出意,今年斗品充官茶。
吾君所乏岂此物,致养口体何陋耶?洛阳相君忠孝家,可怜亦进姚黄花。

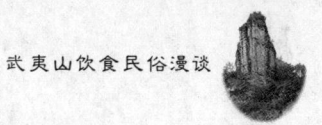

《和钱安道惠寄建茶》 苏轼

我官于南今几时,尝尽溪茶与山茗。胸中似记故人面,口不能言心自省。森然可爱不可慢,骨清肉腻和且正。雪花雨脚何足道,啜过始知真味咏。

《水调歌头 咏茶》 苏轼

已过几番雨,前夜一声雷,旗枪争战,建溪春色占先魁。采取枝头雀舌,带露和烟捣碎,结就紫云堆。轻动黄金碾,飞起绿尘埃。

老龙团,真凤髓,点将来,兔毫盏里,霎时滋味舌头回。唤醒青州从事,战胜睡魔百万,梦不到阳台。两腋清风起,我欲上蓬莱。

《试茶》 蔡襄

兔毫紫瓯新,蟹眼清泉煮。雪冻作成花,云闲未成缕。愿尔池中波,去作人间雨。

《茶坂》 朱熹

携籝北岭西,采撷供茗饮。一啜夜窗寒,跏趺谢裘枕。

《茶灶》 朱熹

仙翁遗石灶,宛在水中央。饮罢方舟去,茶烟袅细香。

《咏武夷茶》 朱熹

武夷高处是蓬莱,采取灵芽于自栽。地僻芳菲镇常在,谷寒蜂蝶未全开。红裳似欲留人醉,锦幛何妨为客开。咀罢醒心何处所,近山重叠翠成堆。

《茶灶石》 蔡廷秀

仙人应爱武夷茶,旋汲新泉煮嫩芽。啜罢骖鸾归洞府,空余石灶锁烟霞。

《咏贡茶》 林锡翁

百草逢春未敢花,御茶蓓蕾拾琼芽。武夷真是神仙境,已产灵芝又产茶。

《咏武夷茶》 杜本

春从天上来,嘘佛通寰海。纳纳此中藏,万斛珠蓓蕾。

《喊山台》 陈君从

武夷溪曲喊山茶,尽是黄金粟粒芽。堪笑开元天子俗,却将羯鼓去催花。

《谢王适庵惠武夷茶》 沈涵

雀舌龙团总绝群,驿书向饷意偏殷。香含玉女峰头露,润带珠帘洞口云。
不用破愁三万酒,惭无挂腹五千文。呼童携取源泉水,细展旗枪满座芬。

《茶铺》(散曲) 陈铎

武夷和雨采春丛,嫩叶蒙茸,佳茗千古重。卢仝曾称颂,七碗自清风。
陶家学士殊珍重,玉堂中扫雪亲烹。玛瑙铛,玻璃瓮,碧云翻动,浊酒怎敢争功。

《闽茶曲》(二首) 周亮工

一

御茶园里筑高台,惊蛰鸣金礼数该。那识好风生两腋,都从着力喊出来。

二

一曲休教松栝长,悬崖侧岭展旗枪。茗柯妙理今为祟,十二真人坐大荒。

2. 山歌

《武夷山上九条龙》

武夷山上九条龙,十个茶农九个穷。年轻采茶赚饭吃,老来去时背竹筒。

《制茶歌》

人说粮如银,我道茶似金,武夷茶叶兴,全靠制茶经。
一采二倒青,三摇四围水,五炒六捻金,七烘八捡梗,九复十筛分,道道功夫精。
人说粮如银,我道茶似金,武夷茶叶兴,苦煞制茶人。

《情郎讨饭妹背筒》

情郎是茶农,忠厚肯劳动,三百六十五,天天都出工。
春天摘乌龙,夏季采夏丛,秋日当轿工,冬来两手空。
妹是嫁老公,不想做懒虫,情郎去讨饭,妹妹愿背筒。

《采茶姑娘真辛苦》

顶着露水上山岗,上身下身全湿光,采茶姑娘真辛苦,衣裤湿透无处凉,
日头悄悄上山岗,手脚飞快采茶忙,待到收工歇午时,浑身上下又湿光。
正月采茶是新年,邀着衙丁点茶田,点得茶田十二亩,当官少税两分钱。
二月采茶茶叶青,姐在房中绣花心,中间绣起茶花朵,两边绣起采茶人。
三月采茶茶发芽,姐妹双双去采茶,姐采多来妹采少,不论多少早回家。
四月采茶茶叶黄,自有田中使牛郎,莳得田来茶自大,摘完茶来秧又长。

五月采茶茶叶浓,茶丛树下有蛇虫,赶走害虫去远地,好脚好手保安宁。

六月采茶绿洋洋,多插杨柳少插桑,桑子大来无人管,杨柳大来好歇凉。

七月采茶笑嘻嘻,姐妹厝里上高机,织得罗布箱箱满,留得明年做茶农。

八月采茶秋风凉,吹得茶花满园香,大姐拾来问小妹,秋茶倒嫩夏茶香。

九月采茶是重阳,大大家家乐洋洋,男人喜吃重阳酒,女人喜吃菊花茶。

十月采茶是立冬,十担茶篮九担空,茶篮挂在金椅上,留得明年再逢春。

十一月采茶雨淋淋,拿把雨伞讨茶银,九家茶银都讨尽,一家茶银留明年。

十二月采茶雪飘飘,姐妹房间把柴烧,外头郎仔受辛苦,赶去赶来免担忧。

(二)米酒

1. 武夷留香

武夷山的酒类主要有武夷留香、武夷沁泉、文公酒和十月白米酒、菊花酒、五步蛇酒等。武夷留香最为著名。武夷留香用当地优质糯米作原料,用清澈山泉酿制而成,至今已有几百年历史。

传说一:相传很久以前,在一次瑶池的蟠桃会上,铁拐李不屑于王母娘娘所赐的"仙酒",却抱出一坛从武夷山民家讨来的家酿米酒,咕嘟咕嘟地大喝起来。不料想,醇郁的酒香四处飘逸,众仙们便纷纷丢弃"仙酒",来抢铁拐李的武夷米酒。铁拐李看着酒快被抢光了,一怒之下,便把酒坛从天上扔下,不偏不倚落到了幔亭峰上,酒汁从岩石渗入了九曲溪,那醇厚的酒香,连溪中的鱼、天上的鸟都被陶醉了。从此,山民们便把此酒称为"武夷留香"。

传说二:很久以前,九曲溪畔有一位老农夫,他酿造的米酒醇美甘冽,只要酒坛一开,武夷山就三天三夜都飘逸着浓浓的酒香。种田的乡亲喝了老农夫酿造的米酒,干三百六十五天活都不劳累;赶路的喝了老农夫酿造的米酒,走九千九百里路都不觉得辛苦。人们对老农夫,从心底里喜欢,尊敬地称他为"田父"。田父的名字,随着他的酒香飘荡,传遍了四面八方。

那时节,八仙各显神通过了东海,游玩了不少名山大川。这一天,闻到武夷山的酒香,暗暗称奇。铁拐李忍不住垂涎欲滴,对同伴嚷道:"错过这等好酒不喝,真枉为一世神仙,我老拐可要到武夷山走一遭了。"其他仙人一听正合心意,于是,有的打扮成贩茶商客,有的打扮成云游道士,一齐寻到九曲溪畔田父家里来喝酒。

田父像往常一样,舀出自己的美酒,热情款待这些客人。八仙喝了田父的美酒,连声称好,赞不绝口。他们虽然尝过仙家玉液,也尝过人间佳酿,却从来没有喝过武夷山农家如此香浓味美的米酒,真是上品。

打这以后,八仙就不愿到别的地方游山玩水了。尤其是铁拐李,自喝过田父的米酒以后,可算找到"亲家"了,天天拄着拐杖,一瘸一瘸,到田父家买酒喝,喝完还要装一壶带走。日子久了,倒和田父交上了朋友。

那天,铁拐李在田父家喝酒,三杯落肚,面泛红光,晃着脑袋问田父:"你怎么能酿造出

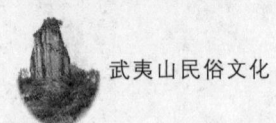

如此奇妙的上等美酒呢?"田父指着远处的丹山回答:"这酒是武夷山下良田里长出的稻米酿造的。"铁拐李点点头:"还有呢?"田父指着门前的碧水回答:"这酒是取九曲溪里的甜美溪水酿造的。"铁拐李又点点头:"还有呢?"田父指着桌旁酒坛回答:"这酒是用遇林窑烧制的瓷坛酿造的。"铁拐李眼睛亮了,兴奋地叫起来:"好啊!这三件都是武夷山的奇珍,难怪你能酿出这么绝好的美酒!"他连连夸赞田父,高兴得手舞足蹈,竟忘记了还要和其他七仙一道去赴瑶池的蟠桃宴会呢!

等七仙找到田父家中,拉走铁拐李,赶到瑶池的时候,蟠桃宴会已经开始了。只见一排排桌面上,摆着老大老大的仙桃,一位位客人面前,斟满了喷香喷香的仙酒。众仙云集,杯觥交错,好一派热闹景象。那铁拐李赶忙坐入席中,举杯便喝,酒刚入口,却"哇"一声吐出来,筵席上的众仙都看懵了。

王母见了觉得奇怪,便问八仙。铁拐李是个直性子的人,抢先答道:"你这瑶池琼酿算什么酒,还不如武夷山田父家的米酒好喝!"

正在这时,从武夷山飘来一阵酒香,萦绕在瑶池之上,宴会上众仙闻到,馋涎欲滴,那王母也禁不住直咂嘴巴,责备酿酒大仙,竟不如人间的一个农夫。酿酒大仙羞红了脸,半天说不出话来。

铁拐李眼睛眨眨,对王母说,他愿与酿酒大仙一同去向田父买回一坛米酒,让众仙也尝尝人间佳酿,享享口福。王母这才转怒为喜,吩咐二人快去快回。

二仙人飘然来到田父家中,铁拐李一五一十说明来意。田父听说仙人要喝凡酒,心里也乐了。田父说:"行,我送你一坛米酒就是了。"二仙大喜,铁拐李连声称谢,酿酒大仙抱起田父送的一坛美酒,辞别田父,急着赶回瑶池。

那铁拐李腿脚不方便,又这样来回奔波,累得够呛。半路上,他只好叫酿酒大仙把酒先送回去,自己慢慢地走,但他再三交代:"这酒好,你千万要给我留几碗!"酿酒大仙一口答应,抱着酒坛先走了。

王母见了武夷山田父的米酒,一尝果然美极了,真是名不虚传,非常高兴,命酿酒大仙斟给席上的众仙品尝。酿酒大仙只顾给大家斟酒,忘记了铁拐李的交代,等铁拐李到了,酒坛里的酒已经不多了。

铁拐李回来,累得气喘吁吁,早想喝上几碗米酒解乏,一看他的酒碗空空的,再看酿酒大仙抱着酒坛给众仙斟酒的样子,知道坛里没剩多少酒了,顿时怒从心起,火冒三丈,举起拐杖就打酿酒大仙。酿酒大仙慌忙躲闪,只听"当啷"一声,人没打到,倒打中了田父的酒坛。酿酒大仙抱不住,手一松,酒坛骨碌碌滚出瑶池,落到人间。

真是巧,那酒坛不偏不倚,竟落到武夷山五曲南岸的山中。只是被铁拐李打裂了一道口子,剩下的米酒从裂缝涓涓流入九曲溪。

后来这只酒坛化成了武夷山的一座奇峰,像根擎天柱,也像个石坛子,壮观极了。人们便叫它天柱峰,知道它的来历的人,都称它为酒坛峰。

人们说,那酒坛里剩下的米酒,至今还日夜向九曲溪流淌,那酒香便也飘逸不尽。因此,用九曲溪水造的佳酿,美味芬芳,大家给它取了一个很美的名字"武夷流香"。

现在的武夷山人,家家户户到了八九月份水稻收割后,就开始酿米酒了,用收割回来的糯米酿制。先将糯米洗净,泡上一天,再蒸熟,但不能蒸太久,一熟就得拿起来将糯米饭倒出,让它冷却后再把酒曲掺进去,放进酒缸里,加上大半缸水,让它酿上半个多月就能喝了。刚酿出来的米酒,叫做"酒酿",听说"酒酿"比较滋补,再拿一个酒坛将先酿出来的"酒酿"装出一半,然后往酒缸里加满水再酿半个月。一般的酒缸都能装上两个八九岁的小孩,所以这一大缸的酒能喝上一年。逢年过节,家家户户都会用米酒来庆贺和招待客人。

如今,"武夷留香"已是武夷山的一个知名品牌。它醇厚、甘甜、香气馥郁,醇度适中,刺激性少,越陈越香。据科学分析,它还含有丰富的有机酸、糖类、脂类等营养,适当饮用,有畅通血脉、消除疲劳,促进食欲的作用。

2. 十月白

民间选择农历十月制作米酒,每年这个月份,武夷山大多数农家和居民户都要做几十斤甚至上百斤糯米的米酒,这时,由于糯米新出,气候适宜,所酿米酒质量特好,故得名十月白。

武夷山山区一带喜用白酒曲制作白米酒,浦城等地不择时令酿的白酒叫"白水酒"和"冬白酒"。而市区、星村、兴田及五夫还有南平大凤一带却多用红酒曲制红曲酒,其酒醇香,醉而不烈,尤其红酒颜色优美,在坛中呈深绿色,舀出即呈红色,使人见之顿生灯红酒绿之感。

十月白清澈透明、浓郁芳香、绵甜爽净、余味悠长。营养价值高,能活血舒筋,强身健体。

3. 米酒鸡蛋汤

精选颗颗饱满、粒粒精华的糯米,碾去金灿灿的外壳,倒进竹筲里,用山泉反复冲洗,洗去糯米中的尘物,接着将洗净的糯米倒进饭甑,放到锅里蒸熟,再用山泉冲冷,将碾碎的酒饼与糯米饭均匀搅拌,最后放进酒坛,让其酝酿,过几天后,加进洁净清凉的山泉,继续酝酿,时间愈久,酒质愈醇,酒色愈清朗、明净,又香又甜。取出部分米酒,熬熟,然后打入几个鸡蛋,做成蛋汤。尤其是在寒冷的天气,喝上一碗热气腾腾的米酒鸡蛋汤,即可大饱口福,又可驱寒取暖,此时任何山珍野味在它面前都会黯然失色。

(三)蛇酒

蛇酒和杨梅酒一样,都是用高度的白酒泡的,一般用56度的二锅头。泡蛇酒比较危险,要用有毒的蛇泡,蛇越毒酒就越好,而且必须是活蛇。在泡之前,先将一根小铁丝前端折弯,从蛇的下腹部伸进去,将其内脏勾出,再用酒将蛇清洗一下,放进酒瓶里,加上一些苟杞、党参、当归等中草药材,泡上半个多月就可以喝了。蛇酒的药用价值很高,像五步蛇酒对于治疗风湿性关节炎、坐骨神经痛、破伤风、皮肤瘙痒等具有良好的疗效。

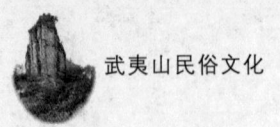

（四）杨梅酒

杨梅酒的泡制方式就很简单了。端午过后，上山摘杨梅，将摘回来的杨梅用酒洗净，直接倒进白酒里，加点冰糖泡上半个月就能喝了。要用山上的野杨梅泡酒才好喝，泡了半个多月，白酒吸收了杨梅里面的野味、酸味、冰糖里的甜味，已经没有二锅头的味道了，就连酒的色泽也变成鲜红的了。

武夷山行已结束，武夷山情却永无终结。这里有享誉世界的丹霞地貌、星光熠熠的历史遗存、得天独厚的生态资源，有历久弥新的武夷茶文化、红色灿烂的历史足迹、丰富多彩的民俗文化，这里更有花样繁多的美食佳肴。地方菜，特色酒，自然景观与人文景观的完美融合，使得武夷山韵味悠长、寄情深远。别有风情的武夷山饮食是武夷山民俗的不可或缺的一部分，正是它的存在，武夷山显得更加绚烂多姿、流光溢彩。"春昼五湖烟浪，秋夜一天云月，此外尽悠悠。永弃人间事，吾道付沧洲。"良辰美景，赏山游水，在馥郁的茶香中品鉴花样繁多的美食佳肴，体味武夷古朴厚重的饮食文化，令人醉在其中、流连忘返。

浅谈水在武夷山信仰民俗中的地位

曾 伟 傅浩相[*]

2011年3月19日至3月24日,在为期六天的考察中,笔者跟随厦门大学武夷山考察小组在武夷山市境内先后考察了小浆村、大安村、五夫镇、兴贤村、城村、星村等村镇,走访了龙岩寺、玉皇庙、天后宫、观音殿、葛玄道观等宗教活动场所,通过对当地村民的访谈,对武夷山信仰民俗有一个初步的了解,现将感悟心得略陈如下。

通过六天来对武夷山诸多寺庙宫观的考察,结合对当地村民的访谈,发现武夷山地区民间信仰十分丰富,其中最主要的便是扣冰古佛、观音菩萨、妈祖娘娘、葛仙等,寺庙里诸多的神像按照人们的意愿整齐地摆放着,信仰在这里得到了升华。在考察中我无时不在思考着,是什么把日常生活和信仰世界联系在一起并把信仰变得灵动而富有生气呢?在朦朦细雨中小浆龙岩寺前潺潺的溪水浸润着我的思绪,也凸显着寺庙的肃穆和宁静;城村的渡口前,供奉妈祖的天后宫默默的守候着这幅由小河、渡船、船夫和古樟构成的水乡风景;在武夫镇兴贤村口,溪水的上头是供奉着三奶娘的玉皇庵,溪水的下头,村妇们围在小溪边,一边高兴的聊着天,一边洗着衣服,溪水轻盈地穿村而过。这就是水,武夷山人的信仰世界与日常生活因为水而紧密地联系在了一起。水不仅在他们日常生活物质层面扮演了重要的作用,同样在精神生活中有着深刻的意义。水是解读武夷山信仰民俗的钥匙,本文将以水为线索,试图勾勒出武夷山信仰中水扮演的重要角色。

一、水与武夷山传说

武夷山因何而得名,传说有两种说法。一说是武和夷本为两个部族,武族上山开荒,种树栽果,下河打鱼捞虾,为了保护自己领地还建起了城墙,夷族则拿着弓箭、长矛在山林里打猎,过着刀耕火种的生活。夷族族长看到武族城前后临溪,城内果实累累,觉得这是一块风光秀美的宝地,便生觊觎之心对武族发动了战争,就在战斗最激烈的时候,一位仙人乘金鸡下凡制止了战争,并要求两族和睦相处,金鸡则被送给武、夷两族人,当听到金鸡

---

[*] 曾伟,厦门大学历史系博士研究生;傅浩相:厦门大学人类学与民族学系本科生。

报晓的时候便各自开始劳作,从此两族和睦相处,为了巩固两族的情谊,他们共同生活的地方便被称为"武夷山",而制止战争的仙人则被称为"武夷君"受到人们的供奉。另一说是和彭祖有关系,彭祖又名钱铿,因擅长烹饪野鸡汤,受帝尧的赏识,受封于大彭,故名彭祖。彭祖有二子,一名彭武,一名彭夷,一陈春风吹过,他们就能呼喊爹娘;二遍春风吹过送来春雨浇洒,就能站立;彭祖用三片自己种的春茶泡水给他们饮,就能下地奔跑。彭祖在临终前把兄弟二人叫到身边,希望他们日夜开山,为百姓造福。兄弟二人遵从父亲之命在深山老林中开山种地、打猎垦殖,终于使荒山变成了适合人们居住的秀美之地,后来人们为了纪念他们的开创之功,便从彭武和彭夷各取一字,以武夷山命名这块丹霞碧水的地方。两个故事中,前一个传说是两个部落战争的反映,很可能是山居的夷族部落和沿水而居的武族部落,为了争夺对水的控制而爆发的战争;后一个传说故事中,风只是让武、夷具备人说话的能力,而只有春雨和春茶所泡之水赋予武、夷以灵动的生命,正是水才使他们能生存发展开荒拓地。前一个故事反映的是两个部族融合的过程,后一个故事反映的则更是华夏民族开发蛮荒的历程,且不论两个传说故事谁更有道理和真实性,故事的主题都离不开水,传说故事建构了人们对遥远时代水的美好想象,水是生命之源,是武夷山得以有人类活动并进行开发的关键,水把武夷山的传说和武夷山先民的活动紧密地联系在一起,赋予了武夷山灵动的气息,也揭开了武夷山开发的序幕。

二、水与闽越国信仰

闽是福建的简称,而闽这个名称最早源头是被称为一个叫闽的原始部族。这个部族的分布和水有密切关系,据《山海经·海内难经》记载:"闽在海中。其西北有山,山在海中。"海成为闽族的重要标的,闽族活动的区域从地理上被中原先民描述成一块与水有着密切联系的地方。关于闽这个部族的起源已经无从稽考,目前可知的是这个部族形成于夏,发展于商周,消亡于战国中后期。取而代之的是闽越族,而促使闽族消亡的直接原因是越人迁入闽族活动的七闽地区。越人首先被吴国战败,一些越人已经开始流散到七闽地区,此后,公元前494年,吴王夫差败勾践,一些越人又相继迁入闽地,勾践灭吴后,到无疆王朝时期国力衰弱,越国发动的对楚战争导致了楚国的反击,最后于公元前334年被楚国灭掉,一些越族贵族和平民逃入闽地,争夺七闽的地盘,七闽名义上是属于楚,实际上被越王族所控制。闽族和越族融合形成闽越族。公元前221年,秦统一中国后在闽越设立闽中郡,郡的辖地基本上是七闽地区。秦末农民起义期间,闽越国国王无诸参与反秦斗争,后来又辅佐汉高祖击楚,汉高祖五年(前202年)分封诸侯,无诸分为闽越王,闽越国作为一个地方性政权成为汉王朝版图内的一部分,然而,闽越国在此后一百多年时间里,不断的扩张自己的领地,北并东瓯,南击南越,甚至拥兵抗汉,最后被汉武帝于公元前110年消灭,其城池被火烧毁,其民被迁徙到江淮地区。

如今我们看到的只有闽越王城的遗址,闽越王国虽然只存在有短短的不到一百年的时间,但是,通过王城中的大量文物的出土和王城遗址的复原,依然可以感受闽越国的繁荣。在闽越王城博物馆的闽越城复原图上,我们可以看到一座水绕山环的城市。在城市的每个角落完善的排水设施连通城内外,在皇宫的一侧有一个大浴池,据说是闽越王为了迎接朝贺使节而进行沐浴的地方,尤其奇特在浴池边有一个很大的水管通入池中,而这个管道的功能从目前来看很可能是给水池进行加热的。除了有大浴池之外,根据考古发现闽越王城内有大量的水井分布,在整个闽越王城中,据说分布有九十九口水井。如今,在王宫旁边还有一座闽越国时期的古井,古井的水依然清冽甘甜,水井的出现是原始人类定居的标志,《说文解字》释井字为"八家为一井"。水井的大量分布,说明在闽越王城有大量人口分布,而陈列在王城博物馆里的大量陶罐、陶杯、陶碗等实物,做工之精细,分类之繁多,更从另一个角度说明了闽越人对水的钟爱。

除了在日常生活中对水有特殊的依存之外,闽越人在信仰方面,也离不开对水的崇拜。《说文解字》释闽字为:"闽,东南越。蛇种,从虫,门声。"闽越人从文化上被界定为活跃在东南地区一群以蛇崇拜为主的部族。这一点可以从在闽越王城博物馆里就有大量有蛇纹饰图案的器物得

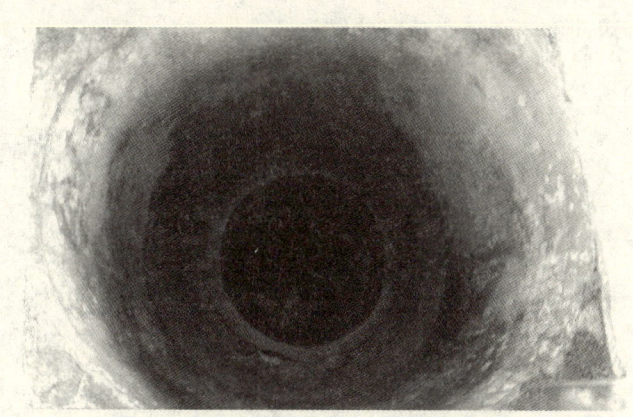

图1 古 井

到验证。蛇喜欢阴暗潮湿的地方,所以蛇往往成为人们对水崇拜的一个载体,虽然,目前还没有文献能反映在闽越国时期人们对蛇的信仰仪式,但是通过现存下来的仪式,却能体现出蛇信仰与水的结合。下面是关于闽北樟湖地区七月七日蛇王节仪式的记载。

时间:旧历七月七日清晨5点—6点至下午4点—5点。

主要环节:

(1)出行:清晨,老老少少的男子集结在连公庙,抬轿、领旗、拿蛇,各就其位。铳响为号,由旗幡、神像轿、蛇王轿、各轿前面的鼓乐队、手把活蛇的众人等组成浩浩荡荡的队列从连公庙出发,向镇里走去。

(2)迎神:镇上家家户户都提前守候在门前、路旁,妇女们手持一把点燃的香和大量的鞭炮,迎接神像和活蛇队伍到来。

(3)换香:连公师傅,符、汪、郑三将军等数座神像和当年最大的活蛇乘坐的彩轿来到各家门前时,妇女们燃放鞭炮并走近行进中的神像,虔诚地拜数拜之后向走在神轿两旁、手执大把香火的男子交换三支香。每一座彩轿经过各户门口时,人们都重复进行燃炮、拜、换香这一系列动作。然后,妇女们把交换得来的香,分别插在自家的大门、院内、厨房灶头、正房祖先照片前的香炉等处。

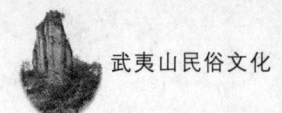
武夷山民俗文化

(4) 游蛇：耍弄活蛇的队伍由数十至上百名男子组成。年龄由十岁左右到四五十岁。他们大多上身只穿背心，袒露出臂膀，也有人裸露出上身。每人手里各握有一条大小不等的活蛇，边走边舞动手臂将蛇盘绕在自己的胸颈背腕。观看的人们不断地燃放鞭炮，整个队伍在震耳欲聋的鞭炮鸣响声和浓烈的火药烟雾中缓缓行进，直至走遍镇子每一条街巷。

(5) 放生：大约到下午3点—4点钟，蛇神队列走遍整个镇子的大街小巷后，人们又恭恭敬敬地把神像送驾归庙。然后数名男子抬着装有大小活蛇的笼子乘船到闽江水面，燃烛点香后把蛇一条一条地投放到水里。整个游蛇神活动基本结束。

这个仪式持续时间很长，过程也相当的隆重，仪式的最后是把蛇放到水里，水是蛇的最终归宿，也是闽越人对蛇信仰的最终追求。人们通过这个仪式祈雨、祈水，以求得生产活动有一个风调雨顺的好年景。

三、水与信仰民俗

闽越时代人们对水的崇拜没有因为汉武帝火烧王城和迁民虚地而消减，迁民虚地过程中，一些人逃入山林中而没有迁徙到江淮去，另外一些迁徙到江淮的闽越人的后代，在"五胡乱华"期间从江淮重新南迁到武夷山地区，所以，武夷山地区的人们在此后依然沿袭了闽越时期的习惯，把水当成他们生活中不可缺少的元素，对其十分珍视，其传统一直保持至今。

（一）民居与水

建筑被称为凝固的艺术，民居作为武夷山民俗文化中的载体，是民间智慧的体现。在武夷山的村落一般都是择水而建的，有条件村落会在自己房前开条小河沟，作为水通过的地方，河沟围着房屋弯弯曲曲地穿村而过，不但给村庄带来了灵气，也让整个村落变得富有生气。总体而言，武夷山民居是很讲究房屋的采光与防火的，其典型特点是正门两侧会树一对香筒，每逢初一、十五以及菩萨生日等重要节日都会在香筒里面插香，一般为竹制，也有就地取材用饮料罐做香筒的，进入正门便能看到一个影壁，作为屋内和屋外的分界线，影壁上往往会绘有一些吉祥的图案，绕过影壁进入回廊，便能看到天井，四面的屋檐都朝向内侧，这样水就很自然流入到天井中，意在肥水不流外人田，在天井内一般殷实的人家都会做一个花架，种上兰花等花草，花架下面是一个水缸，里面一般都盛满了水，可以用来浇花，在发生火灾的时候可以用来救火，可谓一举两得。天井下方有排水管道可以把多余的水排出，在天井往里是大厅，大厅上有神龛，一般是奉祀观音神像，在观音生日的重要日子，会献上三杯清水和三碗寿面，以示郑重。水代表圣洁，在这个时候敬献清水更能显示庄重和严肃。在兴贤村一户人家的墙壁上竟然挂有龙头鱼身的画像，两条龙头鱼犹如二龙戏珠般的竖立在墙壁上，一般房屋屋顶都有马头墙除了美观作用，更重要是防火隔

浅谈水在武夷山信仰民俗中的地位

离的作用。应该说只要留心观察，很容易可以看到武夷山民居中水的突出作用，人们对水的强调，其实背后更是一种对平安的追求，而在民居中水又被赋予了和谐、平安的意义。然而，历史上水旱灾害的记载不绝于书。现将崇安县历史上水旱灾害统计列表如下：

表1 崇安县历史上的灾异统计表

时 间	灾 害	备 注	时 间	灾 害	备 注
天圣三年二月(1025年)	大风雷雨	武夷五曲石寺陷为潭	嘉庆七年夏(1803年)	大旱	
乾道三年七月(1167年)	水灾		嘉庆八年秋八月(1804年)	火	赤石街
乾道四年(1168年)	饥		嘉庆十年夏(1806年)	饥	平粜
淳祐十二年六月(1252年)	水		嘉庆十二年夏四月(1808年)	大风雨雹	
至大二年七月(1309年)	水	傅公堤、继贤侨居民多溺死	嘉庆十二年秋七月(1808年)	火	由横城街烧前后街铁井栏，学宫、民伦堂、景贤书院均毁
延祐年间(1314—1321年)	饥	人相食	道光十四年夏(1834年)	淫雨	累月不止
永乐十三年秋(1405年)	大水	冲坏民居无数	道光十五年夏(1835年)	旱	
正德元年(1506年)	饥		道光十六年(1836年)	饥	
正德二年(1507年)	大饥	多盗	道光二十五年(1845年)	火	毁黄土街民房百余家
隆庆二年六月(1568年)	风	大风拔木坏民舍	咸丰六年(1856年)	蝗	大泽蝗
隆庆三年(1569年)	淫雨		同治元年六月(1862年)	水	墙倾人多压死

时间	灾害	备注	时间	灾害	备注
万历四十一年(1613年)	水		光绪十二年七月(1886年)	水	洪水入城东北门，居民飘荡客乡
顺治十年(1643年)	疫		光绪十五年二月(1889年)	火	毁南门外民房十家
康熙十七年(1678年)	水		光绪十八年十月(1892年)	火	里坑合村成烬
康熙四十八年(1701年)	火	毁城内民房数百家	光绪十九年冬(1893年)	火	毁五夫街民房数十家
康熙五十年(1703年)	水		光绪二十一年秋(1895年)	火	良墩村火
康熙五十三年(1706年)	水	城崩桥毁、田园飘荡	光绪二十二年(1896年)	火	后街火
雍正元年(1723年)	旱	平粜	光绪二十五年(1899年)	大旱	
雍正二年(1724年)	旱	六旬不雨	光绪二十五年冬(1899年)	大雪	
雍正九年(1731年)	蝗	西北乡蝗伤稼	光绪二十六年(1900年)	水	北门民房多圮
雍正十年(1732年)	火	毁星村民房数余百家	光绪二十七年五月(1901年)	水	
乾隆二年(1737年)	饥		光绪二十八年五月(1902年)	水	星村石桥冲坏，田庐漂没
乾隆八年(1743年)	饥		光绪二十九年(1903年)	火	毁大浑民房数十家
乾隆十三年秋八月朔(1748年)	火	毁城内民房数百家	光绪三十年(1904年)	蝗	蝗蚀竹叶殆尽
乾隆二十年(1755年)	水	盐埠门浮桥漂没	宣统元年(1909年)	水	

浅谈水在武夷山信仰民俗中的地位

时 间	灾 害	备 注	时 间	灾 害	备 注
乾隆三十一年夏（1766年）	大雨雹	其大如卵，伤坏屋瓦家畜农作物无算	民国二年四月（1913年）	饥	西北乡饥民数千人诣县署求平粜
乾隆四十七年（1782年）	火	毁南门外民居百余家	民国二年八月（1913年）	大火	焚星村民房百余家
乾隆四十九年夏六月（1784年）	水		民国五年四月（1916年）	大水	洪水暴涨，冲坏桥梁田亩无算
乾隆五十三年（1788年）	火	由毓秀门烧至道姑巷	民国十五年（1926年）	大水	山洪暴涨，飘荡田庐无算
嘉庆元年夏（1796年）	大旱				

资料来源：民国《崇安县新志》卷一，《大事》。

根据上述资料统计显示，水灾和旱灾引起的灾害在所有灾害中占50％。水过多会引起水灾，而缺水则会引起旱灾，水旱灾害频仍则加深人们对水的崇拜，水则祈晴，旱则祷雨，水旱灾害让人们认识到了水的力量和重要，更强化了人们的平安意识，所以在门前会贴上"国泰民安""五谷丰登"等寓意平安的吉祥语。

与民居相对应而存在的聚落的重要标志便是水井，所以，古人在形容颠沛流离会用"背井离乡"这个成语，井是人类定居生活的标志，有水井处便有人家，水井往往是农耕文明的参照之一。以五夫镇为例，在一条不足两公里长的街巷中，就有近10处水井，其中包括著名的五贤井，即为了纪念胡宪、胡宏、胡寅、刘子翚和刘勉之五位名贤而立。俗话说：吃水不忘挖井人。五贤井不但是乡民不忘先贤的见证，更是超越对水的崇拜进而对文化的向往。在这里水不但是为了解决人们的生命需要，更赋予了他文化的纪念意义。

（二）节庆习俗与水

生老病死是人生必须经过的阶段，在这些阶段中寿礼、婚礼和葬礼是最重要的礼节，在这些节庆中水同样扮演着不可或缺的角色。下面是地方志中对武夷山当地寿诞、婚礼和葬礼的描述。

1. 寿诞

子女生三日以酒、蛋待客，谓之做三朝，以酒蛋送妇家谓之报喜，弥月，妇家送以儿子衣、钱、线谓之做满月，过岁，亲友致贺，而谢之以酒谓之做晬，年十则亲友祝之以礼物，寿愈高则祝者愈众，有挂匾送寿文诸仪生日者，饷之以酒曲谓之做生日，亦曰做寿。

在寿诞礼仪中,酒是沟通双方亲友很重要的一个媒介,而作为酒最初源头,在这个习俗里可以看到水的原初功能,那就是水有原始的生殖意义,是繁育人类的崇拜物。这一意义在婚礼中更能得到体现。

2. 婚姻

清以前均凭媒妁之言,互通庚帖,庚帖陈祖先前七日燃灯点香烛,如灯熄香烛烬或杯碗残破,合婚又不吉则弗允男家。凭以聘书、礼物诣女家,谓之插记(即古之纳吉),男女既长,男家复以聘书、聘币(约六十元至一百二十元),衣饰、礼饼、鸡鸭、豚肩、龙眼、荔枝、果干、胡桃、五子果等物诣女家,谓之定婚(即古之纳征),起岁(或数月),诹吉成婚前夕,以花鼓手离母担(装礼物之担)接亲,女家请有福命者为新娘梳妆试轿(一人坐轿中抬者三),饮起马酒分席(新娘从席间出),封仓(用封条封谷仓恐新娘带去也),反鞋(新娘以旧鞋上轿坐定,脱旧鞋,弟侄辈以衿承之,北乡间有抱新娘从轿顶下者,谓之天上落,其用意盖不带母家土也)。出水口燃灯以行(不带母家火)既至,厨官(即司厨者)以鸡一尺一凭案诣轿前,唱诗曰:福喜一对蜡烛照旺旺,看见新娘与新郎,今年吃了交杯酒,明年生个状元郎。牵婚者(择有福命女宾为之)扶新娘出诣洞房厨官,退经柱与门唱诗如之有唱志十数首者,是日新郎雉发洗浴,闻花轿至,盛服坐灶前至是始与新娘行坐床礼,交杯拜堂(拜天地、祖先、舅姑及互拜)而礼成诘朝拜亲属及来宾各赐新娘以银币谓之见面礼,开箱视衣饰厚薄。三日入厨,挈米捞液,切葱叶、猪肝、扫地,即三日入厨下,洗手作羹汤之意也。日午新夫妇同诣岳家,宴毕而后反,谓之□焉,翻反之转音也。□月岳家以礼物至谓之做满月,必速女归宁之吃润月饭(惟南乡行之),乡间颇有敷衍童养媳者成亲谓之完房,再嫁者必以夜熄灯负而驰至水口而后上轿,足不著土,著土则草萎,土崩无赖者要之途,谓之拦山,既至舍之村外茅屋中七日而后成亲,鄙之也未嫁者谓之白面女,已嫁者谓为乌面女。

在婚礼中提到了一个水口作为一个分界点,不管是出嫁或者再嫁,都是要在黑暗中通过水口之后方可燃灯而行,水口往往是一个聚落的标志,出了水口便出了村,人们以水为界划定着社区的活动范围,婚礼也在仪式层面上确认了这个地界,并以走出水口燃灯作为新娘嫁出的标志。而雉发洗浴则是清洁自己,以示隆重,交杯酒则在仪式上完成了对夫妻身份的确认。水在仪式上见证了女子的出嫁和夫妻的结合,是婚礼仪式中重要组成部分。

从人出生到结婚,水在人生的仪式中发挥着其作用,人生离不开水,人生的仪式也离不开水。水不但是人生起点的见证,也是人生终结仪式中的必要元素。

3. 丧葬

人死体未寒设床庭中置尸(北乡间以梯扶尸上坐谓之坐,上横横方也),买水而浴(投钱二文于水中,谓之买水)……

从生到死,人的生命过程中,作为生理和生活意义上需要的水被用到了人生礼仪之中并为人们传承发扬,成为信仰的一部分。这些信仰体现在日常的岁时节日中,并于潜移默化之中传递和凸显着水在其中的意义。

4. 岁时

植树——植树,接木铎于雨水之日为之。

拦社——社日,乡人多以粥肉祀神曰拦社秋亦如之。

养鱼——正月十八日武夷宫赛会,鱼苗集中求市,养鱼者,胥往购之,今废。

浴佛——四月初八日浴佛,并以红纸书四月初八大吉祥,家家户户嫁毛娘,嫁得毛娘深山去,千年万年不回乡等语,贴柱上谓之嫁毛娘。毛娘,毛虫也。

端午——俗谓之丁五节,晨起擂地撒石灰挂蒲艾菖藤门上,采药饮黄酒以角黍、果物相馈还,下午城坊竞渡,龙舟数条,有青郎仔水鸡角天罗花沙老虎等名。他如星村、兴田、城村各处亦有举行。

磨刀水——五月十三日关侯诞,是日雨,俗谓为关公磨刀水。

分龙——是日(五月十三日),庙祝鸣锣号于集不得倒马桶、晒衣裳违者则有亢旱之患。

□书——六月六日为天□节,浴狗晒书则不蠹。

浚井、洗灯——七月初七日洗灯同里者戮力浚井。

酿酒——邑人多于十月十日酿酒名十月白。

这些记载的岁时节日是武夷山民间节日的一部分,在这些节庆活动中。水起到了清洁的作用更起到了连接人与神的纽带作用。总之,作为武夷山信仰中的重要组成部分,水是解读武夷山信仰民俗的钥匙,水在传说和日常生活中扮演了重要的角色。不仅具有实用的功用之外,更有深刻的精神象征意义。

武夷山民俗文化

武夷山"吃文化"习俗意义初探

刘瑞雄*

引　言

　　自然界存在着这样一条生存法则,即任何生物的生存都必须凭借一定的外在物。这些外在物可以是作为无机物的土壤、空气、水,也可以是作为有机物的植物或者动物。而这种凭借的一个表征便是将外在物纳入生物体内,化合成支撑生命体运转的不竭动力。

　　人类作为自然界中的一分子,自然不能摆脱这种规则的限制。在不计入人类无意识的生命运作状态(诸如呼吸等性质的身体与周围物质的交换补充)的情况下,人类获得生存的首要条件便是吃。吃作为人类最原始形态的本能活动,在最初仅仅是为了满足单纯性的生存而进行的。这一点亦是吃的最根本意义所在。但从人类开始逐渐掌握各种自然规律并有效地运用这些规律来服务于人类生存后,人类的生活在物质层面获得了极大丰富(以农耕文明的出现为标志),吃便开始上升到了一种文化态。这种文化态的表现形式便是人们已经不再满足于单纯性的物质追求,而是希望能在这种物质的追求上获得进一步的发展,即从吃食物的物质形态上升到吃食物体系中所凭附的文化。

　　人类的饮食文化发端于170万年前元谋人使用火将生食烤制成熟食食用,在此基础上逐步形成的关于食物的分类、获取、观念、禁忌以及符号等,成为食物体系下凭附的文化体系。可以说,人类没有哪种文明比饮食文明更久远、更精粹,更能凝聚地表现一个族群的文化。但是,令我们惊奇与遗憾的是,人类在光大其他文明的同时,偏偏将最贴近人类生活并且最具价值的吃文化有意无意地忽略掉了。我们吃着,却让那些文化从牙齿下悄然溜走了。是我们太过浮躁没能静下心来细细品味饮食文化所带给人类的深深反思?还是我们太过饥饿以至于无暇顾及我们食物中那宝贵而精粹的文化?甚而至于,在今天,我们回过头来反观我们的文明史,发现我们的饮食文化竟然除了几页单纯记载饮食养生与

---

* 刘瑞雄,厦门大学人类学与民族学系本科生。

烹饪技巧的文字之外则几近空白！我们的嘴巴似乎太过急切,而大脑却显得有点跟不上嘴巴的节奏。这不得不使我们反思,在今天,我们到底应该吃什么,又应该怎么去吃。

没有被注意到的财富迟早将被时间的洪流所湮灭。今天,物质上的丰富非但没有让我们更多地关注饮食文化,反而越发加剧了人类对于物质的过分追求。人类极尽所能地开辟着食源,却未意识到人类正在破坏着的饮食结构与自然的和谐状态将给人类带来的严重后果,而那逐渐淡忘了的我们曾经拥有的丰富多彩的吃文化将很有可能一去不复返。在这种情境下,我们有必要重新审视一下我们的饮食里到底有多少我们没有吃掉以及消化的营养物质。而改变我们的饮食追求,将单纯的追新猎异,满足口腹之享转变成一种高雅而和谐的吃文化正是笔者所主张倡导的一种新型饮食观念。

本文通过笔者在武夷山的实地民俗调查论述饮食"去文化"、"空壳化"的不明智行为以及饮食"存文化"的重大意义,旨在唤醒人们对饮食文化的关注,尤其在旅游地就接待游客方面的饮食结构的转变应更加突出重点。

一、异彩纷呈的武夷山饮食

如果去过武夷山,我相信很多人在走的时候总要感叹一句:唉,这就要走了！确实,这来去之间太过匆忙,而这天成一派的风光又是这般让人魂牵梦萦。在闹嚣的都市里住腻烦了,突然来到这么一片山明水净、莺燕和鸣的环境里,有点不想离去,有点想超脱尘俗。名士真有幸,能得青山诵文章；佛道本无根,仍趋幽处养精神。武夷山不但把自然美发挥到了极致,你想得出的鬼斧神工、自然造化在这里都有,而你想不出的奇山异水、秀美景色这里也超越了你的想象力而存在着。武夷山还将人文美融进了这片风景区里,一幅幅刻在崖壁上的或优美飘逸或峻峭挺拔或厚重庄严的文字在这山水之间与自然美景浑然一体,相映生辉。而一处处人文古迹又让这山水充满了气韵,充满了灵动。

单单就这些自然美与人文美还不足以吸引这么多游客使其流连忘返,武夷山更因其所处的自然条件优越而物产丰富,有大量的美味佳肴,这些菜肴让游客在欣赏自然和人文美景的同时也着实让自己的肚子享受了一把。

武夷山地处福建省西北部,属中亚热带季风气候区。这里气候温润、雨量充沛,区内峰峦叠嶂,高差悬殊,绝对高度差达1700米,良好的生态环境和特殊的地理位置,使其成为地理演变过程中许多动植物的"天然避难所",物种资源极其丰富,是全球生物多样性保护的关键地区,同时也是许多珍稀、濒危物种的栖息地。武夷山已知植物种类达3728种,已知的动物种类有5110种,其中哺乳纲71种,鸟纲256种,鱼纲40种,两栖纲35种,爬行纲73种,昆虫已定名4635种。在这样的环境下,武夷山饮食在食材方面可谓是得天独厚。富有代表性的武夷四大产——东笋、西鱼、南茶、北米,为武夷山的饮食提供了一流的素材。此外,各种菌类植物、草木类植物以及野生动物也都极大地丰富了武夷山的饮食多样性。

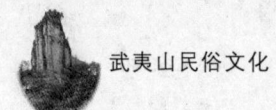 武夷山民俗文化

由于武夷山的自然地理环境优越，在古代便有很多达人贤士入住武夷或到武夷游玩观赏。这些达人贤士看着这一片碧水丹山，诗兴大发的同时食兴也是灵感骤至。他们要么给菜肴起一些雅俗共赏或意味深长的菜名，要么自创一些菜肴为自己的文士情怀助兴。所以武夷山饮食也自然而然地增添了浓厚的人文色彩，要么菜以人传，要么人以菜传，二者相映生辉，相得益彰，共同缔造了武夷山花色众多，品位高雅的饮食。

八卦宴是南宋理学大家朱熹与其弟子蔡元定等学者结合武夷山民间饮食按《周易》"系辞传"中"易有太极，易生两仪，两仪生四象，四象生八卦"的道理创造出的一种待客筵席。八卦宴最大的特色便是菜肴按八卦太极图进行排列，先在八仙桌画一幅与桌大小相当的八卦图，然后按乾、坤、震、巽、艮、坎、离、兑八种卦覆、各陈列上一道有关卦理意义并富有武夷风味的佳肴，整个宴席犹如一幅八卦图，奇巧之至宛若天成。八卦宴中的菜肴有拼盘、羹、汤、丸等形式，制作上有煎、炸、清炖等各种烹饪技巧。在菜肴名上，更是意象瑰丽，寓意悠远。太极之首为翡翠羹；易生两仪，分别置上玄天混丸和太乙阴阳蛋；两仪生四象，分别为百发圆子、莲塘君子，桂花虾仁，油焖双冬。这四道菜还暗寓了春夏秋冬四季之象。按八卦方位，每方位上的菜肴又分别为素炒鳝鱼丝，香油凤腿，酒酿冬菇，宫保鸡丁、竹笋肉丝、溜鸡肝卷、白炒木耳、八宝吉祥。迄今为止，八卦宴一直流传了八百多年，经后人不断的整理，现在的八卦宴越发完善，已成为我国饮食文化中的一朵奇葩。

文公宴亦与朱熹有关，文公即朱熹谥号，此道筵席便是由朱熹的谥号命名的。朱熹在武夷山生活讲学四十余年，把儒家的修身养性之道与饮食养生保健充分地结合在一起，烹调出许多富有独特风味的菜肴和羹汤，在武夷山民间广泛流传。朱熹死后，武夷山人为怀念这位大学者便将这些菜肴统称为"文公菜"，集许多文公菜便汇聚成为"文公宴"。文公宴共有15道菜，分别是：紫阳高照、武夷十贤、鹅湖盛会、九曲泛舟、群星拥月、龙凤呈祥、鹊巢石磷、七宝葱羹、连年有余、春绿冬青、金榜题名、麻姑献寿、雪山含笑、千鱼宴仙、彭祖佳肴。这些菜肴均以武夷山土特山珍为原料，用武夷山传统方法精制烹调而成，并取别致优雅的菜名为这些可口的菜肴注入更多的文化色彩，让人在吃饭之余饶富情味地构想一幅幅由菜名绘制的意象画，真可谓是物质与精神完美的结合的绝佳体现。

八卦宴因了朱熹这样一位历史名人而流传久远，朱熹也因八卦宴的发明更加受到世人的爱戴与尊敬，成为在人们茶饭之时都会想起的历史人物。文公宴更是直接以朱熹的谥号取名，菜的内容又都或多或少有着朱熹的影子或浸透着朱熹的理学思想。这样，在人与菜之间就形成了一种互相辉映的理想状态。实现了饮食与人文的和谐共存。

以上种种均可看出中国的吃文化可谓历史久远。事实上，从初民社会的狩猎采集到现代工业文明下的精调细炙，饮食文明的发展从未间断过。原因很简单，是人都要吃，说得通俗一点便是老百姓讲的"人活一口食"。不吃没有办法维持生命机体的正常运作，不吃也没有办法创造出如此灿烂多彩的其他文明，可以说饮食文明为其他一切文明的产生创造了条件。中国的饮食区别于世界上其他国家的几个特点主要是历史传承久远，很多菜肴并非一蹴而就，而是有着鲜明的历史发展脉络；其次中国菜系众多，品类繁盛，各种富有地方特色的菜肴在质与量上都明显的优于其他国家。

武夷山饮食继承了中国饮食的两大特征,不仅在传承上有着悠久的历史,而且在品类上也是花样百出,异彩纷呈。单单声闻华夏的武夷名宴便有文公宴、幔亭招宴、武夷蛇宴、武夷茶宴、九曲竹筏等数种。而特色风味小吃更是数不胜数,光饼、锅边、油猪、邹氏糕子、野猪肉酱、彭祖饼、武夷姜糖等名小吃已经让这些游客馋虫乱窜,而岚谷熏鹅、建瓯板鸭、炒田螺、清明粿、麻子粿、千层糕、苦槠糕、饴仔等地方特色饮食更是让人涎水横流。在这些饮食之外,还有数不尽的美味佳肴,笔者不能一一列数。这些饮食在丰富武夷山普通民众生活的同时,也为武夷山日益攀升的游客量提供了物质保障。

二、源远流长的武夷山饮食文化

武夷山除了丰富的饮食本身,还有着众多的饮食传说、饮食禁忌、饮食加工以及节庆饮食等饮食文化。这些饮食文化在丰富了当地饮食内容的同时还不同程度地反映了当地居民的民俗禁忌以及传统道德观念。这些凭附在饮食体系上的文化体系以饮食为媒介传承了以饮食文化为主体的诸多文化。仔细地研究饮食文化的发展历程,我们可以比较系统而全面地展开一幅当地人们过去生存状态的直观图,它可以入微地展现过去的真实生活状态以及各种相关的历史事件,也可以深入地探讨当地人的传统观念以及文化模式。其对历史学家、人类学家等具有的作用实在无法用言语描摹。而这样巨大的作用如果单单是饮食本身则是绝对无法提供的。

(一)饮食传说

武夷山的饮食传说众多,而其中极富代表性的莫过于最具古远历史和传奇色彩的幔亭招宴的传说故事了。

相传秦始皇二年中秋,武夷君、皇太姥和魏子骞等武夷十三仙于八月中秋在武夷山幔亭峰顶设彩屋幔亭数百间,大宴开山有功的武夷乡民。这一天赴仙宴的乡民们欢天喜地地翻过九条岭,拐过九道弯,越过九曲溪,来到幔亭峰下。但见山巅松柏接云青,石壁荆榛挂绿藤。万丈巍峨峰岭峻,千层悬削壑崖深。哪里有路上幔亭呢?大家正在疑虑之际,忽见一位银须老者现于云端。只见他手臂往空中一挥,忽地现出一道七彩长虹,变成一条彩虹云路,慢慢伸到峰脚。乡民们既惊且喜,蜂拥上桥,到了幔亭峰。眼见幔亭峰上琼香缭绕,瑞霭缤纷。瑶台铺彩结,宝阁散氤氲。仙鹤声传霄汉远,凤凰翎飘彩云光。玄猿白鹿随隐见,金狮玉象任行藏。更有那幔亭屋外奇花散锦,彩虹桥边瑶草喷香,真是人间天堂!乡民们看得入了神。

不一会儿,十三仙人已着盛装,驾着祥云,步出彩屋请乡民入宴。酒宴桌上有龙肝、凤髓、熊掌、猩唇……玉液琼浆,香醪佳酿,异香扑鼻。真是珍馐百味般般美,异果佳肴色色新。亭中天香袅袅,红独高照。忽闻亭中钟鼓三响,仙人传话:诸位男女乡民,按东西两边依次入席。席间笙歌悦耳,弦管声谐。众仙娥、美姬舞袂翩跹,欢歌助兴。鹦鹉杯、琉璃盏、琥珀钟、水晶碗——满斟玉液,连注琼浆,仙凡欢聚,共同祈祷武夷风调雨顺,五谷丰登,新茶飘香,百姓康乐……不觉间天色将晚,山色昏蒙,乡民们已酒足饭饱,便依依不舍向众仙躬身拜别。

说来也巧,当最后一个人走下虹桥,一阵狂风刮起,紧接着暴雨倾盆,只听得轰隆一声巨响,虹桥已被风雨打成片片残碎,在狂风骤雨中全部飞插进二曲到四曲左边的山崖岩洞中,那就是我们现今游九曲时所见的虹桥板。

待风停雨歇时,人们再往幔亭峰看去,那里依旧是绿柳似拖烟,乔松如泼靛。绿依依,绣墩草。青茸茸,碧砂兰。哪里还有彩屋众仙的踪影?虹桥断后,武夷乡民再也不能上幔亭赴仙宴了。如今,到武夷山游览的人,远在数里外就能看到"幔亭"两个遒劲有力的白色大字,那就是当年众仙人大宴乡民的所在。

幔亭招宴由此而来,幔亭招宴讲究场景气氛,要求宴会厅正上方悬挂牛头一架,两边柱子上各悬挂牛头,另两侧高挂棕衣、红辣椒干,大红绸布,红灯笼挂宴会厅内,场景气氛浓郁,气派非凡,给人以乡村民俗的感觉。在门口有天香6根,大红蜡烛一双,烟雾飘绕,充满纯朴民风情调。宾客置身在浓郁民俗风味的宴会厅中,听赏典雅的古乐曲,服务小姐送上一杯由桂花、葱、绿豆冲泡而成的武夷山民间待客最高贵的"敬亲茶"。然后请宾客在红纸上书写自己的姓名,并用小香在姓名下烧洞签到(这是古老武夷山人参加宴会的习俗),紧接着司仪宣布宴会开始,由主人或主宾点燃宴会的喜烛,这时,礼仪小姐托出酒壶、爵、酒提等酒皿,两青年抬出一缸米酒,绕厅一圈放下,开启酒坛上书写着"莫笑农家腊酒浑,丰年留客足鸡豚"的大红纸,坛盖一开,芳香四逸。小姐取酒装进锡壶,再倒入酒爵,然后逐个席位倒酒,幔亭招宴正式开始。菜肴分为四道:第一道是名为"玉女迎宾"的10个小碟,有用冬笋片拼成玉女峰图案的武夷晨曦冷盘,还有南山寿饼、五香咸笋、青梅珍珠等,都是当地百姓家制小菜;第二道为主菜,有翡翠流霞、干鱼宴仙、龙游凤舞、忆恋嫦娥等充满民间乡土气息的十二道热菜;第三道是点心,有清明果、山粉包等用野菜加工而成的民间小点;第四道是水果。

幔亭宴的由来久远而神奇,相传几千年以前,武夷山众仙之首武夷君曾在幔亭峰上设宴招待武夷山乡民,仙凡同宴。此宴传袭至今。宴席开始之前有焚香点烛、锣鼓迎宾、嘉宾入席、敬献清茶和上酒、揭酒、品酒等程序,给人独特的乡村民俗感觉。菜肴有冷碟、热菜、点心、水果四大项,都是武夷山传统名菜、品点、果蔬。

此外武夷山饮食还有诸如熏鹅由来的传说,饴子由来的传说,胡麻饭(即麻子粿)由来的传说等等,各种饮食传说都渗透着武夷山淳朴的民风与武夷山人对美的向往,他们编织着一个个美好的故事为劳作其中的人们带来了精神上的富足,并进一步丰富了武夷山的饮食文化。

(二)饮食制作

说到饮食制作,打麻子粿无疑是其中最具代表性的一种。麻子粿最初被称为胡麻饭,武夷山人将黏性很强的糯米蒸熟,放入特制的石臼中,以木杵捶打。使米完全捣烂,成为

混合的一团黏饭。然后将种在山野里的芝麻炒熟碾碎,将捣烂的黏饭搓成一小团一小团,放到芝麻粉里去滚,香味浓厚的胡麻饭就是这样做成的。打麻子粿就是一个展示民间劳作技巧的微型杂技表演,场面热烈,参与打麻子粿的都是身强力壮的村民,一口圆形的小石臼,一把丁字形的木杵,一人举杵对准石臼猛捶,一人则十分迅速地以双手抹去杵头上的糍,使糍不包死木杵,这叫"救臼",抢杵的力猛眼准,救臼的动作敏捷,一锤一救,配合默契,整个过程精力投入要十分专注。这种力与动作的表演,使旁观者跃跃欲试。

在武夷山村野,每到秋收时节,人们将稻谷等农作物收入仓后,就要将谷榎洗净,民间称洗榎日。洗榎这一天就要庆祝一下丰收,打麻子粿就成了丰收的象征。打麻子粿还象征着喜庆。因为他的加工场面热烈,容易营造喜庆气氛。如村野之民家里遇造屋上梁、男婚女嫁、周岁寿庆等,都会打麻子粿。

(三)饮食禁忌

饮食文化中有很大一部分与饮食禁忌有关,诸如吃饭时不能用筷子敲打饭碗,否则将会导致贫困。这层禁忌与过去乞丐讨饭时用筷子敲打碗向主家示意有关。普通百姓认为这是一种贫穷的象征,因此在吃饭时用筷子敲打碗便被视为禁忌。在饮食禁忌中我们能够最大程度的反观到一个地域的民众传统观念以及文化道德准则,所以对饮食禁忌的关注一直是民俗研究以及人类学研究的一项重要内容。

武夷山在饮食禁忌方面除了大众化的一些传统禁忌外,还有当地所特有的饮食禁忌。在饮食制作中我们讲到的打麻子粿便有一项禁忌,在此过程中执杵者只能是身强力壮的成年男子,而女性则万万不可以执杵打麻子粿。我们民俗调研一行中有位女生看到主人打麻子粿打的如此热烈也跃跃欲试,但是好客的主人虽然勉强将木杵交到了这位女生的手中,却一定不让这位女生挥杵打麻子粿。当时我们都觉得纳闷,为什么就不让女生打麻子粿呢?

后来笔者仔细思考,终于发现这与闽南地区传统观念中认为女子污秽不洁有关。玛丽·道格拉斯在《洁净与危险》中对此有明确的阐述,她认为几乎没有任何污染不存在一些心理依据,而祭献神灵的动物在大多数社会中又都必须是雄的、未受伤的才算是洁净的。打麻子粿在武夷山民众中被认为是神圣的一件事情,它一方面要将做好的食物贡献给神灵,另外一方面还象征着田里的稻谷像壮硕男子一样在来年能够更加丰收,所以必须要达到实物意义与巫术意义上的洁净才行。在中国传统社会中女子的卑微处境与经血等身体分泌物在神灵面前被认为是污秽的、不洁的,而这种污秽与不洁在巫术意义上又是可以传染到食物中的,如果让女子打麻子粿,麻子粿就不再是洁净的。以不洁净的食物祭献神灵也就代表了对神灵的亵渎,从而会受到神灵的惩罚。此外,中国传统社会中男主女辅的传统观念也是影响武夷山人民在对待打麻子粿态度的一个重要原因,它也是导致女子不能执杵打麻子粿而只能起到辅助性的工作的一个重要原因。

武夷山女性在坐月子期间还有一个特别的饮食现象,即近亲要送月子中的女人一只纯色的黄母鸡来吃,忌讳吃杂色的鸡。在询问报道人是何原因时,报道人回答的很模糊,

武夷山民俗文化

其中一点是说这样可以防止月子中的女人年老以后不会得老花眼。笔者分析,在传统中国社会中民众有多子多福的观念,认为子孙越多代表着家族越兴旺发达。所以特别希望女人能够多生产。给月子中的女人吃母鸡很有可能是取母鸡多生蛋之意,希望产妇也能多生孩子。而取纯色的黄母鸡,则与洁净有关,一般人们认为纯色的是洁净的,这样可以避免脏了坐月子中的女人,使得以后会生病或不能生育。

(四)节庆饮食

武夷山的节庆饮食也是相当的丰富多彩,在各种节庆日都有相对独特的饮食。诸如过年要吃年糕,正月里要"请春酒",在农历有闰月的年份要吃闰月饭,秋收的筵席上要"吃新米"。而比较突出的是清明节吃清明粿、重阳节吃千层糕。

清明粿中的清明草又称鼠曲草,清明节前鼠曲草长得正好,将其采来洗净,用沸水淖过,漂尽黄水,然后放入石臼内捣将其捣成糊状,再与米粉搅拌。清明粿的馅可用嫩笋、腌菜、芋丝、肉丁和成,用搅拌好的鼠曲草装馅包成半月形的形状就做成了清明粿。清明粿色泽鲜绿,食时口感好,有韧性、有鲜美的草香味,是清明节扫墓时必备的祭品之一,武夷山家家户户每年清明前后都要做上一些,在自己享用的同时,也会在亲属之间、邻里之间相互赠送,以增进彼此的感情。

千层糕也叫米塔,又叫层层糕,是武夷山地区九月九重阳节要吃的食物之一。千层糕是用籼米磨成米浆,然后将拌有咸菜干末、五花肉丁、葱头末、香菇屑等佐料放入米浆中,将调好的米浆均匀倒入悬架在盛有水的大锅里的圆形平底锅内,用旺火蒸三到五分钟即熟。第一层蒸熟之后,再浇一层继续蒸,如此循环着蒸七八层便可取出,待凉后切成菱形食用。千层糕也有着很深的寓意,用武夷山人的话即是代表"有衣服穿"。在武夷山乡间由于过去山路阻绝,交通闭塞,经济发展相对落后。在这种情况下,他们期盼着自己能够丰衣足食。用粮食做成像一件件衣服一样一层一层的食物,认为这样可以得到更多的衣服。某种意义上这也是一种象征巫术的行为。

三、饮食"存文化"的意义

武夷山饮食品类繁盛,名宴、小吃、特色菜肴一应俱全,不可谓不富;武夷山饮食色香味皆有,山珍海味、煎炸煮炒花样翻新,不可谓不美;武夷山的饮食文化内容丰富,源远流长、蔚为大观,传说、禁忌、制作、节庆饮食等共同谱写了瑰丽的武夷民俗文化,不可谓不壮。但是,当我们回过头来仔细打量武夷山的饮食时,我们发现今天武夷山的饮食出现了这样的状况:武夷山的饮食像两条一粗一细的腿在走路,胖腿是饮食的物质,瘦腿是饮食的文化。这样的不协调在饮食本身而言只能导致饮食文化的畸形发展,在饮食的向前迈进中则必然会出现速度上的下降。

不仅仅是武夷山存在着这样只重饮食本身而忽视饮食文化的情况,在整个中国甚至整个世界都存在着这样的问题。早在20世纪三四十年代，法国年鉴学派就曾经提醒过历史学家要重视食物与人类历史的关系。但是人类对饮食的认知却正如彭兆荣先生所言，"大多局限于食物之于人类生存和人类享受食物的快乐方面，对于食物与人类文化系统的关系，食物与生态系统的关系重视不够"。

当我们在询问当地人是否知道某某名菜的由来或者传说故事时，答案总是村民们不知所以的愣神接着便是摇头。年纪大一些的村民们还稍微知道一些关于饮食禁忌方面的知识，那些年轻人则根本对此漠不关心也一无所知。他们只知道这家馆子中有道菜做得不错，那家馆子没什么吃头。过年过节直接到餐馆订一桌酒席就一切搞定，而忘了在传统习俗中过年过节时在饮食中要遵循的各种各样的禁忌习惯。一些独特而又极具文化意义的食品制作工艺也逐渐随着机器作业而消失在大众饮食的洪流中。如今已经没有什么人再亲自打麻子粿了，因为人们认为有机器可以大量加工这种食品，价钱也不贵，何必劳神费力的去做这样的苦差事呢。夏天避讳吃鸡鸭等家养家禽，很多人不遵守这条禁忌也根本不清楚这到底是怎么回事。殊不知这是因为夏天有毒之虫较多，鸡鸭等吃了这些虫子之后毒素不能及时排出体外，人一旦吃了这些家禽便有可能会中毒。饮食文化中不但包含着丰富的传说故事，还包含着过去人民在日常生活中的智慧结晶。更有过去人们生活状态的整个活的历史。没有这些文化，我们的饮食将会变得日益空洞与乏味。

此外，当今人们在饮食方面非但不注重饮食文化的保护与传承，反而一味地追新猎异寻求新的食源，并过分贪图饮食的物质享受。这种行为在不断地破坏自然生态系统与人类发展的平衡状态的同时也进一步膨胀了人类的欲望，使得人类对自然资源进行毁灭式的掠夺。这是一种不可持续与不和谐的开发状态，长此以往，人类最终将会因为自己的贪婪而亲手毁掉人类自身。

虽然今天我们仍然能够看到饮食种类在不断地增加，饮食的素材也日益的扩大，但是饮食也正在逐渐变得"空壳化"、"去文化"。那么，我们的饮食到底是在繁荣发展还是渐趋衰落呢，这个界限似乎已经变得模糊不清。但是有一点是明确的，即饮食种类的多样化绝不代表饮食文化的丰富。剥离了饮食文化的食品，只会变成单纯意义上的酸甜苦辣咸，不同味道与鸡鱼蛋果蔬不同材料的拼凑组合。这样没有任何文化意义的饮食亦将迟早遭到人们的厌弃。综上所述，饮食"存文化"则是大势所趋，是饮食业发展的一个新突破口、一条新出路，饮食"存文化"的意义也十分重大。

总体来看，饮食"存文化"势在必行的原因以及其重大的积极意义归纳起来主要有以下三个方面。

第一，就人类范围而言，人类所开发的饮食材料已经足够满足人类身体的正常能量消耗，没有必要再另觅食源。饮食"存文化"能够在一定程度上转变人们固有的饮食思维模式，将人类对饮食物质的追求转移到对饮食文化的追求上来。对于物质的追求人类迟早有一天会穷尽，并且其发展的最终结果只能导致人与生态系统关系的恶化。而对于文化的追求却有效遏制人们对物质的过分追求，从而缓减人类发展对生态环境造成的强大压力，实现人与生态，人与文化的良性互动。人类的一般饮食观念都认为饮食物质的极大丰

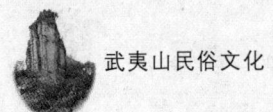

富才会使人快乐,使人无忧无虑。但是非洲布须曼人却能够在由西方文明国家眼里看来是极端贫困的生活中怡然自得,并乐得其所。他们只享受少量的自然恩赐物,而不愿意有太多的物质财富限制他们的自由。从这一事例中,我们便可以推翻之前物质丰富便可快乐的观点,人类在饮食方面的快乐与否关键是饮食观念在起作用。

第二,就国家而言,当下我国的饮食文化处于一种被忽视的状态,如果不加保护、不加开发将会变成一种被浪费的闲置资源,甚至会导致这种文化资源的逐渐消失。饮食"存文化"能够有效地保护这种非物质的民俗文化,并能增加旅游地的饮食魅力与文化附加值。归根结底,饮食"存文化"的主要阵地是各地旅游区,旅游区的饮食发展模式也应该是饮食"存文化"的主要发起者。但是今天的旅游地餐饮业为了迎合旅游主体的饮食观念,一定程度上存在着过分注重饮食材料的推陈出新与饮食的花样翻新,对于传统饮食文化的重视度不够。这样的饮食发展思路一方面会造成对旅游地当地的生态环境破坏与污染;另一方面也没有积极合理地配置文化这种可持续发展的资源,使得旅游地餐饮业仍然停留在一个比较低级的状态下。

第三,就个人而言,饮食"存文化"能够增加个人文化素养,有益于身心健康发展,并能实现物质与精神的双重享受。饮食去文化的危害彭兆荣先生在《吃与不吃·饮食系统与文化系统》中已有阐述,他讲到,"人类维持自己身体的能量究竟需要多少?答案似乎也很清楚,暴饮暴食给人类造成的危害(有证据表明,营养过剩所造成了肥胖症 心脏病已经成为现代社会人类死亡的最强有力杀手)已经显现",此外"对食品的无休止攫取一方面加速着人类膨胀的欲望,另一方面也在腐蚀着文化系统"。饮食的"存文化"是一种饮食观念的转变,在这种观念的指引下,人类将不再以对饮食物质本身的追求作为唯一追求,而是增加了人类对精神层面上的追求。这种饮食追求形态既可以增加个人的文化修养,陶冶自身的文化情操,也可以避免由于营养过剩而导致的种种疾病。

饮食"存文化"的最终模式便是吃"文化",即"吃"在饮食体系下所凭附的文化,而非纯粹的吃食物本身。饮食"存文化"无论是对于个人,还是对于国家地区甚至是全人类,都有着普遍意义上的重要作用,而不仅仅是一种单纯的绕口令般的文字游戏。人类的生活水平特别是参加旅游的人群的生活水平已经不再仅仅局限在满足吃饱、吃好的阶段,更是应该注重精神层面的建设,实现精神层面的享受。吃文化代表着的是一种饮食观念的转变,一种对人与自然和谐相处的原生态的回归,是人类追求饮食中的那种意境与文化,而不是单纯地追求口腹的享受。例如,只吃一团麻子粿或许我们很快便会忘掉我们吃过的东西,如果,我们知道了这麻子粿是如何的做出来并有着怎样的传说故事,那我们对这种食物就不再停留在食物概念上,而是上升到文化层面上。此外,吃文化也是当前旅游区的一种良性发展模式,在不破坏当地生态环境的情况下,增加饮食的附加值,用非物质文化为旅游地创收。这显然是一种非常明智的选择。

结　　语

　　饮食存文化的内容不可谓不新；饮食存文化的意义不可谓不大。对于人类没有意识到的宝贵精神财富的觉醒我们怎么呼唤都不为过，对于人类的正在悄然远去的文化我们怎么保护都不为过。饮食"存文化"是工业时代人类对于精神文明建设的觉醒，是对即将逝去的非物质文化的拯救。如果我们不能够给予其足够的重视，或许有一天，我们突然回过头来发现，我们的饮食尽然在物质的空壳下没有一点文化内涵，饮食在滋养了我们躯壳的同时却也饿扁了我们的灵魂。

　　武夷山饮食文化是"存文化"还是"去文化"，是走一种大众化的旅游发展路线还是走一种独树一帜文化先行的旅游发展路线完全取决于当地管理机构的旅游发展思路。在旅游过程中既能注重自然景色以及人文景观的开发，又能将各种各样的民俗特色文化很好地融合进去，将会使当地的旅游资源扩展得到最大化，进而实现旅游长远效益的最大化。同时武夷山饮食存文化也能够为中国整个社会的饮食观念转型起到带头作用，为引起人类对饮食文化的关注做出应有的贡献。

　　吃文化，将再不是一个名词。它是一句话，主语是全人类，谓语是特化了的"吃"，宾语是饮食中的文化。

参考文献

彭兆荣：《吃与不吃·食物体系与文化体系》，《民俗研究》2010 年第 2 期。
王学泰：《中国饮食文化史》，桂林：广西师范大学出版社，2006 年。
邹全荣：《武夷山村野文化》，福州：海潮摄影艺术出版社，2003 年。
[英]玛丽·道格拉斯：《洁净与危险》，北京：民族出版社，2008 年。
[美]马文·哈里斯：《好吃：食物与文化之谜》，济南：山东画报出版社，2001 年。
(清)董天工：《武夷山志》，台北：成文出版社，1974 年。
王洪宝：《饮食心理学》，北京：中国财政经济出版社，1992 年。
马歇尔·萨林斯：《石器时代经济学》，北京：三联书店，2009 年。
菲立普·费南德兹·阿梅斯：《食物的历史·透视人类的饮食与文明》，台北：左岸文化出版社，2005 年。
[美]唐纳德·L.哈迪斯蒂：《生态人类学》，北京：文物出版社，2002 年。

图书在版编目(CIP)数据

武夷山民俗文化/邱旺土,刘家军,黄鹤主编. —厦门:厦门大学出版社,2013.12
(武夷山世界文化遗产监测与研究/李晓红主编)
ISBN 978-7-5615-4943-8

Ⅰ.①武… Ⅱ.①邱…②刘…③黄… Ⅲ.①武夷山-风俗习惯-研究 Ⅳ.①K892.457

中国版本图书馆 CIP 数据核字(2013)第 320530 号

厦门大学出版社出版发行

(地址:厦门市软件园二期望海路 39 号 邮编:361008)
http://www.xmupress.com
xmup @ xmupress.com

沙县方圆印刷有限公司印刷

2013 年 12 月第 1 版 2013 年 12 月第 1 次印刷
开本:787×1092 1/16 印张:16.5 插页:2
字数:360 千字 印数:1～1 500 册
定价:38.00 元

本书如有印装质量问题请寄承印厂调换